大和岩雄

中臣・藤原氏の研究

古代日本国家論

《なかとみ・ふじわらしの　けんきゅう》

大和書房

中臣・藤原氏の研究

目次

序章

一章

『日本書紀』の成立を付記に書く『続日本紀』と藤原氏

二章

神武天皇紀の冒頭記載の中臣氏の記事検証

三章
藤原・中臣氏の原郷は対馬を示す高御魂神社

四章　常陸国の中臣氏と鹿島神宮祭祀と仲臣の多氏

五章

推古天皇紀に載る中臣連・中臣宮地連の検証

六章
天武朝の中臣連大島と持統朝の黒作懸佩刀

七章

原『古事記』の編纂と持統天皇と藤原不比等

八章

藤原・中臣氏の氏神・始祖神から見えて来る実相

九章

天孫降臨神話に秘められた実相と中臣・藤原氏

十章

宇佐の「秦王国」にかかわる中臣氏と対馬

十二章
春日神宮と藤原・中臣氏と「仲臣」の多(太)氏

十三章

『古語拾遺』『姓氏録』の高皇産霊神と三種の神器

序章

『日本書紀』の成立を付記として書く『続日本紀』

古代の中臣・藤原氏の代表者は、中臣鎌子（藤原鎌足）と藤原不比等である。中臣鎌子（藤原鎌足）は『日本書紀』、藤原不比等は『日本書紀』と『続日本紀』に載る。『続日本紀』は『日本紀』（『日本書紀』）の「続」の史書・国史である。その『続日本紀』が『日本書紀』の成立について書いている記述が問題なのである。

詳細は第一章で書くが、『続日本紀』養老四年五月癸酉（二十一日）条に、たった二十七字でしかも八十一字の本文記事の「公印使用記事」の付記として、『日本書紀』の成立が書かれている。その記事の原文を示す。

先是、一品舎人親王奉勅修日本紀、至是功成奏上、紀卅巻、系図一巻。

この事実について論じている論考は、私が調査した限りでは皆無であるから、私は本書の第一章でその事を論じる。『日本書紀』をわが国最初の「正史」と認めていたら、『続日本紀』と『日本書紀』の「続」を冠する史書が、公印使用記事の付記として『日本書紀』の記事を書くはずはないだろう。

『日本書紀』は中臣鎌子（藤原鎌足）の登場を、皇極天皇三年正月一日条に左のように書く。

軽皇子、深く中臣鎌子連の意気の高く逸《すぐ》れ、容止《ようし》犯《おか》し難《かた》きことを識《し》りて、乃《すなは》ち寵妃《めぐみたまふみめ》阿倍氏をして、別殿《ことどの》を浄《きよ》め掃《はら》へて新蓐《にひしきしとね》を高く舗《し》き、具《つぶさ》に給《つ》がずといふこと靡《な》からしめたまふ。

（中略）

中臣鎌子連、為人忠正《ひとなりちうせい》にして匡済《きやうさい》の心有り。乃《すなは》ち蘇我臣入鹿が、君臣長幼《くんしんちやうよう》の序《じよ》を失《うしな》ひ、社稷《しやしよく》を闚《き》覦《ゆ》する権《はかりこと》を挟《さしはさ》むことを憤《いきどほ》り、歴試《つたひこころ》みて王宗《きみたち》の中に接《まじは》り、功名を立つべき哲主《さかしききみ》を求む。

この「中臣鎌子連」の『日本書紀』の登場記事は、最大級の讃美記事である。他にこのような讃美記事は、天皇・皇子を含めてない。このように「中臣鎌子連」の登場記事のみに書かれている事から見ても、『日本書紀』を藤原・中臣氏御用の国史と『続日本紀』の編纂者は見て、中臣鎌子讃美記事の載る『日本書紀』を、公印使用記事の付記として、『日本書紀』の「続」を冠する国史に載せているのである。

『日本書紀』の成立を「続」を冠した『続日本紀』が、このような扱い方をしているのだから、『藤原・中臣氏の研究』で、わが国最初の「国史」・「正史」と言われている『日本書紀』の記事を、ストレートに信用して論じるわけにはいかないのである。

この事を本書の冒頭に書いておく。

更に付記すると『日本書紀』の成立は養老四年五月二十一日であり、不比等の死は同年八月三日である。『日本書紀』の成立の二ヵ月余たっての死である。この事実は不比等の死の直前に『日本書紀』を成立させたかった事を証している。したがって前述の異例の中臣鎌子（藤原鎌足）の登場記事に見られる中臣鎌子讃美記事と、不比等の死の直前に『日本書紀』が成立している事実は、深い関係がある。その事も『中臣・藤原氏の研究』の冒頭に、まず記しておく。

『続日本紀』記載の藤原・紀・石川氏の「夫人」・「妃」の記事

『日本書紀』の成立を公印使用記事の付記として書く『続日本紀』も、客観的な国史かと言えば、そうとは言えない。この事は今までは書かれていないが、断言的に書けば、『日本書紀』が藤原・中臣氏用国史に対し、『続日本紀』は非藤原・中臣氏用国史である。

『続日本紀』の第一巻（巻第一）の冒頭（文武天皇元年八月二十日）条に、左の記事が載る。

藤原朝臣宮子娘《いらつめ》を夫人《ぶにん》とし、紀朝臣竈門《かまと》娘・石川朝臣刀子《とね》娘を妃《ひ》とす。

この記事については第一章で述べるが、誤記である。夫人は臣下で三位以上の父の娘をいうが、大宝元年三月甲午条の『続日本紀』に依れば、宮子娘の父藤原不比等は正三位の大納言であるから、「夫人」は正しい。しかし「妃」は皇女・内親王など皇族を言うから、紀氏・石川氏の娘の「妃」は間違いである。

この記事は間違いを承知で記載されている。『続日本紀』の編纂者だけでなく宮廷出仕の役人なら、「妃」は皇族の王女の呼称・表記である事は誰でも知っていた。その間違いが訂正もされずに、勅撰書の『続日本紀』の第一巻に載っている事が問題である。

『続日本紀』の第六巻所収の和銅六年（七一三）十一月乙丑（五日）条には、「妃」と書かれていた二人は「嬪《ひん》」とあり、宮廷から追放されている。この追放の問題も第一章で述べるが、なぜ『続日本紀』は間違いを承知で、宮廷から追放された文武天皇の妻であった三人の女性のうち、紀氏と石川氏の娘の官位を、聖武天皇を生んだ藤原不比等の娘の宮子より上位の「妃」と書いているのか。更に訂正もされずに載っているのか。

「妃」は皇族の娘の呼称なのだから、宮廷出仕の人々なら誰でも、皇族でない娘を「妃」と書いている記事は間違いである事はわかっていた。その間違いが訂正もされずに載っているのはなぜか。理由は弘仁朝から開始された『続日本紀』の編集に、「妃」と書かれている石川刀子娘の同族の石川名足が、関与していたからである。

彼は光仁天皇が即位した宝亀元年十月の翌年、宝亀二年（七七一）から朝廷に出仕し、四年九月に従四位下、十一年二月に右大弁・参議、桓武天皇の延暦七年（七八八）六月十日に、中納言従三位兼兵部卿で、六十一歳で没しているが、彼が関与して、石川・紀氏の娘を聖武天皇の母の藤原不比等の娘より高位の皇族の娘の「妃」と書いたのである。その事も問題だが、この誰が見ても間違いの記事が、訂正もされずに記載されている事は更に問題である。

『続日本紀』は石川名足が崩じた延暦七年より九年後、延暦十六年二月に完成している。

『続日本紀』は『紀』の成立をなぜ付記として書くのか

『続日本紀』は全四十巻である。そのうちの巻一から巻二十は光仁朝に編纂されているが、編集者は淡海真人三船・石川名足・当麻永嗣である。第一章で詳述するが、淡海真人は天智天皇の後裔氏族で、曽祖父は壬申の乱で天武天皇と戦って敗死した大友皇子である。

大友皇子は明治初年に「弘文天皇」の諡号をおくられているが、大海人皇子と戦って（壬申の乱）敗北した大友皇子（明治初年に「弘文天皇」の賜号をおくられた）の曽孫が丹海真人三船である。祖父は葛野王だが漢詩集『懐風藻』の編者は多くの研究者が淡海三船（御船王）と見ている（この事は二七頁に書く）。その『懐風藻』に淡海三船の祖父の漢詩が載り、前文に左の記事が載る。

高市皇子薨後、皇太后引二王公卿士於禁中一謀レ立二日嗣一。

この記事は持統天皇十年七月庚戌（十日）の高市皇子薨の後、秋の十月以降に行われた皇孫軽皇子の皇位継承会議を言う。この時は「持統天皇」であって「皇大后」ではない。それなのに淡海三船は「天皇」と認めず「皇太后」と書くのは、「壬申の乱」一巻が載る『日本書紀』を正史・国史と認めず、その成立を付記として書いている『続日本紀』と同じである。『日本書紀』の成立を、公印使用記事の「付記」とし記載している『続日本紀』の記事は、淡海三船が書いたと見る私見は、『懐風藻』で淡海三船が持統天皇を「皇太后」と書いている事例からも裏付けられる。

淡海三船が持統天皇を「天皇」と認めず「皇太后」と書くのは、『懐風藻』が私家版の詩文集であり、史書ではないからである。しかし『続日本紀』は国史・正史として編纂されている。その『日本書紀』の「続」を冠した勅撰書も、「続」の前の『国史（日本書紀）』の成立を、公印使用記事の付記として記載し、「正史」と認めていない。

理由は藤原・中臣氏御用史書と、『続日本紀』は『日本書紀』を見なしていたからである。

詳細は第一章で書くが、『続日本紀』の最初の編集の作業を行なった人物を、

石川名足・淡海三船・当麻永嗣

と『続日本紀』は書く。笹山晴生は「続日本紀と古代の史書」で、

光仁朝の修史事業……は、石川名足・淡海三船・当麻永嗣三者の官歴の検討から、三船が大学頭となった宝亀九年頃から行われた可能性が大きいとされる（柳宏吉「名足・三船・永嗣の国史修撰」『東方古代研究』二号、同「続日本紀の成立」『続日本紀研究』一〇巻一号―四・五合併号）。

と書き、更に左のように笹山晴生は書く。

光仁朝の初年、宝亀二年ないし三年ごろに開始された可能性も存在する（石川名足は宝亀二年兵部大輔、ついで民部大輔、淡海三船は同年刑部大輔、三年に大学頭兼文章博士、当麻永嗣は二年に右少弁）。

『続日本紀』宝亀三年四月庚午（十九日）条に、

大学頭正五位上淡海《あふみ》真人三船を兼文章博士。

と書く。(1) 白壁王が光仁天皇として即位したのは六十二歳の時で、今の年齢では七十代以上である。天応元年十二月に七十三歳で崩じている。即位は宝亀元年（七七〇）十月一日であるから、新政権の活動は宝亀二年からである。前述の淡海三船の「大学頭」は光仁天皇の新政権発足と同時に任命された役職である。私は「大学頭」の任命と同時に、淡海三船は恵美押勝（藤原仲麻呂）に依る『続日本紀』でない国史の編纂を、光仁朝での活動開始の宝亀二年、光仁天皇に進言し、三年四月に文章博士も兼務して、『続日本紀』の編集に着手したと推測する。

史書編纂は文章を記す事なのだから、「文章博士」の任命は新しい『続日本紀』編纂開始を示している。淡海三船は『日本書紀』『続日本紀』などの国史編纂が成り上り氏族の藤原氏主導で編纂されていたから、

彼の立場から見た真実の国史の編纂に自ら加わったのである。
その国史が『続日本紀』だが、『日本書紀』の「続」を冠した国史は『日本書紀』の成立を公印使用記事の付記として書いている。この記述が載る『続日本紀』の編纂を命じたのは桓武天皇だが、桓武天皇が淡海三船に編纂を命じた理由は、左の系譜が証している。

天智天皇
├大友皇子（弘文天皇）―葛野王―池辺王―御船王（淡海真人三船）
└志貴皇子―光仁天皇―桓武天皇

『日本書紀』の成立を『続日本紀』で付記として書いた淡海真人三船

坂本太郎の「列聖漢風諡号の撰進について」と題する論考に依れば、歴代天皇の漢風諡号は淡海三船に依ると書き、

　淳仁朝天平宝字六年乃至八年撰謚説を提出する。

と書く。そして淡海三船について左のように書く（坂本太郎は「三船」を「御船」と書く）。

　淡海三船は、続日本紀によれば、延暦四年七月庚戌（十七日）六十四歳で卒している。官位は刑部卿従四位下兼因幡守で終ったけれども、知識聡敏で群書を渉覧し、宝字より後は、石上宅嗣とともに文人の首といわれた。高僧伝要文抄に引くところの延暦僧録によれば、かつて入唐留学生となろうとしたが

疾によってこれをやめたのであって、宝亀中大学頭となり文章博士を兼ねたことも、またその学者としての地位を示すであろう。鑒真和尚の東征伝は彼の撰するところであり、懐風藻の撰者に擬せられたこともまた久しい。その閲歴は、彼が歴代漢風諡号を撰進したとしてもさらに怪しむべきところはないのである。

と書いており、更に左のように坂本太郎は書く。

前半生は比較的に不遇であり、ことに恵美押勝と善くなく、光仁天皇即位後にようやく顕われ、宝亀三年文章博士となっている。故に勅をうけたまわって列聖諡号を撰する位置は、まさにその文章博士以後のことにしてもっとも似つかわしいものといわねばならない。

光仁天皇の宝亀三年（七七二）を「列聖漢風諡号撰進」の「第一案」と坂本太郎は書き、「第二案」として、「淳仁朝天平宝字六年乃至八年撰諡説を提出している。理由として左のように書く。

宝字六年正月は文部少輔に任じ、八年八月に美作守になる。文部少輔すなわち式部少輔の地位、宝字より後に文人の首となったこと。宝字六年彼の年齢四十一歳であることなどを合わせ考えれば、このころに彼の撰諡の沙汰が下ったとしても必ずしも不都合はないではないか。七年正月には彼と並んで文人の首といわれた石上宅嗣が文部大輔に任じているが、或いは二人の間に議があったと想像されなくもない(2)。

このように坂本太郎は書いて、歴代天皇の「漢風諡号」は、光仁朝の宝亀三年（七七二）に文章博士に任命された淡海三船が撰進したと見るのが第一案と書く。そして第二案を天平宝字六年（七六二）の頃、淡海三船と共に「文人の首」と言われた石上宅嗣と共に行なったと見るのを、第二案として提示している。

以上の事例から見ても「文人の首」の淡海三船は、『続日本書紀』を編纂するのにふさわしい人物であった。『続日本紀』の編集開始の光仁朝で、まず行なった藤原仲麻呂（恵美押勝）主導に依る『続日本紀』四十巻を二十巻にする役職のトップに、石川名足を書いているのは、官位が宝亀三年（七七二）に石川名足は従四位下であったか、淡海三船は正五位上で、階位が名足より三船が下位だったからである。しかし年令は宝亀三年の時、名足は四十三歳だが、三船は六歳上の四十九歳であり、「文人の首」と言われていた人物であったから、編纂の主導は淡海三船が執っていただろう。

その主導者が行なったのが『日本書紀』の成立を、「公印使用記事」の付記として記している事実である。「公印使用記事」の実数は「八十一字」なのに対して、『日本書紀』成立記事は、たったの「二十七字」なのは、『日本書紀』を国史・正史と認めず、藤原・中臣氏御用史書と見ていたからと、私は推測している。

『続日本紀』の編集者になった淡海真人三船

その事は『続日本紀』の最初の編集作業が、淳仁朝に藤原仲麻呂（恵美押勝）が主導で編集した『続日本紀』（文武天皇元年から天平宝字元年までが記載された、全四十巻の国史）の「四十巻」を、「二十巻」にする編集作業であった事が証している。

全四十巻の『続日本紀』には当然、養老四年（七二〇）五月二十一日に成立した『日本書紀』の関係記事が書かれていたであろう。『日本書紀』が成立して二ヵ月半ほどたった八月三日に、藤原不比等は六十三歳で薨じている。『日本書紀』が不比等の死の直前に成立しているのは、不比等がわが国最初の国史編纂の主導者であったからである。したがって不比等の孫の仲麻呂主導の『続日本紀』は『日本書紀』成立に、スペースを多くとって長文の記事が載せたのであろう。

藤原仲麻呂編纂の『続日本紀』四十巻を二十巻に縮少する編集作業を行なっていた淡海三船は、この藤原仲麻呂が記載した長文の『日本書紀』成立の記事を削除し、今、私たちが見る付記としての短文の記事を記載したのである。

理由は『日本書紀』は壬申紀を特に一巻として記載しているが、壬申の乱の敗者の大友皇子の曽孫の淡海三船は、この勝者の「国史」をわが国最初の「正史」として認めるわけにはいかなかったからである。したがって『日本書紀』に関与した藤原不比等の孫の藤原仲麻呂に依る『続日本紀』も認めるわけにはいかなかったのである。私は『日本書紀』四十巻を二十巻にしたのも、淡海三船の進言に依ると見ている。

大友皇子に明治新政府が「弘文天皇」の諡号をおくったのは、半年間は天智天皇の崩後皇位についていたから、天皇と認めたのである。大海人皇子と戦って敗者になっていなければ、御船王（淡海真人三船）は天皇になっていたかも知れない。その事は大友皇子の弟の施基皇子の血脈の白壁王が、六十一歳で即位して光仁天皇になっている事実から言える。このような人物が藤原不比等の孫が編集した三十巻を二十巻に縮少する役についているが、この役は自分から申し出てなったと私は推測する。彼にとっては『日本書紀』だけでなく、藤原仲麻呂編集の『続日本紀』三十巻も、藤原・中臣氏の史観に依っているから、認められなかった。したがって藤原・中臣史観に立たない国史編集を、彼は弘仁天皇に進言するために、桓武天皇になる皇太子の山部親王の同意を得て進言し、許可を得て実行したのであろう。
宝亀三年四月庚午（十九日）条の『続日本紀』は、
大学頭正五位上淡海《あうみ》真人三船を兼文章博士
と書く。宝亀三年（七七二）の年には淡海真人三船は五十歳であり、当時の五十歳は今の六十歳以上である。淡海三船は延暦四年（七八五）七月十七日に刑部卿従四位下で薨じているが、その時六十四歳であった。壬申の乱の敗者の大友皇子の曽孫が、『続日本紀』の編纂者なのだから、壬申の乱を特に一巻として記載している『日本書紀』の成立を、付記として『続日本紀』に書くのは当然と言える。

『続日本紀』の光仁朝の編集は淡海真人三船の進言

笹山晴生は「続日本紀と古代の史書」で、「淳仁朝の修史」と題して左のように書く。

淳仁天皇の時代は、藤原仲麻呂の権勢が絶頂に達した時代である。（中略）天平宝字元年五月、藤原不比等の撰定した養老律令が施行に移されたのも、祖父不比等を顕彰しようとする仲麻呂の策に出たものと推測される。仲麻呂は藤氏家伝の編纂を行い、みずから曽祖父鎌足の伝を著した。このようなことから察するなら、仲麻呂が祖父不比等の時に完成した日本書紀につぐ国史の編纂を志した可能性は非常に高いというべきであろう。「曹案」の巻数が三十巻で日本書紀と同じなのは、日本書紀につぐ官撰史書を標榜していると見ることができる（岸俊男『藤原仲麻呂』三〇六頁）。

次に「光仁朝の修史」については、笹山晴生は、『続日本紀』が、

という書き方をして、石川名足をトップに書いているので、

光仁朝の修史事業は、……石川名取の領導のもとに、第一・第二の修史がほぼ同時に進行したと一応考えられる。(1)

と笹山晴生は書いている。と言うのは藤原仲麻呂による全四十巻の『続日本紀』を二十巻にする作業と、巻二十一〜巻三十四（天平宝字二年八月〜宝亀八年）を石川名足と上毛野大田が行なっていたからである。

笹山晴生は書いていないが、淡海三船は宝亀十年（七七九）二月八日に、『唐大和上東征伝』を完成させている。この書は『鑑真過海大師東征伝』ともいう。唐僧鑑真来日の苦心談を主とした伝記である。仏教史・思想史の重要史料であると同時に交通史・社会史の史料としても貴重な書である。

この事実から見て、淡海三船は石川名足より六歳年長で、当時、「文人の首」と言われ、「御船王」とも言われた王族であったから、官位は低くても同じ天智天皇系の光仁政権では特別扱いであったろう。その事は第一章で書くが、死にあたっての薨伝が正一位左大臣の藤原種継より、従四位下の淡海真人三船の薨伝が「九十二字」も多い事実が証している。その事は前述（二三頁）の系譜と、「文人の首」と言われた才能に依るのであろう。

『続日本紀』の編集・刊行は「文人の首」で、光仁天皇と同じ天智天皇の後裔王族であった淡海真人三船の進言に依って編集・刊行されたと見てよいだろう。

『続日本紀』の紀氏と石川氏の娘を「妃」と書く記事

更に問題なのは『続日本紀』の文武天皇の元年（六九七）八月癸未（二十日）条に、

藤原朝臣宮子娘《いらつめ》を夫人《ぶにん》とし、紀朝臣竈門《かまど》娘・石川朝臣刀子《とね》娘を妃とす。

という前述の記事が載ることである。「夫人」は三位以上の父の娘をいう。大宝元年（七〇一）三月甲午（二十一日）条に、議政官の新しい人事構成が発表された。

左大臣　正二位　多治比真人嶋
右大臣　従二位　阿倍朝臣御主人
大納言　正三位　石上朝臣麻呂
大納言　正三位　藤原朝臣不比等
大納言　従三位　紀朝臣麻呂

藤原朝臣不比等は藤原朝臣宮子娘の父、紀朝臣麻呂は紀朝臣竈門娘の父である。いずれも三位以上であるから、宮子娘も竈門娘も「夫人」が正しい。問題は石川朝臣刀子娘の父の石川朝臣宮麻呂である。

『続日本紀』の大宝三年（七〇三）十月丁卯（九日）条に、左の記事が載る。

太上天皇の御葬司《みはぶりのつかさ》を任《にむ》す。二品穂積親王を御装長官《みよそひのつかさのかみ》とす。従四位下広瀬王、正五位下石川朝臣宮麻呂、従五位下猪名真人《ゐなまひと》大村を副とす。

とあり、石川朝臣刀子娘の父の宮麻呂は正五下である。文武天皇の三人の妻のうち、石川朝臣出自の娘の父のみ「三位」になっていないのは、文武天皇の母（後の元明天皇）も祖母（持統天皇）も、石川氏の出身であり、母も祖母も刀子娘の生んだ男子を皇太子にするつもりであったから、同族の石川氏は三位に昇進させなかったのである（不比等の娘の生んだ子が皇太子になるときまっていたと書く論文は間違っている）。

しかし大宝二年（七〇二）十二月二十二日に、五十八歳で持統太政天皇が崩じ、五年後の慶雲四年（七〇七）六月十五日に、文武天皇が二十五歳で薨じた。五年間のうちに姉と子を失なってしまった阿閉《あべ》皇女は、「元明天皇」として即位したが、藤原不比等に頼らざるを得なくなった。その事は文武天皇崩の慶雲四年六月十五日の二ヵ月前の四月十五日の詔が証している。この詔は、藤原不比等に政治の実務はすべてまかせると宣言した詔である。この詔には不比等は「明《あか》き浄《きよ》き心を以《も》て」元明天皇に協力するとあるが、その行動は和銅六年十一月五日の記事が否定している。その記事には、理由はなんら書かずに、

石川・紀の二嬪《ひん》の号を貶《おと》し、嬪と称《な》ること得《え》ざらしむ。

とある。この記事は不比等が自分の娘のみを残して、「邪魔者は消す」の発想で宮廷から「邪魔者」を追放した記事である。この事も第一章でくわしく書く。

誤記を承知で記載した紀氏・石川氏の娘の記事

淡海真人三船は延暦四年（七八五）七月十七日に、刑部卿従四位下兼因幡守で卒した。時に六十四歳。石川朝臣名足は三年後の延暦七年（七八八）六月十日に、中納言従三位兼兵部卿・皇后宮大夫・左京大夫・大和守という役職で亡くなった。彼は六十一歳であった。

このように延暦四年・七年に淡海三船・石川名足が亡くなった後、延暦十三年八月以降に、菅野真道・秋篠安人・中科巨都雄に依って、淡海三船・石川名足が関与した『続日本紀』の巻一〜巻二十は再編集されている。菅野真道・秋篠安人は、この巻一〜巻二十の関与以前の延暦十年に、藤原緒嗣をトップにして巻二十一〜巻三十四の編集を行ない、延暦十三年八月に奏進し、続いて巻三十五から巻四十を延暦十五年までに奏進している。

菅野真道・秋篠安人は巻二十一〜巻四十の編集が終了すると、光仁朝に淡海三船・石川名足らが行なった巻一〜巻二十の再編集を開始した。この再編集で注目すべきは藤原継縄は編集に参加していない事である。新しく中科巨都雄が加わっている。藤原継縄が参加していたら、前述の『日本書紀』の成立を公印使用記事の付記と書かれている記事や、藤原不比等の娘で聖武天皇の母になる宮子より、紀氏・石川氏の娘を、皇族の娘の「妃」と書いている記事は消されたであろう。しかしこの間違い記事が改められずに載っている事実に、私は注目している。

この記事は誰が見ても誤記である。この誤記が訂正されずに記載されている巻は、延暦十三年八月以降から、菅野真道・秋篠安人・中科巨都雄が編集した巻である。淡海三船も、石川名足もすでに崩じているが、菅野直道らが、『日本書紀』の成立を公印使用記事の付記と書いている記事や、紀氏・石川氏の娘が皇族娘の「妃」と書いている記事をそのままにしていたのである。

更に問題なのは文武天皇の妻たちの問題である。当時の官人なら「妃」は皇族の娘を言うのであって、臣下の娘は大臣の娘でも「妃」とは書かない。ところが『続日本紀』が理由も書かずに宮廷から追放されたと書く石川氏・紀の娘が、同じ『続日本紀』が皇族の娘を言う「妃」と、「第一巻」に明記している。この記事は誰が見てもはっきりわかる誤記である。

この誤記は間違いを承知で意図して記載したと見るべきであろう。この事実は見過せない。

桓武朝に任命された『続日本紀』の編集者について

前述の問題の記事は光仁朝に淡海三船・石川名足が書いて入れたのを、菅野真道・秋篠安人・中科巨都雄が、そのまま載せたのであろう。この三人についての笹山晴生の記事を、そのまま引用する。

菅野真道については左のように書く。

> 桓武天皇の寵臣である。真道は河内国丹比郡に居住する渡来系氏族の出身で、もと津連といい、延暦九年、上表により菅野朝臣の姓を賜わった。この上表には百済王氏の仁貞・元信・忠信が名を連ねており、天皇の重用する百済王氏を介しての申請であった。真道はこの時、図書頭兼皇太子学士である。天皇がすでに病に臥した延暦二十四年正月、とくに真道と秋篠安人とを参議としたのも、天皇の信任の重さを示しており……。

次の秋篠安人については左のように書く。

> 本姓は土師宿禰である。土師氏は、天皇の母高野新笠の母家にあたるため、桓武朝にはすこぶる優遇をうけた。（中略）安人は延暦十年当時は従五位下で大判事兼大外記、ついで少納言となり、右兵衛佐をも兼ねていた。その後同二十四年、先述したように菅野真道とともに参議になり……。

中科巨都雄については左のように書く。

　中科巨都雄は、菅野直道と同族の百済系渡来氏族であり、延暦十年正月、少外記のおり、本姓津連を改め、居地によって中科宿禰の姓を賜わった。同十六年正月には、大外記で常陸少掾を兼ねている。延暦十年当時は、秋篠安人が大外記、巨都雄が少外記であった。従って巨都雄は、真道・安人のいずれとも関係深く、あるいは延暦十三年撰進の修史にもすでに関与していたかと思われる[1]。

菅野直道・秋篠安人は、光仁朝に淡海三船・石川名足が、藤原仲麻呂が編集に関与した文武天皇元年正月から天平宝字二年七月までの三十巻を、二十巻にする作業が未完成であったから、改めて延暦十三年八月から、この未完成の編集作業を行なって、延暦十六年二月に完成した。

その前に、延暦十年（七九一）から同十五年にかけて、巻二十一巻〜巻四十巻までの編集も行なっているが、この編集のみには右大臣の藤原継縄も関与している。笹山晴生は「続日本紀と古代の史書」で、

　修史事業を総裁した右大臣藤原継縄は、延暦十三年当時の太政官の筆頭である。

と書いているが[1]、彼が関与したのは天平宝字二年八月から延暦十年までの巻二十一〜巻四十で、藤原仲麻呂に依る全三十巻の文武天皇元年正月から天平宝字二年七月の巻一〜巻二十までは、まったく関与していない。関与したくても関与出来なかったのである。関与出来なかったのは桓武天皇がさせなかったのである。理由は藤原仲麻呂が関与した文武天皇元年正月から天平宝字二年七月までの全三十巻を、二十巻にする作業であったからである。

その編集作業を光仁朝に行なったのが、淡海三船と石川名足である。彼らは『日本書紀』の成立を公印使

用記事の付記として書いているのも改めず、文武天皇の妻になった藤原・紀・石川の三氏の出自の氏女のうち、聖武天皇の母になった藤原氏の娘を、紀氏・石川氏の娘より身分の低い出自だと示すために、紀氏・石川氏の娘を皇族の子女に用いる「妃」と書いている記事を、そのまま訂正もせずに記載している。

当時の宮廷出仕の役人なら誰が見ても間違いと見るであろう「妃」が、そのまま訂正されずに載り、『日本書紀』の成立を公印使用記事の付記と書くのも、そのまま記載されているのは、桓武天皇自身が認めていたと私は推測する。そのことは関係者の三人のうち、二人は韓国からの渡来氏族であり、他の一人は桓武天皇の母の高野新笠の土師氏出自の人物である事からも推測出来る。桓武天皇が天智天皇の後裔王族の淡海三船と同じ史観であったのは、二人は共に天智天皇の後裔氏族であったからであろう。

藤原・中臣氏の「氏神」と「始祖神」と「中臣氏系図」

藤原・中臣氏の始祖神は「アメノコヤネ」で、河内国に祭祀されているから、藤原・中臣氏の出身地を河内・大和と見る見解がある。しかし、『続日本紀』宝亀八年（七七七）七月十六日条には、左の記事が載る。

内大臣従二位藤原朝臣良継病《や》めり。その氏神鹿嶋社を正三位に、香取神を正四位上に叙す。

この記事に依れば病気になった藤原良継が、病気快復を祈願したのは近くの河内で祀る始祖神の枚岡神でなく、遠方の関東の鹿島神・香取神なのはなぜか。

更に問題なのは病気祈願をした従二位の内大臣が、祈願する「氏神」に官位を与えているが、その官位は自分の従二位より低い正三位と正四位である。これが平安時代の藤原氏の神意識である。

しかし祈願される神が祈願する人より官位が低いのはおかしいから、官位を次第にあげている。その時に始祖神も入っている。その事例を示す（宮井義雄『藤原氏の氏神・氏寺信仰と祖廟祭祀』成甲書房一九七八）。

	宝亀八年	承和三年	承和六年	嘉祥三年	貞観元年
タケミカヅチ（鹿島神）	正三位	正二位	従一位	正一位	
イハヒヌシ（香取神）	正四位上	正二位 勲一等	従一位	正一位	
アメノコヤネ（始祖神）		正三位	従二位	従一位	正一位
ヒメ神		従四位上	正四位下	従四位上	従三位

この事例でも「始祖神」は「氏神」の下位である。

宝亀八年（七七七）より九年前の神護景雲二年（七六八）に、この四神は鹿島神宮に祀られている。『大鏡裏書』は「春日社」について、

「称徳天皇神護景雲二年戊申、藤氏四所明神を春日山に奉祝」

とあるが、「四所明神」は建御雷命（武甕雷命）・経津主命・天児屋命・比売神であり、順位では始祖神は下位である。『古社記』は、神護景雲二年正月九日に建御雷命が常陸の鹿島神宮より白鹿に駕して出発し、十一月十日に三笠山へ遷座した。同時に経津主《ふつぬし》命が下総の香取神宮より遷座し、天児屋命と比売神を河内の枚岡神社から勧請し、春日の地に造営したと書く。経津主神は前述の「イハヒヌシ」だが、鹿島神宮の祭神の

順位も、

タケミカヅチ　フツヌシ　アメノコヤネ　ヒメカミ

であって常陸国の鹿島神宮の祭神がトップである。

応永二年（一三九五）か、その直前に成立したと見られている『尊卑分脈』記載の「中臣氏系図」を示す。

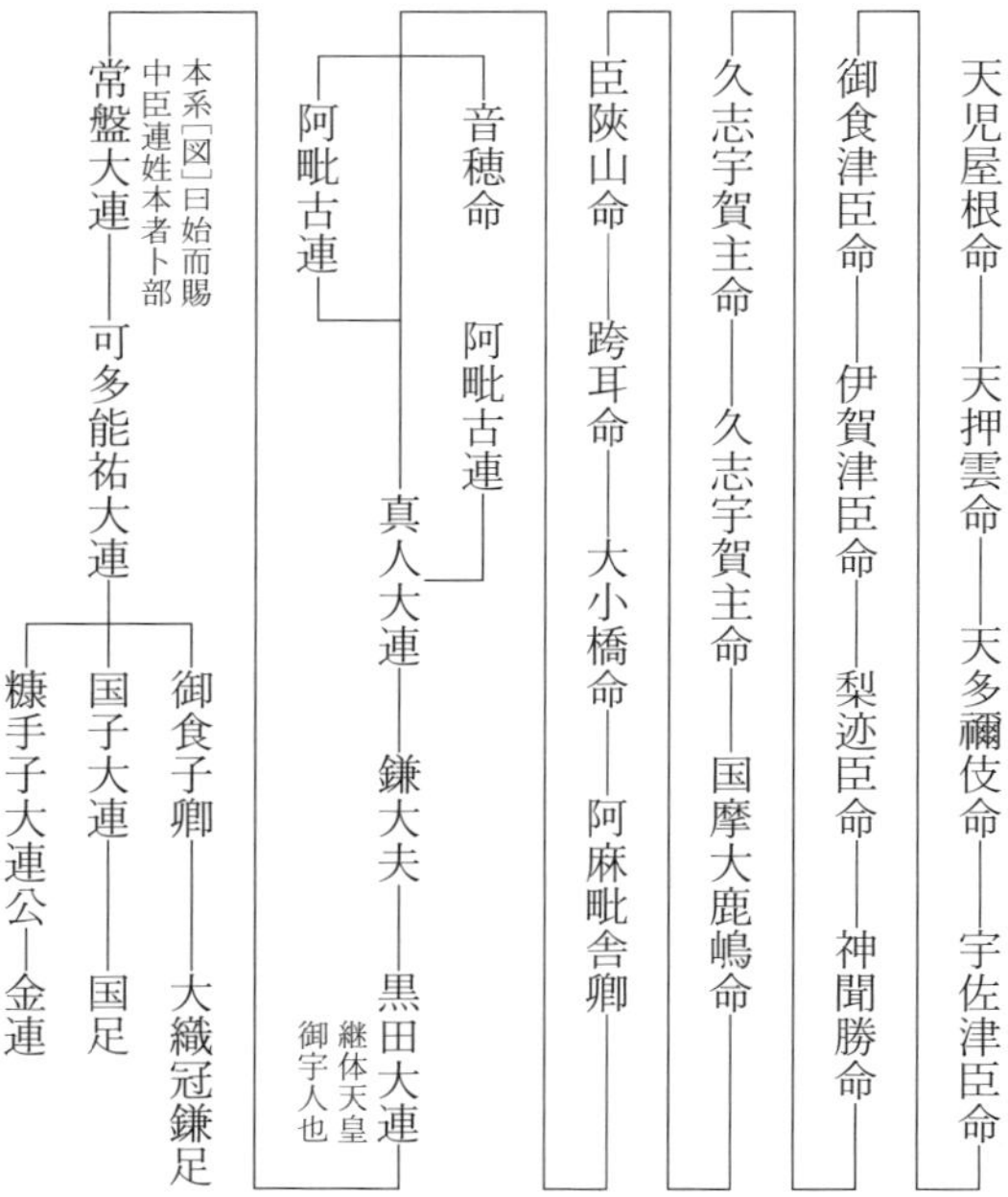

この系図で『日本書紀』に記されているのは、神代紀の天児屋命が「天児屋根命」、神武天皇紀の天種子命が「天多禰命」、舒明天皇即位前記の中臣連弥気が「御食子卿」、推古天皇三十一年是歳条の中臣連国が「国子大連」、天智天皇の右大臣で壬申の乱に大友皇子側で戦って捕えられ斬られた中臣連金が「金連」と書かれている。しかし推古天皇紀に中臣連国と共に記されている中臣宮地連麻呂・烏麻呂の二人は記されていない。『日本書紀』の欽明天皇紀以降の人物は実在と言われているが、欽明天皇紀の中臣連鎌子、敏達天皇紀の中臣連勝海、中臣磐余連、用明天皇紀の中臣連勝海も、「中臣氏系図」には載っていない。

理由は本文でさまざまの視点から書くが、この「中臣氏系図」は常陸国出身者の系図だからであることを証している。横田健一は「中臣氏と卜部」と題する論考で「中臣氏系図」の、「臣狭山」は『常陸国風土記』香島郡に記載の「巨狭山」と書いている。(3) 横田論文では述べていないが「中臣氏系図」は、

国摩大鹿嶋命——巨狭山命

とあり、「大鹿嶋命」に続いて「巨狭山命」が書かれているから、「中臣氏系図」は常陸国出身者の系図と言える(その事は第一章以降の拙稿で論証する)。

その事は前述の『続日本紀』宝亀八年七月の記事で、「氏神」の鹿島神・香取神に官位を贈り、始祖神の河内で祀るアメノコヤネを無視し、始祖神に官位を贈るようになっても、鹿島・香取神より低い官位である事が証しており、更にその事は春日大社で祀る四神でも、トップは鹿島神で河内国で祀るアメノコヤネでない事が証している。

「中臣氏系図」から見えてくる卜部の中臣氏の原郷

「中臣氏系図」の人名で地名のあるのは、

宇佐津臣命と国摩大鹿嶋命、

である。なぜ豊前国の「宇佐」が記されているのか。理由は『日本書紀』の神武天皇の東征伝承のトップに、神武天皇の「侍臣天種子命」が記されているからである。この「天穂子命」が「中臣氏系図」の「天多爾伎命」である。神武天皇紀は日向国で神武天皇の侍臣であった天種子命は、宇佐でウサツヒメと結婚したと書

くから、中臣氏の始祖と宇佐の女性の間に生まれたのが「中臣氏系図」の「宇佐津臣命」であり、この系譜からも中臣氏畿内出身説は否定される。「中臣氏系図」に「宇佐」が記されているのは、常陸の中臣氏が九州から来ているからである。

この事については第二章以降で書くが、藤原・中臣氏の原郷は拙著『日本神話論』で述べたが対馬島である。対馬のト占者が豊前・豊後、肥前・肥後、日向（大隅）に居住し、常陸と畿内（特に河内）へ移住したが、常陸の中臣氏は中臣《なかつおみ》の多氏の配下のト部として移住した。仲臣は神と人との仲を執り持つ役職で、神武天皇の皇子の神八井耳命の子孫が多（太）氏で、孝昭天皇の皇子の天帯彦国押入耳の子孫が春日氏になった。九州で活躍した多氏が大分君・肥（火）君だが、『常陸国風土記』に依れば、大分君の後裔氏族の黒坂命と肥君の後裔氏族の建借間（鹿島）命が常陸国を平定した。『古事記』の神武天皇記はタケカシマを常陸国の仲国造と書く。「仲」は仲臣《なかつおみ》の「仲」で、この神と人の仲を執り持つ仲臣の配下のト部が中臣氏であったから、「仲臣」と同じ「臣《おみ》」表記でも「臣《とみ》」と読ませたのである。

春日氏も「仲臣」だったから、仲臣の常陸の多氏の祀っていた鹿島神は、ト部の中臣氏から成上った藤原氏に祭祀権を奪われたが、この鹿島神が大和国に移されても、その場所は多氏と同じ仲臣の春日の地であった（この事例は、第四章「常陸国の中臣氏と鹿島神宮祭祀と仲臣の多氏」で書く）。

以上述べたように常陸国の中臣氏は豊の国・肥（火）の国出身だから、始祖は豊前国宇佐の「宇佐津臣命」が記されているのである。『豊後国風土記』の冒頭には、「豊前国仲津郡中臣村」の記事が載るが、この中臣村の中臣氏は畿内の河内国や大和国から来て居住したのではなく、対馬島のト占者が移住した村だから

宮廷出仕の卜占者に対馬出身の卜部が居る。前述した「中臣氏系図」にも「常盤大連」について、

中臣連姓本者卜部也

とある。「常盤大連」は私は意図して「常陸」を「常盤」にしたと見ている。

『中臣・藤原氏の研究』に「序章」をつけた理由

『続日本紀』が編纂されたのは八世紀末で、藤原不比等が権力を掌握したのは八世紀の初頭であるから、現在の私達の藤原・中臣氏観と当時の人達の藤原・中臣氏観には大きな差がある。この事を留意して見ないと『続日本紀』が『日本書紀』の成立を付記として書く実相は見えて来ない。

第一は『続日本紀』を編纂したのは壬申の乱に勝利した皇統でなく敗者側の皇統である事（二三頁の光仁・桓武天皇と淡海真人三船の系譜参照）。

第二は藤原仲麻呂に依る『続日本紀』が読まれるのをやめさせ、藤原・中臣史観の『続日本紀』でない『続日本紀』の刊行が目的であった事。

第三は反藤原史観の『続日本紀』刊行を進言した淡海三船と、反藤原の石川名足が組んで最初の編集作業が行なわれたが、その最初の編集作業は、藤原仲麻呂が関与した『続日本紀』三十巻を二十巻に縮小する作業であった事が証している。

第四は桓武朝の編集作業は延暦四年（七八五）に淡海三船、延暦七年（七八八）に石川名足が没した後、延暦十年（七九一）から開始したが、実行したのは巻二十一巻（天平宝字二年八月以降）からで、淡海三船・

石川名足が関与していない巻からである。この巻二十一以降編集には右大臣の六十四歳の藤原継縄が関与しているが、当時の六十四歳は現代の七十五歳前後の年齢であり、五年後の延暦十五年七月に崩じている。藤原氏の関与はこの程度で、延暦十三年八月から開始した問題の藤原仲麻呂史観に依って編纂された全三十巻を二十巻に縮小する作業には、藤原氏はまったく関与していない。

以上の事例と共に注目すべきは、桓武朝の編集者のうち菅野真道・中科巨都雄は渡来系氏族である事である。光仁朝には淡海真人や石川名足のような、反藤原・中臣氏の人物が関与し、桓武朝では韓国からの渡来系族の後裔者が編集をしている事実に、私は注目している。

従来の中臣・藤原氏論は『日本書紀』を取り上げて論じているが、『続日本紀』を取りあげて論じた論考は少ない。『日本書紀』のみを取りあげての藤原・中臣氏論では、古代の藤原・中臣氏の実像は見えてこないから、私は『中臣・藤原氏の研究』に「序章」を加えて、従来の中臣・藤原氏論の視点とは違う方位から、まず中臣・藤原氏を論じた。

[注]

（1）笹山晴生「続日本紀と古代の史書」『続日本紀一』岩波書店（新日本古典文学大系12）一九八九年
（2）坂本太郎「列聖漢風諡号の撰進について」『日本古代史の基礎的研究　下』東京大学出版会　一九六四年
（3）横田健一「中臣氏と卜部」『日本古代神話と民族伝承』塙書房　一九八二年

一章　『日本書紀』の成立を付記、記に書く『続日本紀』と藤原氏

『紀』の成立を『続日本紀』で付記として書いた淡海真人三船

今までほとんど論じられていないが、『日本書紀』の次に編纂された『日本書紀』は、『続日本紀』と書かれている。この表題は、わが国で最初の正史・国史の『日本書紀』の「続」だからである。しかしこのわが国最初の「正史」の続篇の『続日本紀』（巻第八）は、養老四年五月癸酉（二十一日）成立の『日本書紀』を左のように書く。

先是、一品舎人親王奉勅修日本紀、至是功成奏上、紀卅巻、系図一巻。

たった二十七字である。「先是《これよりさき》」とある「公印」の使用について書く記事は八十一字で、この本文の付記として『日本書紀』の成立記事が書かれている。正史の『日本書紀』の成立を「続」を冠した『続日本紀』が、公印使用記事の付記として書いている事実について論じた論考は、私の知る限りでは皆無である。『続日本紀』掲載の『日本書紀』成立の養老四年（七二〇）五月癸酉（二十一日）の原文を読み下しにして示す。

太政官奏《だいじやうかんそう》すらく。「諸司《しよし》の国に下《くだ》す小《ちいさ》けき事の類《たぐひ》・白紙《しろきかみ》を行下《あてくだ》す。理《ことわり》に於《お》きて穏《おだ》ひにあらず。更《さら》に内《ない》印《いん》を請《こ》はば、恐《おそ》るらくは聖聴《せいてい》を煩《わづら》はさむことを。望《のぞ》み請《こ》はくは、今より以後《のち》、文武《ぶんぶ》の百官の諸国《くにぐに》に下《くだ》す符《ふ》は、大事に非《あら》ぬよりは、逃げ去る衛士《ゑじ》・仕丁《しちやう》の替《かはり》を差《いだ》すことと、年料《ねんれう》を催《もよほ》し残りの物を廻《まは》すことと、并《あわ》せて兵衛《ひようゑ》・采女《うぬめ》の養物等《やうもちなど》の類《たぐひ》の事は、便《すなは》ち、太政官《だいじようかん》の印《おして》を以《もち》て印《しるし》せむ」とまうす。奏《まを》するに可《か》としたまう。尺《たかはかり》の様を諸国《くにぐに》に領《わか》つ。

是《これ》より先、一品舎人《とねり》親王、勅《みことのり》を奉《う》けたまはりて日本紀を修《あ》む。是《ここ》に至りて功成《こうな》りて奏上《さしあ》ぐ。紀卅巻系図一巻なり。

『日本紀』に「続」を冠した『続日本紀』は、原文の漢字表記では、字数はたった二十七字の記事で、わが国最初の国史の成立を公印使用記事の「付記」として書いている。この記事を書いた人物を私は淡海真人三船と見るが、この事実は中臣・藤原氏を論じる時に見過す事が出来ないから、本章のトップに書く。

『続日本紀』延暦四年（七八五）七月十七日条に、淡海真人三船の薨伝が載る（原文は漢文）。

刑部卿《ぎやうぶきやう》 従四位下兼因幡守《いなばかみ》淡海真人三船卒《しゆつ》しぬ。三船は大友親王の曽孫なり。祖葛野《かどの》王は正四位上式部卿なり。父池辺王は従五位上内匠 頭《うちのたくみのかみ》なり。

三船は性聡敏《せいそうびん》にして群書《ぐんしよ》を渉覧《せふらん》し、尤《もと》も筆札《ひつさつ》を好《この》む。宝字元年、姓を淡海《あふみ》真人と賜はり、起家《きけ》して式《しき》部少丞《ぶせうじよう》を拝す。（中略）式部《しきぶ》少輔《せうふ》、参河・美作の守を歴《へ》たり。八年、造池使《ざうちし》に充《あ》てられ、近江国に往《ゆ》きて堤《つつみ》・池を修《をさ》め造《つく》る。時に恵美仲麻呂、宇治より道《ゆ》きて、走りて近江に拠《よ》り、先《ま》づ使者を遣《つかは》して兵馬を調《ととの》へ発《た》てしむ。三船、勢多に在《あ》りて、使《し》判官佐伯宿禰《はんぐわんさへきすくね》三野《みの》と共に、賊使《ぞくし》と同悪《どうあく》の徒《と》とを捉縛《そくばく》す。尋《つ》ぎて将軍日下部《くさか》宿禰子麿《こまろ》・佐伯《さへき》宿禰伊達《いたち》ら、数百騎を率《ひきゐ》て至《いた》りて勢多《せた》橋を焼き断《た》つ。故《ゆえ》を以《もつ》て、賊、江《え》を渡ること得《え》ずして、高嶋郡に奔《はし》る。功《こう》を以《もち》て、正五位上勲三等を授《さづ》けられて、近江介《すけ》に除《ぢよ》せらる。中務《ちうむ》大《だい》輔《ふ》兼侍従に遷《うつ》され、尋《つ》ぎて東山道巡察使《じゆんさつし》に補《ふ》せられ、出《い》でて採訪《さいはう》して、事畢《ことをは》りて復奏《またそう》するに、昇降《しようかう》愜《たしか》ならずして頗《すこぶ》る朝旨《てうし》にそむけり。勅《みことのり》有りて譴責《けんせき》せらる。出《い》でて大宰少弐《だいざいせうに》と為《な》り、刑部大輔《ぎやうぶだいふ》に遷《うつ》され、大判事《だいはんじ》、大学頭《のかみ》 兼文章《もんじやう》 博士を歴《へ》たり。宝亀の末、従四位下を授《さづ》けられ、刑部卿《ぎやうぶきやう》 兼因幡守を拝《はい》す。卒《しゆつ》しぬる時、年六十四。

この文章の原文（漢文）の字数は二七三字である。ところが淡海三船の死より二年前に左大臣・右大臣を歴任した正二位の藤原魚名の死亡記事が載るが字数は一二五字であり、従四位下の淡海三船の半分以下の字数である。淡海三船の死の二カ月後、九月二十三日条に、

中納言正三位兼式部卿藤原朝臣種継、賊に射られて薨《こう》しぬ。

とある藤原種継も、「天皇、甚《はなは》だ悼《いた》み惜《お》しみたまひて、詔《みことのり》して正一位・左大臣を贈りたまふ」とあるが、功績を記す原文の字数は一八一字である。

正一位左大臣の藤原種継より九二字も多い文章が、刑部卿従四位下の淡海三船の記事である。正一位左大臣の藤原種継よりも官位の低い淡海三船について、『続日本紀』が最長の追悼文を記載しているのはなぜか。

淡海三船が亡くなった延暦四年七月十五日から一ヵ月後の八月二十八日条に、大伴家持が薨じた記事が『続日本紀』に載るが、原文の字数は一八二字で二七三字の淡海三船より百字近くすくない。死亡時の官位は大伴家持は中納言従三位、淡海三船は刑部卿従四位下で役職も官位も低いのに、左右大臣の藤原氏より長文の死亡記事が載る理由は、前述したが淡海真人三船と言う前は「御船王」で光仁・桓武天皇と同じ、天智天皇の後裔皇族であったからである。

天武系の『日本書紀』と天智系の『続日本紀』

左の図は天武天皇の皇子・皇孫の関係である。

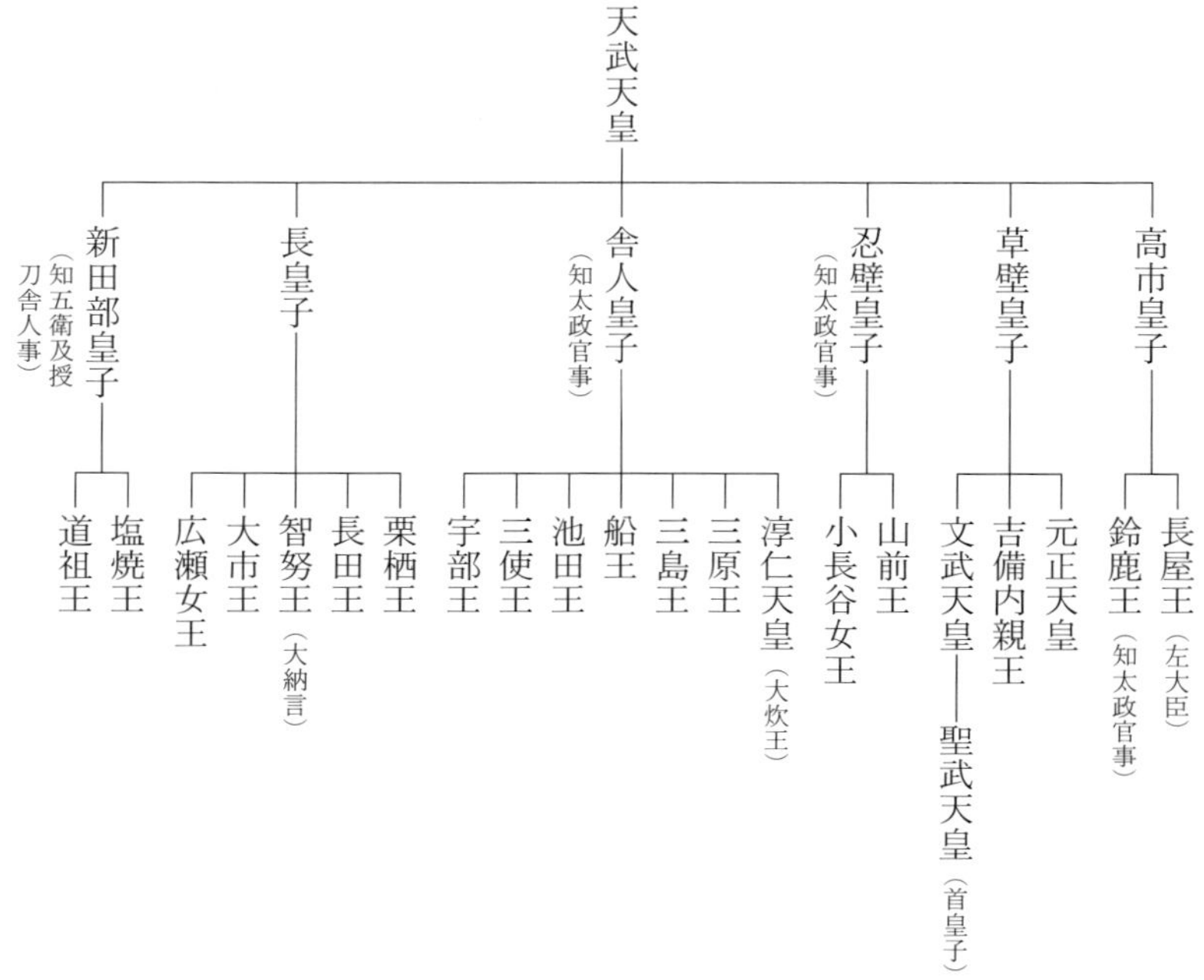

この天武天皇系に対して、天智天皇系は更に左のようなさびしい系譜である。

持統天皇は天武天皇の皇后、元明天皇は草壁皇子の妃で、いずれも天武天皇系に組み込まれており、天智天皇の皇女も天武天皇系の女帝になっている。男系の天智天皇系は前述の系譜が示しているように、大友皇子と志貴皇子の二系のみで、その関係は四七頁左図のようである。

この系譜が天智系・天武系の皇統だが、天武系が皇位についている事例が圧倒的に多く、天智系は四九代の光仁天皇からである。

御船王は淡海《おうみ》真人三船と改名しているが、養老六年（七二二）に生まれている。桓武天皇は天平九年（七三七）の出生で、天智天皇から淡海三船は四代、山

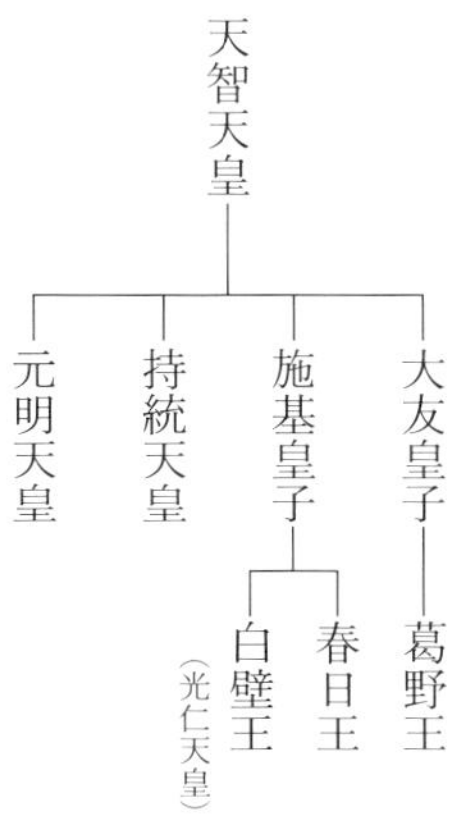

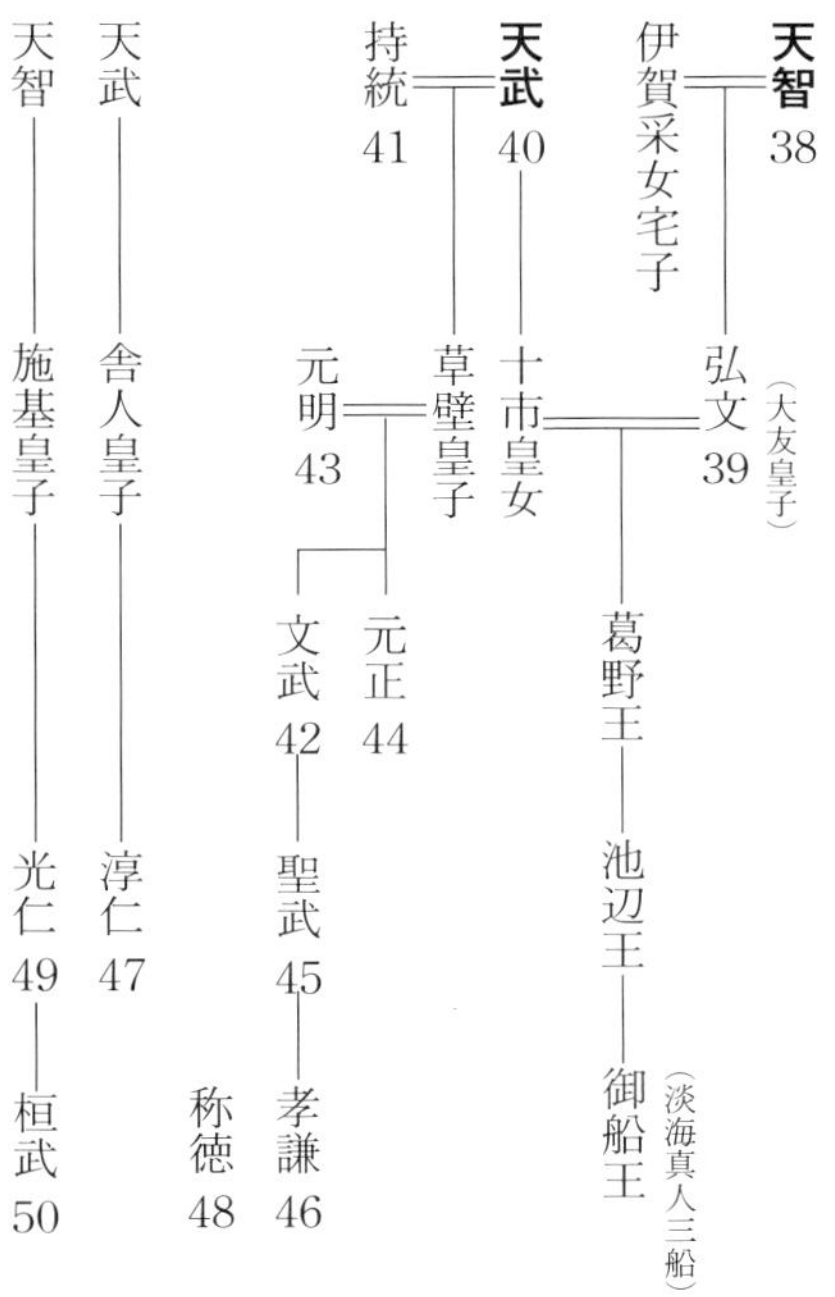

辺王の桓武天皇は三代で、四代目の淡海三船が三代目桓武天皇より十五歳年長である。理由は二代目の大友皇子（弘文天皇）と志貴皇子に年齢差があり、代々の王子の出生時の相違が、このような結果になっているのである。

上の系譜の「弘文天皇」は「大友皇子」だが、笹山晴生は『国史大辞典２』（吉川弘文館）の「大友皇子」の項で、左のように書いている。

『懐風藻』には皇子を皇太子と記しており、前田家本『西宮記』裏書など、平安時代中期以降のいくつかの史料には、皇子の即位を記すものがある。このため、皇子は天智天皇の崩後即位したが、『日本書紀』では編者舎人親王が故意にその事実を記さなかったのだとする主張が、江戸時代に『大日本史』や伴信友によって唱えられ、明治三年（一八七〇）七月、明治天皇は皇子に弘文天皇と追謚した。明治以後は、これに対し、皇后倭姫の即位説（喜田貞吉）、同称制説（黒板勝美）なども唱えられた。今日では、皇子が即位の式をあげたかどうかは疑問としても、事実上は天智天皇崩後の近江朝廷の主であり、天皇としての大権をもっていたとする見方が有力である。

天智天皇は十年十二月三日に崩じているが、大海人皇子の挙兵は翌年の六月二十二日であり、天智天皇紀十年九月条には、

　天皇、寝疾《みやまひ》不予したまふ。或本に云はく。八月に、天皇疾病《みやまひ》したまふといふ。

とあり、十二月二十三日に大友皇子は左・右大臣らと共に、「誓盟《ちか》ひ」をしたと書くから、大海人皇子が挙兵する六月二十二日までの半年は大友皇子の治政であった。

たった半年ではあるが皇位についていたから、明治の新政権は「弘文天皇」という諡号を贈っている。

伴信友は『長等の山風』（上巻）の冒頭で、

　大友天皇は、天智天皇の第一の皇子、始の御名伊賀皇子、後に大友皇子と稱し奉る。

と書き、「大友天皇」と明記している。そして、

　扶桑略記　天智十年十月立㆓大友太政大臣㆒爲㆓皇太子㆒、十二月三日天皇崩、同五日大友皇太子即㆓帝位㆒生年廿五。

　年中行事秘抄　天智天皇十年春正月己亥朔庚子、大友皇子始爲㆓太政大臣㆒天智天皇男也、後爲㆓皇太

子一即二帝位一。

水鏡　十年正月五日。みかどの御子に大友皇子と申しを、太政大臣になし給ひき。廿五にぞなり給ひし。

西宮記　天智十年任二太政大臣一、十二月即二帝位一（『大鏡』裏書引二西宮記一云）。

と書き、

是ら皆、そのかみ別に正しき古記録のありけるによりて、採りたる物決し。

と書いている。この『長等の山風』の記事が明治三年の「弘文天皇」追謚の根拠になったのである。

正史と言われている『日本書紀』は、大友皇子が即位して天皇だった政権を無視している。その王朝は一年未満の短期間であったが存在していたから、明治新政権は大友皇子に「弘文天皇」の称号を贈った。このように後代でも天皇であった事を認めているのに『日本書紀』は無視している。この事実は『日本紀』の「続」を冠した『続日本紀』が、『日本紀』の成立を公印使用記事の「付記」として載せている事と連動している。この事実を論じた論考は皆無である。

光仁朝の『続日本紀』編纂についての笹山晴生見解

『続日本紀』が『日本書紀』の成立を公印使用記事の付記として記しているのは、理由があってのことだが（理由は藤原氏にかかわっている）、その理由を書く前に、『続日本紀』の成立について、岩波書店版（新日本古典文学大系）の『続日本紀一』に掲載されている、笹山晴生の「続日本紀と古代の史書」と題す論考に載る、

「続日本紀の成立過程」と題した左の表を示す。(1)

続日本紀の相当巻次	淳仁朝	光仁朝	桓武朝	
巻一—巻二十 文武元年正月— 天平宝字二年七月	曹案三十巻 天平宝字元年まで （藤原仲麻呂か）。	①淳仁朝の曹案をもとに三十巻の書として奏進。ただし宝字元年紀一巻は欠（石川名足・淡海三船・当麻永嗣）。	③光仁朝奏進の史書を再訂、二十巻とする。延暦十三年八月以降開始か（菅野真道・秋篠安人・中科巨都雄）。	延暦十六年二月完成、①②の部分と合わせ続日本紀として奏進。
巻二十一—巻三十四 天平宝字二年八月 —宝亀八年		②二十巻に編集。ただし案牘のまま。 （石川名足・上毛野大川）	①延暦十年に開始か。十四巻の史書とし、延暦十三年八月奏進（藤原継縄・菅野真道・秋篠安人）。	延暦十六年二月あらためて続日本紀として奏進。
巻三十五—巻四十 宝亀九年—延暦十年			②上記十四巻に引続き、延暦十三年八月—十五年の間に奏進（藤原継縄・菅野真道・秋篠安人）。	延暦十六年二月あらためて続日本紀として奏進。

この表で明らかだが『続日本紀』は、淳仁朝でまとめられた曹案三十巻が、光仁朝で二十巻に変えられている。この改変については岸俊男が『藤原仲麻呂』で史料を示し、次のように述べている。

『類聚国史』（巻一四七、文部下、国史）に収められている延暦十三年八月十三日付の藤原朝臣継縄《つくただ》の上表文（……）から概要をたどることができる。

降《くだ》りて文武天皇より聖武皇帝に訖《おわ》る記注昧《くら》からず。但《ただ》し宝字より起りて宝亀に至る、廃帝（淳仁）受禅するも遺風を簡策《かんさく》に韞《おさ》め、南朝（光仁）登祚《とうそ》するも茂実《もじつ》を洛誦《らくしよう》に闕《か》く。是《これ》をもつて故中納言従三位兼行兵部卿石川朝臣名足、主計頭従五位下上毛野公大川ら詔を奉じて編輯《へんしゆう》し、合せて廿巻と成す。(2)

このように岸俊男は書いて、更に「これによると、『日本書紀』につづく文武—聖武間の歴史はすでに記録されていたが、それにつづく宝字—宝亀間の歴史が出来ていなかったので、石川名足・上毛野大川らが二十巻に編修した」と書く(2)。

この岸俊男の記述には『続日本紀』編纂を進言した淡海三船が欠落しているが、『日本後紀』（巻五桓武天皇、『類聚国史』巻一四七にもみえる）に載る、延暦十六年二月十三日付の菅野朝臣真道の上表文も示している。

初め文武天皇元年歳次丁酉より起りて宝字元年丁酉に盡く、惣《す》べて六十一年、有する所の曹案《そうあん》卅巻、語米塩《べいえん》多く事亦《ことまた》疎漏《そろう》、前朝（光仁）故中納言従三位石川朝臣名足、刑部卿従四位下淡海真人三船、刑部大輔従五位上当麻真人永嗣《ながつぐ》らに詔し、帙《ちつ》を分つて修撰し、以つて前記に継がしむ。しかるに旧案に因循《いんじゆん》して竟《つひ》に刊正するなく、その上る所は廿九巻のみ。宝字元年の紀全く亡ひて存せず。臣ら故実《こじつ》を司存《しそん》に捜《さぐ》り、前聞を旧老に詢《と》ひ、残簡《ざんかん》を綴叙《てつじよ》し欠文を補緝《ほしゆう》す。雅論英猷《がろんえいゆう》、義貽謀《ぎたいぼう》に関《かかは》る者惣《す》べて之《これ》を載せ、細語常事《さいごじようじ》、理《り》画策《かくさく》に非《あらざ》る者は並びに略諸《りやくしよ》に従ふ。凡《すべ》て刊削《かんさく》する所廿巻。

この『日本後紀』の記述は『類聚国史』（巻一四七）にも載るが、笹山晴生が示す前述の表の桓武朝には、菅野真道・秋條安人・中科巨都雄が関与していた。その事について岸俊男は左のように書く。

淳仁即位以前、『日本書紀』以後の部分の正史が三十巻として、ある時期に編纂されていたことが推定される。その時期は確説とはできないが、やはり宝字年間とみるのが妥当であろう。仲麻呂がそのような事業を起した史料は他に見当らないが、『日本書紀』は祖父不比等の死ぬ直前の養老四年（七二〇）五月に完成している。同じく不比等の手がけた養老律令を施行せしめた仲麻呂であってみれば、その先蹤に従って『日本書紀』に続く官撰史書の編纂を計画したことは十分に推測できる。しかも巻数も『書紀』と同じく三十巻。そのような原『続日本紀』が「語米塩多く、事亦疎漏」といわれるのは、あるいは仲麻呂の勢力衰退に伴って、編纂事業も未完に終ったからでなかろうか。少なくとも『続日本紀』として完成流布しなかったことは事実である。[2]

笹山晴生は東京大学教授、岸俊男は京都大学教授で日本古代史の碩学者であり、私もその見解に従うが、しかし淳仁朝と光仁・桓武朝の間には、皇統の系譜に断層・相違があった。

前述（四七頁）の系譜で示したが、天武天皇の皇統は四十代天武天皇から四十六代孝謙天皇まで、草壁皇子の系譜が皇位についていたが、藤原仲麻呂の推薦で舎人親王の皇子大炊王が即位し淳仁天皇となった。しかし淳仁天皇は仲麻呂が反乱を起したので廃位させられ、孝謙上皇が称徳天皇として再び皇位についたが、神護景雲四年（七七〇）八月、五十三歳で崩じた。

称徳天皇崩御で諸王中で年齢が長じており、先帝時代に功績があったという「遺宣」を根拠に、前述したが前例のない天智系の皇子施基（志貴）皇子が、崩御した先帝称徳より九歳年長の六十二歳で「皇太子」になり、先帝崩御の二ヵ月後に「光仁天皇」として即位した。この天皇の即位で皇統は天武天皇系から天智天皇系に移った。そして開始された『続日本紀』の編集では、笹山晴生が示す「続日本紀の成立過程」に依れば、淳仁朝の「曹案三十巻」が「二十巻」に縮小されて奉進されたのである。[1] この三十巻を二十巻に縮少変更した光仁朝の編集を、笹山晴生は、

藤原仲麻呂に依る藤原・中臣氏史観で編纂されていた全三十巻を、全二十巻に削除する作業であった[1]

(傍点は引用者)。

と書いているが、私が傍点をつけた藤原・中臣氏史観については、笹山論文は具体的には論じていない。私は「まえがき」で述べたが『日本書紀』に「続」を冠する『続日本紀』が『日本書紀』の成立を公印使用記事の付記として書いているのも、『日本書紀』を藤原・中臣氏史観の国史と見たからと推測する。

藤原仲麻呂関与の『続日本紀』と淡海真人三船

岸俊男は『藤原仲麻呂』で、

『続日本紀』の原型、つまり『日本書紀』につづく正史の編修が行なわれていた可能性が多いのである。しかもその時期から推して、藤原仲麻呂の発議によると思われる。

と書いて、更に次のように述べている。

『続日本紀』が完成するまでの数回に及ぶ複雑な編纂過程については、いま直接関係がないので省略するが、それは(A)『類聚国史』(巻一四七、文部下、国史)に収められている延暦十三年八月十三日付の藤原朝臣継縄《つぐただ》の上表文と、(B)『日本後記』(巻五桓武天皇、『類聚国史』巻一四七にもみえる)の延暦十六年二月十三日付の菅野《すがの》朝臣真道《まみち》の上表文の二つの史料から概要をたどることができる。[2]

この『類聚国史』の記事は笹山晴生が前述（五〇頁）した表で示す光仁朝の②であり、『日本後紀』の記事は光仁朝の①と桓武朝の③の記事であるが、この岸見解からも藤原仲麻呂が『続日本紀』を編纂していた事がうかがえる。

岸俊男は『日本書紀』には不比等が関与していたと見て、藤原仲麻呂は祖父の不比等が、「養老律令」・『日本書紀』を施行・編纂したから、『日本書紀』に続く『続日本紀』も「同じく三十巻」にしたと書いている。

淡海三船は藤原不比等が関与した『日本書紀』に「続」を冠した史書が、藤原仲麻呂に依って同じ「全三十巻」で完成している事を知っていたから、天智天皇の孫の白壁王が六十二歳で即位し、光仁朝の時代になったのを好機と見て、藤原仲麻呂に依る三十巻の『続日本紀』でない、『続日本紀』を刊行すべきだと、光仁天皇に進言したと私は推測している。白壁王は宝亀元年十月一日に即位して光仁天皇になっているが、前述の「大学頭正五位上淡海真人三船を兼文章博士」に任命した記事は、宝亀三年（七七二）四月だから、光仁天皇が即位して一年半後の記事である。この事例からも私は前述のように推測したのである。

坂本太郎は「列聖漢風諡号の撰進について」で、天皇の漢風諡号は淡海三船の撰進と結論し、撰進時期について左のように書いている。

文部少輔すなわち式部少輔の地位、宝字より後、文人の首となったこと、宝字六年、彼の年齢四十一歳であることなどを合わせ考えれば、このころに彼に撰諡の沙汰が下ったとしても必ずしも不都合はないでないか。七年正月には彼と並んで文人の首といわれた石上宅嗣が文部大輔に任じているが、或いは二人の間に議があったと想像されなくもない。こう定めれば、称徳・光仁の諡号の一斉撰進に洩れたことが容易に説明せられるのであり、孝謙もまた同様と解せられて別に支障を来すところはないのである。かくておそらく撰進のことは宝字七、八年頃に行われたのであろう。

と書いている。(3)

宝字七、八年（七六三、七六四）から六、七年後の宝亀元年（七七〇）に、白壁王が光仁天皇として即位している。その年に淡海三船は四十八歳である。三十代後半にすでに「文人の首《かしら》」と言われていた人物だが、光仁朝に『続日本紀』の編纂に関与していた時に正五位上で、薨伝には「宝亀の末、従四位下を授けられ」とあるから、宝亀九年か十年に従四位下になっているが、石川名足は宝亀四年九月七日に従四位下になっており、官位は淡海三船より石川名足がやや上位だったから、三船より前に名足の名が『続日本紀』に載っているが、主導者は三船であったろう。笹山晴生は「光仁朝の修史事業」は「石川名足の領導のもと」と書くが(1)、石川名足は大学頭にも文章博士にもなっていない。また年齢も三船は名足よりも六歳も年長であり、すでに「文人の首」と言われていた人材であるから、光仁天皇に藤原仲麻呂の『続日本紀』に変《か》わる『続日本紀』編纂を進言し、編纂を主導したのは、私は淡海真人三船と推測している。

石川氏の娘を文武天皇の「妃」と書く『続日本紀』

淡海三船は宝亀十年（七七九）二月に、『唐大和上東征伝』を撰している。『過海大師東征伝』ともいうが、唐僧鑑真来日の苦心談を主とした伝記である。仏教史・思想史の重要史料であり、交通史・社会史の史料としても貴重な書である。このような著書を光仁朝に執筆していたから、編集を主導したのは最年長で「文人の首」の淡海三船だが、『続日本紀』の編纂の実務作業は、石川名足・当麻永嗣・上毛野大川らにまかせていたであろう。

淡海三船は延暦四年（七八五）七月に六十四歳で薨じ、三年後の延暦七年六月に石川名取が六十一歳で薨じている。光仁朝に『続日本紀』編纂に関与した編集者が亡くなって三年後、延暦十年（七九一）に桓武朝の編纂が始まったが、淡海三船が関与した巻一〜巻二十でなく、巻二十一の天平宝字三年（七五九）以降の編纂が、藤原継縄も関与して開始された。しかし淡海三船らが関与した巻一〜巻二十には、桓武天皇は藤原継縄に参加させていない。というより桓武天皇が参加させなかったのであろう。

桓武天皇は宝亀四年（七七三）一月二日に皇太子になっているが、老齢の父天皇は名義上の天皇で、光仁朝の実務は皇太子が行なっていたから、淡海三船の意向を聞いての「続」を冠した『日本紀』の編纂・刊行は、皇太子山部親王が淡海三船と計画して実行したと推測できる。したがって淡海三船がかかわった巻一〜巻二十に、『日本書紀』の成立が公印使用記事の付記として記載されていても、桓武天皇は黙認したのであろう。

『続日本紀』には更に注目すべき記事が記載されている。重要だから再度示す。『続日本紀一』の冒頭の文武天皇元年八月癸未（二十日）条に、左の記事が載る。

藤原朝臣宮子娘《いらつめ》を夫人《ぶにん》とし、紀朝臣竈門《かまど》娘・石川朝臣刀子《とね》娘を妃《ひ》とす。

この記事の「夫人」と「妃」について岩波書店版『続日本紀一』は「夫人」について、

天皇の配偶者の身位の一つ。大宝・養老令制では王臣の女で三位以上を授けられる者。

と書き、「妃」については、

大宝・養老令制では、妃は天皇の配偶者のうち四品以上を授けられる者すなわち皇女・内親王の身位。

王臣の女で四位・五位を授けられる者の身位である嬪の誤りか。

と書いている。紀氏と石川氏は皇族・王族でないのだから、誰が見ても「妃」は「嬪」の「誤り」だが、この誤記がそのまま載っているのは、「誤り」を『日本書紀』の成立を公印使用記事を付記と書くのと同じに、光仁朝で石川名足や淡海三船が書き、その誤記を桓武朝で菅野真道や秋篠安人らが誤記であるのを承知で、改めなかったからであろう。

石川名足は石川刀子娘の同族である。彼がこのような、誰が見ても誤りの記事を記載したのは、淡海三船が『日本書紀』の成立を公印使用記事の付記として書くのと同じ発想である。私はこの誤記と付記は意図した誤記・付記と見ているが、巻一～巻二十の編纂には当麻永嗣も関与しているが、彼は淡海三船・石川名足の意図を理解して従ったのであろう。

「嬪」であるべき石川氏・紀氏の娘を「妃」と『続日本紀』は書いているが、「序章」でも書いたが「妃」は皇族・王族の娘の表記である。その事を承知で光仁朝の編者は「妃」と書いているが、その筆者は石川名足と私は見ている。菅野真道と秋篠安人については、くわしく「序章」で述べたが、二人の主要紹介を簡単に笹山論文から示す。

菅野真道は、……桓武天皇の寵臣である。真道は河内国丹比郡に居住する渡来系氏族の出身で、もと津連といい、延暦九年、上表により菅野朝臣の姓を賜わった。（中略）真道はこの時、図書頭兼皇太子学士である。天皇がすでに病に臥した延暦二十四年正月、とくに真道と秋篠安人とを参議としたのも、天皇の信任の重さを示している。

と書き、秋篠安人についても、

秋篠安人は、本姓は土師宿禰である。土師氏は、天皇の母高野新笠の母家にあたるため、桓武朝にはすこぶる優遇を受けた。（中略）土師氏は文才にすぐれた者を輩出し、ことに大枝（のち大江）・菅原の両氏は学問の家として発展し、修史の事業にも深くたずさわるようになる。(1)

と述べている。この笹山見解から見ても、右大臣藤原継縄を巻一～巻二十の編纂に参加させなかったのは桓武天皇の意向と推測出来る。藤原氏をはずしたのは、藤原氏が参加すれば『日本書紀』の成立を付記として記した記事は改められたし、冒頭の藤原不比等の娘の官位より上位に紀氏・石川氏の娘を記す記事も誤記だから、訂正させられたであろう。その事がわかっていたから、聖武天皇は二十一巻以降は藤原継縄を筆頭者として参加させたが、巻一～巻二十巻の編集には参加させなかったのであろう。

文武天皇の皇后候補は石川氏の娘であった

文武天皇の三人の皇妃で最初から皇后扱いは藤原不比等の娘の宮子であったとし、宮子が生んだ子が「皇太子」であったという見解が、一般化している。

一方で『続日本紀』の文武天皇元年八月二十日条の記事を、正しい記事と見て石川・紀氏の娘が不比等の娘より格が上としている見解もあるが、間違いである。しかし間違いではあるが、持統太上天皇は自分の出自の石川氏の娘、「石川朝臣刀士娘」を文武天皇の皇后と考えていたという見解は正しいと、私は見ている。その事は新しく大宝元年（七〇一）三月甲午（二十一日）に発足した議政官に、文武天皇に娘を嫁《とつ》がせた藤原朝臣不比等と紀朝臣麻呂の名は載るが、前述したが石川朝臣宮麻呂が記載されていない事から言える。

左大臣　正二位　多治比真人嶋
右大臣　従二位　阿倍朝臣御主人
大納言　正三位　石上朝臣麻呂
大納言　正三位　藤原朝臣不比等
大納言　従三位　紀朝臣麻呂

この時、多治比嶋は七十八歳、阿倍御主人は六十七歳で、石上麻呂は六十歳であったが、藤原不比等はまだ四十三歳であった。大納言の紀朝臣麻呂は『日本書紀』の持統天皇六年六月四日条に、七人の人物が「直広肆（従五位下相当）」を授《さづ》けられたとある中の一人である。その紀朝臣が七年後に八階級も一挙に上って、「大納言、従三位」になっているのは、娘が文武天皇に嫁《か》したから以外には、大納言になる理由は見当《みあた》らない。他の二人の大納言任命には、『日本書紀』の持統天皇十年十月二十二日条。他の二人の大納言の石上麻呂・藤原不比等に、資人を「五十人賜ふ」という記事が載り、この功績に依ると見られるが、紀麻呂には功績記事はない。

文武天皇の「妃」となったのは紀氏だけではない。石川氏の娘も入内しているのに、石川氏は議政官に任命されていないのは、「まえがき」で書いたが文武天皇の母（阿閇皇女、元明天皇）も祖母（持統太上天皇）も石川氏出身であったからである。同族の石川刀子娘の父を大納言にして議政官にしなかったのは、石川刀子娘の生んだ子を「皇太子」にするつもりだったからであろう。

『続日本紀』が「石川朝臣刀子娘を妃とす」と書く石川刀子娘の父は石川朝臣宮麻呂である。藤原不比等・紀麻呂よりも年長の、四十七歳であった。しかし彼のみが議政官になっていないのは、文武天皇の祖母（持統上皇）も母（阿閇皇女）も石川氏出身であり、石川氏の娘が生んだ子を皇太子にするつもりであったから、前述したが父の石川宮麻呂を議政官に任官しなかったと、私は推測している。

しかし持統太上天皇が大宝二年（七〇二）に五十八歳で崩じ、五年後の慶雲四年に文武天皇が二十五歳で早逝すると、状況が激変した。その実例が『続日本紀』記載の文武天皇崩の慶雲四年六月辛巳（十五日）の二カ月前の四月壬午（十五日）の詔である。この詔は文武天皇の詔となっているが、母が天皇の名で出した詔である。

> 汝《みまし》藤原朝臣の仕《つか》へ奉《まつ》る状《さま》は今のみに在《あ》らず。掛《か》けまくも畏《かしこ》き天皇《すめら》が御世《みよ》御世仕《つか》へ奉《たてまつ》りて、今もまた、朕《わ》が卿《まへつきみ》と為《し》て、明《あか》き浄《きよ》き心を以て、朕《われ》を助け奉り仕《つか》へ奉る事の、重《いか》しき労《いたは》しき事を念《おも》ほし坐《ま》す御意《みこころ》坐《いま》すに依《よ》りて、たりたまひてややみ賜《たま》へば、忌《い》み忍《しの》ぶる事に似《に》る事をしなも、常労《つねいたほ》しみ重《いか》しみ念《おも》ほし坐《もう》さくと宣《の》りたまふ。また難波《なには》大宮《おほみや》に御《あめしたしらしめ》　宇しし掛《か》けまくも畏《かしこ》き天皇命《すめらみこと》の、汝《みまし》の父藤原大臣の仕《つか》へ奉《たてまつ》りける状《さま》をば、建内宿禰《たけのうちすくね》命の仕《つか》へ奉りける事と同じ事ぞと勅《の》りたまひて、治《おさ》め賜《たま》ひ慈《うつくし》び賜ひけり。

とあり、この後に「食封五千戸を賜はく」と言ったが、「辞《いな》びて受けず。三千戸を減《へら》して二千戸を賜ひ、一千戸は子孫に伝へしむ」とあるが、この文武天皇の死の直前（二ヵ月前）に出した天皇の勅語は、天皇の母が藤原不比等と相談して作文した勅語であろう。

この事実は「明《あか》き浄《きよ》き心を以て」とあるが、持統太上天皇が崩じた直後から行なった人事は、不比等独占体制を施行する人事で「明き浄き心」ではない。姉と子に死なれた姪娘《めいいらつめ》にとって、前例のない孫（首皇子）の皇位継承を実現してくれた不比等に頼るしかなかった。その為には自分や姉の持統天皇の出自の石川氏の娘が生んだ皇子でなく、不比等の娘が生んだ皇子を皇太子にするしか方法はなかったのである。

『続日本紀』の反藤原氏記事と桓武天皇の関与

大宝二年（七〇二）十二月甲寅（二十二日）条に、

太上《だいじやう》天皇崩《かむあが》りましぬ。

とあるが、持統太上天皇崩の三年後の慶雲二年（七〇五）十一月甲辰（二十八日）から、不比等の娘の皇后化が始まる。

大納言従三位大伴宿禰安麻呂を兼大宰帥とす。従四位下石川朝臣宮麻呂を大弐《だいに》。

とある。大伴安麻呂は大納言と兼務だから都に居て、次官の「大弐」の石川宮麻呂のみが大宰府大弐として九州へ赴任させられたのは、石川名足を都に居住させせたくなかった藤原不比等の策謀に寄ると考えられる。石川名足の系譜は、左の系譜である。

石川宮麻呂――石足――年足――名足

宮麻呂は淡海三船と共に『続日本紀』を編集した石川名足の曽祖父であり、文武天皇の皇子を二人も生んだ石川氏の女性は、宮麻呂の娘である。この石川宮麻呂の娘は和銅六年（七一三）十一月乙丑（五日）条に、

石川・紀の二嬪の号《な》を貶《おと》し、嬪《ひん》と称《なの》ること得《え》ざらしむ。

とあり、宮廷から追放されている。角田文衞は「首皇子の立太子」と題する論考で「密通または呪詛」で追放されたと見ているが、二人が共に密通・呪詛をするはずはない。実際に行なったのではなく、理由を「デッチアゲ」ての追放と考えられる。特に角田論考に依れば、石川刀子娘には二人の文武天皇の皇子が居た。その事を『新撰姓氏録』（右京・皇別下）記載の記事で示す。

　高円《たかまど》朝臣　正六位上高円朝臣広世より出づ。もと母の氏《うじ》に就《つ》きて石川朝臣たりき。続日本紀に合《かな》へり。

この記事を角田論文は左の系譜で証す。

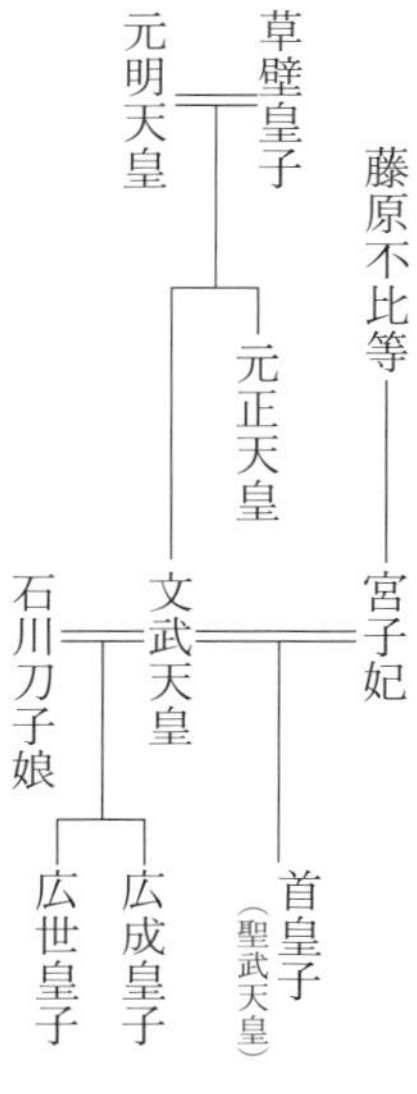

そして角田文衞は「陰謀によって石川朝臣刀子娘は失脚し、その結果、広成・広世の両皇子は皇籍を剝奪され、必然的に母の姓・石川朝臣を称するに至った過程が朧気ながら明白化するのに至ったのである」と書いている。(4)

前述の角田文衞の系譜と『続日本紀』の光仁朝の編纂者の石川名足の系譜を結ぶと、

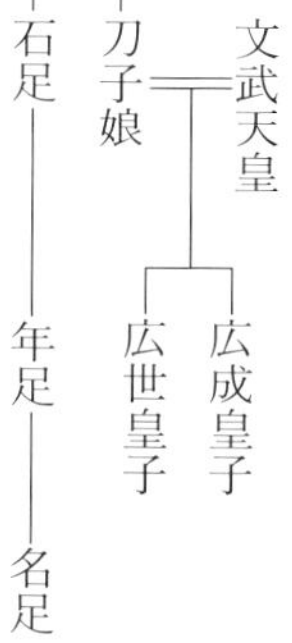

となる。石川名足が淡海三船と共に光仁朝に編纂していた『続日本紀』で、藤原不比等の娘の宮子の「夫人」より格の上の「妃」として、石川氏の娘を『続日本紀』に記載したのは、石川氏出身の祖母の持統天皇も母の元明天皇も、自家出身の刀子娘と考えていたと見ていたからである。藤原氏と紀氏の娘の父は議政官のメンバーに入れて「大納言」にしたのに、石川常麻呂は「大納言」にしなかったのがその事を証している（名足が『続日本紀』で紀氏の娘も「妃」と書いたのは、石川氏の娘のみを妃と書くと自分が記した事でばれてしまうからである）。しかし持統太上天皇が崩じて、病身のわが子の天皇と共に、母は不比等に頼らざるを得なくなった。その始《はじ》まりが大納言の大伴安麻呂を大宰帥、石川宮麻呂を次官の「大弐」に任命し、石川宮麻呂のみ九州へ赴任させた事に示されている。更にひどい処置は、宮廷から石川宮麻呂の娘と孫を追放した時、

娘の父、孫の祖父の石川朝臣宮麻呂は病床に伏していたのに、藤原不比等はその事を承知で宮麻呂の娘と孫を、宮廷から追放している薄情な事実である。

『続日本紀』は、宮廷から石川宮麻呂の娘と孫が追放された一ヵ月後の十二月九日条に、

右大弁従三位石川朝臣宮麻呂薨じぬ。

と書いている。追放された娘と孫は、死の直前の病床の宮麻呂と会っているだろうが、その対面は悲惨・残酷である。まともの人情をもつ人間なら、宮麻呂の娘と孫の宮廷からの追放は、宮麻呂の病気の快復を待ってからか、死後に行うであろう。ところが冠位だけは「従三位」を死の直前に贈ったが、娘と孫を宮廷からの追放という行為を、臨床の重病人で居る事を承知で実行したのが藤原不比等である。

今、私がこのように書いているのは、この事実が『続日本紀』に記載されているからだが、この記事を載せたのは淡海三船と石川名足である。

このような行動を死の直前の石川宮麻呂に対してとった男、藤原不比等を、持統天皇の妹で元明天皇になった姪娘《めいいらつめ》は、死の直前の文武天皇の詔で、

明《あか》き浄《きよ》き心を以て、朕《われ》を助け奉《たてまつ》り仕《つか》へ奉る事……、

と述べているが、「明き浄き心」とはまったく逆の行動で「朕を助け」ているのである。一見は「助けた」だが、事実は藤原不比等は目的・願望達成の為なら、「明き浄き心」も捨てて行動する人物であった（その事は第二章以降でも書く）。

このような人物が関与して世に出されたのが『日本書紀』なのだから、淡海三船らは『日本書紀』をまと

もな国史・正史とは認めず、その成立を公印使用記事の付記として書いたのである。この『日本書紀』を正史と認めない記事が載る巻は、藤原継縄には関与させず、藤原継縄は巻二十一巻以降に関与している。この方針は桓武天皇の意向であろう。

光仁朝の巻一〜巻二十の編纂には淡海三船と共に石川名足が関与しているが、文武天皇に嫁した三人の娘の官位を、石川氏・紀氏の娘の官位を上位にし、藤原不比等の娘で聖武天皇の母の官位を、宮廷から追放された石川氏・紀氏の娘たちの「妃」より低い「夫人」と書く記事を、『続日本紀』は記載している。当時、宮廷出仕の官僚なら常識である「妃」と「夫人」の相違（「妃」は皇族・王族の娘が妻になった時の呼称）を承知で、『続日本紀』が石川氏・紀氏の娘を「妃」と書いた記事（この記事は淡海三船と石川名足が共謀して書いたのだろう）を、桓武朝の編集者たちが見過している。というより菅野真道・秋篠安人・中科巨都雄らが黙認して、間違いのまま記載している事に私は注目している。

笹山晴生は「続日本紀と古代の史書」で、桓武朝の巻一〜巻二の三人の関係者のリーダーの菅野真道を、「桓武天皇の寵臣」と書き、秋篠安人を、「本姓は土師宿禰である。土師氏は、天皇の母高野新笠の母家にあたるため、桓武朝にはすこぶる優遇をうけた」と書いている。[1] この二人は『続日本紀』の巻二十一〜巻四十までの巻は藤原継縄と共に編纂している。しかし『日本書紀』成立を付記に書き、不比等の娘の官位を石川・紀氏の娘の官位より低く書き、巻一〜巻二〇には藤原氏を関与させていないのは誰の司令か。私は桓武天皇と見る。

桓武朝に右大臣・東宮傅になり、薨じて従一位を贈られた藤原継縄は、平安遷都の功労者でもある。彼を

『続日本紀』の編纂に関与させながら、前述の『日本書紀』成立を公印使用記事の付記として載せ、不比等の娘で聖武天皇の母の官位を、共に文武天皇に嫁《か》した石川氏・紀氏の娘より低い官位にして第一巻に記載している誤記を黙認し、藤原継縄はこの記事の載る巻の編纂から除外・排除している。この行動をとれるのは桓武天皇以外にはいない。この事実について、今迄論じられている論考を私は知らない。もっとも重要なのは『日本書紀』の「続」を冠した国史が、『日本書紀』の成立を公印使用記事の付記として載せている事である。付記扱いにしたのは『日本書紀』を藤原・中臣氏御用国史と見たからである。

『懐風藻』で持統天皇を「皇太后」と書いた淡海真人三船

『続日本紀』は『日本書紀』の成立を公印使用記事の付記として載せている。理由については前述したが、記載したのは淡海三船だと私は推論した（バックには桓武天皇が居た。桓武天皇の母は韓国からの渡来氏族）。ところが漢詩集『懐風藻』に「葛野王。二首。」と題した漢詩の前に左の記事が載る。

高市皇子薨《みまか》りて後に、皇太后王公卿士《くわうたいこうわうこうけいし》を禁中《きんちゆう》に引きて、日嗣《ひつぎ》を立てむことを謀《はか》らす。時に群臣《ぐんしん》各私《おのがじし》好《かう》を挟《さしはさ》みて、衆議紛紜《しゆうぎふんうん》なり。王子進みて奏《まを》して曰《のたま》はく、「我が国家《かみど》の法《のり》と為《な》る。神代《かみよ》より以来《このかた》、子孫相《あい》承《う》けて、天位《てんゐ》を襲《つ》げり。若《も》し兄弟相及《けいていあいおよ》ばさば則《すなは》ち乱此《らんこれ》より興《おこ》らむ。仰《あふ》ぎて天心《てんしん》を論《かた》らふに、誰か能《よ》く敢《あ》へて測《はか》らむ。然《しか》すがに人事《じんじ》を以《も》ちて推《お》さば、聖嗣《せいし》は自然《おのづから》に定《さだ》まれり。此《こ》の外《ほか》に誰か敢《あ》へて間然《かんぜん》せむや」といふ。弓削皇子《みこ》座《ざ》に在《あ》り、言ふこと有《あ》らまく欲《ほ》りす。王子叱《いさ》び、乃《すなは》ち止《や》みぬ。皇太后其《そ》の一言《ひとこと》の国を定《さだ》めしことを嘉《よ》みしたまふ。特閲《とくえつ》して正四位を授《さづ》け、式部卿に拝《め》したまふ。時に年三十七。

この葛野王は御船王（淡海真人三船）の祖父で、弘文天皇（大友皇子）の長男である。この記事で注目すべきは、左の記事である。

　皇太后王公卿士を禁中に引きて、

とあり、持統天皇を「皇太后」と書き、天皇と認めていない。この「天皇」でなく「皇太后」と書く発想は、持統天皇紀に編纂の『日本書紀』を、『続日本紀』が公印使用記事の付記として書き、重視していないのと同じ発想である。

岩波書店版『懐風藻・文華秀麗集・本朝文粋』で、『懐風藻』について述べているのは小島憲之だが、「淡海三船説」の論者として、左の十人をあげている。

　林春斎・尾崎雅嘉・伴蒿蹊・伴信友・上田秋成・藤井貞幹・榊原芳野・柿村重松・福井康順・横田健一氏など圧倒的に淡海三船見解が多い、

と書き、理由として、小島憲之は、

　懐風藻の序文の後半以降の文はかなり感傷的であって、全体からみて、天智天皇近江朝に同情的な口吻がみられる。ここに撰者である「余」は、壬申の乱（六七二年）を起した天武天皇吉野朝の反対側に立つ者との説も生れる。しかし序文の中の、近江朝に対する口吻も、詩の収集が近江朝以降であり、先哲の遺風を懐《おも》うが故に同情的な言が生れたものとみるべきで、必ずしも近江朝への同情とはいえず、むしろ思慕というべきであろう。

と書いて、左のように書く。

むしろ撰者は、長屋王と文学的交際のあった、或は長屋王詩苑の詩群を比較的容易に収集できる立場にあった官人某とみるよりほかはない。

この小島見解が成り立たないのは、前述した「葛野王」の詩の前文で「持統天皇」を「皇太后」と書いている事例である。このような書き方をしているのは、大海人皇子の妃として、「葛野王」の父を討った人物を「天皇」とは書けなかったからである。「持統天皇」と書かず「皇太后」と、長屋王と「文学的交際のあった」、「官人某」が書くはずはない。書くとすれば「皇太后」とその夫の天武天皇（大海人皇子）と、壬申の乱で戦って敗者になった大友皇子（弘文天皇）の関係者である御船王の淡海真人三船である。

『懐風藻』のトップに載るのは、

淡海朝皇太子。二首。

である。高市皇子の子の長屋王と「文学的交際のあった……官人某」が、壬申の乱で敗北した「淡海朝皇太子」（大友皇子）の漢詩をトップに載せるはずはない。この事からも多くの論者は、『懐風藻』の編者を「淡海朝皇太子」の曽孫の淡海三船説を主張しているのである。『懐風藻』の編者が淡海三船である事は、持統天皇を「皇太后」と書いて「天皇」と書いていない事が証していると、私は見ている。

持統天皇を「皇太后」と書く発想は、壬申の乱を「天武天皇前紀」として、一巻をとって記載している『日本書紀』の成立を、『続日本紀』が公印使用記事の付記として書いているのと共通した意図である。この事からも、私は『懐風藻』の編纂者を淡海真人三船と見る。他の人物が編纂者なら、持統天皇紀が正史の『日本書紀』の巻三十として載るのだから、「持統天皇」と書き、「皇太后」などとは書かないであろう。

『藤原・中臣氏の研究』と題する本書の第一章を、「『日本書紀』の成立を付記に書く『続日本紀』と藤原氏」という表題で論じたのは、従来の藤原・中臣氏論にない視点で本書を書く意図を示すためであり、更に問題提起したかったのが、『日本書紀』の「続」を冠した正史・勅撰書が、「続」を冠しても題名だけであって、その書の内容は『日本書紀』を公印使用記事の付記として、その成立記事を書いている事実を明示したかったからである。

[注]

（1）笹山晴生「続日本紀と古代の史書」『続日本紀一』岩波書店（新日本古典文学大系12）一九八九年

（2）岸俊男『藤原仲麻呂』（三〇三〜〇六頁）吉川弘文館　一九八七年

（3）坂本太郎「列聖漢風諡号の撰進について」『日本古代史の基礎的研究　下』東京大学出版会　一九六四年

（4）角田文衞「続日本紀と古代の史書」『律令国家の展開　著作集3』宝蔵館　一九六〇年

二章　神武天皇紀の冒頭記載の中臣氏の記事検証

中臣氏始祖を日向国出身と書く神武天皇紀

中臣氏の始祖を日向国出身と『日本書紀』の神武天皇紀の東征記事は記しているが、この記事は、神武天皇の東征記事とは関係ない記事であるから、私は藤原不比等が書き入れた記事と推測している。その記事を示す。

　行きて筑紫国の菟狭《うさ》に至りたまふ。菟狭は地名なり。此には宇佐と云ふ。時に菟狭国造が祖有《おやあ》り。号《なづ》けて菟狭津彦・菟狭津媛と曰《い》ふ。乃《すなは》ち菟狭川の上に一柱 騰 宮《ひとはしらあがりのみや》を造《つく》りて饗 奉《みあへたてまつ》る。是《こ》の時に、勅《みことのり》して菟狭津媛を以《も》ちて、侍臣 天種子命《まへつおみあめのたねこ》に賜妻《めあは》せたまふ。天種子命は、是《これ》中臣氏《うち》が遠祖《とほつおや》なり。

以上の記事は神武東征伝承とはまったく関係がない記事だが、『日本書紀』の天皇紀に載る藤原・中臣氏についての最初の記事である。

『古事記』の神武天皇記は、

　日向自《よ》り発《た》たして、筑紫《つくし》に幸行《いでま》しき。故、豊国の宇佐に到《いた》りましし時、其の土人《くにひと》、名は宇佐都比古《うさつひこ》、宇佐都比売《ひめ》の二人、足一 騰 宮《あしひとつあがりのみや》を作りて、大御饗《おほみあへ》献《たてまつ》りき。

と書き、『日本書紀』神武紀の神武天皇の東征記事の冒頭のような、中臣氏の遠祖の天種子命が菟狭津媛と結婚したという記事は載せていない。藤原・中臣氏の出身を河内・大和とする論者らは、『日本書紀』の神武天皇紀の記事を無視しての主張だから、説得力がない。

『日本書紀』の神武天皇紀に載る中臣氏の始祖天種子命は、「大中臣系図」には、

天児屋根命——天押雲命——天多禰伎命——天津臣命

とあり（「天多禰伎命」は「天種子命」）、更に「宇佐」を冠した「宇佐津臣命」も記載する。いずれも作文された人名だが、中臣氏が日向・宇佐にかかわる事を、この人名記載記事は証している。

図1と図2は井上辰雄の『隼人と大和政権』に載る「大化前代の九州」（図1）と「大化後の九州」（図2）である。[1]「大化後の九州」では「日向」を記しているのに、「大化前代の九州」では「日向」の地名を記していない。理由は『古事記』に、

「筑紫島、……身一つにして面四つあり。面毎に名有り。故《か》れ、筑紫国を白日別《しらひわけ》と謂《い》ひ、豊国《とよのくに》を豊日別《とよひわけ》と謂ひ、肥国《ひのくに》を建日向豊久士比泥別《たてひむかとよくじひねわけ》と謂《い》ひ、熊襲国《くまそこく》は建日《たてひ》別《わけ》と謂《い》ふ」

とあり、「日向国」が欠落しているからである。井上辰雄が「日向」を記さないのは、

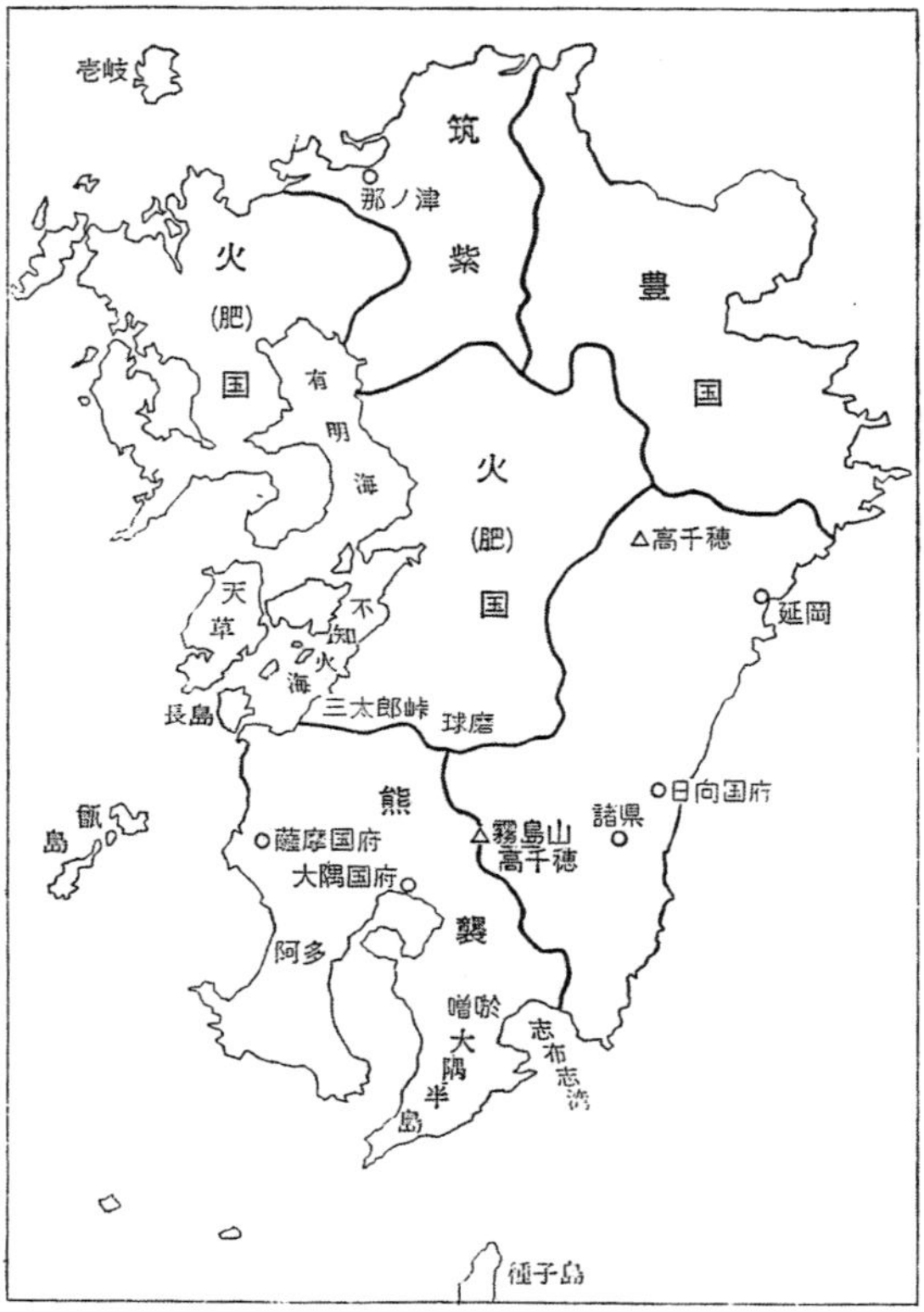

図1　大化前代の九州

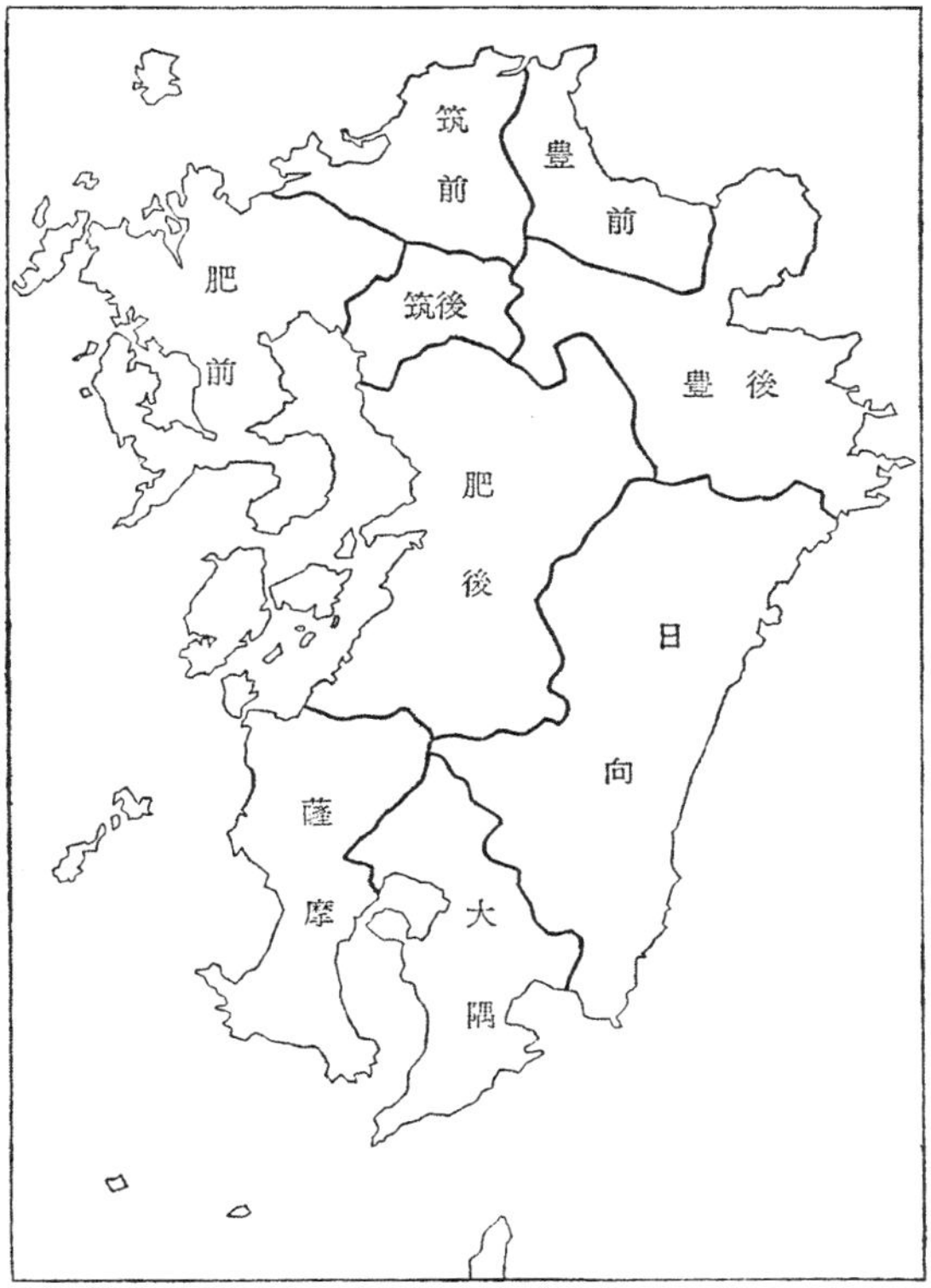

図２　大化後の九州

日向はむしろ豊国の延長と考えられていたからである。……大化後、日向国が日向、大隅、薩摩を総称する国名としてあったからである。

と書いている。[1]

日高正晴も『古代日向の国』でこの『古事記』の文章を引用して、『旧事本紀』の左の文章を示す。

次に筑紫島といふ。身一つにして面四つあり、面毎に名あり、筑紫国を白日別といひ、豊国を豊日別といひ、肥国を速日別といひ、日向国を豊久士比泥別といひ、次に熊襲国を建日別といひ……、

と書き、「日向国を豊《とよ》久《く》士《じ》比《ひ》泥《ね》別《わけ》」と称して、

ともに日向の地域が「豊」――トヨ――といわれていることである。

に注目し、更に、

一般に「豊のクニ」という場合は、豊前、豊後を総称していわれているのであるが、日向国も、古くは豊のクニの地域に包含されていたのではないかと思う。

では、日向のどの地域を「豊のクニ」と称していたのであろうか。その場合考えられることは、現在、宮崎県を西から東へ流れている大淀川流域以北の地域、そこには西都原を中心に千有余基の高塚古墳が分布している。この宮崎県の中央以北の地帯は、『古事記』の国生み説話にみえる「豊のクニ」であったと思われる。ここで「豊のクニ」と称される場合、豊前、豊後、それに日向の中部以北の地を包括した漠然たる地域をさしており、いわゆる行政的意味合いのような明確な地域を示しているのではない。古く、「豊のクニ」といわれた宮崎県の中部以北の地帯は、その後、「日向国」という名称のもとに、宮崎県の南部も包含して一つの国名になったものと思われる。(2)

と日高正晴は書くが、井上辰雄は簡単に、

　日向はむしろ豊国の延長と考えられていたからである。

と書いている。(1) 二人の見解は詳文と短文だが見解は同じである。私は両氏の見解を採る。

『日本書紀』景行天皇紀十三年五月条に、

　高屋宮《たかやのみや》に居《ま》しますこと已《すで》に六年なり。是《ここ》に、其の国に佳人《かほよきをみな》有《あ》り。御刀媛《みはかしひめ》と曰《い》ふ。則《すなは》ち召《め》して妃としたまふ。豊国別皇子《とよくにわけみこ》を生む。是《これ》日向国造が始祖《はじめのおや》なり。

とあり、「豊国別」という名の皇子が「日向国造」になったとある記事からも、日向の地は豊国を別《わけ》た国であった。

『古事記』の景行天皇記の冒頭には、

日向の美波迦斯毗売《みはかしびめ》に娶《みあひ》して、生みませる御子、豊国別王。

と書いており、「豊国」を「別《わけ》」た王が、日向の最初の支配者・統治者である事を示している。

豊前国に居住していた秦氏系氏族と中臣氏

その豊国には中臣氏が居住していた。『豊後国風土記』は、豊前国と豊後国は元は両国を合せて「一つの国」だったと書き、景行天皇の時の事として、左のように書く。

豊国直等《あたひら》が祖《おや》菟名手《うなて》に詔《みことのり》したまひて豊国を治《おさ》めしめたまひしに、豊前国仲津郡中臣村に往《ゆ》き到《いた》りき。時に日晩《ひく》れて僑宿《やど》りき。

景行天皇の時にすでに豊前国には中臣村はあったが、この中臣村は河内や大和から中臣氏が豊国へ行って作った村ではない。『豊前国風土記』は更に左のように書く。

明《あ》くる日の昧爽《あかとき》に、忽《たちま》ちに白き鳥あり。北より飛び来たりて、此の村に翔《かけ》り集《つど》ひき。菟名手《うなて》、即《やが》て僕者《やつこ》に勒《おほ》せて、其《そ》の鳥を看《み》しむるに、鳥・餅《もち》と化為《な》り、片時《しまし》が間《ほど》に、更《さら》に、芋草《いも》数千許株《いくちもと》と化《な》りき。花と葉と、冬も栄《さか》えき。

問題はこの白鳥伝説と同じ伝承がある事を、この記事を記載する論者は誰も指摘していないが、秦氏にある。『山城国風土記』の逸文に、

伊奈利《いなり》と称《い》ふは、秦中家忌寸《はたなかついへいみき》等が遠《とほ》つ祖《おや》、伊侶具《いろぐ》の秦公、稲粱《いね》を積《つ》みて富《と》み裕《さきは》ひき。乃《すなは》ち、餅を用《も》ち

て的《まと》と為《な》ししかば、白き鳥と化成《な》りて飛び翔《かけ》りて山の峯に居《を》り、伊禰奈利生《いねなりお》ひき。遂《つい》に社《やしろ》の名と為《な》しき。

とある。なぜ中臣氏と秦氏に的が白鳥・餅と相違しているが同じ伝承があるのか。

太田亮は大宝二年（七〇二）の豊前国仲津郡丁里に「中臣部泥売」「中臣部黒麻呂」が居たと述べているが(3)、この仲津郡丁里《ちょうのさと》の戸籍の「戸」の数を表にして示すと、左のように半数が秦部で中臣部が一戸あるから、この一戸が泥売・黒麻呂の一戸であろう。

秦部	二三九	物部	四	莒部	一
丁勝	五一	車持部	三	建部	一
狭度勝	四五	鴨部	三	家部	一
川辺勝	三三	大神部	二	綿織部	一
古溝勝	一五	日奉部	二	高桑部	一
大屋勝	一〇	宗形部	二	生部	一
高屋勝	三	灘波部	二	春日部	一
阿射弥勝	一	矢作部	一	刑部	一
黒田勝	一	**中臣部**	一	無姓	四九
門勝	一	膳臣	一	不詳	二
田部勝	一	津守	一	（計	四八一）

四八一戸のうち「秦部」が二三九戸ある。渡来氏族の姓《かばね》の「勝《すぐり》」は同じ発音で「村主《すぐり》」と書くが、「スグリ」は韓国語で「村長」の意である。「村主」表記の渡来氏族は漢氏系氏族であり、「勝《すぐり》」表記は秦氏系氏族である。『日本書紀』雄略天皇十五年条に、秦酒君は、

百八十種の勝を領率《ひき》ゐて、庸《ちからしろ》・調《みつき》の絹・縑《かとり》を奉献《たてまつ》り、朝庭《みかど》に充積《みてつ》む。

とある。この「勝」が豊前国仲津郡丁里の戸籍では一六一戸、「秦部」と「勝」で合計四〇〇戸で、九十四パーセントが秦氏系である（仲津郡丁里は現在の行橋市・京都郡内）。

半田康夫は「秦氏とその神」と題する論考で、豊前国上三毛郡の「塔里《とうのさと》」と「加目久也里《かじくやのさと》」の戸籍を、左のように示す（「上三毛郡」は現在は「上毛郡」と書く）。

上三毛郡塔里		上三毛郡加目久也里	
秦部	六六	秦部	二六
塔勝	四九	河辺勝	一六
強勝	六	上屋勝	一三
調勝	一	膳大伴部	四
梢勝	一	飛鳥部	四
楢勝	一	刑部	二
灘波部	二	膳部	一
海部	一	浴部	一
膳大伴部	一	無姓	一
計	一二八	計	六八

このように書いて各里・各姓の人員表を、

里名／姓	秦部	勝	其他	計
塔里	六六	五八	四	一二八
加目久也里	二六	二九	一三	六八

と書く。[4] 塔里・加見久也里のある上三毛《かみみけ》郡は今は「上毛郡《こうげ》」といい、豊前国の中央部に位置し、北は周防灘に臨《のぞ》んでいる。

塔里は『和名抄』の「多布《とう》郷」で豊前市塔田に比定され、加見久也《かみくや》里は『和名抄』の「上身《かみみけ》郷」であり、現在の豊前市三毛《みけ》門《かど》付近から吉富町・新吉富村・大平村に比定されている（上三毛郡塔里、加見久也里の地名考証は、平凡社版『福岡県の地名』による）。

前述の塔里は九十六パーセントが秦氏系であり、加自久也里も八十二パーセントが秦氏系である。この二カ所の秦氏系と加耶系の平均人口は九十三パーセントで、ほとんどが秦氏で土着民ではない。この事実から、この地は「秦王国」と言われていた。

前述の『豊後国風土記』の冒頭記載の中臣村のあった豊前国仲津郡丁里は、現在の福岡県行橋《ゆくはし》市旧草場地区から豊津町田中の域内で、上三毛郡塔理・加目久也里と同じに周防灘に面しているが、この地域について『福岡県の地名』は京都郡の条で、弥生時代後期後半の「遺物では銅鏡以外にも下稗田《しもひえだ》遺跡の鋳造鉄斧、行橋市前田《まえだ》山《やま》遺跡の石製剣把頭飾などがあり、大陸や朝鮮半島との交流を示している」と書く。一方弥生時代「後期（三世紀後半）には吉備地方や畿内の土器が搬入されている。古墳時代になると海岸線に四世紀初頭畿内系前方後円墳の刈田町石塚山《いしづかやま》古墳が築造される」と書き、朝鮮半島との交流と共に、畿内・吉備との交流があることを、考古資料で示している。さらに「五世紀末に築造された苅田町番塚《ばんつか》古墳からは大陸の葬送思想に通じる蟾蜍形木棺金具が出土している」と書く。弥生時代の後期後半になると遺物に銅鏡があり、下稗田遺跡からは鋳造鉄斧、徳永川上遺跡からは鉄製釣針など韓国製遺物が出土している。この考古学上の事実と豊前国仲津郡丁里の渡来氏族の秦部・勝の居住の例は、無関係ではない。

『隋書』倭国伝記載の秦王国があった豊前国

推古天皇十六年（六〇八）、中国の隋帝国の大業四年に、隋の皇帝は裴世清を使者の代表として、倭国へ派遣した。その隋使の報告を載せた『隋書』の倭国伝は、隋使の上京の順路を左のように書いている。

> 百済を度《わた》り、行きて竹島に至り、南に耽羅《たんら》国を望み、都斯麻《つしま》国を経《へ》、はるか大海の中に在り。又東して一支《いき》国に至り、又、竹斯《つくし》国に至り、又東して秦王国に至る。其の人華夏《かか》に同じ。以《も》って夷洲《いしゅう》と為《な》すも、疑うらくは、明らかにする能わざるなり。又十余国を経て海岸に達す。竹斯《つくし》国より以東は、皆倭に附庸《ふよう》す。（傍点は引用者）

この記事の「秦王国」について、平野邦雄は「豊前か長門・周防にあたるであろう」と書き[5]、直木孝次郎は「豊前」と書く[6]。泊勝美は前述の大宝二年（七〇二）の豊前の上三毛郡塔里・加目久也里、仲津郡丁里の戸籍を取上げ、戸籍の九割が「秦部」「勝《すぐり》」であることなどを例示し、秦氏系氏族が豊前に多数居住していること、香春神社や宇佐八幡宮の祭祀氏族が秦氏系渡来氏族であることから、秦王国は豊前国にあったと書く[7]。

豊前国の「秦王国」については、拙著『秦氏の研究』所収の「第二章　日本の中の朝鮮人の国、秦王国」で詳述した。秦王国の「秦」は秦氏の「秦」である。秦氏は『新撰姓氏録』の在京諸蕃上の「太秦公宿禰《うずまさのきみすくね》」条、山城国諸蕃上の「秦忌寸《はたいみき》」の条に記されているが、始祖を中国の「秦《しん》」の始皇帝にしている。しかし漢字表記を中国の「秦国」の「秦」を用いたに過ぎず、出自は韓国の加耶出身であることも、拙著『秦氏の研究』『続・秦氏の研究』で詳述した。

秦王国の人を「華夏」と同じと『隋書』倭国伝は書いているが、「華夏」は「中華」「中国」の意で、隋使は秦王国の人々を中国人だと見て、「この秦王国は『夷州（台湾）』ではないかと思うが、明らかにする能《あた》はざるなり」と書いている。秦王国が中国人の国であることを「明らかにする能わざるなり」ではなく、秦王国が中国人の国なら「夷洲」と見るべきだろうが、そのことを「明らかにする能わざるなり」なのである。

この訓《よ》みは、和田清・石原道博の『隋書』倭国伝によるが、同書は「秦王国」に注して、「不詳。松下見林は厳島とし、山田安栄は周防の音を秦王にうつしたとする。山陽道西部にあった秦氏の居住地とも関係があるまいか」と書く。平野邦雄は「秦氏の研究（二）」で「秦王国」の「秦王」は、「広東音（tsun norg）として、『スワウ』の写しとみるのが自然」と書き、周防国と見るが、「この音の問題を外せば、豊前・長門でも差支えなく、あるいは、これらの地域を含めたものとしても支障はない」と書いている。(5)

平野邦雄の周防説について後藤利雄は『邪馬台国と秦王国』で、「秦王と周防の音は、相当に離れていて、到底音を写したとは考えられない。試みに双方の上古音と中古音を掲げれば、

秦　dzich—dzĭěn　王　ɦiuaŋ—ɦiuaŋ

周　tiog—tʃren　防　biuaŋ—ɦiuaŋ

の如くである」と書き、秦王国＝周防国説は無理だと書いている。(8)

直木孝次郎は秦王国を豊前国と見て、左のように書く。

「隋書」には、「又東して秦王国に至る。其の人華夏に同じ」とある。華夏は中華すなわち中国のことだが、中国系帰化人が日本にたくさん来ていたとは思われない。中国と似た風俗をもつ朝鮮系帰化人のことであろう。秦王国は周防の音をうつしたのではないかともいうが、この文のすぐあとに、「又十余国を経て海岸に達す」とあり、海から隔たった地のようである。筑前の博多あたりから豊前の中津・行橋あたりへでる陸路の途中に、朝鮮系帰化人の多い地域があったのではあるまいか。北九州の文化を考えるうえに注意すべきことである。北九州の後期古墳には装飾古墳が多いとか、副室をもつ石室があるとか、畿内やその他の地方と違う点が多いことなど、これと関係があるかもしれない。(6)

このように書いて「秦王国」は豊前国にあったと書いている。秦王国は豊前国にあったのだから、「又十余国」は豊前国ではなく筑前国も含まれる。

京都郡・築上郡・行橋市・豊前市の現福岡県と、大分県の中津市・宇佐市・豊後高田市・下毛郡・宇佐郡・東国東郡・西国東郡・速見郡など、周防灘に面した市・郡と近くの郡が「秦王国」である。

泊勝美も『古代九州の新羅王国』で直木孝次郎と同じに、「秦王国豊前説」をとる。(7) 理由は大宝二年（七〇二）の豊前国の戸籍で、残っている上三毛郡塔里・加目久也里・仲津郡丁里の戸籍に、秦部と渡来系氏族の姓の「勝」が圧倒的に多いことをあげて、「秦王国」は「秦氏の王国」と述べている。しかし秦氏の出自を「新羅」と見て「新羅王国」と書くのには賛同出来ない。

泊勝美は加耶は新羅に併合されたから「新羅」と書くが、「秦王国」の人々は新羅に併合される前に渡来して居り、彼らは新羅国人とは思って居なかった。

豊前国の中臣村の所在地の検証と中臣氏

『日本書紀』の神武天皇紀の、日向の「豊国別」の地から中臣氏の始祖が、神武天皇の侍臣として天皇に同行し、宇佐で菟狭津媛と結婚したという記事も、秦王国の豊前に中臣氏が居住していたからである。その事は『豊後国風土記』の冒頭の中臣村の記事が証している。

『豊後国風土記』の白鳥と餅の説話は、秦氏伝承にもあり、中臣氏と秦氏の伝承が共通するのも、宇佐の地に両氏が共存していたからである。この宇佐の地は「秦王国」の地であったが、秦氏は金海加耶国出身であり加耶にかかわるが、「秦王国」の豊前国の宇佐は八幡宮の所在地である。

『日本書紀』は神武天皇の侍臣《まへつおみ》の中臣氏の始祖の天種子命が、日向の地から出発して宇佐で菟狭津媛と結婚したと書くが、この宇佐のある豊前国には『和名抄』が書く「中臣郷」がある。この「中臣郷」について、『太宰管内志』は左のように書く。

「仲津郡草場村、古は中臣村と云《い》いし」

とあり、豊津町田中の貴船神社所蔵の神像の背後の刻文には、

「中臣郷田中森」（『福岡県神社誌』）

とあり、現在の福岡県行橋市旧草場地区から豊津町田中一帯の今川の中流域に比定されている。『福岡県の地名』（日本歴史地名大系41）の「豊前国」条（中臣郷）は、

「豊後国風土記」によると豊国直らの祖菟名手に豊国を治めさせたところ、白鳥が餅や芋になる祥瑞が

仲津郡中臣村で現れたという。大宝二年（七〇二）の豊前国仲津郡丁里戸籍（正倉院文書・古編一）にみえる「中臣部泥売」は当郷と関連するか。

と書くが、『和名抄』には、

仲津郷中臣、

の地名が載り、宇佐宮弥勒寺領として「中臣領」とある。現在は「中臣」の地名の正確な場所は不明であるが宇佐宮弥勒寺領には、「中臣名」がある。『大分県の地名』（日本歴史地名大系45）は、

鎌倉時代初期と見られる弥勒寺喜多院所領注進状（石清水文書、古四ノ二）の「沖臣今男」は「中臣今男」の誤記と言われている。理由は「宇佐宮造営幷神事法会再興日記目録」（到津文書）に、応永二十五年（一四一八）に始まった宇佐宮造営および諸神事の復興事業を受けて、「仲津郡内中臣今男八丁」が同二十六年八月十日に、宇佐宮常灯料を寄進しているからである。「沖臣今男」は「中臣今男」であり、中臣氏が十五世紀にも居住していた事を証している。

と書き、大分県仲津市中殿にも中臣村がありとして、「豊前志」は次のように記していると書く。

中殿は中臣を訛れるなり。其は此の村に中臣氏あるを以て知るべし。但、方今は、憚りて、中とのみ称へり（中略）此の村の夏祭に芋草と餅とを献り、冬祀にカマギと云ふもの二つに餅を入れて、縄を以て堅く結びて、若き男子二人づゝ裸体にて抱き出づるを、又他なる少年数十人裸体に成りて、我れ劣らじと争ひて、彼のカマギを攫み破りて、中なる餅を取り出すなり。

又、小児等へは餅投とて餅を投げて与ふるを争ひ拾ふなる甚珍らかなる式あり。此は、豊後風土

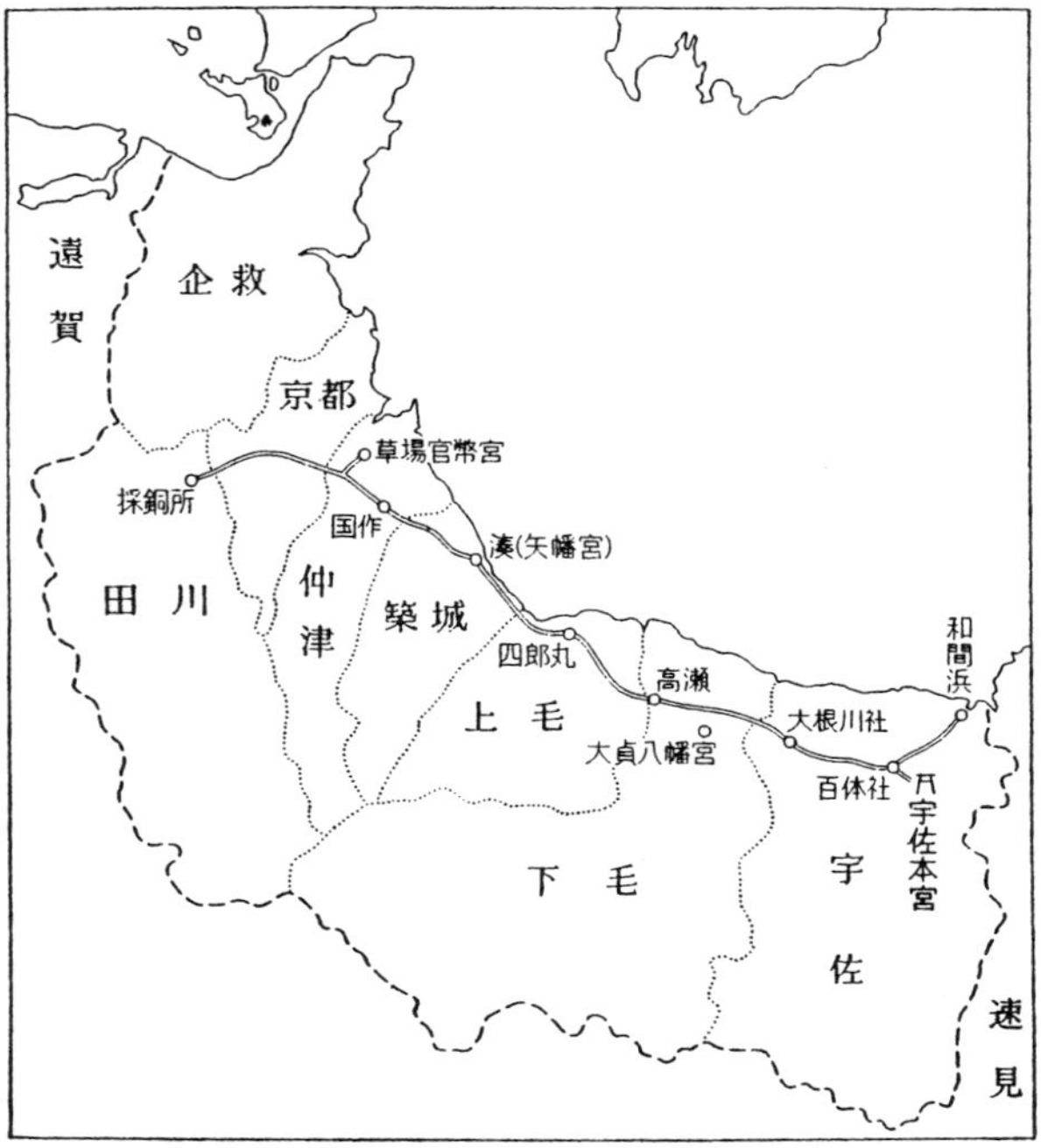

図3　放生会順路（中野幡能『八幡信仰史の研究』上巻より）

記に所謂豊前国仲津郡中臣村にて、鳥の餅と化り、餅の芋と化けたりと云ふ事に依れるなり。此れに因りて考ふれば、中臣村は本仲津郡なりしが、後に、其の村人の此処に来りて住めるが、栄えさかえて一村と成りたるか。彼処の中臣村を此所に移しゝ事有りしか。今は仲津郡に中臣村なし。且、此の村の中津の町近くに在るも由緒ありげなり。

この大分県中津市中殿町は豊前国下毛郡大家郷中臣で、この地には「中臣神社」があったと中野幡能は『八幡信仰史の研究』（上巻）で述べている。[9] 図3は宇佐八幡宮の「放生会の神幸順路」だが、八幡神は田川郡の採銅所を出発して、二つの中臣村のある京都郡（元は中津郡）と下毛郡（現在の中津市）の地を通って宇佐本宮に着く。中臣氏と八幡神の関係については、拙著『秦氏の研究』『続・秦氏の研究』で述べたが、この巡行の地は「秦王国」の地であり、秦氏と中臣氏の関係は無視出来ない。その事は前述の『豊前志』の中臣氏伝承の餅の伝承が、秦氏祭祀の山城国の稲荷神社の餅を的にして射ったら白鳥になった伝承と共通していることからも言える（相違は中臣氏伝承は白鳥が「芋草《いも》」になったが、秦氏伝承は「餅」が白鳥になったことである）。

このように豊前国の秦氏と中臣氏は密接だが、豊前国は「秦王国」と言われている。この秦氏は金海加耶国出身の人々だが、私は日向国の前述した古墳群に加耶系の技術が使われ、加耶系の遺物が出土しているのは、豊前国の秦王国の人々や、彼らが加耶から呼び寄せた技術者・工人が、日向の地で古墳築造に関与したからと推測する。したがって対馬出身で豊前の「ミヤコ」の地に居住していた卜占の徒の中臣氏も、一部は日向に移っていたと推測する。

宇佐八幡宮の祭祀氏族辛島氏の「辛島系譜」

『古事記』の神武天皇記は、神武天皇は宇佐で、

宇沙都比古《うさつひこ》、宇沙都比売《ひめ》の二人、足一騰宮《あしひとつあがりのみや》を作りて、大御饗献《おほみあへたてまつ》りき。

とあるのに対し、『日本書紀』の神武天皇紀は、『古事記』と同じ文章の後に、『古事記』にない、

是《こ》の時に、勅《みことのり》して菟狭津媛《うさつひめ》を以《も》ちて、侍臣《まへつきみ》天種子《あめのたねこ》命に賜妻《めあは》せたまふ。天種子命は、是《これ》中臣氏が遠祖《とほつおや》なり。

とある記事があるのは、『日本書紀』に関与した藤原不比等の作文と私は推測するが、「天種子命」という中臣氏の祖は日向から宇佐へ来ている。この記事は豊前から「豊国の別地」の意の「豊国別命」の統治する地

の日向に、中臣氏が居住して居た事を示しているが、中臣氏は宇佐の八幡神の最初の祭祀氏族の辛（韓）島氏の配下の卜占者として、「豊国の別地」の日向へ行き、居住していたからであろう。

その事を証するのは、豊前国の宇佐八幡宮の最初の祭祀氏族である辛（韓）島氏の「辛島系譜」の検証から言える。その系譜には左のように記されている。

素戔嗚命――五十猛命――豊都彦――豊津彦――都万津彦――曽於津彦――身於津彦――照彦――志津喜彦――児湯彦――諸豆彦――奈豆彦――辛嶋勝乙目

宇佐八幡宮の最初の祭祀者辛嶋勝乙目《からしますぐりおとめ》の「辛《から》」は「韓《から》」であり、「勝《すぐり》」は渡来氏族の「姓《かばね》」である。その冒頭に「素戔嗚《すさのを》命――五十猛《いそたける》命」が載るのは、『日本書紀』神代上（第八段）一書の第四に、左の記事が載るからである。

素戔嗚尊《すさのをのみこと》、其の子五十猛《いそたける》神を帥《ひき》ゐ、新羅国《しらぎ》に降《くだ》り到《いた》り、曽尸茂梨《そしもり》の処《ところ》に居《いま》す。乃《すなは》ち興言《ことあげ》して曰《のたま》はく。「此《こ》の地《ところ》は吾《われを》居らまく欲《ほり》せず」とのたまひ、遂《つい》に埴土《はにつち》を以《も》ちて舟を作り、乗りて東《ひがしのかた》に渡り、出雲国の簸《ひ》の川上に在《あ》る鳥上峰《とりかみみね》に到《いた》ります。

この記事の素戔嗚尊と五十猛神について、

新羅国に降り到り、曽尸茂梨の処に居す。

と『日本書紀』は書き、更に、

「此の地は吾居《われを》らまく欲《ほり》せず」

と書いて、日本国の出雲に降臨したと書いている。この事例は辛（韓）島氏も素戔嗚命・五十猛命と同じに、韓国（新羅でなく伽耶）に居たが、日本国へ来た事を示すために、両神を始祖神として記載したのである。

次に記載する「豊都彦」について、中野幡能は『八幡信仰史の研究』（上巻）で左のように書く。

　豊都彦以下の神名は悉く地名を神格化したものである。試みにこれを現地にあててみると、「豊都彦」「豊津彦」と「都」と「津」を異にするのみで、同じ神名を重ねてあるが、豊都彦は豊国の神であり豊津彦は豊津の神であろう。「都」と「津」の異なる点は「京都」としての豊国と「津」即ち「港」としての豊津の意を表現したのであろう[9]。

このように書いて次の「都万津彦」について左のように書く。

　一つ瀬川中流に児湯郡妻町がある。『文徳実録』『延喜式神名帳』には「都万」、『延喜式駅伝』には「当麻」、『図田帖』には「妻万」、『仁明天皇紀』には「妻」とある。同町大字妻に式内社都万神社が鎮座している。神話に富み、西都原古墳群を有し、景行天皇の皇子豊田別命が日向国造に任ぜられ、国府の所在地となり、同町三宅には天平十三年国分寺が建立された所である[9]。

この中野幡能の記述は見過《みすご》せない。豊都彦・豊津彦という人名は「豊の国」を代表する意味の表記である。その「豊」表記の二人の祖の名の後に、西都原古墳群のある日向国の地名が載る事実に、私は注目している。前述した西都原古墳群やその周辺の古墳群の加耶系遺物や加耶系技術に依る築造などは、秦王国の豊の国の人々が移住しての古墳築造と考えられる。問題は豊の国より日向国に古墳が多く築造されている事実である。私はこの地は隼人の地で未開発であったから、王権が自由に土地を選んで巨大古墳を土着民を使用して築造したと推測している。

古代人はさまざまの大事業を行なう時には、卜者に卜占を行なわせているから、巨大古墳築造など、さまざまな事業にも古代人はその成功・成就の為に、まず卜者の中臣氏に卜占を行なわせていた。したがって辛島氏も卜者（中臣氏）をともなって新開地の日向、「豊国別」が統治する地に進出したのであろう。

都万津彦の次に曽於《そお》津《つ》彦が記されているが、曽於津彦は大隅国曽於郡、身於《みお》津《つ》彦は日向国児湯《こゆ》郡の美々《みみ》津《つ》川の「ミミツ」と中野幡能は見ている。志津《しつ》喜《き》彦は大隅国曽於《そお》郡志布《しふ》喜《き》とし、児湯彦は前述の都万津彦の「児湯郡妻町」の「児湯郡」の事とし、都万津彦と児湯彦も同一の地と書いている。そして諸豆《もろつ》彦は日向国の「諸県《もろかた》郡」、奈豆《なつ》彦は宇豆《うつ》彦の誤記として、大隅国の「韓国宇豆《うつ》彦神社」の「宇豆」と書く。この神社は大隅国の霧島（高千穂）連峰の山麓にある。この中野見解から見ても加耶系の辛（韓）島氏が日向の地へ進出した時に、卜者の中臣氏を同行し、日向に居住していたのであろう。

日向国の西都原古墳群の加耶系技術と遺物

日高正晴は、「『豊国別王』（トヨクニワケノキミ）の年代も、四世紀末から五世紀初頭ごろに想定したい」と書き、「初めて日向国造になった豊国別王一族は、多分、四世紀には存在したと推察される子湯県《こゆのあがた》の県主《あがたぬし》系統の氏族であったと考えられる」と書いて、左のように述べている。

この子湯県、諸県の地域は、現在、日向における大古墳地帯であり、西都原《さいとばる》古墳群を中心に新田原《にゅうたばる》古墳群、高鍋《たかなべ》古墳群、川南《かわみなみ》古墳群・生目《いきめ》古墳群、それに本庄古墳群など、約一二〇〇基の古墳が分布しており、その中には前方後円墳が一五三基も存在している。(10)

この古墳群については鈴木重治が『日本の古代遺跡25・宮崎』で、図4の「宮崎県下の主要古墳の変遷概要」を示している。そしてこの古墳の変遷概要を見ると、四世紀末期から古墳築造がはじまり、最盛期は五世紀と書き、五世紀の西都原古墳群について述べている。(11)

西都原古墳研究所所長の日高正晴は『古代日向の国』の第II章中の「日向地方独特の地下式墳」と題した論考で、西都原地下式四号墳について、初現期の五世紀半《なか》ばから始まっていると書き、活発な古墳築造時期は五世紀末からで七世紀代まで続くと述べている。(10) そして「日向特有の墓制と古伽耶の古墳」と題して、左のように書いている。

このように、地下墓拡と墳丘の複合形式の墳墓が、全国的にみて、日向以外には存在しない特異な墓制であるということであれば、そのことは必然的に外来墓制の影響によって、南九州特有の地下墳が形成されていったのではないかと考えられる。その際、われわれはどうしても日本の周辺地域、特に朝鮮半島南部に眼を転じなければならない。

西都原地下式四号墳の玄室のような長方形型玄室の短側壁から出入りする閉塞した内部構造の古墳は、韓国洛東江流域の古伽耶《かや》の地方一帯に認められる。大邱市達西古墳郡内の内唐洞第五五号墳および洛東江西側の咸安末伊山古墳三四号などは、この類似の墳墓である。さらに興味をひかれるのは、高霊の池山洞古墳群内三二号、三三号、三四号、三五号などの各古墳において、埋葬主体部が地表面下に地下墓拡として構築され、しかも、その長方形玄室は墳丘の中心部に向かってつくられている。韓国の古墳には、鉄製短甲などの武具は数少ないのであるが、特に、三二号墳の副葬品には横矧板鋲留短甲《よこはぎいたびょうどめたんこう》、横矧板

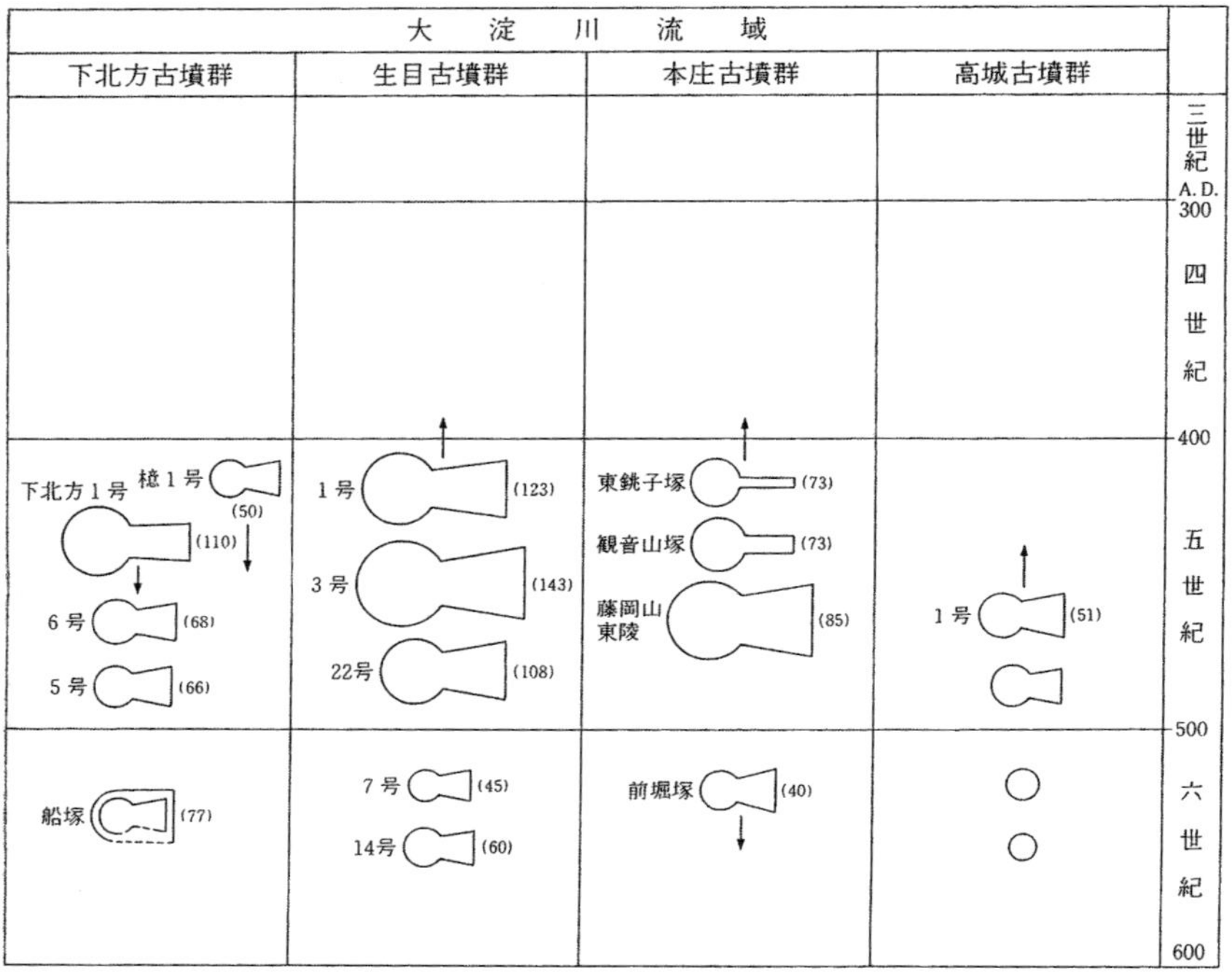

形態は概念図でスケール不同。（　）内数字は全長または径で、単位はm。矢印は移動する可能性をしめした。
北郷泰道・長津宗重「日向の首長墓の系譜」（『古代学研究』102号）の図を改編して作成。

鋲留衝角付冑《しょうかくつきかぶと》、それに頸甲《くびよろい》、肩甲なども出土している。前述したように、西都原地下式四号墳からも横矧板鋲留短甲が二領、出土していることは、この池山洞三二号墳（築造は五世紀前半代）と地下式四号墳が、その墓制と副葬品において類似性を有しているように思われる。

なお、頸甲と肩甲がすぐそばの男狭穂塚の陪塚《ばいちょう》とみられる一七〇号墳からも出土している[10]……。

長い引用になったが西都原古墳群には、加耶地方の古墳の造形、出土置物に類似した造形・遺物が見られるというが、この事実と「秦王国」は無関係ではない。

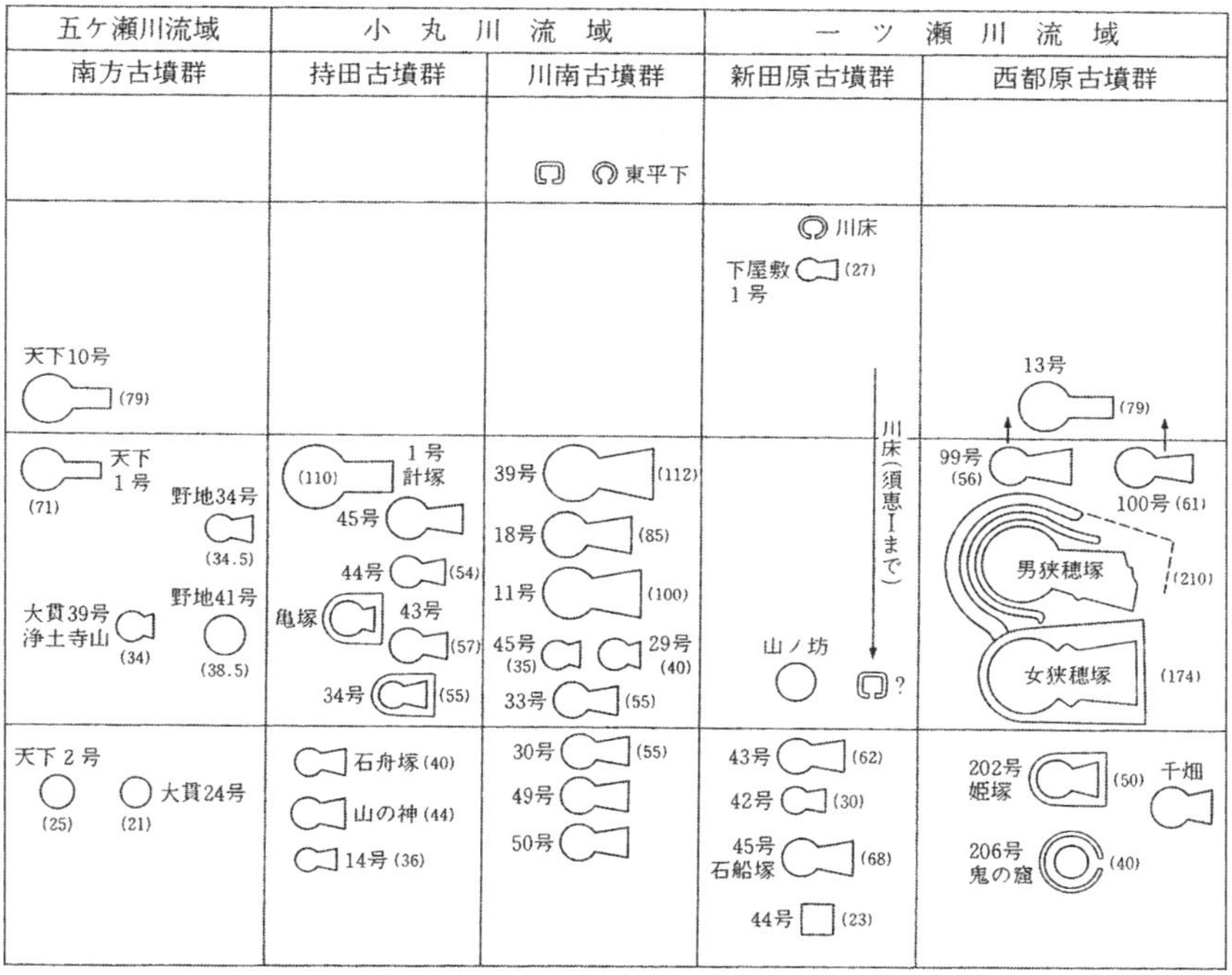

図４　宮崎県下の主要古墳の変遷概要

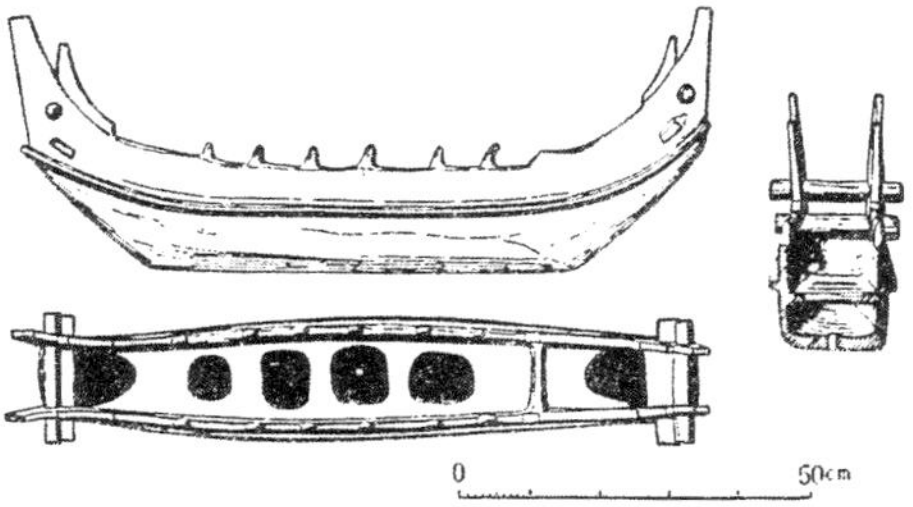

図５　西都原169号墳出土の舟形埴輪の図
（北野耕平「古代の東アジアにおける船舶形態考」より）

西都原古墳の最大級の円形墳である一六九号墳出土の図5の舟形埴輪を日高正晴は韓国の国立中央博物館にある船形土器の三点と同一であり、これら三点の出土地は明らかではないが、北野耕平の論証（「古代の東アジアにお

墳丘数値 ／ 古墳名	墳丘長	後円部径	前方部幅
松鶴洞一号墳	66.0 m	31.5 m	27.0 m
西都原 92号墳	66.0	35.0	22.0
西都原100号墳	59.0	33.0	19.0
西都原 99号墳	58.5（復原）	30.0	16.0
西都原 95号墳	55.0（復原）	29.0	19.0

ける船舶形態考——日本と韓国出土の船形土製品類の意義」神戸商船大学紀要二〇号）では、韓国慶尚南道中央部の洛東江下流地域に想定されている。この地域は、「伽耶《かや》諸国の領域でもあり、古代日本とは密接な関係を有していた地帯である」と書いている。(2) 西都原古墳群と金官加耶国とその周辺の地下墓拡は同じ造形であり、その地の出土遺物の短甲・冑・肩甲・舟形埴輪（土器）も同じか似ており、西都原古墳群の築造に加耶から来た人（秦王国の人々を含む）が関与していた事は否定出来ない。

日高正晴は昭和三一年（一九五六）四月に、本人が発掘調査した「西都原地下式四号墳」について「構築年代は内部構造および出土品などの観点から五世紀半ばごろ」と推定している。この時期を初現として七世紀まで、様式は変化している地下式古墳が見られるが、「日本でも極めて特異な日向地方の地下式墳」（傍点は引用者）である。このような古墳については前述（九一頁）したが、日高正晴は朝鮮半島南部の加耶古墳との関係を詳細に述べている。(10)

鈴木重治も『日本古代遺跡25・宮崎』で「西都原古墳群と地下式横穴」と題して、上田宏範が行なった韓国慶尚南道固城郡固城邑松鶴洞《しょうかくどう》一号墳の地下式横穴との比較を示している（上の表）。そして「ちなみに、西都原古墳群中の九二号墳、九五号墳、九九号墳、一〇〇号墳などの墳丘の長さの比率が六：三：二であって、松鶴洞一号墳が六：二・五：二・五であることは注目される（森浩一編『韓国の前方後円墳』社会思想社）、と書いている。(11)

このように西都原古墳群のみに見られる地下式横穴は、加耶とかかわる「日本でも極めて特異な日向地方の地下式墳」だと日高正晴は書き、鈴木重治も加耶地方にのみに見られる墳型と書いている。日向国の古墳はなぜ加耶とかかわるのか。その事はこの日向の地に進出したのが豊の国の「秦王国」の人々だったからである。その秦王国には中臣氏が居住していた事は前述した。この秦王国の人々の日向国への進出は「辛（韓）島氏系譜」が証しているが、卜者の中臣氏も移住していたから、日向の中臣氏の祖が豊前の宇佐で宇佐津姫と結婚したという記事が載っているのであろう。

太田亮・黒田源次・中野幡能の中臣氏豊前出身説

『日本書紀』は景行天皇紀の十二年十月条に、直入の土蜘蛛《つちくも》を討つ為に卜占を行なった。その後に土蜘蛛と戦って勝利したので、「志賀神・直入物部神・直入中臣神」を祀ったとある。この景行天皇紀の記事について、中野幡能は『八幡信仰史の研究』（上巻）で、

太田亮博士はこの点に注目し「景行紀に天皇熊襲親政の際ハ柏峡の大野に志賀神、直入物部神、直入中臣神に御祈願遊ばされた事を載せて居る。これを史実とすれば四世紀のはじめ頃直入地方に物部神、中臣神を祀った神社があったとせねばならない」といっている。(12)このように書いて、更に、

中臣氏について黒田源次博士は、「中臣氏が建国の当初から皇室に接近し、その神事にたずさわる家

柄として昌えて来たという想定は殆んど確証を見出し得ないのである。むしろ允恭朝か雄略朝からボッボッ頭角を現わすようになり、本居たる豊国の仲津地方から四国讃岐を経て、和泉及び南河内の一部並びに摂津及び北河内の一部に根拠を占め、更に近江から東国端にまで発展したものであろうと思う」として、太田亮博士の説を踏襲し、中臣氏は豊前仲津郡中臣村に起ったとしている。(12)

という黒田源次の見解を示す。そして左のように書く。

さて中臣氏の発生の地とされる豊前仲津郡中臣村については『和名抄』には中臣郷とあり、中世文書によると宇佐宮領になっている。『豊後風土記』によると、景行天皇が豊国直祖菟名手に詔して豊国を治めしめたが、中臣村に着くと白鳥が北から飛び来った。みると鳥が餅になり、さらに芋になり数千株に繁殖した。余りに珍しいので天皇に奏すると天皇も喜んで菟名手の国を豊国、菟名手に豊国直を賜ったとある。(12)

このように書いて、『豊後国風土記』の冒頭の記事の全文を示している。そして『日本書紀』の神武天皇の東征伝承にふれて、左のように述べる。

この宇佐津媛が中臣氏の祖である天種子命に嫁し宇佐津臣命を生んだという事は、始め朝廷が九州経営に着手された時、豊前仲津郡中臣村に本拠を有する中臣氏が、朝廷に征服され、さらに宇佐氏討伐着手の際、中臣氏を通じて朝廷に帰服したからであろう。(12)

中野幡能はこのように書いているが、中臣氏は仲津郡・上毛郡の中臣村から卜部を派遣しており、地域に依っては仲津郡丁里のように一戸だけ中臣部が居住していて卜占を行なっていたのであろう。

中臣氏豊前国出身説の中野幡能・黒田源次の二人の「博士」はいずれも太平洋戦争以前の昭和十年代（一九三五年以降）に「博士」号を得た学者だが、彼らは太田亮の『日本古代史新研究』と題する著書の第六章「中臣氏と九州」記載の論考を採って論じている。太田亮も「文学博士」だが大正時代に学位を採っている学者で、その著書『日本古代史新研究』は昭和三年、一九二八年の刊行である。九十年前の著書であるから、長文をそのまま引用する。

景行紀に天皇熊襲親征の際、柏峡の大野にて遙に志賀神、直入物部神、直入中臣神に御祈願遊ばされた事を載せて居る。これを史實とすれば四世紀の初頃、直入地方に物部神中臣神を祀つた神社があつたとせねばならない。

此の直入と云ふのは如何なる地かと云へば、……後世火國造所管地より、阿蘇國を隔てた直ぐ東方に當り、而して大分國に至る途中になつて居る。その火も阿蘇も大分も海を越えた伊豫も、總べて上古時代多臣氏が國造であつて、……其の途中に此直入があるのである。天皇周芳の娑磨に到着せられた際、先づ多臣祖武諸木、國前臣祖菟名手、物部君祖夏花を先發させたとあるが、此の多臣と云ふのは今云つた火、阿蘇、大分等の諸氏と同姓であり、又國前臣と云ふのも同じく豊國の内の國前郡の豪族で……天皇の親征を聞いて娑磨に奉迎し、詔によつて先發したらしく想像出来る。而して天皇の親征が豊國より日向に向はれた處を見れば、此の武諸木も大分方面の多氏で夏花も直入の物部であつたかも知れぬ。菟名手は勿論豊國の人である。

（中略）

其處で直入と云ふ地の地理を顧みると、前述の如く此地は肥後北部から大分に行く途中にある山間の僻邑で、和名抄にも四郷しか載せて居ない處を見れば、其頃は人口稀薄であつたらう。従つて物部とか中臣と云ふやうな氏が、すき好んで斯様な山間を領有する必要があつたとは思へぬ。

殊に驚くべき事は次に述べるが如く中臣の一族が、こんな僻地に居る事である。物部氏は中央に於いても栄え、又天下至るところに氏人と部曲を持つて居るが、中臣氏にはさう云ふ廣い分布を持つて居ない、中央では第二流を下らなかつた氏ではあるが、近畿以外の地方に於いては見るべき分布を残して居ない中臣氏が、斯様に古く九州内部の山間の僻邑に中臣神を祀つて居た事は驚異に値するのである。その氏族分布の状態から見れば、どうしても此の氏が大和に居る時代に、こんな所へ神社を建てたとは思へないのである。

しかるに事実は之に反して斯様な地に物部神と中臣神とがある處を見れば、……直入地方と云ふものが嘗て餘程重要な土地であつたとせねばならぬ。

（中略）

此國の直入に中臣神があつたばかりでない、神武紀には中臣氏先祖の種子命が、神武天皇の詔によつて此國の宇佐の菟狭津姫と結婚をして居る。これは餘りに古い事だから、或は傳説に過ぎないのであるかも知れぬが、假令傳説としても中臣氏と宇佐との間に密接な関係がなければ、斯様な話が生れる譯のものでない。しかるに此の宇佐の西方、同じく豊の國に仲津郡と云ふのがある、而して其郡内に中臣郷が和名抄に載つて居るが、此の中臣郷が中臣氏と相關聯する地名である事は大寶二年仲津郡丁里戸籍に中臣部黒麻呂なる者が見えて、實際に中臣配下の士が此郡に居た事から相像出來るのである。これと中臣氏の祖種子命が宇佐の豪族の妹なる菟狭津姫と結婚したと云ふ事とを併せ考へると、中臣氏と此の仲津郡の中臣とは、かなり古い關係があるらしく考へねばならぬではないか。

而して其の中臣郷のある郡名が仲津と云ふ。……中臣と云ふのも他の氏と同様、ナカツ卽ち仲津なる地名から起つた名稱とした方がよいと思ふ。果して然らば此の仲津郡は中臣氏の発祥地なのである。(13)

長文の引用をしたのは九十年前の著書で、今は読む事の出来ない論考だからである（、や。の傍印は著者がつけている）。前述の黒田・中野の中臣氏豊前出身説は太田見解に同調しての見解だが、三木彊も『宇佐神宮の原像――古代豊国文化を復原する――』の第二章「豊前の原像」の「（6）中臣連のルーツ」で、豊前国仲津郡中臣郷について、左のように述べている。

『豊後国風土記』に、

大足彦天皇詔二豊国直等之祖菟名手一、遣治二豊国一、往到二前国仲津郡中臣村一、

とあり、『和名抄』も仲津郡八郷のうちに中臣郷を挙げている。中臣村が草場村の古名であることは、『太宰管内志』中に見える。『風土記』が豊国直の治所とする草場の「中臣」は「長光文書」（福岡県田川郡香春町採銅所清祀殿社地内居住の長光家に伝わる古文書。年代不明）によれば、

……勅使著二船于今居津一、御逗二留于草場村之在庁一……次神輿御発二辛採銅所一、其日入二御草場村豊日別宮一。

とあり、草場には、放生会に関連する在庁や豊日別宮のあることがわかる。

草場の南、一キロメートルの国作（現京都郡豊津町）は、豊前国府跡とされる。仲津郡は旧藩時代まで存続したが、現在では、行橋市、京都郡豊津町、京都郡犀川町などに分割されて、律令による京都郡と仲津郡の境界は明らかにし難い(14)。

と書き、更に左のように述べている。

大宝二年仲津郡丁里戸籍に中臣部黒麻呂なる者が見えて、実際に中臣配下の士が此郡に居た事から、これと中臣氏の祖種子命が宇佐の豪族の妹なる菟狭津臣と結婚したと云ふ事とを併せ考へると、中臣氏と此の仲津郡の中臣とは、かなり古い関係があるらしく考へねばならぬではないか。しかして其の中臣郷のある郡名が仲津と云ふ。これも又此氏と縁故がありそうではないか(14)。

三木彊は仲津郡を貫流する「祓川」という川の名が、中臣氏が関与する「大祓」に関係すると見て、左のように書く。

祓について「令集解神祇令」は、

凡六月十二月晦日大祓者。中臣上二御祓麻一。……中臣宣二祓詞一卜部為二解除一。

とあって、歳中歳末に行なわれる大祓は、人間の犯した罪穢を解除する神事である。これには大中臣の大祓詞という言霊によって、清浄化することと、上部の行なう罪に汚れた衣服や人形《ひとかた》を川に流す二つから成っている。これによって祓いが中臣の管掌する重要な神事であることを知るのである(14)。

三木彊は更に「下毛郡大家郷」について、『新撰姓氏録』に、

大家臣　大中臣同祖（大和国神別）

中臣大家連　大中臣同祖（左京神別）

とある「大宅臣」「中臣大家連」にかかわると見ている。(14) 三木彊は地元の郷土史家だが、これらの論者はこのような事例から中臣氏豊の国出自説だが、私は対馬出身説である（その見解は次章で述べる）。

中臣氏のみ、なぜ「臣《おみ》」を「トミ」と読ませるのか

この豊前の中臣氏は仲臣《なかつおみ》の多（太）氏輩下の卜占の徒「卜部」であった。「臣《おみ》」という漢字表記の読み方について、氏族名のナカトミのみが「臣《とみ》」と読む。このような例は他にない。なぜナカトミ氏のみ「臣《とみ》」と読むのか。白川静の『字統』は、

臣　シン　けらい・つかえる・おみ

とあり「臣」表記で「トミ」と読む例は皆無である。

大野晋・佐竹昭広・前田金五郎編の『岩波古語辞典』は、「臣《オミ》」について左のように書く。

①君主に仕える人。臣下。

②姓《かばね》の一。大和朝廷の中心的な地位にあった上流貴族の姓であるが、のちには、八種の姓の第六位とされる。

仕える者の意。古くはカミ（神）に対するもの。ついで、キミ（君）に対するもの。

中田祝夫・和田利政・北原保雄編の『古語大辞典』（小学館）は、

①臣下。「臣の子」「臣の壮子《をとこ》」「臣の少女《をとめ》」などの形で用いられている。

②上代の姓《かばね》の名。「連《むらじ》」と並んで最高の姓とされた。後には天武天皇十三年（六八四）に定められた八《や》色《くさ》の姓《かばね》の第六位。（桜井満の執筆）

中村幸彦・岡見正雄・阪倉篤義編の『角川古語大辞典』（第一巻）は、左のように書く。

①臣下。家来。「臣《ヒト、オム》（名義抄）」とあることを根拠にこの語に人間の意を認め、「恐し我が大神、宇都志意美有らむとは（記・下）」の「おみ」をこの方向から解する説もあるが、臣下の意で理解することもできる。

②姓《かばね》の一。もと、孝元天皇以前の皇族の出自と伝えられる有力氏族に与えられたもので、大和周辺に多くの部民と広大な土地を有した豪族が多く、その最有力者は大臣《おほおみ》として国政に参与した。天武十三年（六八四）に八色姓《やくさのかばね》が制定されたときに、有力なものは朝臣《あそみ》に位置づけられ、臣の姓そのものは　第六位の下級の姓となった。

③姓《かばね》の一。「使主」と表記する。外交や通訳の職にあることを示すものらしく、本来は渡来人に与えられたものと見られるが、時に倭《わ》人でこの姓を持つものがある。大化改新以前に用いられた。

このように「おみ」とは読むが「臣」を「とみ」と読む例は国語学・言語学においては皆無である。この事実を中臣氏を論じた論考で述べている文献を私は知らない。

横田健一は「中臣氏と卜部」と題する論考で、

中臣連は職名＋《プラス》連という形の氏姓である。『延喜本系』所引の天平宝字五年（七六一）撰氏族志所の宣によって勘造しすすめた「本系帳」に、

高天原初而。皇神之御中。皇御孫之御中執持。伊賀志桙不レ傾。本末中良布留人。称二之中臣一者。

とあり、『家伝』上「大織冠伝」には、

世掌二天地之祭一、相二和人神之間一、仍命二其氏一曰二大中臣一。

とある。すなわち職業によって賜った氏姓ということになっている。しかし不思議なのは、神人の間の中にたって仲介をなす職能だけならば「中」でよいのではないか。中臣《とみ》の臣はカバネの臣とまぎらわしい。よくも連姓の豪族に対する賜姓の際に、臣の字を氏につけて賜ったものと思う。もっとも「中連」ではおちつかない感があって、神人の間の仲介をする「家臣、臣下、召使」の意味で、中に臣をつけるように、中臣氏側が運動して功を奏したのであろうか。かくて、連姓の階層にありながら臣姓の階層にまぎらわしい、一段上の階層に見せつけることに成功したかの印象を与えられる。(15)

と書いているが、「臣」（オミ・シン）をなぜ「トミ」と読ませているのか、理由は述べていない。

他に例のない「トミ」と読ませているのは、神と人との中を執り持つ「仲臣《なかつおみ》」の配下に居て、卜占に依って奉仕していた氏族が中臣《なかとみ》氏であったから、「臣《おみ》」という表記を記しながらも、「仲臣」の配下の卜部であった故に、表記は同じ「臣」表記でも相違・区別したのである。

「臣」表記を「トミ」と読む、他に前例のない読み方をしている氏族名を問題にして論じた中臣氏論考を私は知らないが、「臣」（シン・オミ）を「トミ」と「ナカトミ氏」のみが読む事は無視出来ない。

なぜ「臣《おみ》」表記を他に事例のない「トミ」と読ませるのか。読ませる理由がある。理由とは、「仲臣《なかつおみ》」と称する氏族が存在するからである。『新撰姓氏録』（左京皇別下）に、大春日朝臣、孝昭天皇の皇子、天帯彦国押人命より出《い》づ。仲臣《なかつおみ》、家に千金《ちぢのこがね》を重ね、糟《かす》を重《かさ》ねて堵《かき》と為《な》さしむ。時に大鷦鷯天皇《おほさざきすめらみこと》諡は仁徳 其《そ》の家に臨幸《いでま》して、詔《みことのり》して、糟垣臣《かすがきおみ》と号《なづ》けたまひき。後に改《あらた》めて春日《かすが》臣と為《な》る。桓武天皇の延暦廿年に、大春日朝臣の姓《かばね》を賜《たま》ふ。

とあり『新撰姓氏録』（右京皇別下）には、左のように書かれている。

島田臣、多朝臣と同じき祖、神八井耳命《かみやゐみみ》の後なり、五世孫、武恵賀前命《たけゑがさき》の孫、稚足彦《わかたらしひこ》天皇 諡は成務 の御代《みよ》に、尾張国の島田上下《かみしも》の二県《ふたつのあがた》に悪神《あらぶるかみあ》有り。子上を遣《つかは》して平服《ことむ》けて、**仲臣**子上《なかつおみこかみ》、復命《かへりごと》をまをす日、号《な》を島田臣と賜《たま》ひき。

このゴシックで示した「**仲臣**」を佐伯有清は『新撰姓氏録の研究—考證篇第二』で、

大春日朝臣の「中臣」は『和邇系図』に米餅搗大臣命《たがねつき》の子として人華臣をあげ、その尻付に「一に仲臣、仁徳天皇幸㆓仲臣家㆒、委㆑糟為㆑堵、詔号㆓糟垣臣㆒改為㆓春日臣㆒」とみえる。これによれば、仲臣は人華臣の別名であることがわかる」

と書く。そして島田臣の「**仲臣**」については栗田寛が『新撰姓氏録考証』で、『古事記』（神武天皇記）に神武天皇の皇子の神八井耳命を始祖とする常陸国の仲国造の「仲」にかかわるから、仲臣の子上の仲臣を姓とする」のは「疑わしい」として「地名」と書いており、「**仲臣**」を人名にしたり地名にしたりしている。このように見解が一定していないから、私は佐伯見解は採らない。佐伯見解は「仲臣」は「中」でなく「仲」と書いている事を無視しているが、『新撰姓氏録』は「仲」と「中」を書き分けている。

仲臣　大春日朝臣祖　　左京皇別下

仲臣子上　多朝臣同祖　右京皇別下
仲王　坂田真人祖　　右京皇別上
仲臣雷大臣命　三間名公祖　未定雑姓（河内国）

三例は皇別だから「仲」であり、「三間名公」の「仲」も加耶国の王族だからである。このように『新撰姓氏録』は「仲」と「中」を使い別《わけ》ているのに、佐伯見解は「仲」表記を無視して論じている。

「ナカ」表記は、

中科宿禰　中村連　中野造、

の三氏以外は、すべて「中臣」表記である。

中臣朝臣　中臣能凝朝臣　中臣習宜朝臣　中臣酒人宿禰　中臣藍連　中臣大田連　中臣大家連　中臣方岳連　中臣葛野連　中臣栗原連　中臣酒屋連　中臣志斐連　中臣高良比連　中臣東連　中臣宮処連、

以上十六例の中臣氏以外に、「大」を冠した

大中臣朝臣、

が一例あるが、これら「中」表記の氏族、つまり中臣氏のみが「臣《おみ》」表記を「臣《とみ》」と読んでいる。「中臣」に「大」を冠したのは「大中臣朝臣」のみである。

私たちが中臣氏を論じる時、なぜか「ナカオミ」「ナカツオミ」でなく「ナカトミ」と、当然の如く読み、論じているが、「臣《おみ》」を「臣《とみ》」と読む事は特例である事をまず指摘しておく。

仲臣の多（太）氏系氏族の始祖の神八井耳命は神武天皇の皇子であり、大春日朝臣の始祖の天足彦国押人

命は孝昭天皇の皇子である。仲臣は佐伯有清が書くような人名・地名ではない。神と人の仲を執り持つもっとも尊い役職であったから仲臣の多氏・春日氏の始祖は皇子であった。その実例として仲臣・多氏の始祖伝承を次に示す。

神と人との仲を執り持つ「仲臣《なかつおみ》」と「中臣《なかとみ》氏」

仲臣の多氏の始祖の神八井耳命は庶兄の当芸志美美《たぎしみみ》命が、二代目天皇になる神八井耳命を殺害しようとしているのを知って、庶兄を討《う》とうとしたが出来ず、実弟の神沼河耳命が庶兄を討ったので、弟にこのように語ったと『古事記』神武天皇記は書く。

「吾《われ》は仇《あた》を殺《ころ》すこと能《あた》はず。汝命既《いましみことすで》に仇を得殺《えころ》したまひき。故、吾は兄なれども上《かみ》と為《な》るべからず。是《ここ》を以《も》ちて汝命上と為りて、天《あめ》の下治《したし》らしめせ、僕《あ》は汝命《いましみこと》を扶《たす》けて、忌人《いはひびと》と為《な》りて仕《つか》へ奉《まつ》らむ」とまをしき。

この記事は二代目天皇の皇位を弟に譲って、自分は「マツリゴト」でも神事《かみこと》にかかわる「忌人」になると言っている（『日本書紀』も同じ記事を載せている）。

この記事の「忌人《いはひびと》」を折口信夫は「日本文学の発生」の第三章の「中語者《なかかたりもの》の職分」で、中語者は「神と人との仲を執り持つ聖職」と書いて、

「神と人間との間に立つて物を言ふ、後世の所謂中語に当る職分」

と書いている。「中語」は民間の「仲臣《なかつおみ》」で、神が依《よ》り憑《つ》いて神と人との仲を執り持つ聖職者である。

柳田国男も「立山中語考」で左のように書く。

立山に登る剛力のことを中語と書いてチウゴと謂ひ、時にはナカカタルとも謂《い》ふ（中略）中語は字の如く神と人との中に在つて語る者としてよろしい。後世別に別当神主等の役が出来て、中語は卑役にのみ服するやうになつた為意味が不明になつたらうが、遠方の信心者が来つて神に接近せんとするには、仮令聴かねばならぬ神の御答の要らぬ場合にでも、常に此の如き仲介者を求めたのは昔の普通の信仰であつた。

（中略）

越前国大野郡石徹《いしと》白《しろ》村は最初の白山の表口であつたらしい。この村の旧社に白山中居神社《はくさんなかをりじんじや》がある。……此神の名の起りはやはり本社に附属した神で、主神と人間との仲介者として、民意を神に白《もう》し神意を民に宣するの役を勤《すす》むる者の祖神、

と書いている。

「ナカ」としての漢字表記の「仲」には、以上のような意味があり、佐伯見解のような単なる人名・地名ではない。中臣氏の「中」には深い意味があるが、中臣《とみ》氏は神意を知るために亀卜を行なって、仲臣《おみ》を助力する役職であった。したがって垂仁天皇紀二十五年三月条に「一《ある》に云はく」として、

中臣連が祖探湯主《くがぬし》に仰《おほ》せて、誰《たれ》人を以《も》ち大倭大神《やまとのおほかみ》を祭《まつ》らしめむと卜《うら》へしめたまふ。

とあり、中臣氏は卜占を行なったと明記している。日本古代史の学者・研究者のなかには、名前は明記しないが、中臣氏が卜占の徒、卜者であった事を否定する人達が居るが、中臣氏は「卜者に非《あら》ず」という見解に

立っていては、藤原・中臣氏の実像は見えてこない事を、まず第二章で述べておく。

中臣《とみ》氏は神と人との仲を執り持つ仲臣《なかつおみ》氏の配下に居た事は『日本書紀』の崇神天皇紀が示している。豊の国を平定した人物を、

多臣の祖武諸木《たけもろき》・国前臣の祖菟名手《うなて》・物部君夏花《なつはな》、

と書く。国前臣の祖菟名手は前述した『豊後国風土記』に載る中臣村での白鳥伝承に登場する人物である。武諸木は豊前・豊後を平定して「大分君（豊後国の主）」の始祖になっている。前述（九七頁）の直入中臣神の「直入」は多氏系の大分君の領内で、仲臣の多氏の配下の卜部の中臣氏が、卜占を行なったと、左のように『日本書紀』の崇神天皇紀は書く。

水上《かはのほとり》に卜《うら》へたまふ。便《すなは》ち兵を勒《ととの》へ、先づ八田《やた》を禰疑野《ねぎの》に撃《う》ちて破る。


卜占を行なった後に戦って勝利し、直入中臣神を祀っているが、この地は「多臣の祖武諸木」が平定後に下賜された「大分国（豊後国）」の領域である。この事実からも多臣の武諸木の仲臣の配下に中臣氏が居た事は明らかである。

『古事記』に依れば多臣と同族の大分君・肥（火）君の一族の黒坂命・建借間命が、常陸国を平定しているが、黒坂命については『常陸国風土記』茨城郡条は、「大臣の族黒坂命」が平定したと述べているが、「大臣」は「多臣」である事は拙著『日本神話論』でも述べたが、黒坂命は前述の大分君の一族である。『常陸国風土記』（逸文）の信太郡条は黒坂命は「陸奥の蝦夷を征討《う》つ」とある。

黒坂命だけでなく九州の多氏の肥（火）君の一族の建借間《たけかしま》命も、『常陸国風土記』に依れば、那珂（仲）

郡・行方郡《なめかた》を平定している。『古事記』の神武天皇記は「常陸の仲国造」を、多氏と同族と書いているが、建借間命は多氏系の肥（火）君の一族で、肥前国の現在の大分県鹿島市・杵島郡から常陸へ、大和王権の指令で進出した将軍である。この黒坂命・建借間命の常陸進出の時、卜占の中臣氏も九州から移住した。それが常陸の卜部の中臣氏である。

『常陸国風土記』（香島郡）に、

年別の四月十日に、祭を設《ま》けて酒灌《のみ》す。卜氏《うらべうぢ》の種属《やから》、男も女も集会《つど》ひて、日を積《つ》み夜を累《かさ》ねて、飲み楽み歌ひ舞ふ。其の唱《うた》にいはく。

あらさかの　神のみ酒を
飲《つ》げと　言《い》ひけばかもよ
我《わ》が酔《ゑ》ひにけむ

神の社の周匝《めぐり》は、卜氏《うらべうぢ》の居《す》む所なり。

とあり、『続日本紀』天平十八年（七四六）三月二十四日条に、

常陸国鹿嶋郡の中臣部廿烟と占部五烟とに、中臣鹿嶋連の姓を賜ふ。

とあり、八世紀中期でも占（卜）部が中臣鹿嶋連になっており、中臣氏が卜占の徒・卜者であった事は明らかで、仲臣の配下に卜部の中臣氏が居た事は、九州でも関東でも同じであった。その卜部が仲臣化し、藤原鎌足・不比等のような人物を登場させたのである。

[注]

(1) 井上辰雄「大化前代・大化後の九州」『隼人と大和政権』学生社 一九七四年
(2) 日高正晴『古代日向の国』(四四頁) 日本放送出版協会 一九九三年
(3) 太田亮「中臣氏と九州」『日本古代史新研究』磯部甲陽堂 一九一八年
(4) 半田康夫「秦氏とその神」『歴史地理』82巻3号 一九四三年
(5) 平野邦雄「秦氏の研究二」史学雑誌70 一九六一年
(6) 直木孝次郎「日本国家の成立過程」朝日新聞 一九七二年二月四日夕刊
(7) 泊勝美『古代九州の新羅王国』(一三二頁) 新人物往来社 一九七四年
(8) 後藤利雄『邪馬台国と秦王国』(一八六頁) 笠間書院 一九八一年
(9) 中野幡能「原始八幡宮の創祀」『八幡信仰史の研究 上』吉川弘文館 一九七五年
(10) 日高正晴「日向地方特有の墓制と古加耶の古墳」『古代日向国』NHK出版 一九九三年
(11) 鈴木重治「宮崎県下の主要古墳の変遷」『日本の古代遺跡25 宮崎』保育社 一九八五年
(12) 中野幡能『八幡信仰史の研究 上』(九九頁) 吉川弘文館 一九七五年
(13) 太田亮「中臣氏と九州」『日本古代史新研究』磯部甲陽堂 一九二八年
(14) 三木彊「中臣氏のルーツ」『宇佐神宮の原像』創史社 一九八〇年
(15) 横田健一「中臣氏と卜部」『日本古代神話と氏族伝承』塙書房 一九六六年

三章　藤原・中臣氏の原郷は対馬を示す高御魂神社

中臣氏に給された秦氏が祭祀する神社の神稲

中臣氏と秦氏の密接な関係は、『続日本紀』（大宝元年（七〇一）四月三日条）に記載の左の記事からも言える。

勅《みことのり》して山背《やましろ》国葛野《かどの》郡の月神・樺井《かばゐ》神・木嶋《このしま》神・波都賀志《はつかし》神等の神稲《かみいね》、今より以後、中臣氏に給《きゅう》す。

この神稲を中臣氏に給する記事の木嶋神は、山城（背）国居住の秦氏が祭祀する神社である。『延喜式』神名帳は左のように書く。

木嶋坐天照御魂《このしまにますあまてるみむすび》神社　名神大・月次、相嘗・新嘗

「天照」が冠された「名神大社」で、国宝指定第一号の弥勒菩薩半跏思惟像のある広隆寺に隣接して（かつては広隆寺境内の最東端）鎮座している。広隆寺は秦氏の氏寺で、『続日本紀』の大宝元年四月の記事に載る四神社は葛野郡の神社だが、葛野郡は秦氏の本拠地である事は、拙著『秦氏の研究』で詳述した。

この天照御魂神社は日神だが、この日神に対応する月神が、

山背国葛野郡の月神・樺井神、

である。『延喜式』神名帳の山城国の葛野郡のトップに、

葛野坐月読神社　名神大　月次新嘗

とある神社（松尾末社）である。「松尾末社」の「松尾」は秦氏の氏神を祭祀する「名神大社」の松尾大社だが、この神社を『本朝文集』は左のように書く。

松尾社。大宝元年、秦都理、始建二立神殿一立二阿礼一、居二斉子一伝奉。天平二年預二大社一者。

とあり、秦氏の氏神の松尾大社の創建と、中臣氏に神稲が給された年が、共に一致するのは見過せない。豊前の秦王国に中臣氏が居住している事と共通している。

中臣氏に給された神稲の四社のうち、秦氏の本拠地の山城国葛野郡の日神（天照御魂神）と月神は、秦氏にかかわる神社である。他の二社のうち波都賀志神は『延喜式』神名帳の乙訓郡条の左の神社の記載がある。

羽《は》束師《つかし》坐《います》高御《たかみ》産田《むすひ》神社　大、月、次新嘗

この神社は中臣氏が祭祀していた神社である。

文政十年（一八二七）に当社の神主吉川為猛が記した『羽束師社旧記』によれば、雄略天皇二十一年の創建で、欽明天皇二十八年の桂川の洪水の際に社および人民が水中にありながら被害がなかったから封戸を賜わり、天智天皇の勅命を受けて藤原鎌足が再興したとあり、伝承でも藤原氏にかかわる神社である事を証している。

樺井神は拙著『神社と古代王権祭祀』で、

樺井月神社・月読神社——隼人の月信仰と王権神話——

と題して論じた神社で、月読神社は京都府綴喜郡田辺町大住に鎮座する。「大住」は「大隅」で、大隅隼人が祀っていたが、寛文十二年（一六七二）十一月の木津川の氾濫で対岸の水主神社の境内に遷座した神社が「樺井月神社」である。

大和国の宇奈太理高御魂神社と藤原・中臣氏

山城国の高御魂神社は現存しているが、なぜか大和国に二社あった高御魂神社は今はない。所在地も正確にはわかっていない。なぜ大和国には高御魂神社が二社もありながら、現在は祭祀されていないのか。理由は地元の人達が祭祀していた神社ではなく、藤原・中臣氏に依って設立された神社であったから、格式は「大社」であっても、今は所在不明なのである。

『延喜式』神名帳の大和国添上郡の条に、

宇奈太理坐高御魂神社　大、月次、相嘗新嘗

が載る。この式内大社の創立年代は明らかではないが、『日本書紀』の持統天皇紀の六年十二月甲申（二十四日）条に、「大夫等を遣して、新羅の調《みつき》を五社、伊勢・住吉・紀伊・大倭・菟名足に奉る」とあるから、持統朝には伊勢・住吉・紀伊・大倭など、伊勢国・摂津国・紀伊国・大和国を代表する神社と共に、大和国の菟名足社も『日本書紀』に記されている。この神社が、「宇奈太理坐高御魂神社」である。ところが『日本書紀』の持統天皇紀の六年五月庚寅（二十六日）条には、「使者を遣して、幣《みてくら》を、四所の、伊勢・大倭・住吉・紀伊の大神に奉《たてまつ》らしむ。告《まう》すに新宮のことを以てす」とある。この五月の四社の神社に新しく菟名足社が加わって五社になっているから、持統朝には伊勢などの著名の神社と同格の扱いを受けている。この事実から見て、私は藤原不比等が新しく「宇奈太理坐高御魂神社」を加えたと見ている。

法華寺は藤原不比等の宅地跡に建てられた寺である。『続日本紀』天平十七年（七四五）五月十一日条に、

是の日、平城《なら》へ行幸《みゆき》したまひ、中宮院を御在所《おましところ》とす。旧《もと》の皇后の宮を宮寺とす。

とある。この「宮寺」が法華寺である。新日本古典文学大系『続日本紀三』の補注（四八〇頁）は、「この寺は藤原不比等の邸宅が彼の没後光明子に伝えられ、施入されて寺となった」と書く。このように藤原不比等や不比等の妻（光明子）が居住していた「宮」が「寺」になったから、「宮寺」と言われた。この藤原不比等や不比等の妻の邸宅が寺になった法華寺の近くに高御魂神社があり、後代には「法華《ほっけ》寺坐社《じにいますやしろ》」と言われ、その神社の鳥居は「法華寺ノ鳥居」と言われていた。このように神仏習合時代には、宇奈太理高御魂神社は藤原氏の寺と共存していたのだから、この高御魂神社は藤原不比等が祭祀した神社と言われているのである。

上山春平は「菟足社は平城京東院跡の地にもとからあり」、「平城京の鎮守」として藤原不比等が祭祀していたと、『埋もれた巨像』で書いているが[1]、『奈良県の地名』（日本歴史地名大系30）は「宇奈多利坐《うなたりにいます》高御魂神社」について、

法華《ほっけ》寺西南、平城宮跡の東に鎮座。（中略）当社は「大和志」に「宇奈太理坐高御魂神社、在法華寺村、今称楊梅天神」とみえ、現在、「延喜式」神名帳の「宇奈太理坐高御魂神社」に治定している。

と書く。そして、

「三代実録」貞観元年（八五九）四月一〇日の条に、法華寺従三位薦枕高御産栖日神を正三位としたことがみえることから、「特選神名帳」はこれを宇雨多利にあった宇奈太理神社が法華寺域の楊梅谷に移されたものであろうと考証する。薦枕の「コモ」は法華寺の南を流れる「菰田《コモ》」の「コモ」と同一とい

われ、同寺の東南、菰《こも》川と佐保川の間には上神明《かみしんめい》・南神明の小字があり、「三代実録」には「法華寺坐社」の名もみえ、「延喜式」（内蔵寮）に「平城法華寺大神神子《ミカムコ》二人春秋装束料、絹六疋五丈八尺、云々」、「玉藻」治承二年（一一七八）十一月春日使の条に「法華寺ノ鳥居」と記されていることなどから、法華寺の辺りに神社があったことは確かである。(1)

と書いている。法華寺は藤原不比等の旧邸宅があった所に、不比等の娘で文武天皇の妃の聖武天皇の母の「光明皇后」が、ここを「皇后宮」とし、天平十七年（七四五）五月に「宮寺」に改めた（『続日本紀』）。その「宮寺」が「法華寺」と言われたのである。

一九八二年刊の『式内社調査報告・第二巻』（皇学館大学出版部）所収の「宇奈太理坐高御魂神社」（執筆は堀池春峰）は、この神社は「奈良市桜井町の穴粟神社の近郊に存在していた神社」と推定している。(2) 堀池春峰が推定する場所は、上山春平が宇奈太理坐高御魂神社を「添上郡東七条三里の地」とする地である。(1) 一九八五年刊の『日本の神々・大和』（白水社）で、土井実は「宇奈太理坐高御魂神社」について書き、現在の奈良市法華寺町所在の菟名足《うなたり》神社を、前述の堀池春峰の見解を意識して（土井実は堀池春峰の『式内社調査報・第二巻』を引用したことを明記している）、「菟名足社が現在のこの神社を指すのかは疑問」と書いているが、「付近に『雨多利《うたり》』という字名がある」ことから、堀池見解に全面的に賛同しておらず、「今後に研究課題が残されている」と書いている。

堀池春峰は宇奈太理坐高御魂神社を、「奈良市桜井町の穴粟神社の近郊に存在していた神社」と書くが、(2) この神社について上山春平は「聖武天皇の別宮であった地に、鎮守として勧請されたものではないか」と見

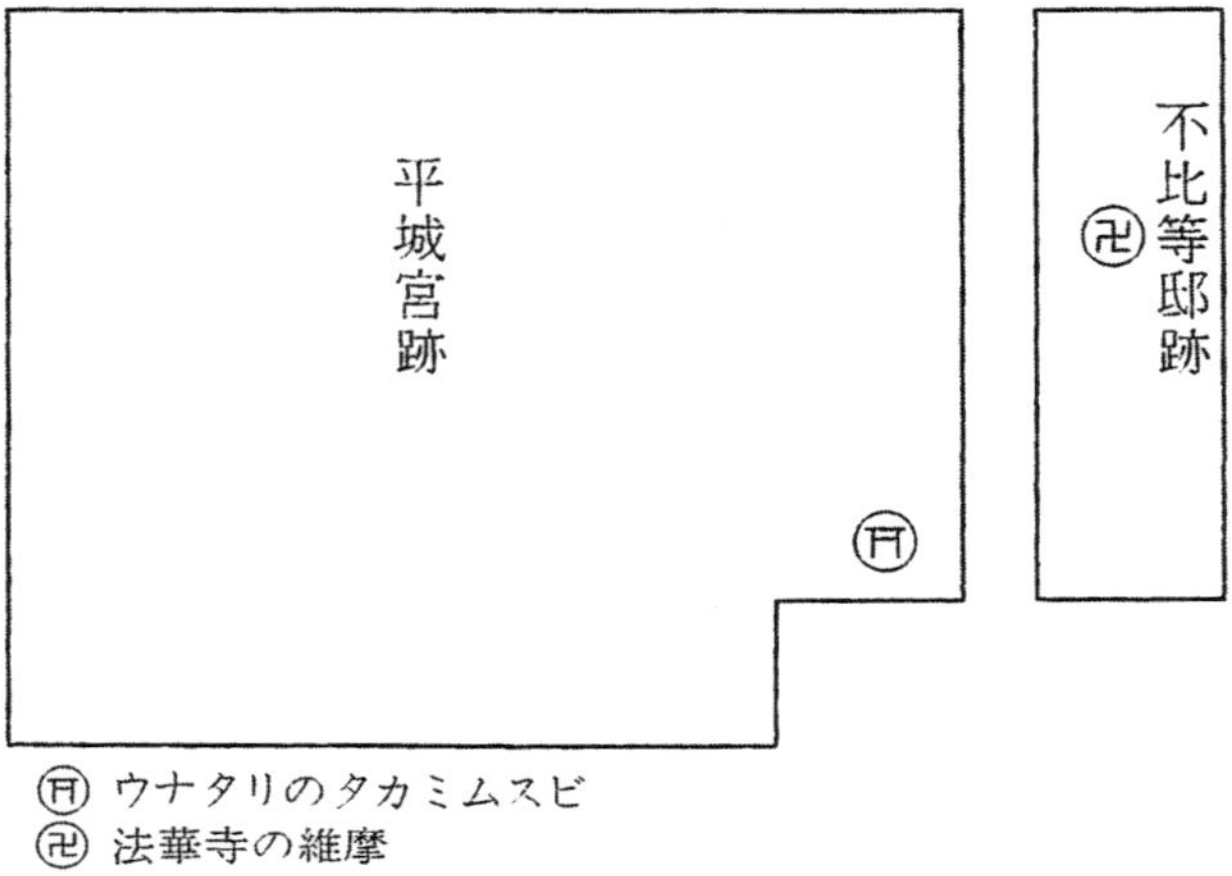

図6　平城京跡と不比等邸跡

て、宇奈太理坐高御魂神社とは見ない。理由として『三代実録』の貞観元年（八五九）四月十日条の、

法華寺従三位薦枕高皇産栖日《こもまくらたかみむすひ》神に正三位を授く。

とある記事をあげる。この記事は前述したが『奈良県の地名』も取上げて、上山見解と同じに『延喜式』神名帳の大社の「宇奈太理坐高御魂神社」を見て「薦枕高皇産栖日神社」と書いている。(1)

上山春平は図6を示し、「宇奈太理《うなたり》社が平城京の宮域内にあれば、『日本書紀』に載る「菟名足《うなたり》社」（持統天皇六年十二月二十四日条）は「同社をさす」と書き、「平城宮造営の時に宮域内にとりこまれて、宮域の鎮守とされたのかもしれません」と書いている。(1) この指摘は無視できないが、前述した堀池春峰が推定する現在の奈良市古市町あたりにあったウナタリ荘について、『平安遺文』（四六〇〜四六八）は東大寺文書に載る、寛弘八年（一〇一一）から翌年に続く紛争を述べている。この土地についての紛争の当時、ウナタリ神社の神主は「大中臣朝臣良美《よしみ》」であり、後継者の大中臣忠正の証言によれば、ウナタリ社の神主は代々大中臣朝臣であったのを、藤原朝臣扶高《もとたか》が「権門勢家の力」を借りて「神主」と称したとある。

このように十一世紀に入ってもタカミムスビ神社の祭祀をめぐって、大中臣朝臣と藤原朝臣が争っているから、『延喜式』神名帳に載る宇名多利高御魂神社は、藤原・大中臣朝臣が祭祀していた神社であることは確かである。

目原坐高御魂神社祭祀の多臣と対馬下県直

堀井純二は『式内社調査報告・第三巻』（京・畿内3）で、「目原坐高御魂神社」について、『大和志』『磯城郡誌』、栗田寛『神祇志料』、志賀剛『式内社の研究』が指定する天満神社（橿原市太田市町）と、『和州五郡神社神名帳大略注解』『大和志料』が指定する耳成山口神社（橿原市木原町）を、「両社ともこれを目原坐高御魂神社と証する史料は存在しない」と書いて否定している。そして橿原市太田市町にある天満神社に比定する栗田寛の『神祇志料』と『磯城郡誌』の説をA説とし、橿原市木原町の耳成山口神社に比定する『和州五郡神社神名帳大略注解』の「巻四補闕」と『大和志料』の説をB説とする。そして独自の見解として橿原市山之坊町にある山之坊山口神社を、C説として示す。さらに左のように書いている。

　天平二年（七三〇）の大和国大税帳には、

　　目原神戸稲弐伯陸拾伍束　祖陸束　合弐伯渫拾壹束用肆束祭神　残弐伯陸拾渫束、

と見え、大同元年（八〇六）牒（新抄格勅符抄）には、「目原二戸同」とある。
貞観元年（八五九）正月甲申には従五位下より従五位上に昇叙し、延喜式制に於いては、二座ともに大社に列り、祈年・月次・新嘗祭の案上官幣に預った。その後のことは不明であり、江戸時代にはその所在地すら不明となったのである。

このように堀井純二は書いて、更に左のように書く。

『多神宮注進状』は本社を多神社の「別宮」とし、

稚足彦天皇御世五年乙亥之歳初秋、詔二武恵賀前命孫仲津臣武弥依米命子為下多神一之主上、負二多氏一依二社号一也、是天皇依二神託一、詔二仲津命一奉レ齋二祀外戚天神皇妃両神於目原地一、今目原神社是也、

と、成務天皇五年に神託により創建されたとしている。(3)

堀井純二が引用する『多神宮注進状』は、久安五年（一一四九）三月十三日に多神宮の禰宜の従五位下の多朝臣常麻呂らが、大和国の国司に提出した文書だが、目原坐高御魂神社（目原神社）は仲臣の多（太）氏が祭祀する多神宮の「別宮」と『多神宮注進状』は書き、さらに左のように書く。

外宮

目原神社　天神高御産巣日尊　神像円鏡ニ坐ス皇妃栲幡千々姫命□坐ス。

とあり、正しくは「別宮」でなく多神社の「外宮」である。

この「外宮」は現在は所在不明だが、『多神宮注進状』に依れば「外宮」以外に、多神宮の「若宮」として竹田神社（橿原市東竹田町）が載る。この神社について『大同類聚方』には、

太計太薬《たけた》　大和国十市郡竹田神社乃祝、竹田川辺連秀雄之家之方《のり》也。

とあり、さらに左のように書かれている。

太計多薬《たけた》　対間《つしま》国下縣郡阿麻氐留《あまてる》神社之宮人箘田《たけた》連重宗之家ニ伝流所方、元者少彦名命神方。

「太計多薬」は「竹田薬」だが、この薬は対間（馬）国下県郡の阿麻氏留《あまてる》神社の薬と『大同類聚方』は書く。「阿麻氏留」は「天照」である。『延喜式』神名帳に依れば、対馬島の下県郡の式内社に「阿麻氏留神社」（下県郡美津島町小船越）が載る。『対馬神社大帳』（江戸時代の天明年間の書）は、左のように述べている。

照日権現神社。祭神対馬下県主日神命。又名天照魂命。……高御魂之孫裔也。皇孫降臨之時供奉之神也。旧事本紀曰、天日神津島県主云云。載延喜式阿麻氏留神社是也。

阿麻氏留神社（天照神社）の祭神は対馬の地元では、「対馬下県主《しもあがたぬし》」が祭神にしている「日神命《ひのかみのみこと》」という男神だが、『日本書紀』（顕宗天皇三年四月五日条）には、左の記述がある。

日神、人に著《かか》りて、阿閉《あへ》臣事代《ことしろ》に謂《かた》りて曰《のたま》はく。「磐余《いはれ》の田を以《も》ちて、我が祖《おや》高皇産霊に献《たてまつ》れ」とのたまふ。事代、便《すなは》ち奏《まを》して、神の乞《こはし》の依《まにま》に、田十四町を献る。対馬の下県直、祠《ほこら》に侍《つか》へまつる。

この記事からも多神社の「若宮」の竹田神社で作る「太計多薬」は、多神社の「別宮」の祭祀氏族の対馬下県直が対馬で祭祀する阿麻氏留神社で作る薬である事からも、『日本書紀』の顕宗天皇紀が書く、

対馬の下県直、祠《ほこら》に侍《つか》へまつる、

とある祠は目原坐高御魂神社であり、多神社の「外宮」である事が確《たし》かめられる。問題は以上の山城国と大和国の二社は藤原・中臣氏が祭祀する神社だが、この神社は対馬から下県直が来て祭祀する神社である。なぜ山城国と大和国で祀る三社のうち、二社は中臣・藤原氏が祭祀し、一社は対馬下県主なのかである。更にこの目原坐高御魂神社は多神宮の「外宮」になっているが、多神宮の祭祀氏族の多（太）氏は「仲臣《なかつおみ》」で、卜部の中臣氏は仲臣の配下に居た事は第一章で述べた。このように目原坐高御魂神社も中臣・藤原氏と関係

がある。そのことは、仲臣の多神社の「外宮」の高御魂神社の祭祀氏族が、なぜか皇都の大和国から遠く離れた対馬下県主である事を検証すれば、さらに明らかになる。

対馬の高御魂神社のみが名神大社になっている

山城国と大和国の添上郡の高御魂神社は、中臣・藤原氏が祭祀する神社である事は前述した。ところが大和国の「目原坐高御魂神社」は、なぜか大和国から遠く離れた対馬国の下県主が、大和国へ来て祭祀している。その理由を説明するには仲臣と中臣氏の関係を示す必要があるが、その事については第二章で、

中臣氏のみなぜ「臣《おみ》」を「トミ」と読ませるのか
神と人との仲を執り持つ「仲臣《なかつおみ》」と「中臣氏《なかとみ》」

という見出しで論じた。そして中臣氏は「神と人との仲を執り持つ」仲臣氏の配下に居た卜占の徒、卜部であった事を述べた。したがって大和国に二社ある高御魂神社のうち、添上郡の高御魂神社は中臣氏が祀っているが、十市郡の高御魂神社は、対馬島から対馬下県主が祭祀氏族になっているが、この高御魂神社は仲臣の多氏が祭祀する多神社の「外宮」である事から見ても、

仲臣の多氏——中臣の藤原氏、

の関係を、この目原坐高御魂神社でも示している。しかし目原坐高御魂神社の場合は「中臣の藤原氏」が、「対馬下県主」になっている事が注目される。

問題はなぜ大和国で祀る高御魂神社を、対馬の下県主が来て祭祀しているのか、である。

理由は、藤原・中臣氏の出身地・原郷が対馬島だからである。第二章で神武東征伝承のトップに、日向を出発した神武天皇の「侍臣《まへつおみ》」に中臣氏の「遠祖」の天種子命が居り、豊の国の宇佐で「菟狭津媛《うさつひめ》」と結婚している記事を示して論じた。この記事は藤原不比等が書き入れた記事と私は推測しているが、「作文」であってもなぜ不比等は書き入れたか、が問題である。この記事や中臣氏が居住していた記事が、『日本書紀』や『豊後国風土記』に載っているから、中臣氏豊の国（豊前・豊後）出身説がある（その事は前述〈九五頁～一〇〇頁〉した）。しかし私は豊前・豊後に居住の中臣氏の原郷は対馬と見る。理由は「目原坐高御魂神社」の祭祀氏族が「対馬下県主」である事が証しているが、更に問題なのは対馬島にも「高御魂神社」がある事である。

しかも『延喜式』神名帳では山城国の一社と大和国の二社の高御魂神社の「格式」は「大社」であるのに、対馬の高御魂神社のみが「名神大社」で、神社の格式でトップである事が問題である。これは何を意味しているのか。私は対馬島が藤原・中臣氏の原郷であったからだと見ている。その事を『延喜式』神名帳に載る高御魂神社のうち、対馬のみが「名神大社」である事からも言える。首都であった大和・山城の地に祭祀されている神社が「大社」なのに、なぜ辺境の対馬の高御魂神社のみが「名神大社」になっているのか。この特別扱いは都の藤原・中臣氏の見解であり、地元の対馬の人々にとっては「名神大社」は無関係であった事が証している。

その事は高御魂神社に対する対馬の島民の対処である。対馬の「名神大社」は、上県郡の和多都美《わだつみ》神社と和多都美御子神社の二社と、下県郡の高御魂神社・和多都美神社・太祝詞《ふとのりと》神社・住吉《すみよし》神社の六社もある。和多都美神社二座と和多都美御子神社は海神で、対馬の島民の氏神である。住吉神社は王権祭祀の海神だから、ワタツミ神と共に海人の対馬島民がもっとも重視して祭祀していた。大祝詞《おおのりと》神社は卜占の発祥地の対馬の人にとっては、重要な神だから、いずれも大きな神殿で今も島民の厚い信仰の神社である。しかし高御魂神社のみは社地もなく、現在は式内社でもない多久頭魂《たくずたま》神社という土地神の境内神である。理由は島民が信仰していいた神ではなかったからである。その神が大和国や山城国の高御魂神社が「大社」なのに、なぜか「名神大社」になっている。理由は「藤原・中臣氏の原郷であったから」と私は見ている。現在はちいさな社殿《ほこら》が、『延喜式』神名帳にも載らない地元神の多久頭《たくず》神社の境内神としてあるのみだが、このような「名神大社」は対馬の高御魂神社のみである。

藤原・中臣氏の原郷が対馬であることは、対馬に「名神大社」の高御魂神社があるだけでなく、大和国の目原坐高御魂神社の祭祀氏族が、対馬下県直である事からも言える。対馬の「名神大社」の高御魂神社も下県郡に所在するから、大和国と対馬国の高御魂神社は共に対馬下県直が祀っていたが、大和国の高御魂神社は対馬下県直が祭祀しなくなり、多神社の外宮として残ったが、この高御魂神社は大和国の地元の人々が信仰していた神社ではなかったから、現在は所在不明になっている。

上田正昭は一九七〇年四月刊行の岩波新書『日本神話』で、私が本章で述べた四カ所の高御魂神社の事を論じて、「大和国十市郡の目原にます高御魂神社」は、「対馬の下県直が『祠に侍《つか》へ』ている」こと。「大和国の添上郡宇奈太理に居ます高御魂神社」には、新羅使も奉幣しているので、「このタカミムスビの神も、対馬→朝鮮に関係の深い神であったのである。だからこのような異例の奉幣をみたのではないか」と書いて、

「皇祖神の原流」と題する章の結論として、左のように述べている。

このように検討を加えてくると、タカミムスビの信仰の軌跡が、しだいに判明する。それは対馬あたりと密接な関連をもった文化を背景にする神であった。皇祖神アマテラスオオミカミが主宰した高天原という記紀神話完成時の姿以前に、皇祖神タカミムスビの主宰する高天原があったということになる。この結論が正しいとすれば、高天原にかんする神話的思考の源流は、国の内よりも国の外に求めなければならないだろう。(4)

この上田見解と私のタカミムスビ観とは相違するが(「対馬あたりと密接な関連をもった文化を背景にする神」という見解は、私見と近い)、『日本書紀』の神話的思考は、「国の内よりも国の外に求めなければならない」という主張には同調する。(その「国の外」は加耶である事は、三品彰英論文集・第二巻『建国神話の諸問題』、第四巻『日鮮神話伝説の研究』で、三品彰英が述べている)。

以上述べたように『続日本紀』の神稲を中臣氏に給する記事でも、秦氏祭祀の神社の神稲が中臣氏に給されており、中臣氏と秦氏の密接な関係もうかがえる。

対馬の名神大社高御魂神社の地元での扱い

中臣氏と秦氏が共通した白鳥伝承を伝えている事は、秦王国に中臣氏が居住している事と結びつく。中臣氏が祭祀する高御魂神社がなぜ対馬にあるのか。永留久恵は対馬の高御魂神社について、『日本の神々・九州』(谷川健一編、白水社、二〇〇〇)で所在地を、

下県郡厳原町豆酘《つつ》（多久頭魂神社境内）、

と書き、貞享三年（一六八六）撰『対州神社誌』に、

高雄むすふの神　神体石
昔醴豆《つつ》崎に浮候うつお船有　猟船差寄身候得は　内に石有て奇怪に光を以　取帰て祭と云俗説有不可考

とある「タカオムスブ」は「高御魂」で、上県郡上県町佐護と下県町厳原町豆酘《つつ》で祀られている「多久頭魂《たくずたま》神社」に、「神御魂《かみむすび》を母神とする所伝がある」から、タカミムスビとカミムスビの夫婦神は対馬の人々が信仰していた夫婦神と永留久恵は書き、「高皇産霊神の中央進出」という見出しで、『日本書紀』（顕宗天皇三年条）の記事を示す。

「磐余《いはれ》の田を以《も》て、我が祖《おや》高皇産霊尊に献れ」とのたまふ。事代便《すなは》ち奏す。神の乞の依《まま》に田十四町を献《たてまつ》る。対馬下県直、祠に侍《さぶら》ふ。

そして永留久恵は左のように書く。

この磐余の田を献じ、その祠に対馬下県直が侍《つか》えたということは、対馬に祀られていた高御魂が中央に遷祀され、その祠官として対馬の古族が出仕したものと解されている。

この託宣をした日神が、高皇産霊を「我が祖《おや》」と呼んでいることも、対馬の祭祀状況とよく合っている。これによって、対馬の高御魂と皇祖神高皇産霊が同一神であることがわかるのである。（なお、当社はもと神田川の下流の海辺に沿った森のなかにあったが、昭和三十一年頃、豆酘中学校の拡張に際して、前

記の多久頭魂神社の境内に移された。）

と書いている。[5]

更に永留久恵は『式内社調査報告』（第二巻）では、『対州神社誌』に載っている高御魂神社の「社殿」について、左のように書く。[6]

宮三間角。但五尺間ニシテ宮午方ニ向、村より巳之方弐町程之所ニ有。

とある。昭和初年の調査では、「本殿が二間に一間半、拝殿が三間に一間半」である。「名神大社」なのに旧家の屋敷神よりやや大きい程度である。[5]

神社の格式では最高位の「名神大社」なのに、この扱いから見て対馬島民の神ではなかった。延長五年（九二七）の『延喜式』神名帳には「下縣郡十三座 大四座 小九座」とあり、十三座の神社の筆頭に、

高御魂神社 名神、大

として載る（他の名神大社は和多都美神社・太祝詞神社・住吉神社）。

十三座の筆頭に載り、もっとも重視されていたのが高御魂神社である。このように『延喜式』神名帳は書いているが、地元の対馬では現在は、無格社の土地神「多久頭魂神社」の境内社として祀られている。この事実から見ても対馬の高御魂神社のみを「名神大社」にしたのは、平安時代の藤原朝臣と、神祇伯の大中臣朝臣の意図・見解である。藤原不比等が高御魂神社を大和国に二座・山城国に一座と畿内に創建したが、この三社は「大社」なのに対馬の高御魂神社は「名神大社」として創建しているのだから、不比等は対馬を藤原・大中臣朝臣を原郷と見ていたことを証している。

その事は対馬下県主を対馬から大和へ呼びよせ、目原坐高御魂神社を祭祀させている事実からも言えるが、この祭祀場が仲臣の多氏の本拠地の大和国十市郡の多神社の近くにあり、多神社の「外宮」になっている事は、仲臣《なかつおみ》と中臣《なかとみ》との関係からも見過せない。

藤原・中臣氏が対馬出身を証する津島氏の検証

『続日本紀』慶雲三年（七〇六）十一月癸卯（三日）条に、左の記事が載る。

大使従五位下美努《みの》連浄麻呂《きよまろ》、副使従六位下対馬《つしま》連堅石《かたいし》らを新羅に遣《つかは》す。

この新羅に派遣された副使の対馬連堅石については、『続日本紀』の和銅元年（七〇八）正月乙巳（十一日）条に、「従二位藤原不比等に正二位」とある記事に続いて、左の記事が載る。

従六位下……津嶋朝臣堅石に従五位下。

この「従六位下津嶋朝臣堅石」は前述の「従六位下対馬連堅石」だが、二年前の「対馬連」が「津嶋朝臣」になったのである。「対馬」表記が「津嶋」に変り、さらに問題なのは「連」から「朝臣」になっていることである。通例は「連」は「宿禰」、「臣」が「朝臣」になる。『日本書紀』天武天皇十三年十一月一日条に、五十二氏が新しく作られた姓の「朝臣」になっている。「朝臣」になった五十二氏のうち五十氏は「臣」から「朝臣」になっているが、二氏が特例の「連」から「朝臣」になっている。その二氏は物部連と中臣連のみである。この「連」から「朝臣」になる特例を、なぜか対馬島出身の対馬連も受けている。理由は藤原鎌足・不比等の原郷が対馬であったからである。したがって対馬島出身の「対馬連」も、藤原朝臣の一族に組入れて、「連」から異例の「朝臣」にしたのである。

この和銅元年の「対馬連」から「津嶋朝臣」になったと書く『続日本紀』の記事から約百年後、弘仁五年（八一四）六月一日成立の『新撰姓氏録』の摂津国神別には、

　　津島朝臣。大中臣朝臣同祖。津速魂命三世孫天児屋根命の後なり。


とあり、津島朝臣は大中臣朝臣同祖とある。

『新撰姓氏録』の左京神別上には、

　　藤原朝臣。津速魂命の三世孫天児屋命自《よ》り出づ。

とあり、つづいて左のように、

　　大中臣朝臣、藤原朝臣と同じき祖。


と書き、藤原朝臣と同族であることを明記している。

和銅四年（七〇八）正月十一日に、藤原朝臣不比等は従二位から正二位になっているが、その時に従六位下の対馬連堅石も従五位上に昇進している。この昇進は新羅に副使として派遣された功績でないことは前述したが、大使の美努連浄麻呂は昇級していないことからも明らかである。とすればこの異例の堅石の昇級の理由はなにか。この年（七〇七）の七月に元明天皇が即位し、右大臣藤原不比等が政治の実権を握ったから、原郷の対馬の対馬下県主の末裔を藤原氏の同族として組入れたのである。

　対馬連堅石は和銅元年正月に「朝臣」になり、三階級特進して従五位下になった和銅七年（七一四）には、『続日本紀』に依れば十月十三日条に左の記事が載る。

従五位下津嶋朝臣真鎌を伊勢守。

この記事は対馬島出身の対馬連から津嶋朝臣になったのが、堅石だけではなかったことを証している。和銅七年(七一四)に津嶋朝臣真鎌が「伊勢守」に任命された六年後、養老四年(七二〇)の伊勢神宮の文献『二所大神宮例文』所収の「大宮司次第」に、

津嶋朝臣大庭　養老四年十二月七日任。在位六年。

とあるが、藤原不比等は同年八月三日に六十三歳で亡くなっている。津嶋朝臣大庭は六年前に「伊勢守」に任命された津嶋朝臣真鎌と同族だから、たぶん大庭の大宮司任命も不比等の生存中であったが、藤原不比等の死で十二月まで伊勢神宮の大宮司の赴任がのびたのであろう。

藤原不比等の死後も、津嶋朝臣は伊勢神宮の大宮司に任命されている。伊勢神宮の「大宮司次第」には左の記事が載る。

津嶋朝臣家虫。天平十八年二月十一日任。同廿年五月給五位。在位二年。

天平十八年(七四六)から二年後の天平二十年二月十九日条の『続日本紀』は、「正六位上……津嶋朝臣家虫」が「従五位下」を授位したとあるから、「大宮司次第」の「同廿年五月給五位」の五月は「二月」の誤記だが、「在位二年」は伊勢神宮の大宮司であった期間である。また『続日本紀』天平勝宝五年(七五三)二月二十二日条に、

斎宮の大神司正七位下津嶋朝臣小松に従五位下を授く。

とある。『続日本紀三』(岩波書店)の注記は、「斎宮大神司」は「伊勢大神宮宮司」の事とする説があると

書くが、『太神宮諸雑事記』『二所太神宮例文』は、津嶋朝臣子松（小松）は天平二十年（七四八）に大神宮司に任ぜられ、在任九年である。『続日本紀三』（岩波書店）の注記は「斎宮大神司」は「伊勢大宮司」の事とする説があると書くが、正七位下から一挙に従五位下に昇進している事実からも、「大宮司」昇進による異例の授位といえる。

この対馬朝臣の伊勢神宮宮司の任命は、藤原不比等の死の直前からである。『続日本紀』によれば、藤原不比等の死の六年前の和銅七年（七一四）十月丁卯に、従五位下津嶋朝真鎌は「伊勢守」に任命されており、養老四年（七二〇）には津嶋朝臣が伊勢神宮の大宮司に任命されている。この赴任は藤原不比等の死の直後だから、私は不比等の遺言で中臣氏祭祀の伊勢神宮の「大宮司」に、津嶋朝臣大庭を任命したと推測する。辺境の対馬出身のツシマ氏が、同時期（和銅七年〈七一四〉十月に津嶋朝臣真鎌が「伊勢守」に任命され、伊勢国の国司になり、養老四年〈七二〇〉十二月に津嶋朝臣大庭が伊勢神宮の「大宮司」に任命されている（藤原不比等は養老四年八月三日薨である）。伊勢国司と伊勢神宮の大宮司に、不比等の死の直前と直後に津嶋朝臣が任命されている事実は見過せない。この事例から見ても藤原・中臣朝臣の原郷は、対馬である事が確かめられる。

対馬連から津嶋朝臣になっているが、対馬連の前身は、対馬から「目原坐高御魂神社」の祭祀氏族として大和の仲臣の多氏居住地に来た対馬下県主である。弘仁五年（八一四）に成立した『新撰姓氏録』では津嶋朝臣は摂津国の住人になっているから、大和国に居住していた対馬下県主が、津嶋朝臣になって摂津国に移住したのであろう。理由は大和国十市郡の目原坐高御魂神社を祭祀しなくなったからであろう。

加耶との関係を示す対馬の出土遺物と卜占

亀卜が加耶から対馬へ入った事は、加耶の初代王の降臨神話の亀卜関係記事から言えるが、永留久恵が『古代史の鍵・対馬』で示す対馬の弥生時代の出土遺物からも、その事は言える。その事例を示す。(7)

上対馬町

部落	遺跡名	形式	遺物	時期
豊	カミカラ崎	箱式棺	弥生土器、土師、須恵、金海式土器、ガラス小玉、勾玉	弥生〜古墳
泉	泉在所	甕棺	弥生土器、(甕の破片)、管玉	弥生前
古里	塔の首3	箱式棺	陶質土器、管玉、広鋒銅矛、銅釧、ガラス玉	弥生後
〃	〃 4	箱式棺	方格規短文鏡、ガラス玉、鉄斧	古墳前
舟志		不明	有柄式石剣	弥生

上原町

部落	遺跡名	形式	遺物	時期
佐護	白嶽	石棺群	弥生土器、金海式土器、鉄剣、銅釧、把飾角形銅器、腕輪	弥生〜古墳
〃	〃	石棺群	須久式土器、須恵、鉄矛、斧	弥生〜古墳
〃	クビル	石棺?	弥生土器、金海式土器、青銅容器、広鋒銅矛	弥生後

峰村

部落	遺跡名	形式	遺物	時期
三根	高松壇	石棺群	赤色磨研土器、細形銅剣、円錐形銅製飾金具、小形仿製鏡	弥生中
〃	サカドウ	石棺群	細形銅剣、十字形銅器、狭鋒銅矛、楕円形平環	弥生中
〃	ガヤノキB	箱式棺	弥生土器、金海式土器、管玉、銅剣、把頭金具、銅環	弥生
〃	〃 E	箱式棺	金海式土器、弥生土器、青銅片、鉄刀、ガラス玉	弥生
〃	〃 F	箱式棺	弥生土器、内行花文鏡、管玉他	弥生
佐賀	小姓島3	箱式棺	金海式土器、ガラス玉	弥生
〃	小姓島5	箱式棺	弥生土器、銅剣把頭、鉄剣	弥生
〃	エノガ崎	箱式棺	内行花文鏡、細形銅剣	弥生

豊玉村

部落	遺跡名	形式	遺物	時期
仁位	東の浜	箱式棺	銅剣、鉄剣、円錐円飾鋲、小形仿製鏡	弥生
〃	ハロウ2	箱式棺	弥生土器、金海式土器、刀子片、小玉	弥生末
卯麦	唐船	石棺群	弥生土器、土師、須恵、金海式土器	弥生〜古墳
佐保浦	赤崎2	舟形石棺	弥生土器、仿製鏡、鍔金具、小玉	弥生後
〃	クロキ	箱式棺	弥生土器、馬鐸、鍔金具、銅釧、管玉、ガラス小玉	弥生後
佐保	イノサヱ	石棺群	弥生土器、銅矛、剣把頭	弥生
〃	唐崎	箱式棺	船載青銅器一括(国有)、弥生土器	弥生後

佐志賀	寺浦崎1	箱式棺	弥生土器、金海式土器、須恵、ガラス小玉、管玉	弥生末〜古墳
〃	〃2	箱式棺	鉄剣、鉄矛、鏃、刀子、勾玉	弥生末〜古墳
曽浦	観音鼻2	箱式棺	弥生土器、小形仿製鏡、銅釧、小玉	弥生末

美津島町

部落	遺跡名	形式	遺物	時期
大船越	菜畑	石棺群	土師、須恵器、金海式土器	弥生〜古墳
玉調	五次郎	石棺群	弥生土器、金海式土器、須恵、ガラス玉	弥生中〜古墳中
竹敷	高坊	石棺群	弥生土器、土師、須恵、ガラス小玉	弥生後〜古墳
高浜	ヒナタ	石棺群	小形仿製鏡、鉄剣、小玉	弥生後

以上の事例は代表例で、永留久恵は対馬の弥生遺跡と出土遺物を示して、

島内には弥生時代の遺跡が多い。また遺跡は確認されないが、石器や土器片が採集されたところが少なくない。古くから継承してきたと見られる部落には何らかの遺物が発見されている。いま島内の部落は大小合わせて一五〇ほどあるが、そのうち約半数の部落で弥生人の足跡が認められる。これらの部落は、弥生時代から連綿と続いてきたのであろう。……弥生の遺跡があるところは、たいがい良い入江に臨み、後背に何程かの平野をひかえている。(7)

と書くが、『魏志』東夷伝倭人の条には、

始めて一海を渡る千余里、対馬国に至る。……居る所絶島、方四百余里ばかり、土地は山険しく、深林多く、道路は禽鹿の径の如し。千余戸有り。良田無く、海の物を食して自活し、船に乗りて南北に市《し》糴《てき》す。

とある。このような対馬人なのだから、加耶の人々と「豊の国」と言われている地に来《こ》ないはずはない。

永留久恵は『古代史の鍵・対馬』でこの『魏志』東夷伝倭人の条の文章を引用し、

これは三世紀頃の状況を述べたものだが短い行文の中によく対馬の特色が描写されている。今ようやく道路も開通し車も通うようになったが、近年まで禽鹿の径のような山路を歩いたものである。(5)

と、対馬で生れ育った著者は書いている（著者の永留久恵は一九二〇年生れである）。

対馬の前方後円墳は五基あるが、最大の鶴の山古墳は石室内部が破壊されており、出土品は少ないが、永留久恵は出土品と墳型は、

九州で最も古い時期の古墳と見られている豊前の石塚山の出土品に、これの類例があり、前方部が極端に低く、細長い形は、同じく豊前の赤塚古墳に似ている。

と、この古墳を発掘調査した報告書にあると述べている。(7) 二つの豊前の三世紀末期と四世紀初頭に築造された、九州でもっとも古い時期の前方後円墳の出土遺物と墳型が対馬の最も古い前方後円墳と似ている事実と、この豊前の地に中臣氏が居住している事実から見ても、加耶の人々と共に対馬の卜者（卜占を行なう人々以外の対馬の島人）も、豊の国へ移って来たのであろう。加耶からの移住者が主に金海加耶国の人々であったから、豊前が「秦王国」と言われたのである。

伴信友は国学者・国粋主義者だから、『正卜考』で鹿卜も亀卜もわが国の卜占で、

中臣の中にて、卜事を特別傳習《つたひなら》ひて仕奉《つかへたてまつ》らしめ給ふ事とはなりにたり。故に其の卜部の傳《つた》へたる卜法は、もとは高天原に始りて、兒屋命の主《おも》に掌《つかさど》り給へる法を承傳へたるにて、いとも〳〵有《あり》がたく、尊き傳事《つたへこと》にぞ有《あ》ける。

と冒頭に書いているが、本文では「対馬国惣宮司」の藤原齋延が示した古文書を記す。その書には左のように書かれていたと示す。

一傳云、當國卜部家説に云、在昔神功皇后、三韓征伐の時、當國卜部の始、雷命皇軍に従ひ、三韓より帰り、當國下懸郡佐須郷阿連村に留り、亀卜術祭祀法を遺したまへり。其子孫卜部として今に卜術を傳へたり。其卜部上古十家あり、其家絶て中古五家あり、今僅に一家存せり。

伴信友が示す対馬の「卜部家伝」では、

雷命皇軍に従ひ、三韓より帰り、対馬に留《とどま》り、亀卜術を伝えた。

とあるのに、その事実を認めていないが、対馬の人々は亀卜は加耶から伝来したと認識していたので、卜占の神を祀る雷命神社には、昔は朝鮮人来れば、皆この社に謁すという伝承がある。しかし国粋主義者の伴信友は朝鮮人も雷大臣の偉大さを知っていて参拝しているのだと書いている。この伴見解はわが国と韓国を国家意識で見ているが、弥生時代から古墳時代初頭の人々、一般庶民は、対馬の人も加耶の人も、庶民には国家観などなかった。対馬の人々にとっては加耶は九州より近かった。その事実を国学者の伴信友は欠落して論じている。

「加耶との関係を示す対馬の出土遺物」を示したが、加耶と対馬を韓国と日本との関係で、この出土遺物を見るべきではない。対馬島にとってもっとも近いのは、九州でなく加耶なのだから、もっとも近い地の遺物があるのは当然である。

『新撰姓氏録』と『延喜式』のタカミムスビの見解

本章は「藤原・中臣氏の原郷は対馬を示す高御魂神社」と題して論じているが、高御魂神社は四社が『延喜式』神名帳に載る。四社のうち三社は「大社」だが、対馬の高御魂神社のみが「名神大社」である事実は、中臣氏の原郷が対馬だからである。「神名帳」に載る『延喜式』の第十巻の関係者として、延長五年（九二七）十二月廿六日の日付で、担当者として左の二人を記し、

外従五位下行左大史臣阿刀宿禰忠行、
従五位上大外記紀伊権介臣伴宿禰久永。

また責任者として左の三人を記す。

従四位上行神祇伯臣大中臣朝臣安則、
大納言正三位兼行民部卿藤原朝臣清貫、
左大臣正二位兼左近衛大将太子傅藤原朝臣忠平。

高御魂神社の四社のうち大和国二社と山城国の一社の、畿内の藤原・中臣氏が祭祀する三社は「大社」なのに、畿内から遠く離れた対馬の高御魂神社のみ、「名神大社」にした理由はなにか。対馬が藤原・大中臣

朝臣の原郷であったからであろう。高皇産神社四社のうち対馬の高皇産神社のみ「名神大社」にしているだけではない。山城国の羽束師坐高御魂神社と、大和国の宇名太理高御魂神社は、藤原・中臣氏が祭祀しているが、大和国の目原坐高御魂神社は対馬から対馬下県主が来て祭祀している事実からも、藤原・大中臣朝臣が対馬出身である事を証している。前述したが（一二一頁）大和国で目原坐高御魂神社を祭祀していた対馬下県が、津嶋連から津嶋朝臣になり藤原朝臣と『新撰姓氏録』では同族になっている事実も、藤原・大中臣朝臣が対馬出身である事を証している（津嶋朝臣が伊勢神宮の大宮司になっている事例は前述した）。

ところが高御魂神は『新撰姓氏録』では「高皇産霊尊」と書かれて、四十一氏の祖になっている。その氏族について黛弘道は「『日本書紀』と藤原不比等」と題する論考で、次頁のような表を作成して示し、見解を述べている。

「近年、『日本書紀』が藤原不比等によってかなり自在につくられているという学説が人気を集めているが」と書き、この「表」から見て「そう簡単に割りきるには危険なことだと言わなくてはならない」と書く。そして「不比等を高皇産霊尊に比定したのは失当であろう」とも書いている。(8)

この論考は黛弘道の論文集『律令国家成立の研究』に収録されているが、「歴史手帳」五巻一二号・六巻二号で上山春平は、『日本書紀』より百年近い後代成立の『新撰姓氏録』の記述で『日本書紀』の記事否定は不当と反論している。この反論に黛弘道は前述の著書の補記で、左のように述べている。

『日本書紀』編集から『新撰姓氏録』撰上までの約一世紀の間に諸氏族の祖先伝承に変化があり、始祖を古くさかのぼらせるために系譜の架上が行われたであろうことは既に言われており、私もそれを知ら

ないわけではないが、注目すべきは『新撰姓氏録』で高皇産霊尊を祖神とする諸氏族を見わたすとそれらは大伴・佐伯・斎部といった明らかに反藤原・反中臣と認定される氏々を含んでいること、さらには藤原・中臣氏系氏族を全く含んでいないことの二点である。前者については拙稿に表示したことであり、

宿禰姓	大伴宿禰	左京神別中
宿禰姓	佐伯宿禰	〃
宿禰姓	弓削宿禰	左京神別下
宿禰姓	大伴大田宿禰	右京神別上
宿禰姓	斎部宿禰	〃
宿禰姓	玉祖宿禰	〃
宿禰姓	弓削宿禰	河内神別
宿禰姓	玉祖宿禰	〃
宿禰姓	林宿禰	〃
連姓	大伴連	左京神別中
連姓	榎本連	〃
連姓	日奉連	
連姓	小山連	〃
連姓	高志連	右京神別上
連姓	高志壬生連	〃
連姓	玉祖(作)連	〃
連姓	門部連	大和神別
連姓	高志連	〃
連姓	小山連	摂津神別
連姓	家内連	河内神別
連姓	大伴山前連	和泉神別
造・直・忌寸・その他	神松造	左京神別中
造・直・忌寸・その他	佐伯造	右京神別上
造・直・忌寸・その他	佐伯日奉造	〃
造・直・忌寸・その他	久米直	左京神別中
造・直・忌寸・その他	浮穴直	〃
造・直・忌寸・その他	飛鳥直	大和神別
造・直・忌寸・その他	葛木直	河内神別
造・直・忌寸・その他	役直	〃
造・直・忌寸・その他	浮穴直	〃
造・直・忌寸・その他	荒田直	和泉神別
造・直・忌寸・その他	葛城直	摂津未定雑姓
造・直・忌寸・その他	葛木忌寸	大和神別
造・直・忌寸・その他	白堤首	〃
造・直・忌寸・その他	佐伯首	河内神別
造・直・忌寸・その他	恩知神主	〃
造・直・忌寸・その他	波多祝	大和未定雑姓
造・直・忌寸・その他	仲丸子	大和神別
造・直・忌寸・その他	大辛	右京未定雑姓
造・直・忌寸・その他	伊予部	右京神別下
造・直・忌寸・その他	日置部	和泉未定雑姓

ここで割愛するが、後者に関連しては、ここに『新撰姓氏録』により藤原・中臣系諸氏の祖神を挙げてみよう。「津速魂命之後」とする者は藤原・津嶋・椋垣・荒城・菅生（いずれも朝臣）の諸氏であり、大中臣朝臣もこれと同祖という。その他にも津速魂命の後と伝える者は多いが、この一群は高皇産霊尊を祖神とするグループとはあざやかな対照をなしており、両者の間には截然たる区別が存在していたことは明らかである。両者ともそれぞれの祖神を付加架上したとして、前者が高皇産霊尊を、後者が津速魂命を撰んだ事実こそまさに注目されるべきであろう。大伴系諸氏が高皇産霊尊を系譜に架上しても藤原・中臣系氏族がこれを拒絶しなかったばかりか、彼等はそれとは別に津速魂命（記紀に見えない）を撰択して系譜に付加しているのは、後者にとって高皇産霊尊が無縁ないし少なくとも縁故の薄い仲であったことを物語るものではなかろうか。(8)

と黛弘道は書いている。

しかし本章の冒頭で述べたが、『続日本紀』大宝元年（七〇一）四月三日条に記載の、

波都賀志《はつかし》神等の神稲、今より以後、中臣氏に給す。

とある「波都賀志神」は『延喜式』神名帳記載の「羽束《はつかし》師坐高御産日神社」であり、藤原・中臣氏が祭祀していた神社である。

また大和国の宇奈太理《うなたり》高御魂神社も、持統天皇紀六年十二月甲申（二十四日）条に、

大夫等を遣《まだ》して、新羅の調を、五社、伊勢・住吉・紀伊・大倭・菟名足に奉《たてまつ》らしむ。

とある「菟名足社」は大和国の菟名足高御魂神社であり、持統朝に祭祀されていた。前述したが元明朝にこ

の神社のある地に、飛鳥から遷都した時、藤原不比等の邸宅は菟名足」のタカミムスビ神社の境内附近内にあった。前述（一一八頁）したが上山春平は『埋もれた巨像』で、菟名足社は平城京東院跡の地にもとからあり、「平城京の鎮守」として藤原不比等が祭祀していたと書いている。(1) 持統朝での藤原不比等の活動から見て、「新羅の調」を伊勢・住吉・紀伊・大倭などの古くからの大社に、菟名足が入っているのも、不比等に依ると見られるのだから、黛弘道が書く、藤原不比等の時代（持統・元明・元正朝）に、藤原・中臣氏と、

高皇産霊尊が無縁ないし少なくとも縁故の薄い仲であった、などとは言えないのである。逆であり、縁故の濃い仲であった。そのタカミムスビが『新撰姓氏録』では藤原・中臣氏でなく、大伴・斎（忌）部氏らの神になっているのは、斎部広成が弘仁天皇に献上した『古語拾遺』が原因であった。

『新撰姓氏録』で大伴・斎部氏の氏神になっている高御魂《たかみむすび》

『古語拾遺』に左の記事が載る。

天地《あめつち》割《わか》れ判《ひら》くる初《はじめ》に、天の中に生まれます所の神、名を天御中主神《あめのみなかぬし》と曰す。次に高皇産霊神（古語、多《た》賀《か》美《み》武《む》須《す》比《ひ》。是は皇親神留《かみろ》伎《き》命なり）。次に神産霊神《かみむすひ》（是は皇親神留《かみろ》弥《み》命なり。此の神の子は天児屋命《あめのこや》。中臣朝臣の祖なり）。其の高皇産霊神の生れます所の女の名を栲幡千《たくはたち》々《ぢ》姫命と曰《もう》す（天祖天津《あまつ》彦《ひこ》尊の母也）。其の男の名を、天忍日命《あめのおしひ》と曰《もう》す（大伴宿禰の祖也）。又、男の名を、天太玉《ふとたま》命と曰す（斎部《いむべ》宿禰の祖也）。

この記事によれば、

タカミムスヒ――カミロキ――大伴・斎部宿禰の始祖、
カミムスヒ――カミロミ――中臣朝臣の始祖、

という関係である。

『古語拾遺』の冒頭の原文を読み下し文にして示す。

蓋《けだ》し聞く。上古《じようこ》の世、未《いま》だ文字有らざるとき、貴賤《きせん》・老少《ろうしよう》、口口《くちぐち》に相伝《あひつた》へ、前言往行《ぜんげんわうかう》、存《のこ》して忘《わす》れず。書契《しよけい》ありてより以来《このかた》、古《いにしへ》を談《だん》ずることを好《この》まず。浮華《うげ》競《きそ》ひ興《おこ》りて、還《かへ》りて旧老《きゆうろう》を嗤《あざ》ける。遂《つい》に人をして世を歴《へ》て弥新《いよよあら》たに、事をして代《だい》を逐《お》ひて変改《へんかい》せしめ、顧《かへり》みて故実《こじつ》を問ふに、根源《こんげん》を識《し》ること靡《な》し。（中略）一、二、猶遺《なほあや》まてる所有《ところあ》るがごとし。愚臣言《もう》さずは、恐《おそ》らくは絶《た》えて伝《つた》ふること無《な》からむ。幸《さいはひ》に召《せう》問《もん》を蒙《かがふ》りて、蓄憤《ちくふん》を攄《の》べむと欲す。故に旧説《ふること》を録《しる》して、敢《あへ》て以《もつ》て上聞《じやうもん》すと云爾《いふことしかり》。

とある。この巻頭の序文で斎部広成が冒頭で述べているのは、左の文章である。

上古の世、未《いま》だ文字有らざるとき、貴賤・老少、口口に相伝へ、前言往行、存して忘れず。

正しい歴史とは「上古の世、未だ文字有らざるとき」の語りだと書いている。つまり『日本書紀』という「国史」ではないと主張しているから、広成の献上書は「古語」の「拾遺」であって「史書に非《あら》ず」と冒頭で主張している。そして古くから語り伝えられてきた「タカミムスビ」は、大伴・斎（忌）部の始祖神であって、藤原・中臣氏の始祖神ではないとし、左のように『古語拾遺』は原文で書いている。

天地割判之初天中所生之神名曰天御中主神次高皇産霊神〔古語多賀美武須比是皇親神留伎命〕次神産霊神〔是皇親神留弥命此神子天児屋命中臣朝臣祖〕

其高皇産霊神所生之女名曰栲幡千千姫命〔天祖天津彦尊之母也〕其男名曰天忍日命〔大伴宿禰祖也〕又男名曰天太玉命〔斎部宿禰祖也〕

この文章を読み下し文にすると、左の文章になる。

天地割《わか》れ判《ひら》くる初《はじめ》に、天の中に生まれます所の神、名を天御中主神と曰《もう》す。次に高皇《たかみ》産靈《むすひ》神〔古語、多賀美武須比《たかみむすひ》。是《こ》は皇親神留《すめむつかみろ》伎《き》命なり〕。次に神産霊《かみむすひ》神〔是は皇親神留《かみろ》弥《み》命なり。此の神の子は天児屋命。中臣朝臣の祖《みおや》なり〕。其の高皇産靈神の生《あ》れます所の女《むすめ》の名を栲幡千《たくはたち》々《ぢ》姫命と曰《もう》す〔天祖天津《あまつ》彦《ひこ》尊の母也〕。其の男の名を、天忍日《あめのおしひ》命と曰す〔大伴宿禰の祖也《おや》〕。又、男の名《みな》を、天太玉《あめのふとたま》 命と曰す〔斎部宿禰の祖也〕。

この文章を記載した『古語拾遺』の末尾には、左の文章が載る。

愚臣《ぐしん》広成、朽邁《くぐう》の齢《とし》、既《すで》に八十に逾《およ》んで犬馬《けんば》の恋《おもひ》、旦暮《たんぼ》に弥《いよいよ》 切《ねむごろ》なり。忽然《こつぜん》に遷化《みまかり》なば、恨《うらみ》を地下に含まむ。街巷《がいかう》の談《ものがたり》も猶《なほ》取《と》る可《べ》きこと有《あ》り。庸夫《ようふ》の思も、徒《いたずら》に棄《す》て易からず。幸《さいはひ》に求訪《きうぼう》の休《く》運《うん》に遇《あ》ひて、深く口実《こうじつ》の墜《お》ちざることを歓《よろこ》ぶ。庶《ねが》はくは斯《こ》の文《ふみ》の高く達《とほ》りて、天鑑《てんかん》の曲照《きよくせう》を被《かうぶ》らむことを。

この末尾の文章でも、「語り伝え」を文章にしたのだと主張し、左のように述べている。

深く口実の墜《お》ちざることを歓《よろこ》ぶ。

「口実の墜ちざる」というのは「古語《ふるかたり》」が「書紀」よりも勝《まさ》る、と言っているのであり、「古語」の「書紀」である『日本書紀』を、藤原・中臣氏用史書と見ての末文である。

この『古語』の『拾遺』で主張しているのは、

タカミムスヒ＝カミロキ　大伴・斎部氏の祖、

という見解である。

「高御魂」が大伴・斎（忌）部氏の始祖なら、本章で述べた高御魂神社の祭祀氏族を藤原・中臣朝臣とし、藤原・中臣朝臣の出身地を対馬出身とする私の主張・見解は否定されてしまう。

しかし第四章で述べるが、藤原・中臣朝臣が、名神大社の対馬の高御魂神社、大社の奈良の宇奈太里・目原の高御魂神社、山城の高御魂神社を祭祀し、平安時代に「名神大社」「大社」という格式の神社であった事は、延長五年（九二七）成立の『延喜式』神名帳が証している。

ではなぜ弘仁六年（八一五）七月廿日成立の『新撰姓氏録』はタカミムスビを藤原・中臣朝臣でなく、大伴・斎部氏らの祖とするのか。『新撰姓氏録』（左京神別上）は、

大伴宿禰　高皇産霊尊の五世孫、天押日命の後なり。

とあり、『新撰姓氏録』（右京神別上）には、

斎部宿禰　高皇産霊尊の子、天太玉命の後なり。

とあり、『古語拾遺』の記事をそのまま『新撰姓氏録』は記載しているが、『日本書紀』には大伴氏・斎（忌）部氏が高皇産霊尊の五世孫・子の記事はない。

本章の冒頭に書いたが『続日本紀』の文武朝の大宝元年（七〇一）四月の記事は、山背国葛野郡の高御魂神社（波都加志神）は藤原・中臣氏が祭祀していた神社である。斎部氏とは無関係であり、前述（一一四頁）したが天智天皇の勅命を受け藤原鎌足が再興したという伝承を伝えている。また宇奈太理坐高御魂神社

は、藤原不比等が祭祀していたと見られており（一一七頁）、目原坐高御魂神社の祭祀氏族は対馬下県主だが、大伴・斎部氏は対馬と無関係である。対馬下県主は津嶋朝臣になり、藤原氏と同族と『新撰姓氏録』では書かれている。この対馬の高皇産霊神社のみ『延喜式』神名帳は「名神大社」なっているのは、対馬が藤原・大中臣朝臣の原郷だからと、本章で私見を述べたが、『新撰姓氏録』では大伴・斎（忌）部氏の始祖神になっており、前述した（一三九頁）ように多数の氏族がタカミムスビを祖神にしている。この問題は藤原・中臣氏論では見過す事が出来ないが、第四章以降の拙稿でさまざまな視点からこの問題にふれる。

【注】

（1）上山春平『埋もれた巨像』（一一五頁）岩波書店　一九七七年
（2）堀池春峰「宇奈太理坐高御魂神社」『式内社調査報告・第2巻』皇学館大学出版部　一九八二年
（3）堀井純二「目原坐高御魂神社」『式内社調査報告・第3巻』皇学館大学出版部　一九八二年
（4）上田正昭「皇祖神の源流」『日本神話』岩波新書　一九七〇年
（5）永留久恵「多久頭魂神社」『日本の神々―神社と聖地1九州』白水社　二〇〇〇年
（6）永留久恵「高御魂神社」『式内社調査報告・第2巻』皇学館大学版刷部　一九八二年
（7）永留久恵「浦々の古墳」『古代史の鍵・対馬』大和書房　一九八五年
（8）黛弘道「『日本書紀』の藤原不比等」『律令国家成立の研究（日本史学研究叢書）』吉川弘文館　一九八二年

四章　常陸国の中臣氏と鹿島神宮祭祀と仲臣の多氏

「中臣寿詞」と「天の八井」と建甕槌神・武甕槌神

『古事記』は仲臣《なかつおみ》の多氏の始祖神八井耳命は神武天皇の嫡子であったから、皇位を狙う庶兄の当芸志美美《たぎしみみ》命が殺そうとした。それを知った神八井耳命は庶兄を討とうとしたが、神八井耳命は、

手足わななきて、殺《ころ》したまわりき。故に其の弟神沼河耳命《おとかみぬなかはみみ》、其の兄の持てる兵を乞《こ》ひ取りて、入りて当芸志美美を殺したまひき。故亦《また》その御名を称《たた》へて建沼河耳命と謂《い》ふ。

爾《ここ》に神八井耳命、弟建沼河耳命に譲《ゆず》りて曰《もう》しけらく。「吾《あ》は仇《あた》を殺すこと能《あた》はず。汝命《いましみこと》既《すで》に仇《あだ》を殺したまひき。故、吾は兄なれども上《かみ》と為《な》るべからず。是《これ》を以《も》ちて汝命上と為りて、天《あめ》の下治《したし》らしめせ。僕《あ》は汝命《いましみこと》を扶《たす》けて、忌人《いはひびと》と為《な》りて仕《つか》へ奉《たてまつ》らむ」とまをしき。

と『古事記』の神武天皇記は書くが、『日本書紀』も同じ記事を載せる。

ところが『台記』の別記に載る近衛天皇の大嘗祭に、大中臣朝臣清親がとなえた「中臣寿詞」には、左の記事が載る。

（前略）中臣の遠《とほ》つ祖《おや》、天のこやねの命《みこと》、皇御孫《すめみま》の尊《みこと》の御前《みまへ》に仕《つか》へまつりて、天のおし雲ねの命を天の二上《ふたかみ》に上《のぼ》せまつりて、神ろき・神ろみの命の前に受けたまはり申《もう》ししに、「皇御孫《すめみま》の尊の御膳《みけ》つ水は、顕国《うつしくに》の水に天つ水を加《くわ》へて奉《たてまつ》らむと申せ」と事教《ことの》りたまひしによりて、天のおし雲ねの神、天の浮雲《うきくも》に乗りて、天の二上《ふたかみ》に上《のぼ》りまして、神ろき、神ろみの命の前に申せば、天の玉櫛《たまくし》を事依《ことよ》さしまつりて、「この玉櫛を刺《さ》し立《た》てて、夕日より朝日の照るに至るまで、天つ詔《のりと》と太詔《ふと》と言《こと》をもちて告《の》れ。かく告《いの》ら

ば、まちは弱韮《わかひる》にゆつ五百篁生《いほたかむらお》ひ出《い》でむ。その下《した》より天《あま》の八《や》井《ゐ》出《い》でむ。こを持《も》ちて天つ水と聞《きこ》しめせ」
と事依《ことよ》さしまつりき。

とあり、「天の八井出でむ」とある。

前述したが仲臣の多氏系氏族の始祖を『記』『紀』は「神八井耳命」と書くのだから、この「中臣寿詞」は本来は「仲臣寿詞」であったろう。神武天皇の長男の神八井耳命の後裔氏族の「寿詞」であったのを、いつの時代かは不明だが、仲臣の配下の卜部の中臣氏が「神祇伯」を独占し、「大中臣朝臣」を称するようになった時代に、

仲臣《なかつおみ》の遠つ祖、神八井耳命、皇御孫《すめみま》の尊の御前《みまへ》に仕《つか》へまつりて……

とあった「仲臣の寿詞」の「仲」を、「中」に変えて、

中臣《なかとみ》の遠つ祖、天のこやねの命……

と称するようになった。しかし以下の文章は変えなかった（というより変えられなかったのだろう）。

天の八井出でむ。こを持ちて天つ水と聞《きこ》しめせ」と事依《ことよ》さしまつりき。

「仲臣の寿詞」神八井耳命の「八井」をそのまま残している。この事例からも、卜部の中臣氏が、神と人の中を取り持つ「仲臣」に成り上って、仲臣の多氏の寿詞の「神八井耳命」を「天のこやねの命」に変えたのである。

このト部の中臣氏が「仲臣」化する工作の先駆が、常陸国の仲臣の仲国造が祭祀していた神を、『常陸国風土記』（香島郡条）の大化五年（六四九）条に依れば、中臣鎌子（藤原鎌足）が新しく「神郡」の香（鹿）

島郡を新設して、カシマ神宮を創立した時、主祭神として祀った事例である。この事例は、仲臣の神を中臣氏用に変える第一歩であった。

新しく作られたカシマ郡は仲国造の「寒田より北の五里」、海上国造の「軽野より南の一里」を割《さ》いて「神郡」として新設された（仲国造の「仲」は「仲臣」の「仲」）。この新設は中臣部が関東惣領に進言して実現しているが、『常陸国風土記』の総記は関東惣領は高向臣と中臣幡織田《はたおりた》連と書くから、当時「内臣《うちのおみ》」の中臣鎌子が常陸国に「神郡」を新設するために、同族の中臣氏系氏族を関東惣領に任命して実行したのである。

中臣鎌子は『常陸国風土記』に依れば、常陸国の久慈郡に「封戸《へひと》」を所有しており、天智天皇の時に軽直里麻呂が「堤を造り池を造った」とある事例から見ても、神郡の創立は中臣鎌子の発案だが、前述の記事に依れば神郡の土地の大部分は多氏の仲（那珂）国造の地である。この事実は神郡に創立された神社の祭神と関連している。

　其処に有《い》ませる天の大神の社、坂戸の社、沼尾の社、三処《みところ》を合せて、総《す》べて香島の天の大神と称《い》ふ。因《よ》りて郡《こほり》に名づく。

と『常陸国風土記』は書くが、主神の天の「大神」は「多神」であり、仲臣の多氏が祀る神であった。中臣氏の祖神のアメノコヤネでなく、多氏が祀る甕神の建甕槌神を祀っている事に私は注目している。

この建甕槌神は『古事記』の崇神天皇記に記載する「意富多太泥古《おほたたねこ》（大田田根子）」の父の「建甕槌命」である。『古事記』は葦原中国を平定した「建御雷神（建御雷之男神）」と書く「雷神」と、「甕神」の「建甕槌神」を区別して記載している。ところが『日本書紀』は葦原中国を平定した神は、神代紀では「武甕槌神」

と書く。

この神名表記は、「甕」に「武」を冠しているから、『古事記』が書く「建甕槌神」という甕神に冠した「建」を「武」に変えて、甕神を武神化した事は明らかである。仲臣の多氏が祭祀していた甕神を武神にしたが、『古事記』が「甕神」以外に、葦原中国平定の武神として雷神の「建御雷神」を作文しているので、『日本書紀』の神武天皇紀は「武甕雷神」と記し武神・雷神化し、神の形代《かたしろ》の「甕」を「武」・「雷」に変えている。本来は甕神であったことは、仲臣の多氏の始祖神「神八井耳命」の神名が示すように、甕は水を入れる容器、前述した「仲臣寿詞」の「天つ水」を入れる甕であったからである。

鹿島神宮の祭祀と多氏・大生神社・建借間命

図7は「現在の鹿島地方と古代の鹿島想定図」である（「古代の鹿島想定図」は東実の『鹿島神宮』〈学生社〉からの引用）。「大生神社」は『常陸国風土記』が書く「天の大神の社」である。鹿島神宮の宮司の東家の中臣連家長が文明五年に、古文献にもとづいて編集した『鹿嶋大明神御斎宮神系代々』には、「大生神社神印当宮神霊図」とあり、大生神社の「神印」が鹿島神宮の神霊とある。この事実を大場磐雄は『常陸大生古墳群』所収の「大生神社の考察」で明記して、更に鹿島神宮宮司の東家所蔵の「御斎出輿年中大祭之図」を検証し、鹿島神宮の「年中の祭儀中で物忌の出輿されるのは、次の六度のみであった」と書いている。(1) その「六度」は左のようである。

一、正月七日夜　本宮祭

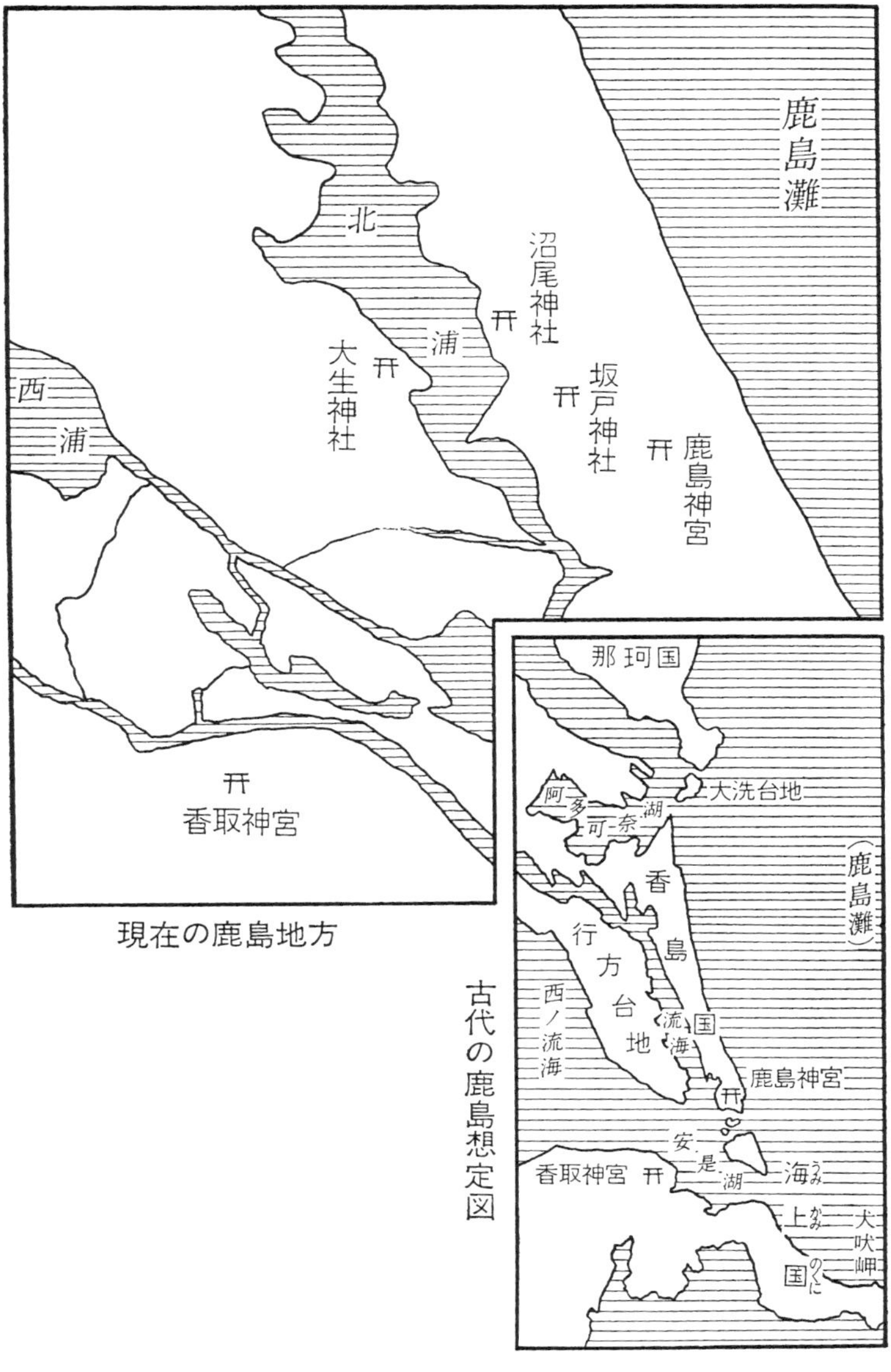

図7　現在の鹿島地方と古代の鹿島想定図

二、四月十一日夜　奥宮祭
三、五月五日　流鏑馬祭
四、七月十日夜　大宮祭
五、七月十一日夜　将軍祭
六、十一月十五日　大生宮祭

大生宮祭については、明治七年の大生神社裏書に、「十一月二夜の祭には鹿嶋の宮より御斎渡輿祭の宮人数十人渡り来て大弊帛を捧げ献る事古実なり」とある。この事が「古実」なのだから中臣鎌子が神郡を作って祭祀していた鹿島神宮の主神は、多氏が祀っていた大生神であった。

坂戸神社は茨城県鹿島郡鹿島町山之上にあり、鹿島神宮の摂社で天児屋根命を祭神にしている。弘安二年（一二七九）十一月七日条の坂戸神主占部忠常証文（鹿島神宮文書）には、「大宮司散位中臣朝臣忠常」を「坂戸神主」と記しているが、物部氏が祭祀していた神社が中臣氏に祭祀氏族が変ったのである。『新撰姓氏録』に、

坂戸《さかと》物部　神饒速日命《にぎはやひ》、天降りましし時の従者、坂戸物部の後なり。

とあり、『旧事本紀』の天神本紀は坂戸物部は、

天物部を率《ひき》いて天降《あまくだ》りに供《つか》へ奉《たてまつ》る。

とあり、物部氏系氏族が祀る神社であった。

沼尾社については『夫木抄』の鎌倉時代初期の康元元年（一二五六）十一月に、藤原光俊は鹿島神宮に参

詣した際に沼尾社に行き、

沼の尾の池のたま水　神代よりたえぬや　深き誓ひなるらむ、

と詠んでおり、左注に、

沼尾社へ　かの池の事ざまいさぎよくみて　神代より水くだりてと思ふもいと有りがたし……、

とあり、沼尾池を祀る神社である。現在は鹿島神宮の摂社で、祭神が物部氏の始祖の経津主《ふつぬし》神になっているのは、フツヌシは坂戸物部氏が坂戸社で祀っていたのだが、坂戸社を中臣氏が祭祀するようになったので、沼尾神社の祭神になったのである。現在は池は消滅して神社のみ鹿島町沼尾にある。

拙著『神社と古代王権祭祀』で述べたが、坂戸社は「坂戸物部」（『新撰姓氏録』）・「坂戸造」（『旧事本紀』）とある物部氏の坂戸氏の神であり、沼尾社は祭祀地にあった沼尾池の神である。主神は常陸国を平定した多氏系の仲国造の始祖武借間《たけかしま》（鹿島）命が祀っていた神であった。なぜ中臣鎌子は多（大生）氏の祀る神を新設の「神郡」の主神にしたのか。理由は、常陸国の中臣部・卜部が神と人との仲を執《と》りもつ仲臣《なかつおみ》の多氏の配下の卜占の徒であったからである。その事実は『続日本紀』天平十八年三月二十四日条に、鹿島郡の占部五烟が鹿島連になっている事が証している。

常陸国の「仲臣《なかつおみ》」の多氏系の仲国造が祀る大生神社の祭神は、孝徳朝に中臣鎌子に依って新設された神郡の神社の主祭神になったが、元宮の大生神社は前述したように明治初年まで鹿島神宮の元宮として重視されていた。その事は大生神社の神印が鹿島神宮の神印になっていることが証している。

問題は大（多）神社であるべきなのに、大生神社とあり「生」がなぜつくのかである。図7の「古代の鹿島想定図」には、図の上に那珂（仲）国があり、「行方《なめかた》台地」と書かれている地に「現在の鹿島地方」では大生神社がある。この行方台地も香島国も「那珂国」であったが、この地は仲国造の仲（那珂）国から分離して「行方郡」になっている。その事を『常陸国風土記』の行方郡条の冒頭は、左のように書く。

　茨城の国造、小乙下壬生《みぶ》連麿《まろ》、那珂の国造大建壬生直夫子《をのこ》等、総領《すべおさ》高向の大夫《まへつきみ》、中臣幡織田《はとりた》の大夫等《まへつきみたち》に請《こ》いて、茨城の地の八里と那珂の地の七里とを合《あは》せて七百餘戸を割《さ》きて、別《わ》きて郡家《こほりのみやけ》を置《お》けり。

この新郡の成立の時期を『常陸国風土記』は孝徳天皇の白雉四年（六五三）と書くが、白雉四年は鹿島神宮の創立の大化五年（六四九）の四年後であり、この行方郡新設に関東惣領の中臣幡織田氏が関与している事実から見ても、背後に中臣鎌子（藤原鎌足）の存在が考えられる。

「那珂の地の七里」に大生神社の地も含まれていたであろう。なぜなら那珂（仲）国造は多氏だからである。その多氏が「壬生直」なのだから「壬生」の「生」をとって「大生神社」と書かれたと推測出来る。茨城国造が壬生連なのに、那珂（仲）国造が壬生直なのは、那珂国の国造を土着氏族と見ていたからである。

『常陸国風土記』（行方郡）は崇神天皇の時代に、那賀（仲）国造の始祖建借間《かしま》（鹿島）命が平定したと書くが、タケカシマ命の軍兵たちは「杵島《きしま》（鹿島）の唱曲《うたぶり》」を歌ったと『常陸国風土記』は書く。「杵島」は佐賀県杵島郡・鹿島市の地域である。前述したが『肥前国風土記』杵島郡条には景行天皇がこの地を「戕戨《かし》島」と命名し、「杵島《きしま》郡」となったと書いているから、常陸国の「カ（キ）シマ」は肥前国の軍兵を率いた多（太）氏の仲臣の仲国造の始祖建鹿島命の平定した地である。

茂木雅博は『日本の古代遺跡・茨城』で、「那珂川流域の古墳」と題して、県北最古の前方後円墳である鏡塚古墳(大洗町磯浜)は、茨城県内で戦後最初に本格的な発掘調査が実施された。太平洋を見渡す丘陵上に南面して築造されており、前方部は改変されているが、復原した全長は一〇五メートルという大古墳である。(中略)茨城県内の出現期古墳の年代(＝五世紀初頭)は、この鏡塚によってあたえられたものである。

と書いている。(2) この記事からも四世紀末が五世紀初頭には多氏系の仲国造の始祖建借間(鹿島)命は、肥前国杵(鹿)島の地の軍兵を率いて常陸へ来ているのであり、その配下に卜占を行なう中臣氏が居たのである(この事はさまざまな視点から第二章以降で論証した)。

茂木雅博は「県北最古」と書いているのは、この鏡塚古墳より古い四世紀末の勅使塚古墳が図7で示した大生神社がある行方郡《なめかた》にあるからである(玉造町沖洲の全長六四メートル、高さは八メートルの前方後円墳の勅使塚古墳は四世紀後半から末期頃の築造と見られている)。

行方郡は『常陸国風土記』に依れば多氏系の仲臣の仲国造の始祖建借間(武鹿島)命が平定した地であり、仲国造の「仲(那珂)」のつく那珂川流域の那珂郡と共に、タケカシマが平定した地である。この「カシマ」を名乗る武将や兵達が祀っていたのが多(大生)神で、鹿島神宮の主祭神の「天の大(多)神」である。この鹿島の地へ肥(火)国の建借間《かしま》命・豊後国の黒坂命などが軍兵を率いて進出した時に、九州の多氏系氏族の配下の卜部の中臣氏も常陸へ移った。彼らが藤原鎌足らの祖先である。

上田正昭が示す『日本書紀』の中臣氏関係記事

上田正昭は「祭官の成立――中臣と日祀と日置と――」と題する論考で、『紀』（巻二十三までを当面の対象とする）の記載には、中臣氏関係記事は、どのような内容をもって物語られているのであろうか。これを列挙すると、およそ次の一七事項となる」と書いて、左のように記している。(3)

（1）「中臣連の遠祖」天児屋命らがいわゆる天の岩戸詞章で神事を執行する記事（「神代巻」上の第二・第三の一書）。

（2）いわゆる天孫降臨詞章について「中臣の上祖」天児屋命が配侍する記事（「神代巻」下の第一の一書）。

（3）菟狭津媛を侍臣「中臣氏の遠祖」天種子命にめあわせたという記事（「神武天皇即位前紀」の条）。

（4）五大夫の一人「中臣連の遠祖」大鹿嶋らに神の祭祀についての詔があったとする記事（「垂仁天皇紀」二十五年二月の条）。

（5）「中臣連の祖」探湯主が卜占にたずさわった記事（「垂仁天皇紀」二十五年三月の「一云」の条）。

（6）景行天皇西征のさい、「直入の中臣神」をうけまひまつるという記事（「景行天皇紀」十二年十月の条）。

（7）四大夫の一人、中臣烏賊津連らに宮中を守衛せしめたという記事（「仲哀天皇紀」九年二月の条）。

（8）中臣烏賊津使主が宮廷審神者になったとする記事（「神功皇后摂政前紀」の条）。

（9）舎人中臣烏賊津使主が、天皇の命をうけて弟姫を迎えたという記事（「神功皇后摂政前紀」の条）。
（10）中臣連鎌子が物部大連尾輿と崇仏に反対の奏言をした記事（「欽明天皇紀」十三年十月の条）。
（11）中臣連勝海が物部大連守屋と蘇我氏の崇仏に反対した記事（「敏達天皇紀」十四年三月の条）。
（12）中臣磐余連が物部大連守屋・大三輪君逆とともに、寺塔を焼き仏像を棄却しようとしたという記事（「敏達天皇紀」十四年六月「或本云」の条）。
（13）中臣連勝海が朝廷に入り議し、物部大連守屋と崇仏に反対し、挙兵せんとして殺害された記事（「用明天皇紀」二年四月の条）。
（14）中臣宮地連麻呂が隋使の掌客となった記事（「推古天皇紀」十六年六月の条）。
（15）中臣宮地連烏摩侶が堅塩媛の改葬にさいして誄を奏した記事（「推古天皇紀」二十年二月の条）。
（16）中臣連国が征新羅の意見をのべ、その大将軍になる記事（「推古天皇紀」三十一年の条）。
（17）中臣連弥気らが皇位継承について蘇我氏の擁立せんとする田村皇子の即位に同調した記事（「舒明天皇即位前紀」の条）。

以上が「祭官の成立」（『日本古代国家論究』所収）に載るが、この記事で、（1）から（9）は歴史上の記事ではないと上田正昭は述べて、左のように書く。

注目すべきは、延喜本系の「中臣氏系図」が、欽明朝における中臣賜姓を特筆し、かつ欽明朝段階の中臣氏の登場を強く意識していることである。この点は『紀』の（10）以降にあって、中臣氏が議政官としてあるいは祭官として、クローズアップされてくることと付合している。そしてじっさいに、方之子連の子である中臣御食子・国子の時期になると、その中央政界や祭祀組織における位置はかなり明確となる。すなわち『紀』の記載するところにおいても、(13)以降の内容には、議政に参加し、かつ殯宮儀礼などにおいて主要な役割をはたしているばかりでなく、「中臣氏系図」に引く大中臣延喜本系には、御食子および国子が「前事奏官兼祭官」であったことが記述されている。延喜本系にいわゆる「前事奏官兼祭官」という表現は、後世の追記あるいは潤色であるのかどうかが、まず問題となるが、「中臣氏系図」「大中臣系図」にみえる「国子」は「推古天皇紀」の中臣連国であり、御食子もまた「舒明天皇紀」にみえる中臣連弥気であって、実在の人物であり、かつ前事奏官あるいは祭官という官名は、令制下にはなく、この時期特有のものであって、その信憑性はかなり高いものと考えられる。

つまり、『紀』「中臣氏系図」「大中臣系図」によって、中臣氏が、中央政界に宮廷祭祀の分掌者として重要な地位を保持するようになるのは、六世紀の欽明・敏達朝であり……。

長い引用になったが、以上が上田正昭の見解である。(3)

上田正昭が書くように歴史上の事実の記事は欽明朝からで、それ以前の記事は伝承・作文であろう。しかし伝承・作文であっても、なんらかの根拠・理由があっての記事だから、まったく無視は出来ない。例えば(5)の、

「中臣連の祖」探湯主が卜占にたずさわった記事、

は、中臣氏が卜占の徒であったからの伝承である。

「中臣氏系図」「大中臣系図」が示す意味

上田正昭が書く「中臣氏系図」「大中臣氏系図」の人物を整理して、青木和夫は「藤原鎌足と大化改新」で左の系図を示す(4)。

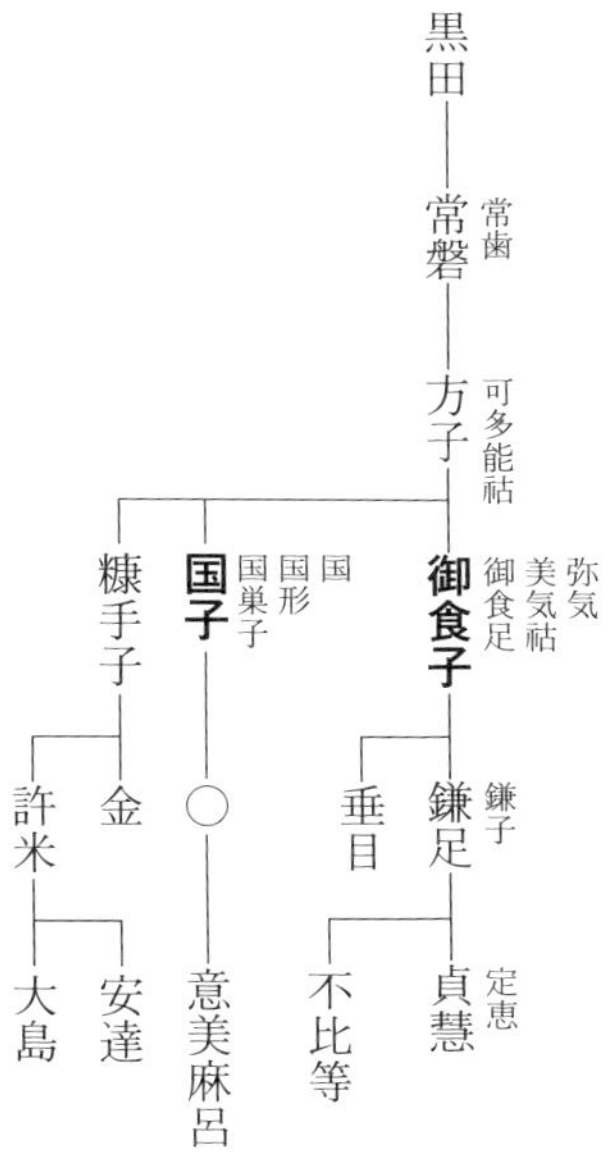

この系図を示して青木和夫は「延喜本系」に「右(常磐)大連は始めて中臣連の姓を賜はる。磯城島宮に御宇しめしし天国押広庭天皇(欽明)の代、特に令誉を蒙りて恪勤供奉す」とあるから、「常磐は、それまで中臣連とはいわなかったと解釈できる」と書き、本来の「天児屋命を遠祖とする伝承を持つ」中臣氏は、

近くは欽明朝の仏教渡来説話にも、蕃神礼拝を拒否する国粋主義者として物部尾輿とともに中臣鎌子があり(鎌足とは同名異人)、その騒ぎは敏達・用明朝にもあとをひいて中臣勝海は物部守屋とともに蘇

我氏らに滅されたことになっている。

ここで想像が許されれば、古来の著名な中臣連は勝海の代に絶え、素性不明な、あるいは常陸あたりから出てきたかも知れぬ一傍系氏族が、常磐の代に襲名を許されたということになる。(4)

青木和夫が書く「古来の著名な中臣連」の記事は、神話も歴史も作文が多く、間に史実を根拠にした記事があるのであり、上田正昭や多くの先学が主張しているように、信用出来るのは欽明天皇紀以降である。

私は前述の上田正昭が示す『日本書紀』記載の中臣氏関係記事の欽明天皇紀以降で、(10)から(13)までは河内の中臣氏と記事と見る。(14)(15)の中臣宮地連は豊前国の中臣氏、(16)の中臣連国は中臣鎌子の叔父、中臣連弥気は中臣鎌子の父で常陸国の中臣氏と見ている。弥気は系図の御食子であり、国は系図の国子であり、前述の青木和夫のゴジックで示す人物である。

上田正昭も欽明朝以降が実在の中臣氏で、それ以前は実在の人物と断定は出来ないと書いているが、(3)実在と見られる欽明朝の鎌子・敏達朝の勝海・磐余連は、前述の「中臣氏系図」「大中臣系図」から欠落している。この三氏のうち物部氏・大三輪氏と共に蘇我氏の崇仏に反対した中臣連勝海は、殺害されているが、前述したが彼等は私は畿内の河内国居住の中臣氏だから、常陸系の「中臣氏系図」から欠落したと推測している。この『日本書紀』記載の河内(この河内は分国した和泉も含む)の中臣氏が、前述の青木和夫作製系譜から消されていることについて、青木和夫はふれていない。

『日本書紀』には中臣連勝海が崇仏に反対して殺害された後の人物として、中臣宮地連麻呂・烏麻呂が記載されているが、前述の中臣氏系図に載る人物は中臣国と弥気が記されているだけで、推古朝以降に活躍した

人物はすべて中臣氏系図には載らない。なぜ中臣系図は中臣鎌子（藤原鎌足）の父・叔父以前の欽明〜推古朝に活躍した人物、

鎌子・勝海・磐余連・麻呂・烏麻呂、

を排除しているのか。

理由はこの「大中臣系図」など、現在、私たちが見ることが出来る藤原・中臣氏関係系図は、すべて常陸国出身・関係者の系図だからである。

卜部の身分から「仲臣」化した藤原・中臣氏

井上辰雄は「大化前代の中臣氏」で、左の系譜を示す。

黒田大連——常盤大連（本系（図）曰始而賜中臣連姓本者卜部也）——○
　├御食子卿——大織冠鎌足
　├国子大連——国足
　└糠手子大連公——金連

そして『藤原氏系図』の『御食子卿』に至って、初めて鎌足の系譜に直結する」と書き、

この事は、鎌足の直系が、必ずしも中央の中臣氏の本流ではなかった事、恐らく物部氏の滅亡、蘇我氏の権力把握という政局の変動にともなって、かつて物部氏に結びついていた中央の中臣氏の本流にか

わって、傍流の中臣氏が抬頭するチャンスを握んだのではないか。（中略）政局の変動を予見する能力は彼等の家業とする卜占にあったかも知れないが、その傍流から身を起し、本流にとってかわり、やがて政府の中枢にまで進出したのが、鎌足系の中臣氏であったと見做したいのである。(5)

と書いている。そして、「鎌足を常陸国出身とする説」の「初見」として、『大鏡』第五巻、「藤氏物語」の、

　そのかまたりのおとゞむまれ給へるは常陸国なれば、かしこに鹿嶋といふ所に、氏の御神をすましめたてまつり給て、その○《御》よゝりいまにいたるまで、あたらしきみかど・きさき・大臣たちたまふおりは、幣の使かならずたつ。みかど《元明天皇》奈良におはしまし、時に、鹿嶋とをしとて、大和国三笠山にふりたてまつりて、「春日明神」となづけたてまつりて、いまに藤氏の御氏神にて……（『日本古典文学大系』岩波書店、二三三頁）

を引用して、

　春日社が鹿島、香取の神を第一の主体としていることは、鎌足と鹿嶋の中臣との関係がただならぬものであったことを物語っているのではないだろうか。

と書いている。(5)

井上見解も藤原鎌足は大和国で出生したが、鎌足の父は常陸出身だという見解である。このような見解は横田健一も「中臣氏と卜部」で、左の五項目、

一、問題の提起——中臣氏の前身は何か——

二、卜占祭祀に関係ある中臣系図上の諸祖神

三、中臣氏と卜部との職能上の関係
四、律令時代の卜部とその地方的存在形態
五、中臣氏・藤原氏の氏神の問題。

を示して詳細に論じている。そして結論として、

中臣氏は常陸の香島社を奉斎する卜部から出て、宮廷の雨師的司祭者として立身したのではないかと推定したい。従来、鎌足が常陸の生まれという『大鏡』の説は、とるにたりないとされてきた。しかし私は、鎌足が常陸で生まれたのではなく、大和の高市郡大原あたりで生まれたにせよ、こうした説の生ずる背景に、中臣氏が常陸の卜部氏を母胎にしていたことがあるのではないかと思う(6)。

と書いて、中臣氏常陸出身説を主張し、先行著書として田村圓澄の著書『藤原鎌足』を取りあげている。田村圓澄は九州大学教授、井上辰雄は筑波大学教授で、碩学の学者である。両氏は藤原・中臣氏は元は卜部であったと書くが、なぜ「臣《おみ》」を「ナカトミ」氏のみ「トミ」と読むのかは論じていない。理由は「仲《なか》臣《つおみ》」の多氏が居たから、「トミ」と読む事で仲臣氏と中臣氏を区別したのである。

常陸国の仲臣の多氏が祭祀していた甕神（建甕槌神）を（この事は第十二章で詳述する）、中臣鎌子が新しく神郡の鹿（香）島郡を作って主神にし、甕神を武神・雷神化して、藤原朝臣・大中臣朝臣の氏神にした。

その事は前述したが、多氏関与の『古事記』には

建甕槌神（崇神天皇記）と建御雷神（神代記）

とあり、甕神と雷神の二神に書き分けているが、『日本書紀』は、

武甕槌神（神代紀・下巻）・武甕雷神（桓武天皇紀）

と、甕神表記に「武」「雷」を付している事実が証している。本来は『常陸国風土記』が書く多氏系の九州の肥（火）国の建借間（鹿島）命や、豊後（大分）国の黒坂命が祀っていた甕神を、中臣鎌子が鹿島神宮を創始し、藤原・中臣氏用化した。そして『日本書紀』では藤原不比等が「武」「雷」を付して、武神・雷神化したが、多氏は本来の甕神の「建甕槌神」を崇神天皇紀に記して、葦原中国平定の武神・雷神の「建御雷神」「武甕槌神」「武甕雷神」と区別している。

神と人との仲を執り持つ「仲臣《なかつおみ》」の多（太）氏の祀る「甕神」を、中臣（藤原）氏が「武神」「雷神」化したのは、鎌足の子の不比等だが、この工作も、常陸国の鹿島神宮祭祀とかかわっていることは無視できない。仲臣の多氏の祭祀していた甕神を武神・雷神化し、更に奈良の春日神宮に祭神を移し、完全に藤原・大中臣氏の「氏神」に変えた。しかし常陸国の仲臣の多氏祭祀の神を移した大和国の地が、多氏と同じ仲臣の春日氏の地であった事に私は注目している（春日氏も仲臣である事は前述〈一〇四頁〉した）。

仲臣の仲国造の常陸の地で祀る神を、仲臣の春日の地に移している事実が、卜部の中臣氏が成上って仲臣化した事を証している。その事は折口信夫が「中臣の語義――中臣の考察」で左のように語っている事からも言える。

中臣は中つ臣だ。すると中皇命――神と天子との間に立たれる尊いお方――と同じ意味で、天子とその他の宮廷の人たちとの間に立っている臣だと、こう考える。これが誰にも当りさわりのない考えであると思う。

この折口見解は神と人との仲を執り持つのが仲臣の役職であって、卜部の中臣氏の役職ではないことを示している。前述した上田正昭の中臣氏関係記事にも、左の記事（「垂仁天皇紀」二十五年二月の「一云」の条）、

（5）「中臣連の祖」探湯主が卜占にたずさわった記事。

と書いているではないか（○印は引用者）。しかし、

（8）中臣烏賊津使主が宮廷審神者になったとする記事。

もある。この神功皇后摂政前紀の烏賊津使主《いかつおみ》の「審神者《さには》」は神と人との仲を執り持つ仲臣の事だから、卜者の中臣氏の祖を仲臣の審神者に格上げしているが、この卜者と審神者の二つの記事を記している事例からも、中臣連から、藤原朝臣・大中臣朝臣と称する過程で、多氏や春日氏の「仲臣」の役職を、卜部の中臣氏が成り上って自家の役職にしたのである。

肥君・大分君が平定した常陸国の鹿島信仰と甕神

図8は小学館版『日本書紀一』が示す「景行天皇九州巡幸図」であり、図9は中野幡能が『八幡信仰史の研究』上巻で示す「九州古墳分布図」だが、古墳の分布は、景行天皇の「九州巡幸図」と重なる。図9に記載されている大分君・阿蘇君・火君は、『古事記』の神武天皇記に依れば多氏系氏族である。筑紫君も『筑紫国風土記』逸文は左のように書く。

昔、堺《さかひ》の上に麁猛《あらふる》神あり。往来《ゆきき》の人、半《なかば》は生き、半は死にき。其の数《かず》極《いた》く多なりき。因《よ》りて人の命《いのち》尽《つくし》の神と曰《い》ひき。時に、筑紫《つくし》君《きみ》・肥《ひ》君等《ら》占《うら》へて、筑紫君等が祖甕依姫《おやみかよりひめ》を祝《いはひ》と為《な》して祭らしめき。爾《それ》より

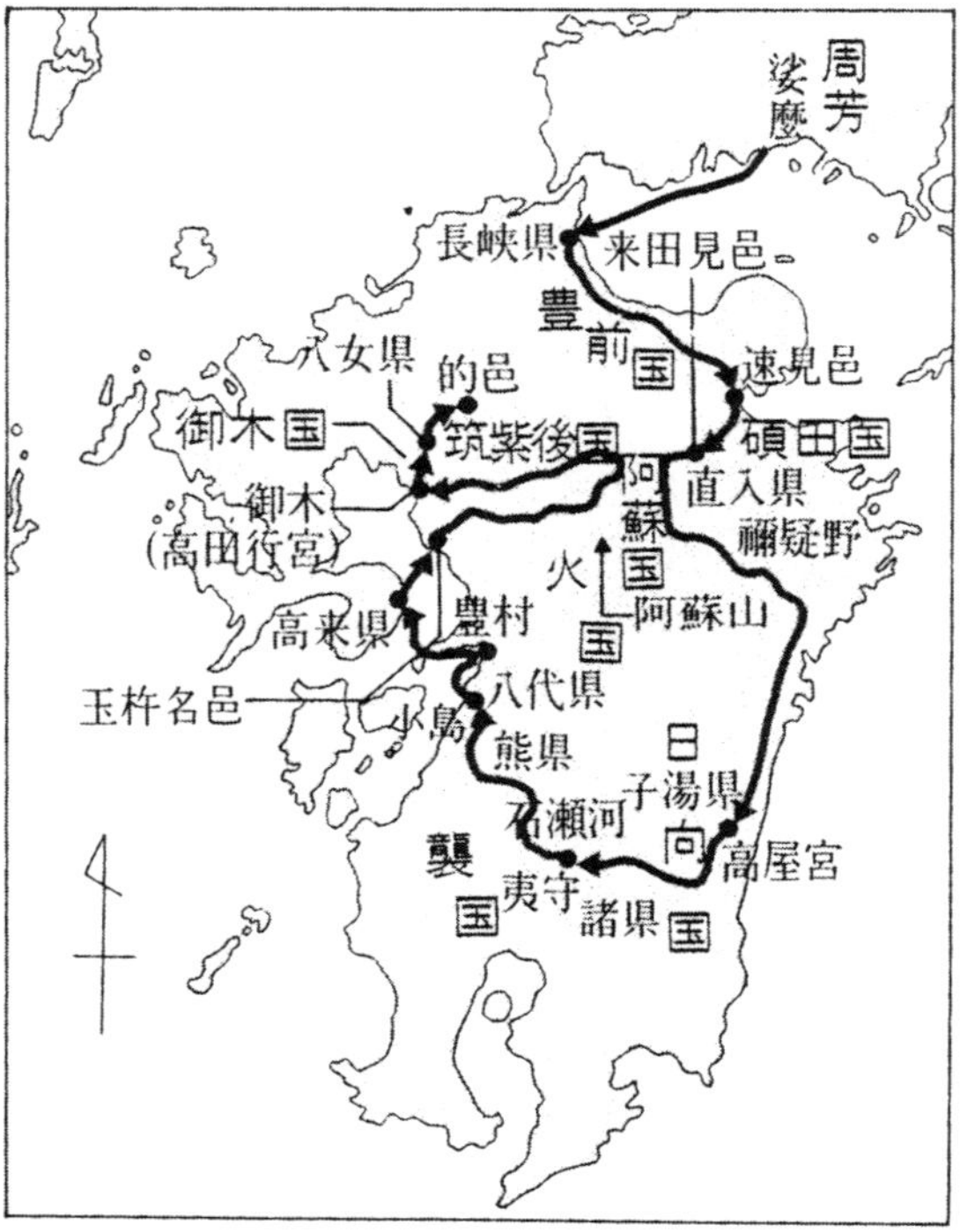

図８　景行天皇九州巡幸図

以降《このかた》、路行く人、神に害《そこな》はれず、
是《ここ》を以《も》ちて、筑紫の神と曰《い》ふ。

この記事の「筑紫君等が祖甕依姫を祝と為して祭らしめき」神は、「堺の上」に居るアラブル神、つまり境界神だが、この神は「甕依姫」が「祝人」として祭祀しており、「甕依姫」は「筑紫君等」の祖とあるから、筑紫君・肥（火）君らが祭るのが甕神なのであり、肥君は大分君・阿蘇君と同族である。大分君の始祖の景行天皇紀が記す「多臣の祖武諸木は、豊前・豊後の豊の国を平定しており、大分の地は日向と接し、前述した直入中臣神の「直入」は大分君の支配地で、直入の地は日向と阿蘇君・肥君・筑紫君の地に行く、交通の要所である。この地を支配していたのが多臣の大分君だが、大分君は仲臣の多氏系氏族であり、その配下に卜部の中臣氏が居た事は景行天皇紀の大分（豊後）地方の平定記事が証している。太田亮が書く「直入中臣神」も、この地を平定した多氏の武諸木の配下の卜部の中臣氏の神であった（景行天皇紀は直入の地で中臣氏が卜占を行なった事を記している）。

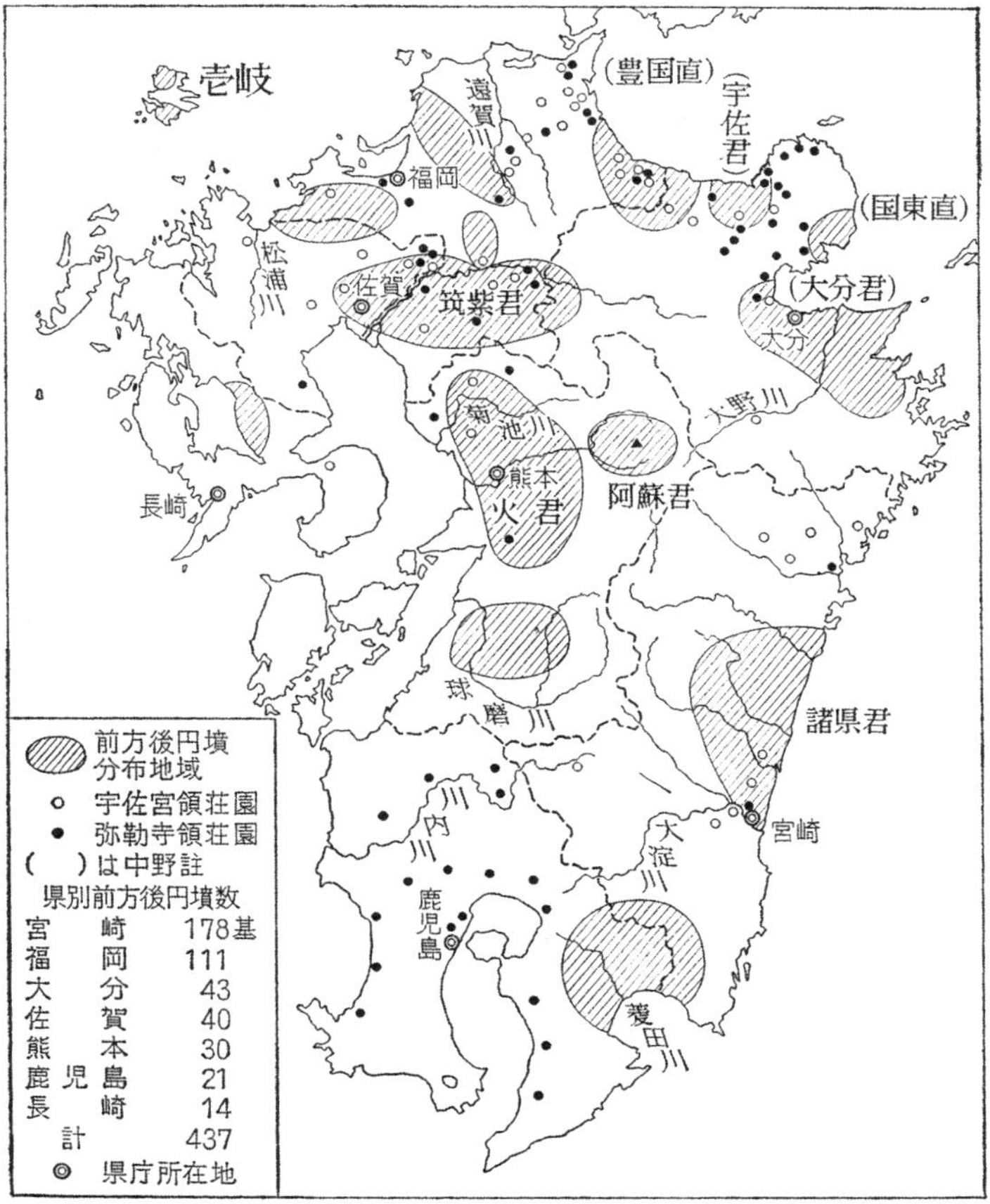

図9　九州古墳分布図

図8の「景行天皇九州巡幸図」と、図9の「九州古墳分布図」の「前方後円墳分布地域」の大分君・火君・阿蘇君は、『古事記』（神武天皇記）が書くように多氏だが、大分君の同族の黒坂命は『常陸国風土記』の本文・逸文の記事に依れば、茨城郡を平定し陸奥の蝦夷討伐にも活躍しており、肥君と同族の建借間命が常陸国の那珂郡・鹿島郡・行方郡を平定しているのと

共に活動している。「借間」は「鹿島」とも書くが、『古事記』（神武天皇記）は建借間命が卜部の中臣氏を配下にしていた「仲臣」であったから、仲（那珂）国造と明記している。前述（一五一頁）したが藤原鎌足（中臣鎌子）は大化五年（六四九）に仲国造が祭祀する「天の大神」を主神にして鹿島神宮を創祀したが、鎌足の始祖の卜部の中臣氏が肥国・大分君らの祖の建借間命や黒坂命の配下として、常陸へ来た事は第一章で述べた。この時期は日向地方へ大分君らの祖が秦王国の秦氏系・加耶系氏族と共に進出したのと同時期であった。その事は考古学者の茂木雅博の見解を前述（一五七頁）した。四世紀末期から五世紀初頭の前方後円墳が常陸国の行方郡・那珂郡の海岸地域に築造されている事が、肥君・大分（碩）君の常陸進出を証している。私は九州の日向地域へも多氏系の大分君系が進出し、関東の常陸地域へは肥（火）君系が進攻したと推測している（常陸へ大分君系が進出したのは五世紀中期以降であろう）。

　鹿島神宮宮司東実の著書『鹿島神宮』に、「古き神人の伝」として左の伝承が記されている。

> 常陸国鹿島の海底に、一つの大甕《おおがめ》あり、その上を船にて通れば、下に鮮やかに見ゆるといへり、古老伝えいう。此の大甕太古は豊前にありしを……。

とあり、豊前から来たとあるが、「此の大甕は鹿島明神の御祖先を祭り奉る壺にて、鹿島第一の神宝」と言われていると書き、本来は「御神体」だったと、東実は『鹿島神宮』で述べている。[7] 甕神信仰であった多氏祭祀の鹿島神が、藤原・中臣氏の氏神化して剣神になったのである。

　鹿島神宮の奈良時代の御神体は、現在は「国宝」になっている全長二七一センチの日本一長大な直刀で、奈良時代に製作されている。この事実は仲臣の多氏が祭祀していた甕神を、卜部の中臣氏が成り上って仲臣の多氏から祭祀権を奪って武（剣）神化したのである。
それは前述（一五一頁）したが建甕槌命が建御雷命になる『古事記』、武甕槌神・武甕雷神と書く『日本書紀』が証しており、仲臣の多氏の位置に卜部の中臣が成上った証明が、このタケミカツチの表記の変更が示している。『日本書紀』は「雷」表記に「武」を冠したり、「雷」を加えたりしているが、『古事記』は甕神と雷神を区別し、雷神は葦原中国を平定した武神と書くが、一方で崇神天皇紀には甕神としての建甕槌神を記している。この建甕槌神が古い表記である事は前述した（一五二頁）。

ところが前述した豊前から運ばれた甕は海底にある。『琉球神道紀』にも、

鹿島の明神は、もとはタケミカツチの神なり。人面蛇身なり。常州鹿島の浦の海底に居す。

とあり、タケミカツチの神は海底に鎮座する。淡路と向かい合う阿波の鳴門の岬の先端にある甕浦神社（鳴門市甕浦）も、土地の人々は祭神を「お甕さま」と言っているが、この御神体は大甕で海底から海鳴りをさせてきたという。いずれも海底にあったというのは、船の守護神、航海の安全祈願の神だったからである。甕浦神社の場所は渦潮の渦巻く難所であった。
『日本書紀』の斎明天皇五年（六五九）五月三日の記事に、

船師百八十艘を率《ゐ》て　蝦夷国を討つ。

とあり、蝦夷征討には船で行く。鹿島神宮の大祭は「御船祭」である（この事については前述した）。この航海の安全、守護の神が建甕槌神である。

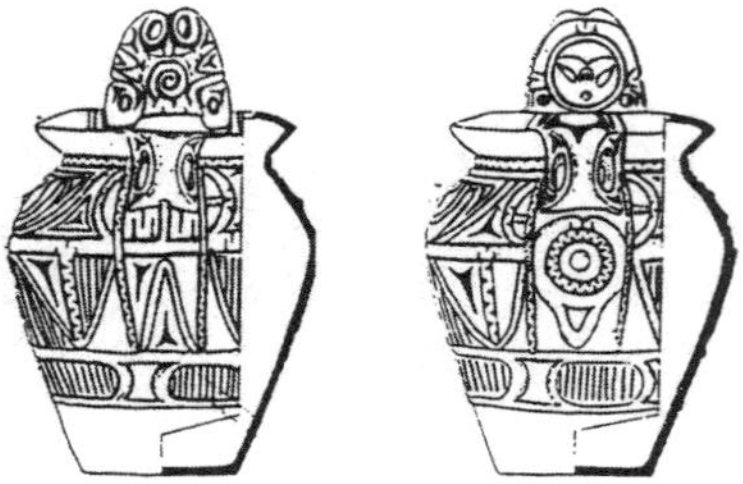

図10　人面把手土器（長野県伊那市月見松遺跡）の表裏

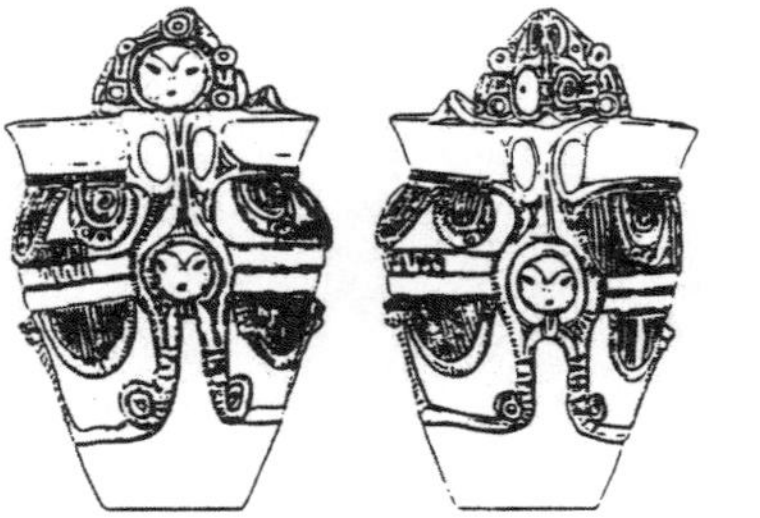

図11　母胎から嬰児が顔を出している人面把手付土器（縄文中期・山梨県須玉町御所前遺跡）の表裏

甕神信仰と九州の甕棺墓・建甕槌神の祭祀

筑紫君・肥君の祖は甕依姫であり、建甕槌神は女神である。九州佐賀県の鹿島市の西隣の長崎県の五島列島の漁民の妻たちは、夫や息子が出航すると、航海安全を祈って台所の大甕に水をいっぱい入れておくというが、女達が甕に水を入れるというのは、海底に甕神を鎮座させているように航海の安全を願っての事だが、女性に依る祈願である。というのも甕は母胎と見られており、女性イメージだからである。その事例を縄文時代の土器で示す。

図10は長野県伊那市月見松遺跡出土の縄文時代中期の人面把手土器だが、腹部の円形文様は胎内児表現である。その事は同じ縄文中期の山梨県須玉町御所前遺跡出土の**図11**の土器からも言える。**図11**の土器は**図10**の円表現が嬰児の顔表現になっており、甕が母胎・子宮と見られていたことは明らかである。

写真1は縄文中期の有孔鍔付土器（神奈川県厚木市林王子遺跡出土）だが、この甕にも嬰児造形があり、母胎である事を示している。この**図10・図11、写真1**から見ても甕を母胎と縄文人が見えていたことは明

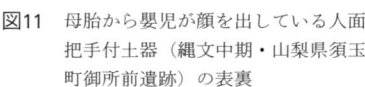

らかである。私は長野県出身だが、長野県には「モタイ」という姓があり、漢字表記で「甕」「母袋」と漢字表記するが、「モタイ」が「ムタイ」になり、「務台」という姓もあるが、「母袋《もたい》」という表記からも甕は母・女性イメージであるから、甕神は女神である。

『万葉集』に左の歌が載る。

草枕　旅ゆく君を　幸《さき》くあれと　斎瓮《いはひ》へ据ゑつ　吾が床の辺に　（巻十七、三九二七）

この歌は大伴家持が天平十八年に越中の国守に任命されたとき、叔母の大伴坂上郎女《いらつめ》が贈った歌で、「旅行く君がご無事なようにと斎瓮を据えました。わたしの床のそばに」という意味である。

……母父に　妻に子どもに　語らひて　立ちにし日より　たらちねの　母の命は　斎瓮《いはひへ》を　前にする置き……　（巻三、四四三）

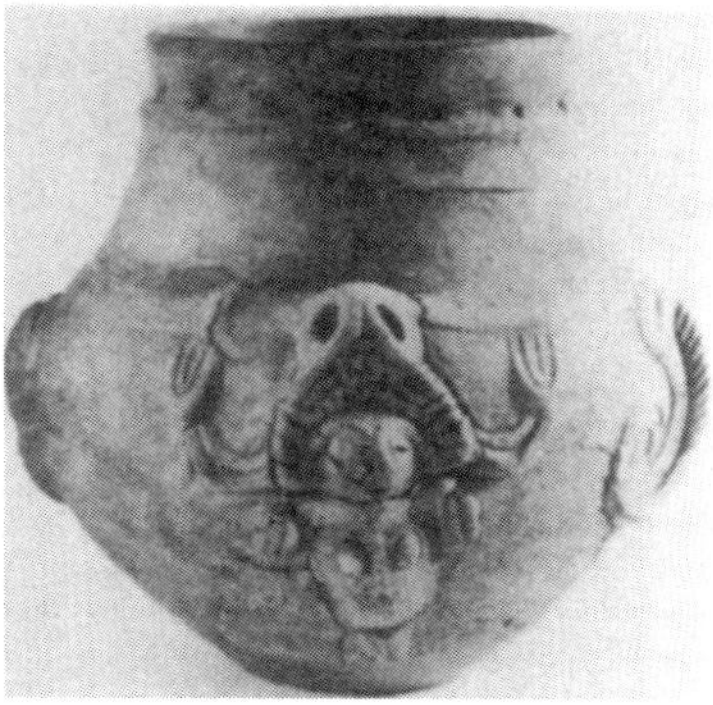

写真１　縄文中期の有孔鍔付土器（神奈川県厚木市林王子遺跡）

の歌も、「自分は任地に行くと父母や妻子にいい聞かせて出発したときから、母は斎瓮を前に据えて無事を祈った」という長歌である。

……草枕　旅にし行けば　竹珠を　しじに貫《ぬ》き垂り　斎瓮に　木綿《ゆふ》取り垂《し》でて　斎《いは》ひつつ　我が思ふ吾子　ま幸《さき》くありこそ　（巻九、一七九〇）

いずれも女性が詠んでいる。次の歌は防人《さきもり》の歌だが、

……大君の　命のまにま　ますらをの　心を持ちて　あり

巡り　事し終はらば　障《つつ》まはず　帰り来ませと　斎瓮を床辺《とこのへ》にすゑて　白たへの　袖折《そでお》り返《かえ》し　ぬばたまの　黒髪敷《し》きて　長き日を　待ちかも恋ひむ　愛《いと》しき妻らは（巻二十、四三三一）

とある。この長歌は前の三歌は女性が詠んでいるのに対し、男性の防人の歌である。しかし「愛しき妻」を詠んでいる。また防人の歌で左の長歌に、

大君の　命《みこと》にされば　父母《ちちはは》を　斎瓮と置きて　参《ま》ゐて来《き》にしを……（巻二十、四三九三）

とある。この歌は「父母」とあり、「父」が入っているが、本来は母＝斎瓮であった事は前述した縄文時代の造形や、四三九三歌の前に示した四つの長歌からも言える。また前述した筑紫君・肥（火）君らの祖も甕依姫という女性である事からも、甕は母胎イメージである事は明らかである。と言う事は『古事記』の崇神天皇記に載る建甕槌命は、女神であった事を示している。「甕」のイメージは「妊婦」である。その事は図10・図11の縄文土器が証している。

とすると九州の甕棺は母胎への死者回帰である。鏡山猛は『九州考古学論攷』の冒頭で、左のように書く。

甕棺の分布周辺を観察すれば、北は対馬島を限り、南は肥後に至るまで多数身受けられるが、一方豊後におよんでは推定地は二ヵ所が報ぜられているに過ぎない。すなわちその幹流は、九州の西半を南している。

（中略）

北九州において弥生式遺跡を歩いて甕棺のわれわれの眼に触れる数は、実に莫大な数量にのぼるであろう。その住居の遺跡のおのおのには、ほとんど甕棺が伴うといっても過言でないほど、この葬法は一

般化したもののごとくである。弥生式土器の散布が当時の一般住宅地を示すものとすれば、その居住地に伴う墓地が甕棺によって具現されているのである(8)(傍点は引用者)。

鏡山猛は「墓地が甕棺によって具現された」と書くが、死体を入れる甕棺は単なる「棺」ではなく「甕」の「棺」である。「甕」は前述の図10・図11や写真1で示したが子宮をイメージしている。その発想と同じ発想を墓地で表現したのが、次頁の図12の沖縄と韓国の墓の造形である。村山智順はこの造形を「母体の陰部・子宮表現」と書いているが(9)、沖縄出身の佐喜眞興英は、大正十四年(一九二五)刊の『シマの話』で左のように述べている。

(琉球の)墓の構造は全体として女子の陰部に象つてゐる。庭を囲む石垣は両脚であり、墓は腹部でその入口は陰門であると話された。それ故に人が死して墓に入るのはもとの所へ帰るもので、始に原《かへ》るの意味があるのだと信じられた。

村山智順は韓国の墓について、次のように述べている。

一般に朝鮮の墓地、ことに風水的に造営された墓地は、その概観はよく母性に類似する処のものが多く、中にはまことに真に迫るが如き観あるものも少なくないのである(9)。

死体を入れた「棺」でも「甕」を「棺」にするのは、理由があったのである。それは文字無き時代の縄文人の思考にすでに見られる、

甕=妊娠した母体・母袋《もたい》、

という観念である。それが古代九州では「北は対馬島から肥後に至る」地域に見られる。その人々が東国の

(1) カーミーヌク墓 前景

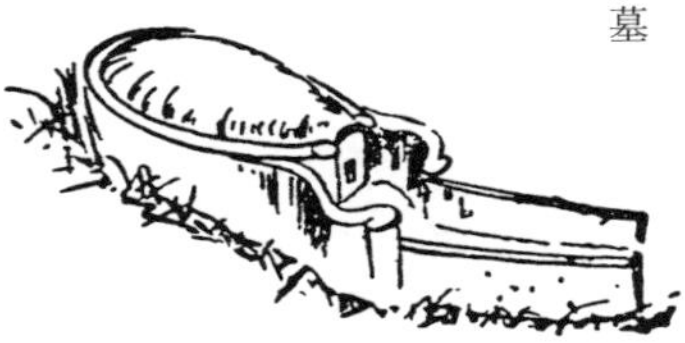

(2) カーミーヌク墓 側景

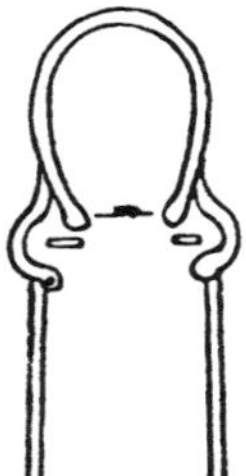

(3) カーミーヌク墓 平面図

(4) 鳥致院付近にある母性墓、青龍白虎は両腿の如く墓は下腹部の下方に定めてある。

(5) 黄海道長寿山駅の東方 母性墓

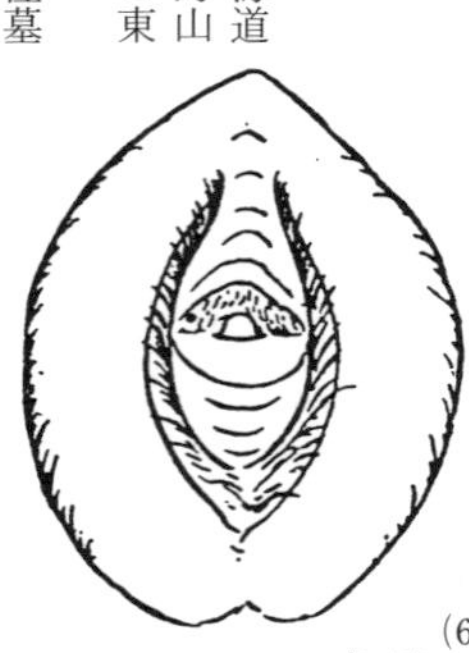

(6) 母性墓 京城付近

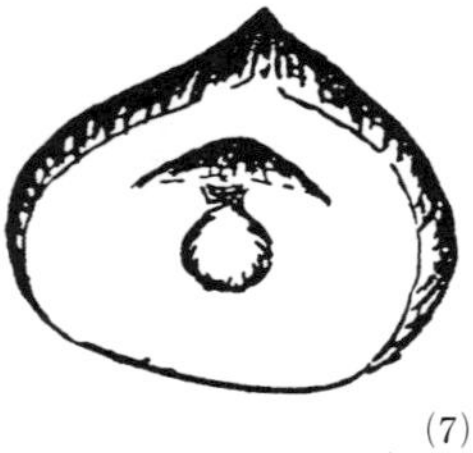

(7) 全義付近にある処女型墓 宝珠形

図12 沖縄・韓国の墓地

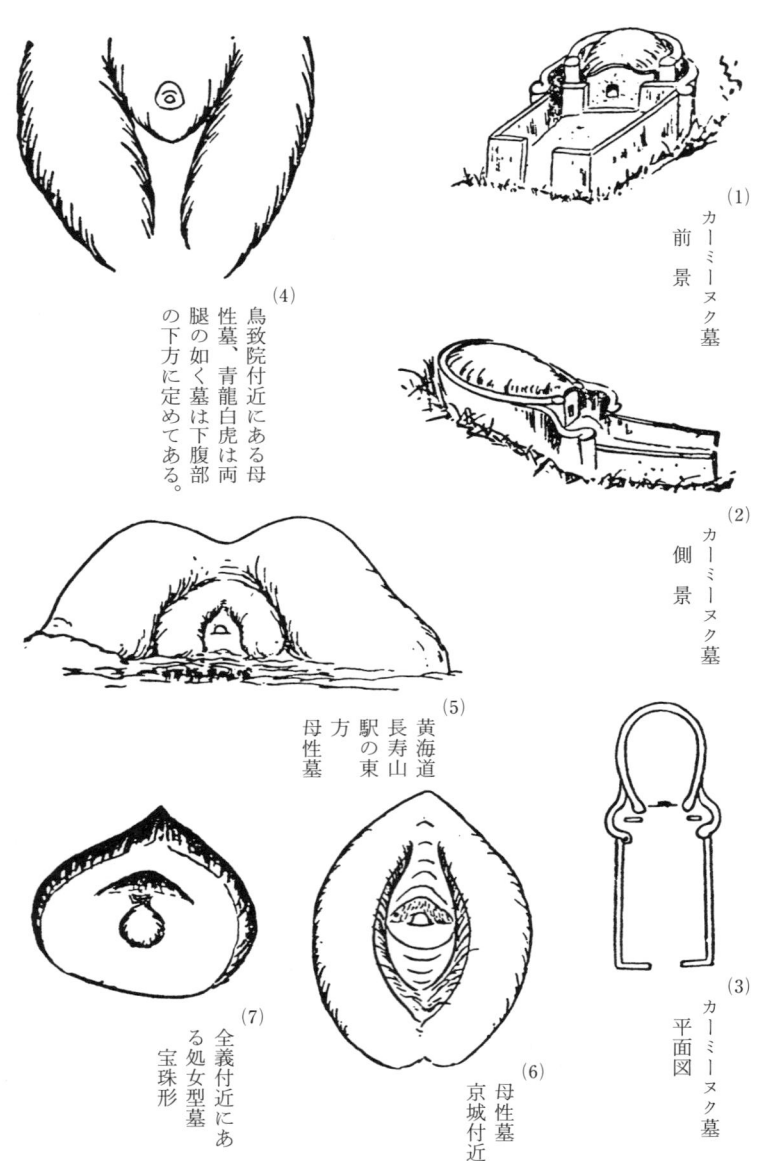

常陸の地へ進出して、甕神を祀った。その神は『古事記』が崇神天皇記に書く「建甕槌神」という甕神であった。

この甕神を多臣の族の「仲臣」の仲国造の始祖建借間命は祀っていたのである。この神は建借間命の出身の肥君と同族の甕依姫が祀っていた神だが、この地域には甕棺の墓制があった。

建借間命の出身地の弥生時代の出土品検証

「日本歴史地名大系42」の『佐賀県の地名』によれば杵島郡杵（鹿）島山の山麓の北方町大崎の「東宮裾《ひがしみやすそ》遺跡」は昭和三十七年に発見され、同四十四年、翌年の二次にわたって発掘調査されているが、弥生時代の甕棺墓が三基発掘された。すべて弥生時代後期だが、左の遺物が出土している。

銅剣と推定されるもの一、貨泉と推定されるもの数個、星形銅器数個、巴形銅器数個、管玉多数が出土したが、大部分は所在不明となり、星形銅器二と巴形銅器一が保存されていた。調査の結果、甕棺内から碧玉製管玉一一個が検出されるとともに、二号棺の石蓋単棺内から碧玉製管玉二個が発見された。(10)

北方町芦原の椛島山《かばしまやま》遺跡は昭和三十八年に箱式石棺が出土し、発掘調査されたが、弥生時代中期から後期へかけての群集墓遺跡である。『佐賀県の地名』はこの遺跡について左のように述べている。

遺跡の範囲は明らかでないが、相当広範囲にわたると推定され、諸所に甕棺の破片などの分布がみられる。弥生時代の甕棺墓と箱式石棺墓とを主体とする遺跡であるが、すでに破壊されている部分も相当あるため、全貌を明らかにすることは不可能である。副葬品には、方格規矩禽鏡一面（箱式石棺内）、内行花文鏡一面、素環頭刀子一口、勾玉三個、管玉三六個（箱式石棺内）があり、ほかに四ヵ所に凸帯をめぐらした小型の円筒形甕形土器・筒形器台・壺形土器・二重口縁の壺形土器・鉄斧形鉄器片・石鏃などが出土している。

椛島山は杵島山の北方にあり、古代におけるこの地方の重要な位置にあって、出土遺物は原始的小国家がこの地にすでに発生していたことをうかがわせる。(11)

また北方町東宮裾の弥生時代の甕棺からは、全国的にも数少ない巴形銅器・海星形銅器などが出土し、杵島山と北方町の中間の田圃中の丘陵の麓では黒曜石の石核・石鏃などが採取されており、弥生時代の内行花文鏡・素環力子・翡翠の勾玉が出土している。杵島山北東の白石町妻山の石棺からは弥生時代の素環頭大刀（鉄製）が出土している。(11)

この地域は一六八頁の図8の景行天皇の「九州巡幸図」の巡行地域に入っていないが、『肥前国風土記』の杵（鹿）島郡条には、景行天皇はこの地の賊を平定したと書いている（能美郷の条）。

豊前国の石塚山古墳（福岡県京都郡）、四世紀前半の赤塚古墳（大分県宇佐市）から、図8の景行天皇の九州巡幸図が示すような順路で四世紀代に、大和政権に平定され、前方後円墳が築造された。常陸への建借間命の進出は、茨城県最古の四世紀末の行方郡の勅使塚古墳の前方後円墳が示しており、五世紀初頭には那珂郡に鏡塚古墳が築造されているから、四世紀末から五世紀初頭が、肥の国からの常陸国への進出である。

肥前国杵（鹿）島郡の地域は四世紀前半に大和王権の支配下に入って、四世紀末には杵（鹿）島山々麓の軍兵を、肥国造家の建借間命が率いて常陸国へ進出している。そのことは『常陸国風土記』の行方郡条に、

建借間命の率いる軍兵が、

　　杵嶋《きしま》の歌曲《うたふり》を七日七夜遊び楽み歌ひ舞ひき。

と書いている事から言える。この「杵島の歌曲」は『肥前国風土記』逸文の「杵島山」の条に「杵島の歌曲」の歌詞が載り、本文にはこの地の賊を平定した記事が載る（能美郷の条）。

　中臣氏が豊前国に居た事は景行天皇紀に前述したが、直入中臣神や中臣氏が卜占をした記事が載り、その卜占は賊を討伐する戦闘中に行なっている事から見ても、軍隊には卜者が従軍していた。常陸を征伐した建借間命の軍隊にも卜者の九州の中臣氏が従軍していたであろう。この中臣氏が藤原鎌足・不比等の元祖なのであり、彼らは杵島山麓居住の軍兵と共に常陸入りしたのだが、前述したようにこの杵（鹿）島の地は弥生時代の甕棺墓から、方格規矩禽鏡・内行花文鏡・素環頭刀子・巴形銅器・翡翠の勾玉など出土している地域で、この「カシマ」の地の軍兵を率いて建借間（鹿島）命は常陸へ来たのである。

　この建借間（鹿島）命の軍隊は尖兵であって、常陸の地には肥君の多氏系だけでなく、同じ仲臣の豊後国からも多氏系の「大臣の族黒坂命」率いる軍兵も来ていた。黒坂命は多氏系の大分君の一族だが、当然の事だが卜者の中臣氏も加えて常陸入りしていたであろう。井上辰雄は「大化前代の中臣氏」で、推古朝に朝廷に出仕した中臣宮処《みやところ》連は、茨城県稲敷郡美浦村に「宮地《みやところ》」という地名があるから、この地の出身であるという見解を主張して、次に豊前国宮処（京都）郡の中臣氏を取上げている[5]。私は推古朝の中臣宮処連は豊前国の中臣氏と見るが、茨城県稲敷郡は新郡で茨城郡と筑波郡を分割して作られており、古代はこの美浦村の地は多氏の黒坂命の平定した地であるから、この地名は中臣宮処連に関係するであろう。したがって中臣宮処連の出身地を豊前国の「京都《みやこ》（宮処）郡」の中臣氏の居住地と推測する井上見解[5]は無視出来ない。

常陸国の中臣氏は肥の国の仲臣の多氏とかかわるだけでなく、豊前国の仲臣の多氏（大分君）ともかかわっていたと推測出来る（その事は前述したが鹿島の海底にある鹿島神宮第一の神宝の大甕が豊前の大甕という伝承である事から言える）。

「中臣氏系図」は常陸国出身の中臣氏の系図

前述の青木和夫や井上辰雄の示す「中臣氏系図」は系図の終りの一部だから、「序章」で示した系図を再度示す（『尊卑分脈』第一篇・摂家相続孫、『新訂増補国史大系第五十八巻』所収）。

御食子卿は藤原鎌足の父であるが、御食子卿の祖父には「曰始而賜中臣連姓本者卜部也」と明記しており、中臣氏は「本者《もとは》卜部也」である。中臣氏は卜部でないという主張があるが、中臣氏非卜部説は中臣氏作成の系図が否定している。

横田健一は「中臣氏と卜部」で「尊卑分脈」の系図に、

「跨耳命」の右註に「雷大臣命正説也」とあり、下註に、
雷大臣命足中（仲哀）彦天皇之朝廷習大兆之道達亀卜之術賜姓卜部令供奉其事、

とあるのを考えてみると（この下註は左の系図に記載するのを略した）、『尊卑分脈』の成立年代は室町時代初期だから、註や訓はそこまで下る可能性はあるとともに、中臣氏の祖であるとする系図もほぼ成立しており、押見を跨耳とする説もあったことが想像される。

そして、この「跨耳命」の右上註には「始而賜卜部姓」とある。欽明朝に中臣連姓を賜姓された中臣氏前身の卜部姓が、この跨耳＝忍見＝雷大臣にはじまるとする伝説は、平安初期ごろにあったと考えてよいのではないかと思われる。

天児屋根命—天押雲命—天多爾伎命—宇佐津臣命
—御食津臣命—伊賀津臣命—梨迹臣命—神聞勝命
—久志宇賀主命—久志宇賀主命—国摩大鹿嶋命
—臣陝山命—跨耳命—大小橋命—阿麻毗舎卿
—音穂命
　阿毗古連
—阿毗古連
—真人大連—鎌大夫—黒田大連（継体天皇御宇人也）
—常盤大連（本系［図］曰始而賜中臣連姓本者卜部也）—可多能祐大連
　—御食子卿—大織冠鎌足
　—国子大連—国足
　—糠手子大連公—金連

と書き、この見解を「問題の提起」として、

卜占祭祀に関係ある中臣系図上の諸祖神中臣氏と卜部との職能上の関係、律令時代の卜部とその地方的存在形態、中臣氏・藤原氏の氏神の問題、

を論じて、結論として左のように書く。

私は、今までの学説に対して、中臣氏は常陸の香島社を奉斎する卜部から出て、宮廷の雨師的司祭者として立身したのではないかと推定したい。従来、鎌足が常陸で生まれたという『大鏡』の説は、とるにたりないとされてきた。しかし私は、鎌足が常陸で生まれたのではなく、大和の高市郡大原あたりで

生まれたにせよ、こうした説の生ずる背景に、中臣氏が常陸の卜部氏を母胎としていたことがあるのではないかと思う(6)。

私はこの横田見解は無視出来ないと見ている。理由は「中臣氏系図」の検証からも言えるからである。しかし『日本書紀』記載の中臣氏の人物で確実と言われている欽明朝以降の前述の七人のうち、「中臣氏系図」に記載されているのは鎌足の父(御食子)と叔父(国子)のみである。

中臣連鎌子、勝海、磐余連、宮地連麻呂、烏麻呂、

の五人は、現存するすべての「中臣氏系図」に記載されていない。なぜ欠落しているのか。理由は、この五人が常陸国出身の中臣氏でなかったからである。

私の検証では左の三人、

中臣連鎌子、勝海、磐余連、

は河内国の出身の中臣氏で、左の二人、

中臣宮地連麻呂、烏麻呂、

は豊前国出身である。この五人は常陸国出身の中臣氏でないから、現存する「中臣氏系図」から欠落しているのである。

中臣鎌子(藤原鎌足)の父と叔父のうち、鎌子の叔父の中臣国は推古朝に出仕しているが、その役職について上田正昭は、

「征新羅の意見をのべ、その大将軍になる記事」(「推古天皇紀」三十一年条)

と書いている。(3) なぜト占の徒の常陸国の中臣氏が推古朝の宮廷に出仕したのか。その理由については第五章で詳述するが、一般の中臣氏のイメージからすれば、同じ官位（小徳）でありながら、大伴氏・物部氏らが副将軍なのに、なぜ常陸国から出仕の中臣氏が、数万の軍兵を統率する新羅征討の「大将軍」に任命されたのか。一般的中臣氏観からすれば「大将軍」への任命は、異例・異常である。しかも藤原鎌足の叔父で、鎌足・不比等のような政権の中枢の実力者が登場する以前の時代の推古朝に、なぜか鹿島出身の中臣氏が、「新羅征討の大将軍」に任命されている。

中臣氏が軍人のトップの「大将軍」に藤原鎌足の叔父がなぜ任命されたのか。常陸国鹿島の中臣氏の今迄論じられていない事例については、次章で私見を述べる。

［注］

（1）大場磐雄「大生神社の考察」『常陸大生古墳群』所収　雄山閣　一九七一年
（2）茂木雅博「那珂川流域の古墳」『日本の古代遺跡36 茨城』所収　保育社　一九八七年
（3）上田正昭「祭官の成立」『日本古代国家論究』所収　塙書房　一九六八年
（4）青木和夫「藤原鎌足」『日本古代の政治と人物』吉川弘文館　一九七七年
（5）井上辰雄「大化前代の中臣氏」『古代王権と宗教的部民』所収　柏書房　一九八〇年
（6）横田健一「中臣氏と卜部」『日本古代神話と氏族伝承』所収　塙書房　一九八二年
（7）東実『鹿島神宮』（一三四頁）学生社　一九六八年
（8）鏡山猛「わが古代社会における甕棺墓」『九州考古学論攷』所収　吉川弘文館　一九七二年

（9）村山智順『朝鮮の風水』（二一七頁）国書刊行会　一九七九年
（10）日本歴史地名大系『佐賀県の地名』（四二一頁）平凡社　一九八〇年
（11）注（10）前掲書（四二三頁）

五章　推古天皇紀に載る中臣連・中臣宮地連の検証

中臣連国はなぜ新羅征討の大将軍になったのか

『日本書紀』推古天皇三十一年（六二三）年条に、左の記事が載る。

即年に、大徳《だいとく》境部《さかひべ》臣雄摩呂《をまろ》・小徳《せうとく》中臣連国《くに》を以《も》て大将軍とす。小徳河辺《かはべ》臣禰受《ねず》・小徳物部依網《よさみ》連乙《お》等《と》・小徳波多《はた》臣広庭《ひろには》・小徳近江脚身《あふみあなむ》臣飯蓋《いひふた》・小徳平群《へぐり》臣宇志《うし》・小徳大伴連名を闕《もら》せり。小徳大宅《おほやけ》臣軍《いくさ》を以《も》て副将軍とす。数万の衆《いくさ》を率《ひきい》て、新羅を征伐《う》つ。時に磐金《いはかね》等、共に津に会《つど》ひて、発船《ふなたち》せむとして風波《ふうは》を候《うかが》ふ。是《ここ》に船師《ふないくさ》、海に満《いは》みて多《さは》に至《いた》る。

当時の官位のトップが大徳だが、次が小徳である。推古十一年十二月に制定された冠位は、左の十階である。

大徳　小徳　大仁　小仁　大礼　小礼　大信　小信　大義　小義。

大将軍に任命された境部臣雄摩呂は大徳だが副将軍はすべて小徳である。中臣連国も小徳なのに、なぜ彼が副将軍と同じ小徳なのに、特出して大将軍になったかである。副将軍の中には大伴連のような大将軍に任命されるにふさわしい有力氏族も居る。しかもその新羅征討軍は「数万の衆」という大軍団の大将軍である。河辺・波多・平群・大宅は「臣」氏族であり、首都在住の氏族で、近江脚身臣のみが地方出身だが、近江国の出身で畿内の氏族である。ところが常陸国というエゾ地に隣接する辺境出身の中臣連国が、なぜ数万の軍兵を率いる新羅征討の大将軍になれたのか。

推古天皇三十一年是歳条に、

是の歳に、新羅、任那《みまな》を伐《う》つ。任那、新羅に附《つ》きぬ。是に天皇、新羅を討たむとし、大臣に謀《はか》り、群卿《まへつきみたち》に詢《と》ひたまふ。田中臣対《こた》へて曰《もう》さく。「急《にはか》に討《う》つべからず。先《ま》づ状《かたち》を察《あきら》めて、逆《したがはぬ》を知りて後《のち》に撃《うち》つとも晩《おそ》からじ。請《こ》はくは、試《こころみ》に使《つかひ》を遣《つかは》して其《そ》の消息《あるかたち》を観《み》しめむことを」とまうす。中臣連国の曰《まう》さく。「任那は、是元《これはじめ》より我が内官家《うちつみやけ》なり。今《いま》し新羅人伐《う》ちて有《え》つ。請《こ》はくは、戎旅《いくさ》を戒《いまし》め新羅を征伐《う》ちて、任那を取《と》り百済に附《つ》けむことを、寧《いかに》ぞ新羅に有《あ》るに益《しるし》非《あら》ざらむや」とまをす。

田中臣の曰《もう》さく、「然《しか》らず。百済は是反覆《これかへすこと》多き国なり。道路《みち》の間《あひだ》すらも尚《なほ》し詐《あざむ》く。凡《およ》そ彼《か》の請《まう》す所《ところ》、皆非《よくもあら》ず。故、百済に附《つ》くべからず」とまうす。則《すなは》ち征《う》つことを果《はた》さず。

とあり、中臣連国の新羅征討の主戦論はしりぞけられているが、後に彼の主戦論は認められ、数万の軍兵を乗せた軍船を仕立てて出兵する大軍団の最高司令官に任命されている。なぜ卜占の徒の中臣氏が数万の軍兵を統率して、新羅征討の大将軍になり得たのか。彼の出自の常陸の中臣氏は四世紀後半か末には、九州の多氏系氏族（肥の国の武借間命と豊の国の黒坂命）の輩下の卜部として来てから二百年はたっているから、卜占の徒が仲臣化して、武借間命・黒坂命と同じに蝦夷地征討の武将になっていたからである。その事を私は拙稿「鹿島神宮」で左のように書いた。

『常陸国風土記』香島郡の条に、

年毎《としごと》の七月に、舟を造りて津の宮に納め奉《まつ》る。古老のいへらく、倭武《やまとたける》天皇の御世、天の大神、中臣の巨狭山《こさやま》命に宣《の》りたまひしく、「今、御舟を仕《つか》へまつれ」とのりたまひき。

とあり、長さ二丈余の舟三隻を造って献じたと記されている。三隻つくったのは、「香島の天の大神」

は坂戸社・沼尾社・天の大神社の三社だからである。しかし三社に納めたのでなく、「津宮《つのみや》」に納めたのは、天の大神が舟に乗る港が津宮だからである。（中略）

この場所から御船祭の船が出た。鎌倉時代に書かれたといわれる『社例伝記』には、御船祭は七月上旬から中旬に行なわれ、三艘の船に仮屋をつくり、本社・坂戸・沼尾の神輿を据え、津の東西社の前から、ときの声とともに船出し、香取大明神の津宮まで渡御するとある。同書はこの神事を「三韓降伏天下泰平の大神事」と書くが、鹿島神宮の地理的位置から見て、降臨するのは「三韓」でなく「蝦夷」である。

現在は十二年ごとの午《うま》年の九月二日に、大船津から神輿が渡御する。二千人の供奉員が五十隻の船団に乗って行なう大祭典である。中世には七月十日・十一日に行なわれていた(1)。

このように私は書いたが、この書『日本の神々11・関東』は一九八四年刊（白水社）で三十年余以前に書いている。当時の私にとっては、常陸国から「蝦夷地」への出陣は考えられても、「三韓」への出陣など考えられなかった。しかし推古天皇の時代には新羅征討の大将軍に、常陸国の中臣氏がなっている事実からすると、「三韓降伏天下泰平の大神事」の「三韓」も否定出来ない。

中臣連国が新羅征討大将軍になった理由（一）

鹿島神宮の大祭は七月上旬（現在は九月）に行なわれるが、鹿島神宮の宮司東実はその著書『鹿島神宮』で左のように書く。

七月十日　夜祭　この夜の祭を出陣と備《そなえ》といって、楼門の前に七日に出した神宝の太刀を二振ならべ、大宮司以下全神官が腰の剣を抜いて待つと、氏子が数千の提灯を思い思いに青竹にともしてもってきて、楼門前で一つ残らず焼く。それを見て、一同ときの声をあげて退下する。

七月十一日　丸木をくって軍船に作り、楼門の表に飾る。この船を御船木といって三艘出し、夜またときの声をあげて祭典を終る。これを勝鬨《かちどき》の祭事という。

七月十二日　三日と七日に出した神宝を、宝蔵に返し納めて宝蔵を閉じる。

まず、この祭事がなにを物語るかはわかっていただけたかとおもう。あの奈良朝以降の鹿島神宮の中の、御船祭の姿なのである。戦乱の世に中絶せざるをえなかった御船祭が、このような姿で明治二年までつづいたのである。

鹿島神宮宮司の東実はこのように書き、更に昭和四十一年（一九六六）九月二日の御船祭の中日《なかひ》に行なわれる本祭について、左のように書く。

一、御先道船、第一供奉船～第十二供奉船、

二、曳船一、曳船二、曳船三。御座船、

三、第十三供奉船～第三十一供奉船。

四、報道関係船、撮影関係船。(2)

以上が現在の御船祭の祭事である。

御船祭の記事を記載する『鹿島神宮』は一九八四年刊で三十三年前に執筆しており、

三韓降伏天下泰平の大神事

の「三韓降伏」は、鹿島神宮の祭祀にかかわる常陸国出身の中臣連国の新羅遠征の大将軍任命とかかわり、理由があったと今は推測している。その推測の理由は、鹿島神宮に祀られた「天の大（多）神」を祭祀していた「大生神社」の所在地、常陸国行方郡にある古墳の出土品に、私が注目しているからである。

茂木雅博は『日本の古代遺跡・茨城』で、「現時点で茨城県最古の古墳と考えられている」のは、玉造町沖州の五世紀初頭の行方郡の勅使塚《ちょくしづか》古墳だと書き、この古墳から東北約六〇〇メートル西北にある同じ玉造町の三昧塚《さんまいづか》古墳について、左のように書く。

> 全長八五メートルを有し、その外側に、茨城県では例を見ない盾形《たてがた》の周濠がめぐっていた。しかし現在は墳丘に接するようにはしる国道からも見失うほど、無残に削り取られている。（中略）
>
> 墳丘からは各種の埴輪（円筒・人物・動物）が発見され、後円部中央から蓋石《ふたいし》に一対の縄掛突起《なはかけとっき》がつけられた箱式石棺があらわれた。石材は大小六枚の板石からなり、規模は内法《うちのり》長一・九八メートル、幅約五五センチで、周囲は粘土で密封されていた。
>
> 副葬品は棺の内外におかれ、棺外からは武器、武具、工具、馬具などが多量に埋置されていた。棺内からは、金銅製冠《こんどうせいかんむり》をはじめとして鏡、玉類、武器、耳飾り、櫛および鹿角製《ろうかくせい》や貝製の品々が確認された。
>
> とくに棺外の戟《げき》一と棺内の金銅製冠は、茨城県内は言うにおよばず、全国的にも例のない資料である。金銅製冠は馬形飾《うまがたかざり》付き透彫《すかしほり》が見られ、幅六〇センチの堂々たる冠である。(3)

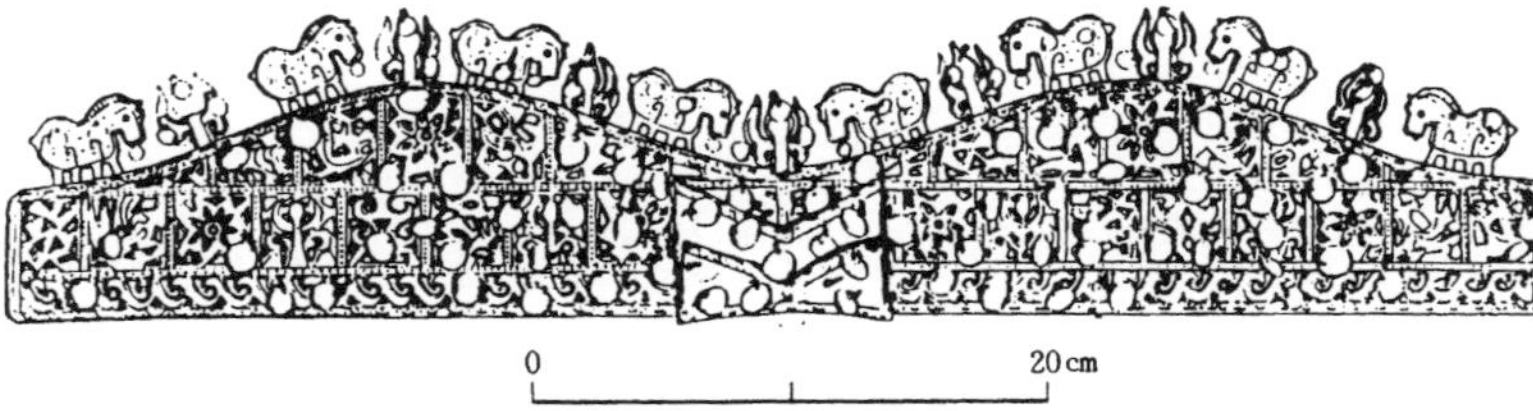

図13　三昧塚古墳の金銅製馬形飾付き冠の実測図

このように書いて図13の「三昧塚古墳の金銅製馬形飾付き冠の実測図」を示す。これを茂木雅博は「全国的にも例のない資料」として示すが、金銅垂飾付耳飾も渡来遺物である。この古墳は六世紀初頭の古墳である。行方郡は『常陸国風土記』に依れば孝徳天皇の白雉四年（六五三）に、多氏系氏族（大分君）の黒坂命が平定した茨城郡と（そのことは後述する）、同じ多氏系氏族である建借間命が平定した那珂郡を分離して新しく七世紀中期に新設された郡だが、この地は九州の多氏系氏族が大和王権の指示で進出した新開地である。ところが『常陸国風土記』は同じ行方郡の記事に、

田の里あり。息長足日《おきながたらひ》売《ひめ》の皇后の時、此の地に人あり。名を古都《こと》比古《ひこ》といふ。三度《みたび》韓国に遣《つか》はされぬ。其の功労《いさを》を重《おも》みして田を賜《たま》ひき。因《よ》りて名づく。

とあり、「三度韓国に遣わされた」とある。この記事は第二章の冒頭で書いた記事や、「三韓降伏天下泰平の大神事」の鹿島神宮の大祭や、中臣連国の新羅征討大将軍任命と関係している。しかし六世紀初頭（継体朝の時期）の馬形飾付き金銅製冠を着用していた被葬者は、建借間命の後裔の多氏系氏族である。この被葬者は配下の兵士を率いて出征しているのだから、古都比古は三昧塚古墳の被葬者の将軍の部下として韓国へ行った兵士であろう。とすれば常陸の卜部の中臣氏は卜者として従軍していたと推測出来る。

中臣連国が新羅征討大将軍になった理由（二）

問題は五世紀後半から六世紀初頭に、常陸国を含む関東地方の豪族が韓国へ出兵しているかである。茨城県行方郡潮来《いたこ》町大生にある大生古墳群を発掘調査した国学院大学教授の大場磐雄は、その著書の『常陸大生古墳群』で、「考古学上から見た一考察」と題して大生古墳群を築造した多（太）氏について、左のように書く。

　上総清川付近では多数の遺品を出した木更津市金鈴塚や、同市内元新地の古墳等があり、前者からは冠や武器等に大陸系の遺品が見られ、後者には極めて少数例の遺品である双魚佩が出土したが、その数少ない魚佩が福島県相馬郡内の前方後円墳から出土したことは、同じく相馬郡が多氏一族の進出した地域であることを考え合せると、両者とも無関係とは云い難くなるのである(4)。

千葉県袖《そで》ケ浦《うら》市は隣接する木《き》更津《さらづ》市と共に望陀《もうだ》郡に入るが、袖ケ浦市飯富《いいとみ》を『和名抄』は、

　飯富《飫か》　於布
　飫富神　三代、元慶元年五月十七日、元慶元年八月七日・十五日
　飫富神社　延喜式神名帳

と書くが「飫富《おふ》」が正しい読みである。「飫富」は多・太である。この地に式内社では上総国五社に入る飫富神社があるが、多（太）神社である。この多神社のある袖ケ浦市に隣接する木更津市請西には、「鹿島塚」と称する弥生時代後期から古墳時代中期までの竪穴住居跡が百軒以上検出され、更に同地（請西）には請西

古墳群・高部古墳群があり、請西古墳群の古墳は總数約一二〇基で、前方後円墳六基を含めて出現期から終末期の全期間に及ぶ。しかも群中最大の前方後円墳（墳丘長八十メートル）は、数少ない保存対象古墳として未発掘だが、古墳名を「鹿島塚古墳」という。

飯富（多・太）神社があり、地名が「鹿島」で鹿島塚古墳と言われている古墳は、一二〇基の古墳の中で最大の古墳である事は無視できない。しかも鹿島にかかわっており、飯富（太・多）神社が式内社としてあり、更にこの地の金鈴塚古墳などから、大場磐雄の書く「冠や武器等に大陸系の遺品が見られ」る事例から見ても、常陸国行方郡の古墳出土の韓国系遺品を所持した人物も多（太）氏である事で結びつく。同じ多（飯富）の地名の上総国望陀郡飫富郷の古墳出土の遺物から見ても、常陸国行方郡の馬形飾付金銅製冠や金銅垂飾付耳飾所有の被葬者（仲国造始祖の建借間命の後裔）は、韓国へ出陣している。その部下に前述の「古都比古」が居たのだろう。

関東の上総国・常陸国の仲臣の多氏の居住地は、いずれも海に面しているから、関東の地であっても、韓国へ出兵しているのは、この地で巨大古墳を築造した地元民でなく、大和王権の命令で派遣された、九州の多氏系氏族の火（肥）国・大分君の一族あったと推測出来るからである。

その事は大場磐雄も『常陸大生古墳群』記載の前述した「考古学上から見た一考察」で、常陸国の古墳と同じ遺物が千葉県にもあると書き、

肥後国江田古墳と上総国清川では、この外に冠幅や馬具・鏡の類にも朝鮮系の遺品の発見があることに何か一脈の関連がありはしないかと探求した結果、その三ヶ所とも多氏一族の繁栄した地域であるこ

とに着目してこれを一応結びつけて見たのであった。

と述べている。(4) 多氏居住地の「飯富《おふ》(多)村」のある袖ケ浦市と隣接する木更津市は、いずれも東京湾に面した海辺の地で、卜占の海亀が捕らえられる地である事は、常陸国の那珂(仲)郡・行方郡と共通である。

千葉県木更津市の祇園大塚山古墳は、現在は墳丘はないが地積図の検討からすれば、七〇〜一〇〇メートルの前方後円墳である。明治二十四年(一八九一)に発掘された後円部中央の石棺からは、左の遺物が出土している。

画文帯四仏四獣鏡・銀製垂耳飾・金銅製眉庇付冑・金銅装挂甲・銀装大刀・鉄剣・鉄鏃が出土しており、五世紀中期から後期の古墳だが、出土副葬品は東京国立博物館に所蔵されている。(4)

同じ木更津市の鶴巻塚古墳は祇園大塚山古墳の南西五〇〇メートルにあった大型円墳であり、明治四十一年(一九〇八)に石棺が発掘されたが、その出土遺物は左のようである。

画文帯四仏四獣鏡・六神鏡・円頭大刀・圭頭大刀・銀象嵌大刀・挂刀・馬鐸・鞍金具・壺鐙金具・鹿角装刀・琥珀玉・須恵器などの遺物が出土しており、六世紀後期の古墳と推定されている。

更に木更津市には昭和二十五年(一九五〇)に発掘された六世紀末期の金鈴塚古墳がある。石室内に設置された組合せ箱形石棺からは、左の遺物が出土している。

仿製三神五獣鏡・変形四獣鏡・装飾大刀十七本(環頭・圭頭・円頭・方頭・頭椎・鳥首)、衝角付冑・挂甲、金銅装馬具三セット、鉄鉾・鉄鏃・弓弭・鹿角装刀子・斧・金鈴・銀製垂飾・金糸・銀糸・飾金具類・金銅耳環三対・銅鋺・玉類・須恵器など。

いずれの古墳も海に面している事では、常陸国行方郡の古墳と共通しているし、出土遺物に常陸国の三昧塚古墳の出土遺物と同じ、韓国からの渡来遺物がある。常陸国の行方郡の住人が、蝦夷地へ三回も行ったというのでなく、常陸国からはるか遠方の韓国へ三回も行った人が居るのだから、上総国の多氏系氏族の海辺の首長が、韓国からの渡来品を所有しているのは、常陸国の多氏系氏族と同系であったからであろう。いずれも大和王権に依る出兵で、同族の多氏系の肥国造ともかかわっているが、以上述べた千葉県袖ヶ浦市・木更津市の古墳群は、中臣連国が新羅征討の大将軍になった事と無関係ではないだろう。

特に木更津市の古墳群の所在地が「鹿島」と言われている事である。出現期から終末期に至る期間一二〇基築造されているが（六基が前方後円墳）、墳丘長八〇メートルの最大の前方後円墳が、「鹿島塚古墳」と命名されている事に、私は注目している（この鹿島塚古墳は「未発掘」）。「鹿島」は常陸国の仲国造の始祖建借間（鹿島）命の名からとっているが、「カシマ」という地名が千葉県にもあり、この地が多氏系氏族が古代に古墳を築造している事例があり、しかも出土品に韓国系の遺物が多い事からも、千葉県・茨城県の太平洋岸の地域の海辺の民は、大和王権の指示で、韓国へ出陣していた事が推測出来る。本章の冒頭の「小徳中臣連国」が新羅征討の大将軍になったのも、かつては仲臣の多氏が中臣連国のような、朝廷直結の韓国出兵の大将軍ではないが、王権の命令に依って韓国出兵の軍の長《おさ》、将軍として出陣していたからであろう。その事は彼らの古墳の出土遺物から言えるし、『常陸国風土記』が韓国へ三度行った人物を記している事からも言える。

常陸の仲臣・中臣の原郷の九州の肥（火）の国

以上、考古学の遺跡・遺物をとおして茨城県の太平洋岸の地域の多氏系氏族の地には、共に「鹿島」の地名があり、巨大古墳群からは韓国渡来の貴重な遺物が出土している事例があることを示した。この事実は太平洋岸居住の常陸や房総の海辺の多氏系氏族が、蝦夷地だけでなく韓国へも出兵していたことを示している。理由はこの地に巨大古墳を築造した多氏系首長の原郷が、九州の肥（火）国、豊（豊前・豊後）国の多氏系氏族だった事からも言える。

肥後国の江田船山古墳（熊本県玉名郡菊水町江田）は常陸国行方郡の三昧塚《さんまいつか》古墳が六世紀初頭なのに対して、同時代か、やや先行した五世紀後半の前方後円墳だが、左の遺物を出土している。

銅鏡・勾玉・管玉・ガラス玉・衝角付兜・横矧板皮綴式短甲・横矧板鋲留式短甲・皮綴式頸鎧・大刀・剣・槍・鉄鏃・金銅製冠帽・金銅製冠・金銅製沓・轡・鐙・金銅製垂飾付耳飾・金環。

この出土品のうち金銅製垂飾付耳飾は、常陸国の三昧塚古墳出土からも「馬形付」ではあるが出土しており、いずれも渡来品で共通である。更に常陸国と上総国の巨大古墳のある地は「カシマ」という地名でも共通であった。この地名は、肥（火）の国から来て常陸国を平定した仲国造の始祖の「タケカシマ」の名であり、常陸国・上総国の「カシマ」で巨大古墳に造出した多氏系氏族の原郷も、肥前・肥後の肥（火）国である事からも、肥国の多氏との関係は無視出来ない。

この肥国の熊本県宇土市の四世紀後半から五世紀初頭の頃の向野田古墳の被葬者は、三十歳前後の女性だが、内行花文鏡・鳥獣鏡・「青銅作竟明大好長生宜子孫」銘の方格規矩鳥文鏡が出土している。他に碧玉製車輪石・貝輪・剣・刀・刀子・斧などの鉄製品が、女性の単独墓なのに大量に埋納されている。

井上辰雄は日本古代史学者だが、その著書『火の国』で、この古墳の出土遺物を示して「宇土地方はきわめて海洋性に豊み、たんに沖積平野の農耕生活に従事するだけでなく、（中略）有明海にも八代海にものぞむ有利な地域を占めていただけに、その勢力を、大和政権は朝鮮経略に投入しようと考えたのではないだろうか」と書いている。そして「四世紀後半ないし五世紀初頭といわれる向野田古墳に先行する幾つかの古墳」は、向野田古墳の周辺にあるから、四世紀中葉には大和政権の司令で韓国へ出兵していたと井上辰雄は書き、「向野田古墳からは、鉄剣・鉄斧・鉄鏃など、おびただしい鉄製品が出土している」ことにも注目し、この事も韓国出兵と結びつけて述べている。[5]

この向野田古墳は有明湾の東岸にあるが、西岸に常陸国を平定したタケカシマが率いた軍兵や、卜部の中臣氏が常陸国へ来た鹿島市・杵島《きしま》郡がある（鹿島郡・杵島郡のある佐賀県が肥前国、熊本市・宇土市のある熊本県が肥後国で、肥前・肥後が「肥〈火〉の国」である）。この肥の国の地名「カ（キ）シマ」が前述したが常陸国・上総国にあり、この地の国造が多（太）氏系なのは、肥（火）の国の国造が多氏系だからである。この多氏系氏族の前方後円墳からは、韓国・中国製の貴重な文物・武器・武具が出土しているのは、常陸国の多氏の原郷の火（肥）国の国造の多氏が韓国へ出兵していたからである。したがって常陸国や上総国の多氏も韓国へ出兵していたから、古墳から韓国の遺物が出土しているのであり、鹿島神宮の御船祭が蝦夷討伐でなく三韓征討なのも、理由があっての事である。

本章の冒頭で述べたが、新羅征討の大将軍に中臣連国が任命されたのも、彼が常陸国出身の中臣氏であったからであろう。彼は甥の中臣鎌子（藤原鎌足）が大化元年（六四五）に内臣に任命される二十二年前に、五万の新羅征討の軍兵の最高司令長官に任命されている。大徳の境部臣雄摩呂は形式上の大将軍で、小徳から撰ばれた中臣連金が実質の大将軍であったろう。副将軍には軍事氏族の大伴氏や物部氏系氏族が居り、彼らも中臣連金と同じ小徳なのに、中臣連が大将軍に撰ばれたのは、彼が船団を率いて蝦夷征討を指揮していた常陸の多氏系族から、二百年近い歳月の間に「下剋上」で卜部の中臣氏が、仲臣化して蝦夷征討の将軍になっていたからであろう。

九州の火（肥）の国（肥前・肥後）、豊の国（豊前・豊後）から、大和王権の司令で常陸国へ四世紀末から五世紀初頭に出兵した軍兵の指揮者は、九州出身の多氏系の火の国・豊の国の首長の一族であった（建借間命は火の国、黒坂命は豊の国）。建借間命も黒坂命も、軍兵と共に卜部も部下として同行させていた（仲臣の多氏が豊の国平定の時に、中臣氏に卜占を行なわせて戦闘をしていた事は、『日本書紀』の景行天皇紀の記事も示している）。この中臣氏が二百年近くたった六世紀末には仲臣化していたのである。

藤原鎌足の父の弥気が出仕した推古朝の後宮

藤原・中臣氏論考はほとんどが鎌足・不比等論か、彼ら以降の人物の論考で、それ以前の人物の論考はない。しかし鎌足・不比等の親子を論じるには、彼等の父や肉親の行動も無視するわけにはいかないので、今まで論じられていない鎌足の叔父の中臣連国が、新羅征討の五万人の軍団の大将軍に任命され、出陣した

『日本書紀』（推古天皇三十一年条）の記事について論じた。中臣連国の兄で鎌足の父の中臣連弥気についても、舒明天皇即位前紀は天皇を即位させるため。弥気が活動した記事を詳細に載せている。その記事中に山背大兄王が推古天皇の病気見舞に参上した記事が載り、その記事に鎌足の父が登場している。

吾《われ》は天皇臥病《みやまひ》したまふと聞《うけたまは》りて、馳上《はせのぼ》りて門下《みかどのもと》に侍《はべ》りき。時に中臣連弥気《みけ》、禁省《みやのうち》より出でて曰《まう》さく。「天皇の命《おほみこと》を以《も》ちて喚《め》す」とまらす。則《すなは》ち参進《まうすす》みて閤門《うちつみかど》に向《まう》づ。

この記述に依れば中臣鎌子（藤原鎌足）の父の弥気は、「禁省《みやのうち》」に勤務していたのである。「禁省」については、小学館版『日本書紀（三）』の頭注は、「天子の御所。禁中・禁裡と同意。一般人の出入を禁ずる所」と書く。「閤門《うちつみかど》」については、岩波書店版『日本書紀（下）』の頭注は、「宮中の奥まった小門。宮衛令義解に『兵衛所レ守、謂二之閤門一也』とあり、養老令の閤門は大宝令では内門といわれたことが知られる。ウチツミカドの訓は即ち内門にあたる」と書く。小学館版『日本書紀（三）』も岩波書店版と同見解を書き、「本条の『閤門』は養老令による修文。ただし書紀が上奏された養老四年には養老令はまだ施行されていない。大宝令施行下でも『閤門』の語は用いられたらしい」と書いている。この記述に依れば鎌足の父の仲臣弥気は、推古朝の内廷（後宮）に奉仕していたことが推測できるが、問題は、なぜ常陸国出身の中臣氏が推古朝の宮中奥殿の、特に女帝の推古天皇の内廷（後宮）に出仕出来たかである。

ここに、近習《きんじふ》の者栗下女王《くるもとのおほきみ》を首《このかみ》として、女孺鮪女《によじゆしびめ》等《ら》八《や》人幷《たりあは》せて数十人、天皇の側《みもと》に侍《はべ》りき。

と中臣弥気が勤務していた「禁省」が書かれている。この記述からも鎌足の父の弥気が出仕していたのは女帝推古天皇の内宮《うちつみや》（後宮）である。この内宮に山背大兄王が訪問した時期は、推古天皇三十六年（六二八）

三月に推古天皇は七十五歳で崩御した七年前の推古天皇二十九年（六二一）二月である。皇太子の厩戸皇子（聖徳太子）はすでに薨じているが、推古朝の時代の治政は皇太子厩戸《うまやと》皇子（聖徳太子）が実権を握って行なっていた。

推古十五年（六〇七）二月一日条に、

壬生部《みぶべ》を定《さだ》む。

とあるが、三谷栄一は『常陸国風土記』の生成と展開――壬生氏を中心とした伝承文学の成立基盤をめぐって――」と題する論考で、「香島郡の創設と那賀郡壬生氏」「常陸国における壬生氏の勢力」「常陸国の文化と壬生氏」「建借間命と鹿島大神」という見出しで、壬生氏を論じている。(6)「那賀郡壬生氏」は那珂（仲）国造の事であり、一五六頁で前述したが『常陸国風土記』の行方《なめかた》郡の冒頭には、孝徳天皇の白雉四年（六五三）に、左の記事が載る。

茨城《いばらき》の国造小乙下《せうおつのしもしな》壬生連麿《みぶむらじまろ》、那珂《なか》の国造大建《だいけむ》壬生直夫子《あたひをのこら》等、総領《すべおさ》高向《たかむく》の大夫《まへつきみ》、中臣幡織田《はたおりた》の大夫等に請《こ》ひて、茨城の地の八里と那珂の地の七里とを合せて七百餘戸を割《さ》きて、郡家《こほりのみやけ》を置けり。

「茨城」の地について、『常陸国風土記』は、「俗《くにひと》の語《ことば》に都知久母《つちくも》、又、夜都賀波岐《やつかはき》」が「常に穴に居《す》みて」居たが、「大臣《おほのおみ》の祖の黒坂命」が、

出《い》で遊《あそ》べる時を伺候《うかが》ひて、茨蕀《うばら》を穴に施《い》れ、即《やが》て騎《うまのり》の兵《つはもの》を縦《はな》ちて、急《にはか》に逐《お》ひ迫《せ》めしめき。佐伯《さへき》等《ども》、常《つね》の如土窟《ごとつちむろ》に走《はし》り帰《かへ》り、盡《ことごと》に茨蕀に繋《かか》りて、衝《つ》き害疾《そこな》はれて死に散《あら》けき。故、茨蕀を取《と》りて、縣《あがた》の名に著《つ》けき。茨城の郡は、今、那珂の郡の西に在り。

と書く。「大臣《おほおみ》」は「多臣」で茨城郡は多臣の黒坂命が平定した地である。また那珂郡については、左のように書く。

東《あづま》の夷《えみし》の荒《あら》ぶる賊を平《ことむ》けむとして、建借間《たけかしま》命を遣《つかは》しき。即ち、此は那賀の国造が初祖なり。

と書き、那珂郡は、

舟を連《つら》ね、栰《いかだ》を編《あ》み、蓋《きぬかさ》を飛雲《くもとひるが》へし、旌《はた》を張虹《にじは》り、天の鳥琴・天の鳥笛は、波に随《した》ひ、潮《うしお》を逐《お》ひて、杵島《きしま》の唱曲《うたふり》を七日七夜遊び楽み歌ひ舞ひき。時に、賊の黨《ともから》、盛なる音楽《うたまひ》を聞きて、房挙《いへこぞ》りて、男も女も悉盡《ことごと》に出で来、浜傾《かぶ》して歓咲《ゑら》ぎけり。建借間命、騎士《うまいくさ》をして堡《をき》を閉《と》ぢしめ、後より襲《おそ》ひ撃《う》ちて、盡《ことごと》に種属《やから》を囚《とら》へ、一時《ひととき》に焼《や》き滅《ほろぼ》しき。

いずれも『常陸国風土記』はこの記事の前に、原住民の抵抗がはげしくてとった行動・作戦と書いているが、健借間（鹿島）命の部下が、

杵島《きしま》の唱曲《うたふり》を七日七夜遊び楽み歌ひ舞いき。

と書いている「杵島の歌曲」は、『肥前国風土記』（逸文）の書く「杵島山」の項に書く「杵島曲《きしまふり》」のことである。黒坂命は豊前国。建借間命は肥前国（「杵島」は現在の佐賀県杵島郡で隣接して鹿島市がある地）の出身である。黒坂命が豊前国出身であると推測する理由についてはさまざまの視点から述べた。

中臣連弥気が推古朝の後宮（内廷）に出仕しているのは、常陸国の多（太）氏系氏族が推古十五年に設立された壬生部の役人として出仕していたからである。しかし茨城国造が壬生連なのに那珂国造が壬生直なのは、常陸国へ四世紀末から五世紀前半に、肥の国（肥前・肥後）、豊の国（豊前・豊後）の多氏系氏族が常陸

国へ来て平定した建借間命の末裔が那珂国造だから、大和王権の命令で茨城国造になった氏族の「連」に対して「直」なのである。推古朝の時代から見れば土着氏族と見られていたのである。

常陸の多氏は神と人の仲を執り持つ仲臣であったから、常陸へ進出した肥前の武借間命の後裔氏族は「仲国造」と称したが、推古朝では「壬生直」と称して壬生氏になっているのである。

第一章で香（鹿）島郡という「神郡」を創設して、「天の大（多）神」を主神にして創設された鹿島神宮は、藤原鎌足が新設したと書いたが、この神を祀っていたのが「大生神社」である。大生神社の所在地については、**図7**（一五三頁）で示したが、大生神社のある地は行方郡だが、「大生神社」と「生」がついているのは、那賀（仲）国造の多（太）氏が「壬生直」になったから、「壬生」の「生」を「大」に加えて、大生氏・大生神社と称したのである。

私は常陸国居住の中臣連弥気が、推古朝の後半に朝廷の後宮に奉仕したのは、壬生直の大生氏がバックに居たからと推測している。

中臣宮地連麻呂・烏摩侶の出仕と豊国法師

常陸国に神郡が新設されて大生神社の祭神が「天の大神」として鹿島神宮の祭神として祀られたのは大化五年（六四九）だが、行方郡の新設は白雉四年（六五三）で、いずれも関東惣領の認可を得て神郡、新郡が設立されているが、認可した関東惣領は中臣氏（中臣幡織田連）であった。彼は孝徳朝の内臣《うちつおみ》の中臣鎌子（藤原鎌足）の命令に依って神郡・新郡の設立を認可したのである。この事実からも藤原鎌足の父の弥気・叔父の国の出身地は、常陸国である事は明らかである。
ところが推古朝に常陸国から来たのは中臣連弥気の兄弟だけではない。前述の上田正昭の『日本書紀』記載の人物一覧表に依れば、

（10）中臣宮《みやこ》地連麻呂が隋使の学客となった記事（「推古天皇紀」十六年六月条）

（11）中臣宮地連烏摩侶が堅塩媛《きたしひめ》の改葬にさいして誄《しのびこと》を奏した記事（「推古天皇紀」二十年二月条）

が載る。この中臣宮地連はどこの出身の人物だろうか。井上辰雄は「大化前代の中臣氏」で、
『姓氏録』に、

「中臣宮処連　大中臣同祖」

とある中臣宮処連と同じ。[7]

と書き、宮地連を宮処連と解して、
この宮処を豊前国宮処《みやこ》郡（京都郡）の地に比定することも不可能ではない。『中臣祓気吹抄』上に引く『豊前国風土記』には、

宮処郡、古、天孫発㆓於此㆒、天㆓降日向之旧都㆒。蓋天照大神之神京。

という所伝を有する。宮処（京都）郡は福岡県行橋市あたりを中心とする地域であるが、この行橋市の一部が、かつての仲津郡中臣郷である。この地に中臣部が居住していたことは、大宝二年（七〇二）の豊前国仲津郡丁里（福岡県京都郡豊津町附近）の戸籍からも知られよう。[7]

と書いている。『日本書紀』推古天皇十六年六月十五日に唐使裴世清等が難波津に到着した。

是《こ》の日に、飾船《かざりふね》三十艘《そう》を以《も》ちて、客等を江口に迎へて新しき館《やかた》に安置《はべ》らしむ。是《ここ》に中臣《なかとみ》宮地《みやこ》連麻《ま》呂《ろ》・大河内直糠手《おほかうちのあたひねかて》・船史《ふねのふひと》王平《わうへい》を以《も》ちて掌客《しょうきゃく》とす。

とあり、岩波書店版・小学館版『日本書紀』は「宮地連」の「宮地」に「ミヤチ」とルビをつけているが、地元の豊前国京都郡では「宮地」と書いて「ミヤコ」と言っている。中臣連につく「宮地」は豊前国の国府所在地で、『和名抄』は「国府、京都郡《みやこ》」と書く。

中臣宮地連麻呂について『日本書紀』の推古天皇十六年六月条に、隋使の「掌客」となった記事が載るが、彼の出身の宮地連の「宮地」という地名は「京都郡」である。この地は韓国から対馬経由で北九州へ船で来て碇泊し、次に瀬戸内海を船で帝都に向う地の近くにあったのだから、彼らはすでに故郷で韓国の人たちの「掌客」勤務をしていたから、宮廷に出仕しても「掌客」のトップに任命されたのであろう。問題は中臣宮地連烏摩侶である。

推古天皇二十年二月二十日条に、左の記事が載る。

皇太夫人《おほきさき》堅塩《きたし》媛《ひめ》を檜隈大陵《ひのくまのおほみささぎ》に改《あらた》め葬《はぶ》る。是《こ》の日に、軽《かる》の街《ちまた》に誄《しのびこと》たてまつる。第一に阿倍内臣鳥《あへのうちのおみとり》、天皇の命《おほみこと》を誄たてまつる。（中略）中臣宮地連烏摩侶、大臣の辞を誄たてまつる。

この「大臣」は蘇我馬子である。中臣宮地連烏摩侶は豊国法師と共に、用明天皇の二年（五八七）に豊前国から大和国へ来て、宮廷に出仕した。そして烏摩侶は豊国法師を通して二十五年後には大臣蘇我馬子の信頼を得て、「大臣の辞」を代読しているのである。馬子の年齢は不明だが敏達元年（五七二）四月に大臣になって、推古三十四年（六二六）五月に薨じたが、大臣を五十四年間もやっていたから、高齢で中臣宮地連烏摩侶が代行したのだろうが、代行したのは蘇我馬子に信頼されていたからであろう。蘇我馬子は推古天皇二十二年八月条によれば、自分の病気恢復祈願に男女二千人を出家させている人物だが、この事例の二年前に烏摩侶は馬子の代行者として誄を行なっている。この事実はすでにこの頃から馬子は病人であったから烏摩侶が代行したのである。

問題は「皇太夫人堅塩媛《きたしひめ》」は推古天皇の母である。その母を檜隈大陵に改葬した時に、馬子大臣の代行者として誄をしているが、豊国法師が用明天皇の病気治療に呼ばれた用明天皇二年（五八七）からは、推古天皇二十二年（六一四）は二十七年も後代である。豊国法師の助手として法師と同行して入京していた中臣烏摩侶は、二代目豊国法師になっていたから、蘇我大臣の代行者として誄をしたのであろう。

田村圓澄は『飛鳥・白鳳仏教論』で「豊国法師」について、左のように書く。

崇仏派と反仏派との対立がつづいたが、五八六年に用明天皇が即位すると、天皇家の仏教に対する態度が大きく変わった。用明天皇が病気になり仏教の力によって治癒を計ろうとしたからである。宮廷に豊国法師が迎え入れられたが、九州の豊前地方には、後に医術によって文武天皇から賞せられた法蓮がいたように、朝鮮系の高度の文化が根を張っており、したがって医術の名声も遠く大和にまで及んでいた。「豊国法師」は、一人の僧を指すというよりは、むしろ医療にあたる豊国の法師団と解すべきであろう。(8)

私は拙著『秦氏の研究』でこの田村圓澄の見解を引用して、私見を左のように述べている。

「朝鮮系の高度の文化が根を張って」いたのは、この地が秦王国の地であったからである。隋使が秦王国のことを聞いたのは、推古天皇十六年（六〇八）で、豊国法師が入内した用明天皇二年（五八七）より、二十年ほど後である。豊国奇巫・豊国法師が、都の巫・法師がなすべき天皇の病気を、わざわざ呼ばれて治療するのは、彼らが特別の治療法を用いていたからであろう。在来の方法とちがうのは、豊国が秦王国であったからであり、彼らは、秦王国奇巫・秦王国法師であった。秦王国の奇巫・法師の「医術の名声」は、「遠く大和にまで及んでいた」のである。[9]

以上の見解は拙著『秦氏の研究』で述べた私見の一部で、この問題はさまざまな角度から更に詳細に拙著で述べているが、豊前国の中臣宮地連麻呂は豊国法師の死後、彼が豊国法師になっていたのである。この豊前出身の中臣氏に対して、常陸出身の推古朝出仕の中臣弥気・国の兄弟の出仕は、推古天皇十五年二月に「壬生部」が新設されたので、常陸国の仲臣の壬生直の多氏の推挙で、宮廷出仕したのであろう。

豊の国の中臣直入神と中臣氏と多朝臣の祖武諸木

中臣連国が新羅征討の大将軍になった理由として、常陸国の中臣氏が卜占で奉仕していた常陸国の仲臣の仲（那珂）国造が、壬生直として宮廷出仕していた事に依ると、私は推論したが、常陸国の中臣氏は常陸国を平定した肥前国出身の多氏系の肥（火）国造と、同じ多氏系の豊後国の大分君の一族の、建借間（鹿島）命と黒坂命の後裔氏族である。黒坂命の出身の豊の国には中臣氏が居た。上田正昭は『日本書紀』記載の中臣氏関係記事を、「祭官の成立」と題する論考で左のように書く。

景行天皇西征のさい、「直入の中臣神」をうけひまつる記事（「景行天皇紀十二年十月条」[10]）。

この記事の「直入」について、岩波書店版『日本書紀』の頭注は、左のように書く。

延喜民部式・和名抄に豊後国直入《なほり》郡。今、大分県直入郡・竹田市および熊本県阿蘇郡の一部。

この直入の地でなぜ中臣神が祀られているのか。直入の地を景行天皇紀十二年十月条は、景行天皇が、

冬十月に、碩田《おほきた》国に到《いた》りたまふ。

と書く。「碩田」は「大分」だが、景行天皇が九州平定に行ってはいない。実際に豊前・豊後の豊の国を平定したのは景行天皇紀が書く、

多臣の祖武諸木・国前臣の祖菟名手・物部君の祖夏花、

である。『古事記』の神武天皇記は多臣と同じ祖として大分君を記すが、大分君の始祖が武諸木である。崇神天皇紀に、

禰疑《ねぎ》山を度《わた》る。時に賊虜《あた》の矢、横に山より射る。官軍の前に流ること雨の如《ごと》し。天皇、更《さら》に城原《きはら》に返《かへ》りまして、水上《かはのほとり》に卜《うらなひ》す。便《すなは》ち兵《いくさ》を勒《ととの》へて、先《ま》づ八田《やた》を禰疑野《ねぎの》に撃《う》ちて破《やぶ》りつ。爰《ここ》に打猨《うちさる》え勝《か》つまじと謂《おも》ひて、「服《まつろ》はむ」と請《まう》す。然《しか》れども聴《ゆる》したまはず。皆自《みなみづか》ら澗谷《たに》に投《おち》りて死ぬ。

とある。この事例からも卜占が戦闘の勝敗をきめる重要な役割を果している事がわかる。

この戦闘の指揮を景行天皇が行なったと『日本書紀』は書くが、事実は多臣の将軍武諸木が大将軍で、副将として菟名手と夏花が居たのであろう。その事は豊後国の支配氏族が多氏同祖の大分君である事が証しているが、更に大分君の配下に卜部の中臣氏が居た事を、「直入中臣神」が証している。

「直入中臣神」が祭祀されている地は、『日本書紀』の景行天皇紀十二年十月条に、前述したが「水上に卜《うらなひ》

す」とあり、卜占をした記事が載り、この地で祈り祀った神として、「直入中臣神」を祀ったとあることから見ても、卜占をしたのは中臣氏である事は明らかだが、直入県は豊前国の大分地方にあり、多臣の武諸木が始祖の「大分君」の支配地であることから見ても、中臣氏は多氏配下の卜部であった。

『延喜民部式』や『和名抄』に依れば「豊後国直入郡」とあるが、岩波書店版『日本書紀』の頭注は、「今、大分県直入郡・竹田市および熊本県阿蘇郡の一部」と書く。大分県直入郡・竹田市は大分君の多氏の支配地であり、熊本県阿蘇郡は『古事記』の神武天皇記に依れば「阿蘇君」の支配地だが、阿蘇君も大分君・火（肥）君と共に多氏である。したがってこの地域を平定した将軍多臣武諸木の配下に、卜部の中臣氏が居た事は前述の記事からも確められると共に、豊後国には卜部の中臣氏が居た事を証している。この中臣氏は前述した推古朝に朝廷に奉仕した中臣宮地連麻呂・烏摩侶の祖である。

多臣の祖武諸木は『日本書紀』の書く「碩田国《おほきた》」を平定する前は、豊前国の菟狭（宇佐）の川上の賊を討っている。『日本書紀』景行天皇十二年九月条に左のように書く。

> 武諸木等、先《ま》づ麻剥《あさはぎ》が徒《と》を誘《をこつ》り、仍《よ》りて赤き衣《きぬ》、褌《はかま》及び種々《くさぐさ》の奇物《めづらしきもの》とを賜《たま》ひ、兼《か》ねて服《まつろ》わざる三人をめさしむ。乃《すなは》ち己《おの》が衆《しゆう》を率《ゐ》て参来《まいく》。悉《ことごとく》に捕《とら》へて誅《ころ》す。天皇、遂に築紫に幸《いでま》し、豊前国の長峡県《ながをのあがた》に到《いた》りまして、行宮《かりみや》を興《た》てて居《ま》します。故、其《そ》の処《ところ》を号《なづ》けて京《みやこ》と曰《い》ふ。

岩波書店版『日本書紀』の補注は、「豊前国の長峡県」については「豊前国は律令時代の行政区画。今の福岡県東部と大分県北部。長峡県は、集解は和名抄にみえる豊前国企救郡長野郷（今、北九州市小倉区東南部）の地とし、地名辞書は福岡県行橋市長尾とする」と書く。そして「京《みやこ》」については頭注で、「延喜式・

和名抄に豊前国京都《みやこ》郡、今、福岡県京都郡北部、行橋市。実際は、行宮がおかれたからミヤコというのではなく、逆にミヤコという地名から考えだされた話であろう」と書いている。

前述したが『日本書紀』の推古天皇十六年六月十五日条に、左の記事が載る。

客等《まらひとたち》難波《なには》津《つ》に泊《は》つ。是《こ》の日に、飾船《かざりふね》三十艘《そう》を以《も》ちて、客等を江口《えぐち》に迎へて新しき館《やかた》に安置《はべ》らしむ。
是《ここ》に中臣宮地《みやこ》連烏摩侶《をまろ》・大河内直糠手《おほしかふちのあたいぬかて》・船史《ふねのふひと》王平《わうへい》を以《も》ちて掌客《しやうかく》とす。

ここに書かれている「客等」は隋国の使者であり外国の使者を接待する役職であるから、「掌客」の三人は中国語に通じていなければならない。『新撰姓氏録』左京神別上に「中臣宮処連」が「大中臣と同祖」と記す。佐伯有清は『新撰姓氏録の研究・考證篇第三』で『中臣宮処氏本系帳』を引用し、「我聞讃岐国山田県之宮処里」が出身地とあるが、黛弘道の「中臣宮処氏本系帳について」(『東京大学教養学部人文科学科紀要』第一七輯所収)は「偽撰」と論証していると書き、讃岐国出身説は成り立たないと書く(11)。理由は讃岐国出身氏族が中国語で隋使と対応できないからである。ところが前述した豊前国の「京《みやこ》」の地は中国・韓国の船が停泊し、都に向う中継地で、また都から来て韓国・中国へ向う船の出発地あるから、その地の出身者の烏摩侶が推古朝に中国から来た使者の「掌客」になったのであろう。この中臣宮地氏の出身地の豊前国を平定したのは、多臣の祖武諸木である事は、無視出来ない。

中臣宮地連の出身地の豊前国と多朝臣武諸木

中臣宮地連の出身地の豊前国中津郡は、現在の京都郡・行橋市である。行橋市中臣名《なかとみみよう》は『和名抄』記載の

「仲津郡中臣郷」だが、『福岡県の地名』（日本歴史地名大系41）は、この地に居住の「中臣今男」について左のように書く。

鎌倉時代初期とみられる弥勒寺喜多院所領注進状（石清水文書／古四—二）に「沖臣今男六丁」とみえるが、これは「中臣今男」の誤記と考えられる。永享五年（一四三三）二月一三日の宇佐宮造営幷神事法会再興日記目録（到津文書／大三〇）によると、応永二五年（一四一八）に始まった宇佐宮造営および諸神事の復興事業を受けて、「仲律（津カ）郡内中臣今男八丁」が同二六年八月一〇日に大内盛見から宇佐宮常灯料として寄進されている。(12)

この記述からも行橋市長峡県《ながおあがた》の「中臣名」の地が「中臣郷」と言われている。この近くの行橋市前田の前田山遺跡は弥生時代から古墳時代にかけての大規模な遺跡だが、九号石棺墓には後漢の「長宜子君」銘の連弧文鏡が出土しており、六号石蓋土壙墓には、小型仿製鏡が副葬されている。いずれも弥生時代の墓で、西側の丘陵には弥生時代の住居群がある。この出土遺物から見ても弥生時代から、この地は韓国と交流があった事を証している。

行橋市は周防灘に面した海岸地帯だが、行橋市の北隣の刈田町も周防灘に面している。この地には、九州最古の三世紀末から四世紀初頭に製造された石塚山古墳がある。この古墳は九州最古で最大の定型化した前方後円墳である（全長は一三〇メートル）。主体部は江戸時代の寛政八年（一七九六）に開口し、銅鏡十数面のほか、剣・矛・鍬が出土した（『御当家末書』）。このうち現存する舶載の三角縁神獣鏡七面、銅鏃・素環頭大刀片などが宇原《うはら》神社の神宝として保管されている。昭和六十二年（一九八七）に主体部が発掘調査された。

副葬品は寛政八年出土を合わせると、
銅鏡（後漢鏡・三角縁神獣鏡）、装身具（勾玉・管玉）、武器（素環頭大刀・銅鏃・鉄鏃）、武具（小札革綴冑・鞍）、
などが出土している。
北部九州の最古の畿内文化の三要素は、
墳形が前方後円墳。主体部が竪穴式石槨。舶載の三角縁神獣鏡群の副葬。
であるから、この地が『豊後国風土記』の中臣村の所在地である事は確かだが、この中臣村の記事の冒頭に、
豊国直等が祖、菟名手、
が登場する。この人物は『日本書紀』の景行天皇紀に記された多臣の武諸木と共に、豊の国を平定した人物である。
であるから、『豊前国風土記』の冒頭に載る豊後国の中臣村の卜占の徒は、菟名手の配下に居たと推測できる。
豊前の中臣氏は多氏と共に大和国から行って中臣村に定着したのではない。卜占は伴信友が『正卜考』で書くように、鹿の肩の骨で行なうのが古来からの卜占である。伴信友は『正卜考』の冒頭で、この古来の卜占に対して、新しく「漢国の亀卜法」がまず対馬に入ってきたと書き、対馬の亀卜について論じている。
豊前国の中臣氏はこの対馬に入った亀卜を行なった氏族だが、私は豊前国の卜者（中臣氏）は黒坂命と共に常陸国に移住し、肥前国の建借間命も肥の国の卜者の中臣氏を同行して、船で常陸国へ来たと推測している。黒坂命も建借間命も将軍であるが、前述したが黒坂命の祖と見られるのが豊前・豊後の豊の国平定の将

軍多朝臣武諸木である。この将軍の血脈の黒坂命が常陸国平定の将軍であった事は無視出来ない。

鹿島神宮の甕信仰と武神のタケミカツチ神

鹿島神宮宮司東実の著書『鹿島神宮』に、「甕山の謎」と題して左の記述が載る。

> 甕山について『神日本』第三巻第六号には、
> 古き神人の伝に、
> 常陸国鹿島の海底に、一つの大甕《おおがめ》あり、その上を船にて通れば、下に鮮やかに見ゆるといへり、古老伝えいう。此の大甕太古は豊前にありしを神武天皇大和に移したまひき。
> 又景行天皇当国に祭りたまう時、此の甕をも移したまえるにこそあれといえり。
> 此の大甕は、鹿島明神の御祖先を祭り奉る壺にて、鹿島第一の神宝として、世々これを甕速日と申すといえり[13]（傍点は引用者）。

とある。大甕は「鹿島第一の神宝」と書いているが、本来は鹿島神宮の「御神体」であった。しかし祭祀氏族の仲臣の多氏から中臣氏に祭祀氏族が変って、御神体が「甕」から「剣」に変ったので、「鹿島第一の神宝」になったのである。さまざまの視点から前述したが仲臣の多氏の常陸国の壬生直になる仲国造が祭っていた神は、建甕槌神という甕神であった。豊前から来た大甕が今は「鹿島第一の神宝」として海底にあるのは見過せない。甕神が本来の御神体であったのが、武甕槌命・武甕雷命と書かれ、甕神が武神・雷神化して藤原氏の神になり、御神体が甕から剣に変ったから、「鹿島第一の神宝」になったのである。

ところが本来の甕信仰は多氏の武諸木命の活動した豊前・豊後の豊の国だけでなく、火（肥）国の首長ともかかわる。『筑紫国風土記』逸文に、「あらぶる神」のあらぶる行為を止めるために、

筑紫《つくし》君・肥《ひ》君等占《うら》へて、筑紫君等が祖甕依姫《みかより》を祝《いはひ》となして祭らめしき。それより以降、路行く人、神に害《そこな》われず。

とあり、多氏系の肥君も筑紫君と共に祖が甕依姫という女性になっている。甕信仰は前述した嬰児を胎内に入れた母神・女神だからで、「甕依姫」は当然女神である。『古事記』の崇神天皇記に載る「建甕槌命」も「甕依姫」で女神である。その神を藤原氏が「建御雷神」「武甕槌命」「武甕雷神」と書き武神・男神にしたのである。

『万葉集』（巻十七、三九二七）の大伴家持が天平十八年に越中の国守に任命された時、叔母の大伴坂上郎女が詠んだ長歌に、

草枕　旅ゆく君を　幸《さき》くあれと　斎瓮《いはひ》て据ゑつ　吾が床の辺に

とあり、遣唐使の船が難波を発《た》つ時に母が遣唐使船に乗った子に贈った長歌（巻九、一七九〇）も、

……草枕　旅にし行けば　竹珠を　しじに貫《ぬ》き垂《た》り　斎瓮《いはひへ》に　木綿取り垂《し》でて　斎《いは》ひつつ　我が思ふ

吾子　ま幸くありこそ

と詠んでおり、叔母・母の歌である。『万葉集』（巻三、四四三）では、

……母父に　妻に子どもに　語《かた》らひて　立ちにし日より　たらちねの　母の命は　斎瓮を　前にする置き……、

と詠まれているが、「自分は任地に行くと父母や妻子にいい聞かせて出発したときから、母は斎瓮を前に据えて無事を祈った」という歌であり、斎瓮は母・女性イメージであるのは、斎瓮は甕依姫だからである。私は長野県出身だが「モタイ」という姓があり、漢字表記で、「甕」「母袋」と書いている（「モタイ」が「ムタイ」になり「務台」という姓もある）。甕を母胎と見立てていた例として、図11の山梨県須玉町御所前遺跡出土の縄文時代中期の「人面把手付土器」がある。甕に見立てられた母胎から嬰児が顔を出している。

世界中の原始時代の人々や、近代になってもアフリカやアメリカ―インディアンの人々は、土器＝壺・甕を母胎に見立てていた。ヨーロッパ先史時代の壺には乳房のついた壺があり、女性と壺・甕は象徴的に同一化され、その表現は「普遍的なもの」であった。

九州の五島列島の漁民の妻たちは夫や息子が出航すると、航海安全を祈って台所の大甕に水をいっぱい入れておくのも、斎瓮をすえて神の加護を祈った古代人の遺習の名残りである。阿波の鳴門の岬の先端にある甕浦神社（鳴門市甕浦）の伝承に、この神社を「お甕《みか》さま」というが、神体は大甕で、海底にあった大甕が一夜海鳴りをさせて上がってきたという。この神社のある場所は渦潮の渦巻く航海の難所だから、甕浦神社の御神体の大甕は海底に鎮座していたが、この甕は九州から来たという伝承がある。

『琉球神道記』に載る「鹿島明神のこと」によれば、

　鹿島の明神は、もとはタケミカヅチの神なり。人面蛇身なり。常州鹿島の浦の海底に居《いま》す。

とある。前述の豊前から常陸へ持って来られ、鹿島の海底にある大甕は、御神体から「鹿島第一の神宝」になっているから、「甕速日神」と神名を変えているが本来の神名は『古事記』の崇神天皇記の書く「建甕槌神」で、この「甕神」を多（太）氏系の仲臣の肥（火）の国造・大分君（豊後国造）の建借間（武鹿島）命・黒坂命が、常陸国平定や蝦夷地征討の守護神として信仰していた（蝦夷地の磐城の地を平定して国造になった磐城国造も、常陸仲国造や大分君と同じ仲臣の多氏系氏族と、『古事記』の神武天皇記は述べている）。この仲臣の配下に居た卜部の中臣氏が、二百年近い歳月の経過で下剋上がおきて、中臣氏が仲臣化した。その事実が壬生直として宮廷出仕していた常陸多氏が、「大生氏」と称するようになり、氏神も「大生神社」と書かれるようになったのである。仲臣の多氏は『日本書紀』の景行天皇の武諸木、『常陸国風土記』が書く建借間（武鹿島）命・黒坂命の記事が証しているように、武将である。この武将に卜部の中臣氏がなったのが、本章の冒頭で述べた中臣連国である。一方で中臣連国の兄で中臣鎌子（藤原鎌足）の父の中臣連弥気は、壬生直の仲臣の多氏と同じに内廷（後宮）に奉仕しており、やはり仲臣の多（太）氏がかかわっている。

以上の事例、本章で述べた藤原鎌足（中臣鎌子）の叔父の中臣国が、推古朝に新羅征討の大将軍になって出陣した事などは、私が調査した限りほとんど論じられていないが、本章で文献史料だけでなく、考古資料を示して私見を述べた。この事例と鎌足の父の弥気の推古朝出仕は、推古天皇十五年の壬生部設置と関係があり、出仕したのは宮廷の壬生にかかわる仲臣の多氏の推挙で、兄の弥気は推古女帝の後宮に出仕し、弟の国も出仕していたが、常陸で陸奥の蝦夷征討に活躍していた国は、その経験から新羅征討の大将軍に任命されたのである。

藤原鎌足の父や叔父について文献史料の論考は、ほとんど見当らないから、考古資料なども用いて私見を述べたが、更に推古朝出仕の中臣宮地連についての見解も述べた。豊前国出身の中臣宮地連は藤原・中臣氏の出自・原郷を知るのに見過せない史実である。また「タケミカヅチ」と鹿島神宮創始についても述べたが、本章の見解は序論であり、この問題は本章以降の各章でさまざまな視点から論じる。

［注］

（1）大和岩雄「鹿島神宮」『日本の神々11 関東』所収 白水社 一九八四年
（2）東実『鹿島神宮』（一九七〜二〇〇頁）学生社 一九六八年
（3）茂木雅博『日本の古代遺跡36 茨城』（一七八頁）保育社 一九八七年
（4）大場磐雄「考古学上から見た一考察」『常陸大生古墳群』所収 雄山閣 一九七一年
（5）井上辰雄『火の国』（六三〜八四頁）学生社 一九七〇年
（6）三谷栄一「『常陸国風土記』の生成と展開――壬生氏を中心とした伝承文学の成立基盤をめぐって」『日本神話の基盤』所収 塙書房 一九七四年
（7）井上辰雄「大化前代の中臣氏」『古代王権と宗教的部民』所収 柏書房 一九八〇年
（8）田村圓澄『飛鳥・白鳳仏教論』（一八頁）雄山閣 一九七五年
（9）大和岩雄「秦王国のシャーマンたち」『秦氏の研究』所収 大和書房 一九九三年
（10）上田正昭「祭官の成立」『日本古代国家論究』所収 塙書房 一九六八年
（11）佐伯有清『新撰姓氏録の研究 考証篇第三』（三〇頁）吉川弘文館 一九八二年
（12）日本地名大系41『福岡県の地名』（三五五頁）平凡社 二〇〇四年
（13）東実『鹿島神宮』（一三四頁）学生社 一九六八年

六章　天武朝の中臣連大島と持統朝の黒作懸佩刀

天武朝の中臣連大島と多朝臣品治との関係

『日本書紀』の欽明・敏達・用明朝掲載の五人、

　中臣連鎌子・勝海・磐余連・中臣宮地連麻呂・烏摩侶、

を「中臣氏系図」に掲載せず、藤原鎌足の父の弥気と叔父の国のみを載せている。この事実からも河内など畿内出自の中臣氏を無視し、常陸出身の中臣氏を重視している事は明らかである。しかし常陸・畿内の中臣氏も豊の国・肥（火）の国から来ており、いずれの中臣氏も原郷は対馬である。彼等は卜占者である事で一般農民や商人とは相違していた。

天智朝の八年十月十六日に内大臣の鎌足は崩じているが、九年三月九日条に、

　山御井《やまのみゐ》の傍《ほとり》に諸神《もろもろのかみ》の座《みまし》を敷《し》きて幣帛《みてくら》を班《あか》つ。中臣金《かね》連、祝詞《のりと》を宣《の》る。

とあり、中臣氏の代表は中臣金であった事をこの記事は示している。中臣金については、十年正月五日条に、左の記事が載る。

　大錦上中臣金連、神事《かむこと》を命宣《みことの》る。是《こ》の日に、大友皇子を以《も》ちて太政大臣に拝《め》す。蘇我赤兄臣を以ちて左大臣とし、中臣金連を以ちて右大臣とす。

この右大臣中臣金連については、壬生紀の天武天皇元年八月二十五日条に、

　右大臣中臣連金を浅井の田根に斬る。是の日に、左大臣蘇我臣赤兄・大納言巨勢臣比等と子孫、并《あは》せて中臣連金が子、蘇我臣果安が子、悉《ことごとく》に配流《なが》す。

とあり、左大臣・大納言は家族と共に配流なのに右大臣中臣連金のみ斬殺され、家族は配流になっている。
ところが中臣金の甥の大島は、天武天皇十年三月十七日条に左のように記されている。

天皇、大極殿に御《おは》しまして、川島皇子・忍壁皇子・広瀬王・竹田王・桑田王・三野王・大錦下上毛野君三千・小錦中忌部連首《おびと》・小錦下阿曇《あづみ》連稲敷・難波連大形・大山上中臣連大島・大山下平群《へぐり》臣子首《こびと》に勅《みことのり》して帝紀《ていき》と上古《じやうこ》の諸事《しよじ》を記定《しるしさだ》めしめたまふ。大島・子首、親ら筆を執《と》りて録《しる》す。

中臣連大島は壬生の乱の時に斬首された右大臣中臣連金の甥である。「中臣氏系図」では、

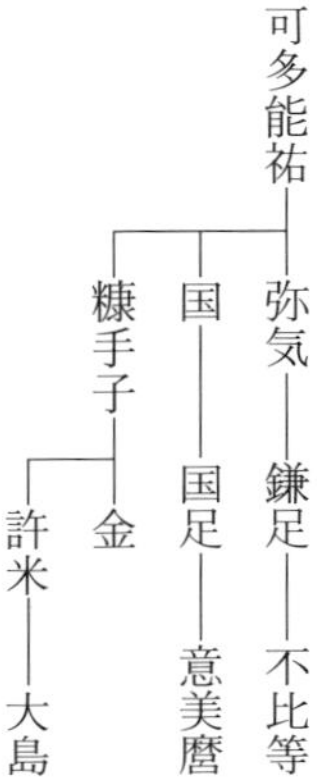

という関係であり、壬生の乱に大海人皇子と戦い斬られ、家族は配流させられた右大臣中臣連金の甥である。その大島が壬生の乱の十年後に、天武天皇の勅命で国史の書記に任命されているのはなぜか。理由は天武天皇十二年十二月十三日条の、

諸王五位伊勢王・大錦下《だいきむげ》羽田《はた》公《きみ》八国《やくに》・小《しよう》錦下多臣品治・小錦下中臣連大島、幷《あは》せて判官《はんがん》・録史《ふびと》・工《た》匠《くみ》者《ども》等を遣《つかは》して、天下《あめのした》を巡行《めぐ》りて、諸国の境界《さかひ》を限分《さか》ふ。

とある記事と、二年後の十四年九月十八日条の、左の記事が証している。

天皇、大安殿に御しまして、王卿等を殿の前に喚《め》して、博戯せしめたまふ。是の日に、宮処王・難波王・竹田王・三国真人友足・県犬養宿禰大侶・大伴宿禰御行・境部宿禰石積・多朝臣品治・采女朝臣竹羅・藤原朝臣大嶋、凡《すべ》て十人に御衣《おほみそ》袴《おほみはかま》を賜ふ。

この「博戯」にも多朝臣品治と藤原朝臣大島が招かれている。この「博戯」に品治と大島が共に招かれているる事が問題である。

『史記』は「博戯ハ悪業ナリ。而シテ恒発之《コレ》ヲ用キテ富ム」と書き、『続日本紀』文武天皇二年七月七日条には「博戯遊手ノ徒ヲ禁《イマシ》ム」とある。「捕亡令（十三）義解」に「博戯者《は》、双六樗蒲《すごろくちょぼ》之属」とあり、どちらも賽《さいころ》を振って勝負を決めるが、財物を賭けるから禁じられた。『続日本紀』は「その居停《ゐとど》めたる主人《あるじ》も亦与《またよ》居同罪《どうざい》」と書いており、「博戯」を行なった「遊手」だけでなく、「博戯」の場所を提供した人も同罪になっている。前述した『史記』は「博戯・悪業也」と明記しており、天武天皇が臣下と共に博戯を行なってから十三年後の文武天皇二年（六八五）には、『続日本紀』に依れば「悪業」と言われて禁じられ、場所を借した者まで罪せられている。このような「悪業」を天武天皇は臣下を呼んで行なっているが、その「悪業」に多人長だけでなく中臣大島も呼ばれている事実に、私は注目している。博戯に呼ばれた十人のうち三人は王、一人は真人で、皇族か皇族に近い人物であり、県犬養・大伴・境部は重臣であった。県犬養宿禰大侶《おほとも》は大宝元年（七〇一）正月に没しているが直広壱（正四位下）で没し、正広参（正三位）を追贈され、さらに同年七月功封百戸を中功として追贈されている。大伴宿禰御行は大宝元年正月大納言正広参で没しているが、正広弐（正二位）右大臣を追贈され、封戸百戸を中功として得ている。このように宮処王から大伴宿禰御行までは、皇族・皇親・重臣である。

以上の皇族・皇親・重臣以下の四人、境部宿禰石積《つくら》は天武天皇十一年三月十三日条に「肇《はじ》めて新字一部四十四巻を造《つく》らしむ」とあり、孝徳天皇の時に学生として唐に派遣されている。采女朝臣竺羅《うねめちくら》は天武天皇の殯宮で「内命婦《うちのまへつきみ》の事」を誄《しのびこと》している。采女氏は本来宮廷の采女《うねめ》の管理を職務とする氏族で、後宮にかかわる人物だが、いずれも天武天皇が親しくしていたから招かれたのであろう。

博戯を禁じたのは文武天皇二年だが、この時文武天皇はまだ十七歳で、実権は持統上皇が握っていたから、天皇でなく祖母が禁じたのだが、たぶん夫の天武が行なっていた博戯を、当時皇后であった持統天皇は見ていて、このバクチは孫の文武天皇にやらせたくなかったから、禁じたのであろう。

このようなバクチに多品治と中臣大島が招かれているが、天皇は二人を友人・知人と見ていたからであろう。その事は天武天皇十二年十二月に命じた「諸国の境界」の調査にも言える。任命したのは十二月中旬の冬である。諸王の伊勢王・羽田公は「王」「公」とあるから、王族・公族で「貴族」であり、判官・録史・工匠者を統率・指揮したのは多品治と中臣大島であろう。この仕事は寝食を共にして旅行しながらの勤務だから、天武天皇は二人を親しくさせようとして境界調査の仕事に二人を任命したのであろう。この事例からも、国史編纂の書紀に壬申の乱で斬殺された右大臣を伯父にもつ中臣大島が任命されたのは、大海人皇子の湯沐令であった多品治の推挙に依ると考えられる。その事は寝食を共にしながらの国々の境界調査や、持統太上天皇が禁じた「バクチ」に、天武天皇が品治と大島を共に撰んでいる事からも言える。仕事にも、バクチにも、天武天皇が多氏と中臣氏を共に任命・指名している事実は無視出来ない。特に壬申の乱に右大臣として大海人皇子と戦い、捕らえられて斬殺された人物を伯父にもつ中臣大島である。この人物が博戯に招かれている事実は、多品治が天武天皇から厚い信頼を得ていた事と、大島の才能・人柄を天武天皇が認め評価していたからであろう。この事例からも仲臣《なかつおみ》の多氏と中臣《なかとみ》の関係がうかがえる。

壬申の乱に活躍した多朝臣品治と舎人の大分君

『日本書紀』に依れば左の記述から壬申の乱は始まる。

村国《むらくに》連男依《をより》・和珥《わに》部臣君手《きみて》・身毛《むげつ》君広《ひろ》に詔《みことのり》して曰はく。「今し聞《き》かく。近江朝庭《みかど》の臣等、朕が為に害《そこな》はむことを謀《はか》るときく。是《こ》を以《も》ちて、汝等《いましら》三人、急く美濃国に往《まか》りて、安八磨郡《あはちまのこほり》の湯沐令《ゆのうながし》多臣品治に告《つ》げて」、機要《きえう》を宣《の》り示《しめ》して、先《ま》づ当郡《そのこほり》の兵を発《おこ》せ。仍《よ》りて国司等を経て、諸軍《もろもろのいくさ》を差し発して、急《はや》く不《ふ》破《わ》道を塞《おさ》へよ。朕《われ》は今《いま》し発路《いでた》たむ」とのたまふ。

壬申の乱は湯沐令《ゆのうながし》の多品治が、美濃国穴八磨郡で挙兵したことから始まっているが、この事実からも、多品治が大海人皇子（後の天武天皇）から厚く強い信頼を受けていた事がわかる。多品治は挙兵して不破の関を守護していただけではない。

天武天皇元年七月二日条には「紀臣阿閉麻呂《あへまろ》・多臣品治・三輪君子首《こびと》・置始《おきそめ》連菟《うさぎ》を遣《つかは》して、数万の衆《いくさひと》を率《ひきゐ》て、伊勢の大山より越えて倭《やまと》に向《むか》はしむ」とあり。「多臣品治に命《みことのり》して、三千の衆を率《ひきゐ》て、莿萩野《たらの》に屯《いは》ましむ」とある。四日後の六日の条には「近江の別将田辺小隅」が「莿萩野の営《いほり》を襲《おそ》はむとして忽《たちまち》に致る。ここに将軍多臣品治遮《た》へて精兵《ときいくさ》を以《も》ちて追撃《おいう》つ」とあり、不破関を守護しただけでなく、三千の軍兵を率《ひきいて》いる将軍として活躍している。

前述した天武十年に中臣大島が平群臣子首と共に、天皇の命令で「帝紀及び上古の諸事を記し定めしめたまふ」事を、中臣連大島と平群《へぐり》臣子首《こくび》に、「親《みづ》から筆を執《と》りて以《もち》て録《しる》」せと命じているが、壬申の乱の時の敵将の右大臣の中臣金を捕えて殺害させた大海人皇子が、天皇になって十年後に敵将の甥を国史編纂の記録係に命じた事は、中臣大島の才能を天武天皇が認めたからだろう。それは股肱《ここう》の臣の多品治と組ませて諸国の境界調査を命令した事にもうかがえる。境界調査は寝食を共にしての行動である。この仕事を任命した二年後に二人をバクチの博戯に招いている事からも、天武天皇は多品治と中臣大島を、セットで寵臣にしていたのである。

多氏が天皇に重視されたのは壬申の乱の時、大海人皇子の命令で最初に挙兵し、将軍として活躍した多品治だけでなく、景行天皇紀には多氏の武諸木が将軍として豊の国を平定しており、壬申の乱では「舎人大分君恵尺《えさか》」と「大分君稚民」が活躍していたからである。

天武天皇元年六月二十二日に大海人皇子の命令で湯沐令の多品治が挙兵すると、二十四日には多臣の一族の大分君恵尺に「駅鈴を乞《こ》はしめたまふ」と命じ、更に大分君恵尺には、

「恵尺は馳《は》せて近江に往《ゆ》き、高市皇子・大津皇子を喚《め》して、伊勢に逢《あ》へ」

と大海人皇子が命じているが、大分君は景行天皇紀に豊前・豊後（大分）を平定した将軍「多臣が祖武諸木」の末裔である。大分君恵尺・稚民《わかおみ》は多品治が大海人皇子の舎人として豊後（大分）から呼んだのであろう。大海人皇子が最初に挙兵させたのは多品治、最初に壬申の乱で用いた舎人が多氏系の大分君である事例

から見ても、大海人皇子が信頼していたのは、多氏であった事がわかる。

大分君恵尺は二日後に大海人皇子の陣に大津皇子を連れて来ているが、その時恵尺は同じ舎人の大分君稚《ね》臣《おみ》も同行している。一ヵ月近くたった七月二十二日に大海人皇子の軍は瀬田橋をはさんで対峙する。その時の壬申紀の記事を示す。大友皇子軍側は、「橋の真ん中を三丈ばかり切断して、一枚の長板を置き、もし板を踏んで渡る者があれば、すぐさま板を引いて落そうとした。このために敵は進撃できずに居た」と壬申紀は書き、続いて左のように書く（以降は原文で示す）。

是《ここ》に勇敢《たけ》き士《つはもの》有り、大分君稚臣《わかおみ》と曰《い》ふ。則《すなは》ち長矛《ほこ》を棄《す》てて甲《よろひ》を重《かさ》ね、刀を抜《ぬ》き急《すむやけ》く板を蹈《ふ》みて度《わた》る。便《すなは》ち板に着《つ》けたる綱《つな》を断《き》りて、被矢《いえ》つつ陣《ぢん》に入《い》る。衆《いくさ》悉《ことごとく》に乱《みだ》れて散《あら》け走《に》げ、禁《とど》むべからず。時に将軍智尊《ちそん》、刀を抜きて退《に》ぐる者を斬る。而《しか》れども止《とど》むること能《あた》はず。因《よ》りて智尊を橋辺《はしのほとり》に斬る。則《すなは》ち大友皇子・左右大臣等《たち》、僅《わづか》に身免《みまぬか》れて逃《に》ぐ。

天武天皇八年三月六日条には左のように書かれている。

兵衛《とねり》大分君稚見《わかみ》死《みう》せぬ。壬申の年の大役に当《あた》りて、先鋒《さき》として瀬田《せた》の営《いほり》を破れり。是《こ》の功《いさをし》に由《よ》りて外《との》小錦上位《せうきむじやうゐ》を贈《たま》ふ。

景行天皇紀の豊の国での多臣の祖の武諸木の活動は四世紀前半の時期で、壬申の乱の六七二年より三五〇年以上たっているが、この長い歳月の間でも、大和の多氏と豊後の大分君との間に関係があったから、大海人皇子の湯沐令を通して大分君恵尺・稚臣（見）は、大海人皇子の舎人になっていた。この事実、三五〇年たっても九州の多氏（大分君）と大和の多氏が結びついている事例から見ても、多品治は常陸の多氏の壬生直を通して、壬申の乱で斬殺され家族は遠流になった天智朝の右大臣（中臣連金）の甥の中臣大島を知っていたのであろう。品治は大島の才能・人柄を評価していたから、壬申の乱の時の敵将、右大臣の中臣金の甥である事を承知で、多品治は中臣大島を天武天皇に紹介し、天武天皇も大島が良き人材である事を認め、国史編纂の書記に任命したのであろう。更に品治と大島に寝食を共にして国々の境界調査の役に任命したり、特別に親しい臣下のみを呼んで行なう博戯にも、二人を招いて参加させた。この事実からも多品治と中臣大島が友人であり、二人は天武天皇から信頼されていた事は確かである。私は二人を結びつけたのは常陸国での多氏（壬生の「生」をつけた「大生氏」）と中臣氏の密接の関係に依ると見ている。

大津皇子の謀反事件と兵政長官の藤原大島

『日本書紀』朱鳥元年九月二十八日条の、

直大肆藤原朝臣大島、兵政官の事を誄《しのびこと》たてまつる。

とあるが、この記事を論じた論考を私は知らない。壬申の乱で敗北して斬られ、家族は島流しになった右大臣中臣金の甥が、伯父を斬殺した大海人皇子が即位して天武天皇になった。その天皇の葬儀に誄をする。しかもその誄が「兵政官の事」である。この事実は異常と言っても極端に異常である。

『日本書紀』の朱鳥元年九月九日条に、

天皇の病《やまい》、遂《つい》に差《い》えずして、正宮《おほみや》に崩《かむあが》りましぬ。

とあり、同月二十四日条に左のようにある。

大津皇子、皇太子を謀反《かたぶ》けむとす。

この記事が中臣大島に「兵政官の事」を誄をさせた理由と私は推測している。

天武天皇四年三月十六日条に、

諸王四位栗隈《くるくま》王を兵政長官《つはものつかさのかみ》とし、小錦《しょうきむ》上《じょう》大伴連御行《おほともむらじみゆき》を大輔《たいふ》とす。

とあり、天武天皇五年六月条には、

四位栗隈王、得病《やまい》して薨《みまか》りぬ。

とあるから、栗隈王は兵政長官になって翌年には亡くなっている。それ以降は兵政長官には大伴連御行がなったのだろう。というのは兵政官の記事は、前述の天武天皇四年以降は、朱鳥元年九月の藤原大島の兵政官の事を誄以外はないからである。大伴御行は持統皇后と話し合って兵政長官を藤原大島に譲ったのであろう。その事は持統紀の記事から言える。

朱鳥元年九月九日に天武天皇が崩じ、十月二日に大津皇子の謀反が発覚し、十月三日には大津皇子は「賜《みま》死《かひし》」している。父（天智天皇）が崩じて一カ月も経《た》たないのに消《き》えた（私は消されたと見る）。大津皇子の謀反は、皇太子草壁の母が兵政長官の前任者（大伴御行）と組み、藤原大島を新任の兵政長官にして、仕組んだ「創作」と私は推測している。その事は大津皇子の死の一年五カ月後の持統二年三月二十一日条に、

華縵《はなかづら》を以《も》ちて殯宮《もがりのみや》に進《たてまつ》る。藤原朝臣大島、誄《しのびごと》たてまつる。

とあるからである。殯宮の誄を単独で臣下が行なったのは藤原大島がトップで、次に八月十日条に、

殯宮に嘗《みけ》たてまつりて慟哭《みね》たてまつる。是に、大伴宿禰安麻呂、誄たてまつる。

とあり、大伴安麻呂が行なっている。この事実、前任の兵政長官で官位も上位の大伴安麻呂より藤原大島が重視されている事から言える。

先帝天武天皇の誄は持統天皇元年一月一日に、

皇太子《ひつぎのみこ》、公卿《まへつきみ》・百寮《もものつかさのひとたち》人等を率《ゐ》て、殯宮《もがりのみや》に適《まう》でて慟哭《みね》たてまつる。納言《ものまをしつかさ》布勢《ふせ》朝臣《あそみ》御主人《みあるじ》、誄《しのびごと》たてまつる。礼《ゐや》なり。

とあり「誄」は単独の祭事ではない。単独なのは藤原大島、次に大伴安麻呂の「誄」のみである。安麻呂は大伴家持の祖父である。彼は天武天皇四年（六七五）に小錦上（正五位上相当）だが、朱鳥元年（六八六）に藤原大島は直大肆（従五位上相当）であり、大島は十一年後でも二階級も下位なのに、臣下としての単独の誄は藤原大島がトップに行ない、次に大伴家持の祖父の安麻呂が行なっている。単独の誄は現兵政長官と前兵政長官のみが行なっているが、先輩で名門の大伴氏より先に、個人ではトップに行なっている事実から見ても、藤原大島が持統天皇にもっとも信頼されていた事は明らかである。理由は大津皇子の「謀反」にある。

大津皇子の「謀反」に関与した主要人物八人の中に、「大舎人中臣朝臣臣麻呂」が居るが、三年後の三年二月には、藤原朝臣史（不比等）と共に、「判事」に任命されている。大津皇子の謀反に参加して捕えられた謀叛人が、三年後に任官したのが「判事」である。それも藤原不比等と共にである。この事実は大津皇子を謀反の罪で自死させる謀略の主謀者は兵政長官の中臣大島だったと私は推測している。大島・不比等・臣麻呂の関係は、前述した「中臣氏系図」では左のようである。

可多能祐─┬─弥気──鎌足──不比等
　　　　├─国──国足──意美麿
　　　　└─糠手子──許米──大島

この系譜から見ても「兵政長官」の大島が、意美麿を大津皇子の所へ派遣していたと推測出来る。藤原不比等の持統天皇紀の登場は、持統天皇三年二月二十六日条の中臣臣麻呂と共に判事に任命されたのが、『日本書紀』に記されている初見である。前述したが藤原大島は、天武朝の朱鳥元年、持統朝の二年三月に殯宮で誄をしており、史上の登場、活動は不比等より早いし、任命された役職も高い。更にその役職が兵政長官であった事が問題である。

持統紀の元年八月二十八日条に、左の記事が載る。

天皇。直大肆《ぢきだいし》藤原朝臣大島・直大肆黄書《きふみ》連大伴をして、三百の竜象《りようざう》の大徳等《だいとくたち》を飛鳥寺に請集《ませつど》へて袈裟《けさ》を奉《おくりたてまつ》 施りたまふ。人別《ひとごと》に一領《りやう》なり。曰《のたま》はく、「此《こ》は天渟中原瀛真人《あまのみなかはらおきのまひと》天皇の御服《みふく》を以《も》ちて縫《ぬ》ひ作《つく》れるなりとのたまふ。

この記事にも藤原大島が登場しており、大島は単に兵政長官であっただけでなく、持統天皇がもっとも信頼していた側近の人物であった事をこの記事が証している。以上述べた事例からも、通説になっている黒作懸佩刀は藤原不比等に最初から託されたという見解には、私は同意出来ない。

「黒作懸佩刀」についての上山春平の見解

黒作懸佩刀は藤原不比等に託されたという「通説」の先駆は、上山春平である。上山春平の著者は一九七七年に『埋もれた巨像』と題して岩波書店から刊行されている。上山見解を示す。その前に『東大寺献物帳』(『大日本古文書』巻四)に載る記事を示す。

黒作懸佩刀一口

右、日並皇子常所佩持、賜太政太臣　大行天皇即位之時、便献　大行天皇、崩時亦賜太臣。太臣薨日、更献　後太上天皇。

上山春平は左のように理解する。

黒作懸佩刀の由緒書は、つぎのようなわかりやすい形に書きかえることができます。「右の刀は草壁皇子が常に身につけていた刀であり、皇子はこれを不比等に与えた。不比等は、文武天皇の即位のときに、これを天皇に献じ、天皇の崩御の時、天皇はこれを不比等に与えた。そして、不比等の薨去の日に、不比等はこれを聖武天皇(当時はまだ皇太子)に献じた」

これによれば、この黒作懸佩刀は、もともと草壁—不比等—文武—不比等—聖武という経路で聖武に伝えられ、聖武から東大寺に献納されたのでした。

(中略)

私は、さきに、「持統は、草壁の死期がせまったとき草壁から不比等にたいして、軽皇子(文武)のことをよろしくたのむ、と言わせたのではないか」と書いたのですが、そのとき念頭にあったのが、この文章なのです。

草壁皇子が亡くなったのは、天武の没後三年目であり、したがって、大津皇子事件の三年後のことでした。その間、持統は、草壁が即位の式典を挙げる日を待ちこがれたのですが、草壁は病床から立ち上がることができませんでした。そして、ついに草壁の死期が近づいたとき、持統は、大津皇子事件において信頼に値する働きを示した不比等を草壁の枕頭にまねき、草壁の口から、軽皇子（文武）の皇位継承に協力してほしい、と依頼させたのではないか、と私は推測するのです。そのときに草壁は、お前一人を頼りにしているのだぞ、という深い気持を示すシンボルとして、常に身につけていた刀を、不比等に与えたのではないかと思われます(1)。

この上山春平の『埋もれた巨像』は岩波書店から一九七七年、今から四十年前に刊行され評判になった。私も読んでこの見解を受入れた。しかし今はちがう。

『日本書紀』の持統天皇三年二月二十六日条に、左の記事が載る。

浄広肆竹田王・直広肆土師宿禰根麻呂・大宅朝臣麻呂・藤原朝臣史・務大肆当麻真人桜井・穂積朝臣山守・中臣朝臣臣麻呂・巨勢朝臣多益須・大三輪朝臣安麻呂を以ちて、判事とす。

九人が「判事」に任命された。その中の一人に、「藤原朝臣史」が居る。「史」は「不比等」である。この記事が『日本書紀』に藤原不比等（史）が載る初見である。この二ヵ月後の四月十三日条に、左の記事が載る。

皇太子草壁皇子尊薨《かむさ》りましぬ。

皇太子草壁皇子が薨じる二ヵ月前に、「判事」に任命された不比等（史）が、皇太子草壁から、

お前一人を頼りにしているのだぞ、という深い気持を示すシンボルとして、常に身につけていた刀を、不比等に与えたのではないかと思われます。

と書く上山見解に結びつけるのは無理であり、私は今は上山見解は採らない。

上田正昭が示す「藤原不比等年譜」と黒作懸佩刀

左は上田正昭が『藤原不比等』で示す、「藤原不比等年譜」からの抜粋である。(2)

年次	年齢	
持統三	三一	二月、判事となる。位階は直広肆。四月、草壁皇太子歿。草壁皇太子の黒作懸佩刀を与えられる
四	三二	一月、持統即位。中臣大嶋、天神寿詞を奏す
五	三三	八月、藤原氏の『墓記』上進
八	三六	藤原宮へ遷都。三男宇合生まれる
一〇	三八	七月、太政大臣高市皇子歿。一〇月、資人五十人を給せられる
文武元	三九	文武即位。黒作懸佩刀を献呈。八月、娘宮子入内。持統、譲位後も太上天皇として国政に参与
二	四〇	八月、詔で藤原朝臣は鎌足の子不比等に、意美麻呂らは旧姓（中臣）に復すべしとする
四	四二	刑部親王らとともに大宝律令の編纂に参加。位階は直広壱
大宝元	四三	三月、新令により正三位大納言となる。一二月、宮子、首皇子（聖武天皇）出生。県犬養三千代との間に安宿媛（光明皇后）生まれる

二	四四	一二月、持統歿
慶雲元	四六	一月、不比等八百戸の封戸を給せられる
二	四七	五月ごろ、病にかかる
四	四九	四月、五千戸の食封を与えるむねの宣命がだされ、二千戸のみをうける。六月文武歿。七月、元明即位
和銅元	五〇	三月、右大臣となる
三	五二	三月、平城遷都。藤原氏の氏寺（興福寺）を平城へ移す
七		六月、首皇子、皇太子となる
霊亀元	五七	九月、元明は元正に譲位、太上天皇になる
二	五八	六月、安宿媛、首皇太子妃となる
養老元	五九	三月、左大臣石上麻呂歿。不比等、廟堂の第一人者となる。房前参議に列せられる
二	六〇	養老律令撰修につとむ。九月、武智麻呂式部卿になる。安宿媛、阿倍内親王（孝謙）を生む
養老四	六二	五月、『日本書紀』完成。八月三日、不比等歿。一〇月、正一位太政大臣を贈られる

この年譜は持統三年に三十一歳で史上に登場し、養老四年に六十二歳で亡くなるまでの不比等の一生を示している。この年譜の持統三年に左の記事が載る。

草壁皇太子の黒作懸佩刀《くろつくりかけはきのかたな》を与えられる。

上田正昭も藤原不比等に黒作懸佩刀は与えられたと書いて、左のようにその著書『藤原不比等』で述べている。

黒作懸佩刀が草壁皇太子から藤原不比等に賜与されたのは、遅くとも草壁皇太子が病歿する持統称制三年（六八九）四月十三日までのことであろうとのべた。その佩刀が軽皇太子即位の日に献じられ、軽皇太子すなわち文武天皇が崩去した時にふたたび不比等に贈られ、そしてまた不比等が薨ずる時に首皇太子に献じられるという経過からすると、草壁皇太子の薨去のさいに与えられた可能性が強い。

この点については、「皇太子草壁皇子薨去に際し、後事を託する意思が、持統天皇より不比等に伝えられたことを、右の史料（黒作懸佩刀の所伝）は、明白に物語っている」とする考え（石尾芳久『日本古代天皇制の研究』）、あるいはそれをさらに展開して、「その草壁の愛用していた佩刀が不比等に与えられたのは、おそらく死に臨んでのことであったに相違ない。それは死の直前に、草壁から直接に不比等に与えられたにせよ、死後に、草壁の遺言に従って、母の持統か妻の元明の手を経て不比等に与えられたにせよ、持統と元明が立ち会ったことは疑いあるまい」とする、元明天皇や聖武天皇の宣命にいう皇位継承にかんする「不改常典」と関連づけての解釈（上山春平『神々の体系』）は示唆にとむ。

と書いている。

黒作懸佩刀について『東大寺献物帳』は、

大行天皇即位之時、便献。大行天皇崩時、亦賜大臣。大臣薨日、更献後太上天皇

と書く。

この記事で問題なのは、

日並皇子常所佩持、賜太政太臣

である。この記事は草壁皇子の佩刀を「太政大臣」（藤原不比等）が賜ったと明記しているのだから、上山春

平や上田正昭が前述のような見解を述べるのは当然である。

上田正昭は更に左のように述べている。

　草壁皇太子の薨日にさきだつこと約二カ月、持統称制三年二月二十六日には、さきにのべたように不比等は判事に任用され、時に三十一歳の壮齢である。草壁皇太子愛用の佩刀を賜与されるほどの信任を、そのころすでに、この藤原氏の後継者はかちえていたことになる。この黒作懸佩刀にかんする史料はその意味でも貴重である。

上田正昭作成の「藤原不比等年譜」は、不比等の年齢を加えて示しているが、その年齢は「三一」である。この年齢を現在の私たちの寿命の事例の視点から見ていては、見るべきものも見えない。当時の成人式は数え年の十五歳であり、五歳早いのは、寿命が現在の私たちより、五歳どころか十歳以上古代の人々は早かったからである。

藤原不比等が二十代の元武朝には、藤原不比等の活動は『日本書紀』に、まったく載らないのは、中臣大島の活動ほど見立つ活動をしていなかったからであろう。しかし天武天皇の妃には不比等の異母妹の新田部皇女が、妃になって、天武天皇の皇子の新田部皇子を出産している。この事実から見ても天武朝で不遇であったから記載例が無いだけでなく、意図して載せなかったのである。

藤原不比等が『日本書紀』の編纂に関与している事は、拙著『日本書紀成立考』で詳述したが、『日本書紀』の成立が不比等の死の養老四年（七二〇）八月三日の直前の五月二十一日である事も、その事を証しているが、持統紀は最初の『日本書紀』編纂時には天武天皇紀が終章であったのが、後から加えられたのである。その事は森博達が『日本書紀の謎を解く』で詳論しているが、和銅七年（七一四）二月九日から開始した国史撰述の詔で持統紀が新しく加えられたのである。この持統紀の追加は藤原不比等の指示である。その事は不比等の記事は二例のみであることからもいえる。その一例が前述（二三三頁）した持統天皇三年二月二十六日条の判事任官記事だが、九人の判事任命の記事の一人として藤原不比等は書かれている。もう一例は持統天皇十年十月二十二日の左の記事である。

正広参《しょうくわうさん》位右大臣丹比《たぢひ》真《ま》人《ひと》に資人《つかひびと》百二十人、正広肆《し》大納言阿倍朝臣御主人《みあるじ》・大伴宿禰御行《みゆき》には並に八十人に、直広壱《ぢきくわういち》石上《いそのかみ》朝臣麻呂《まろ》・直広弐《に》藤原朝臣不比等には並《ならび》に五十人を仮賜《たま》ふ。

この記事も藤原朝臣不比等は単独記事ではない。この事例から見ると持統紀の記事も、天武天皇紀の朱鳥元年の記事にも、不比等の単独記事はない。不比等登場記事はたった二例で、その二例記事は単独記事ではない。それに対して大島の単独記事は不比等の記事と比較すれば、異例であり、他の登場人物にもくらべても異例なほど多い。その記事は持統天皇からの強い厚い信頼を受けていた事を証す記事のみである。したがって黒作懸佩刀は私は兵政長官の藤原大島が受《うけ》て、持統天皇紀に依れば、持統天皇七年三月十一日に藤原大島が薨じた直前に、大島から不比等に黒作懸佩刀は託されたと見ている。

人妻の県犬養三千代と通じた藤原不比等の不倫

「黒作懸佩刀」の記事は、天平勝宝八年（七五六）六月二十一日が、聖武天皇崩御の七十七日に当たっており、その遺愛の品々を光明皇后が東大寺の盧《る》遮那《しゃな》仏《ぶつ》に献納した時、その遺品の目録に記されていた記事である。

日並皇子（草壁皇子）――太政大臣（藤原不比等）――大行天皇（文武天皇）――太政大臣――太上天皇（聖武天皇）

という経過をこの「黒作懸佩刀」がとっていることを述べている。

日並皇子（草壁皇子）――太政大臣（藤原不比等）

と書かれて、藤原大島が記されていないのは、この刀の実行者は大島でなく不比等だったから、書く必要がなかったからであろう。「黒作懸佩刀」はまず藤原大島に託され、藤原大島は死の直前に持統天皇と話し合って、持統天皇七年三月十一日の大島の死の直前に、不比等に託されたのであろう。

土橋寛は『持統天皇と藤原不比等』所収の第二章、「持統天皇と藤原不比等の盟約」で、左のように書いている。

（県犬養）三千代の先夫美努王（三野王）は、持統八（六九四）年九月、筑紫大宰帥《だざいのそち》に任じられて、筑紫の大宰府に在任中であったから、不比等と三千代の結婚は重婚だったのであって、重婚は現在ばかりでなく、古代においても法的には禁じられていたことである。

そして「古代における重婚の例として、天平十（七三八）年の石上乙麻呂《いそのかみのおとまろ》と久米連《くめのむらじ》若売《わかめ》の例がある」と書き、『続日本紀』天平十一年三月二十八日条に、

石上朝臣乙麻呂坐ツミシテレ姧ストイフニ二久米連若売ヲ一、配流セラル二土左国一。若売ハ配セラル二下総国一焉」

とあるように、乙麻呂は久米連若売（藤原宇合《うまかい》の妻。百川の母）を姧《おか》したという理由によって、土佐国

（「遠流」の地）に流罪に処せられているが、若売の夫の宇合（不比等の三男）は二年前の天平九年八月に死亡しているから、「姦」には該当しないはずであるのに、遠流に処せられているのである。(3)

と書いて、不比等と三千代の不倫は、なんら罰せられていない相違を、左のように書く。

　藤原不比等と三千代の結婚は、三千代の先夫美奴王が大宰帥在任中のことで、明らかに「姦」であるのに、処罰の対象にはなっていない。不比等と三千代の間に安宿媛が生まれたのは、美奴王が大宰帥在任中であることからすれば、その違法性を京人の目から隠すための大宰帥任命だったかと思われるが、そんなことで京人の目をごまかすことはできない。美奴王としては面目丸潰れであるが、不比等＝三千代の権力の前には、泣き寝入りするほかはなかったのであろう。(3)

土橋寛はこのように書いて、当時の未亡人の人妻と通じた事例として、『続日本紀』天平十一年（七三九）三月二十八日条の左の記事を示す。

　石上《いそのかみ》朝臣乙麻呂《おとまろ》・久米《くめ》連若売《わくめ》を奸《かん》すといふに坐《つみ》して、土左《とさ》国に配流《はいる》せらる。若売は下総《しもふさ》国に配せらる。

　石上乙麻呂は持統朝の後半から元明朝まで、藤原不比等と組んで、特に元明朝では議政官のトップであった左大臣石上麻呂の長男で（不比等は右大臣）、乙麻呂は従四位下左大弁であった。相手の女性久米連若売は、天平九年（七三七）八月に正三位参議で没した藤原宇合（不比等の三男）の妻である。伊藤博は『萬葉集釋注・三』で、石上乙麻呂は「当時五十歳程度」、久米連若売は「三十三、四歳」で、「天平十一年三月は、宇合死後およそ一年半、服喪期間一年はすでに過ぎているから、『奸』の罪にならない」と書いている。(4)それなのに石上乙麻呂と藤原宇合の妃の久米連若売の場合、女性はすでに未亡人であったのに、配流に処せられている。その処置に対し不比等と三千代の場合は夫は死亡しているのでなく、九州の太宰府へ赴任しているだけで、夫は死亡していないし、離婚もしていない。その女性・人妻と通じても、不比等の場合はなんら罰されていない。三千代の離婚は不比等との不倫関係後、不比等の子を妊娠してからである。

土橋寛は更に「三千代の先夫美奴王が大宰帥在任中のことで、明らかに『姦』であるのに、処罰の対象にはなっていない。不比等と三千代の間に安宿媛が生まれたのは、美奴王が大宰帥在任中であることからすれば、その違法性を京人の目から隠すための大宰帥任命だったかと思われるが、そんなことで京人の目をごまかすことはできない。美奴王としては面目丸潰れであるが、不比等＝三千代の権力の前には、泣き寝入りするほかはなかったのであろう」と書いている。(3)

人妻の県犬養三千代との関係は論じられているが、これから書く不比等の不倫行為は論じられていない。

天武天皇の妃の異母妹と通じた藤原不比等

不比等は大島の死の三年後だが、天武天皇の妃で皇位継承順で五位の新田部皇子の母（五百重媛）と通じ、四男の麻呂を生ませているが、麻呂の母は不比等の異母妹である。次に天武天皇の皇子の皇位継承順位と、藤原不比等の子女の一覧表を示す。

皇位継承順位	祖父の名	母の名
1　草壁皇子	天智天皇	鸕野皇女

出生順位
1　高市皇子

2	大津皇子	天智天皇	大田皇女
3	長皇子 弓削皇子	天智天皇	大江皇女
4	舎人皇子	天智天皇	新田辺皇女
5	新田辺皇子	藤原鎌足	五百重媛
6	穂積皇子	蘇我赤兄	大娘
7	高市皇子	胸形徳善	尼子媛
8	忍壁皇子 磯城皇子	宍人大麻呂	榖媛娘

2	草壁皇子
3	大津皇子
4	忍壁皇子
5	磯城皇子
6	穂積皇子
7	長皇子
8	弓削皇子
9	舎人皇子
10	新田辺皇子

新田部皇子の母は藤原鎌足の娘の五百重媛である。

この系譜では天武天皇の妃の藤原五百重媛は、不比等の四男、麻呂の母になっている。不比等は蘇我娼子・賀茂比売・藤原五百重媛・県犬養三千代の四人の女性と母の氏名不詳の女性の計五人に、男子四人、女子五人の子を生ませている。男子四人は、長男の武智麻呂は「南家」、二男の房前は「北家」、三男の宇合は「式家」、四男の麻呂は「京家」の始祖となり、「藤原四家」と言われた。問題は麻呂の母の藤原五百重媛である。

彼女は藤原不比等の異母妹である。この異母妹と不比等が通じているのが問題である。更に問題なのは、異母妹に男子まで生ませている事実である。兄妹相姦であれば子供を生まぬよう配慮するが、そのような配慮を不比等はせずに子供を生ませている。この兄妹不倫、更に子の出産までも許している持統天皇に私は注

不比等

名	官位など	生年・母
武智麻呂	左大臣正二位	天武九年生、母、蘇我娼子
房前	参議正三位	天武十年生、母、蘇我娼子
宮子	文武夫人　太皇太后	天武十二年頃生、母、賀茂比売
長娥子	左大臣長屋王室従三位	持統元年頃生、母、賀茂比売？
宇合	参議正三位	持統八年生、母、蘇我娼子？
麻呂	参議従三位	持統九年生、母、藤原五百重媛
安宿媛	聖武皇后、光明皇后	大宝元年生、母、県犬養三千代
吉日	左大臣橘諸兄室　従三位	慶雲元年頃生、母、県犬養三千代？
殿刀自	従三位大伴古慈斐室　正四位上	慶雲三年頃生、母、不詳

目していている。このような天武天皇の妃で、不比等の異母妹に子供まで生ませている不倫行動を持統天皇が許しているのは、前例のない孫の皇位継承を実現する人材は、藤原不比等だったからである。

この兄と妹との間の不倫の子（麻呂）は京家の祖で不比等の四男であった。長男（武智麻呂）は南家、次男（房前）は北家、三男（宇合）は式家だが、兄たちと四男の相違を箇条書にして示す。

一、三人の兄の母は不比等の初婚の妻だが、麻呂の母は人妻であったこと。
二、人妻と言っても亡き天武天皇の妃（五百重媛）であったこと。
三、天武天皇の妃であっただけではない。天武天皇との間に生まれた新田部皇子の母であったこと。
四　この天武天皇の妃は不比等の異母妹で、不比等と五百媛は共に父が藤原鎌足であったこと。
五、天皇の妃と通じたことも問題なのに、この不倫の相手が異母妹で兄妹婚であり、当時でも許されない関係を結びながら、さらに子供までも生ませていること。
六、この不倫の子は、不比等が初婚の妻との間に生んだ子、武智麻呂の南家、房前の北家、宇合の式家と同じに、京家の始祖として同格に扱われていること。
七、更に問題なのは、麻呂が生まれたのは持統九年（六九五）だが、天武天皇の妃で不比等の異母妹が生む不倫の子の出生を、持統天皇が黙認し、翌十年十月には不比等は資人《つかひびと》五十人を下賜されていること。
八、また不比等が妹と通じて生ませた不倫の子の麻呂は、二十二歳になった養老元年（七一七）には、改元に際して従五位下に叙され、神亀六年（七二九）には三十四歳で正四位上、天平三年（七三一）には兵部卿のまま参議に任じられ、議政官の一員になり、天平九年（七三七）に四十三歳で崩じている。このように不比等が妹と通じた不倫の子が、不比等の死後も差別されず生涯を送っていること。
この事実は藤原麻呂の問題でなく、藤原不比等の問題だが、この事を取上げて論じた論考を私は知らない。この兄妹相姦は単なる兄妹相姦ではない。天武天皇との間に皇子新田部親王を出産している妹（異母妹だが）と通じている。この兄妹相姦を持統天皇が黙認している事実である。更に問題なのは不比等は妹に子を生ませている。しかもこの不倫の子は「京家」の祖となり、兄の武智麻呂・房前・宇合と同じに扱われ、三十六歳の天平三年（七三一）には従三位で兵部卿になり、参議に任ぜられ議政官の重職に任命されている。この事実も無視出来ない。

天武天皇の妃「藤原夫人」と異母兄の不比等

不比等と通じた妹がどのような人物であったのか、『万葉集』に載る歌で示す。『万葉集』巻二の一〇三・一〇四歌は、天武天皇と妃の「藤原夫人」の歌である（この藤原夫人は不比等と通じた妹である）。

　天皇、藤原夫人に賜ふ御歌一首

我《わ》が里《さと》に　大雪降《ふ》れり　大原《おほはら》の　古《ふ》りにし里に　降らまくは後《のち》

　藤原夫人　和《こた》へ奉《まつ》る歌一首

我が岡《おか》の　おかみに言《い》ひて　降らしめし　雪のくだけし　そこに散《ち》りけむ

この歌について伊藤博は『萬葉集釋注・一』で、左のように述べている。

天皇の「我が里」（清御原の宮）は、旧飛鳥小学校あたりといわれているが、明日香村役場北の板蓋《いたぶき》の宮伝承地と見る説もある。いずれにしても、藤原夫人《ふじはらのぶにん》の里「大原」（明日香村小原《おはら》）とは目と鼻の先であ

る。その「大原」を「古りにし里」（古ぼけた里）とおとしめ、

わが里には大雪が降ったぞ。そなたの住む大原の古ぼけた里に降るのは、ずっとのちのことでござろう。（一〇三）

と言ってのけたところに、天皇の歌のおもしろさがある。歌の調子も、「大雪―大原」「降れり―古りにし―降らまく」のように同音をくりかえしてはずんでおり、内容によく調和している。

こう言われては、夫人もただで引き下がるわけにはいかない。すぐさま、

わが岡の水神に言ひつけて降らせた雪の、そのかけらがそこに散ったのでございましょう。（一〇四）

と攻勢に転じた。まず相手の「我が里」に対しては「我が岡」と、位置する場所の高さを示して打って出た。そして「大雪」に対しては「雪のくだけし」といい、「降る」に対しては「散る」といって、相手のものを過小にとらえることで減らず口を叩いている。歌を受け取った天武天皇も破顔一笑、「やるわい、やるわい」ということであっただろう。天武朝笑いの一齣《ひとこま》である。(4)

長い引用になったが、この引用から、『万葉集』記載の藤原不比等の妹で天武天皇の妃であった女性が、才女であった事がわかる。この女性と不比等は天武天皇の崩後に兄妹相姦し（異母兄妹だが）、子供まで出産する事が出来たのは、持統天皇が黙認したからである。

なぜ黙認したのか。

藤原大島の死は持統天皇七年四月十一日。

藤原麻呂の誕生は持統天皇九年（六九五）である。

この大島の死の七年と麻呂の出生年九年から見ると、不比等の兄妹相姦と不倫の子の出生は、大島の死後、不比等が「黒作懸佩刀」を大島から受取った以後である。この事実から見えて来るのは「黒作懸佩刀」を託した男が、どんな行動をとっても持統天皇が許したからである。黒作懸佩刀について論じる論者のすべてが、孫への皇位継承は前例がまったくない事を無視して論じている。左は歴代天皇の皇位継承の続柄である。

綏靖	神武の三男	応神	仲哀の四男	宣化	継体の次男
安寧	綏靖の長男	仁徳	応神の四男	欽明	継体の嫡子
懿徳	安寧の次男	履中	仁徳の長男	敏達	欽明の次男
孝昭	懿徳の長男	反正	履中の同母弟	用明	欽明の四男
孝安	孝昭の次男	允恭	反正の同母弟	崇峻	欽明の十二男
孝霊	孝安の長男	安康	允恭の次男	推古	欽明の皇后
孝元	孝霊の長男	雄略	允恭の五男	舒明	彦人大兄皇子の子
開化	孝元の次男	清寧	雄略の三男	皇極	舒明の皇后
崇神	開化の次男	顕宗	市辺押磐皇子の二男	孝徳	皇極の同母弟
垂仁	崇神の三男	仁賢	顕宗の兄	斉明	皇極の重祚
景行	垂仁の二男	武烈	仁賢の長男	天智	舒明の太子
成務	景行の四男	継体	彦主人王の子	天武	天智の同母弟
仲哀	日本武尊の二男	安閑	継体の長男	持統	天武の皇后

皇子以外の継承者の日本武尊・市辺押磐皇子・彦主人王・彦人大兄皇子の四人のうち、「日本武尊の二男」は仲哀天皇が神話的伝承だから除くと三人だが、顕宗・継体・舒明の孫の皇位継承は、いずれも次頁の

系譜が示すように、直接孫への皇位継承でなく何代かの天皇を経ている。継体天皇の場合は、五代前が応神天皇であったという系譜である。軽皇子のような直接孫の皇位継承は皆無である。左は応神天皇以後の皇位継承系譜である。

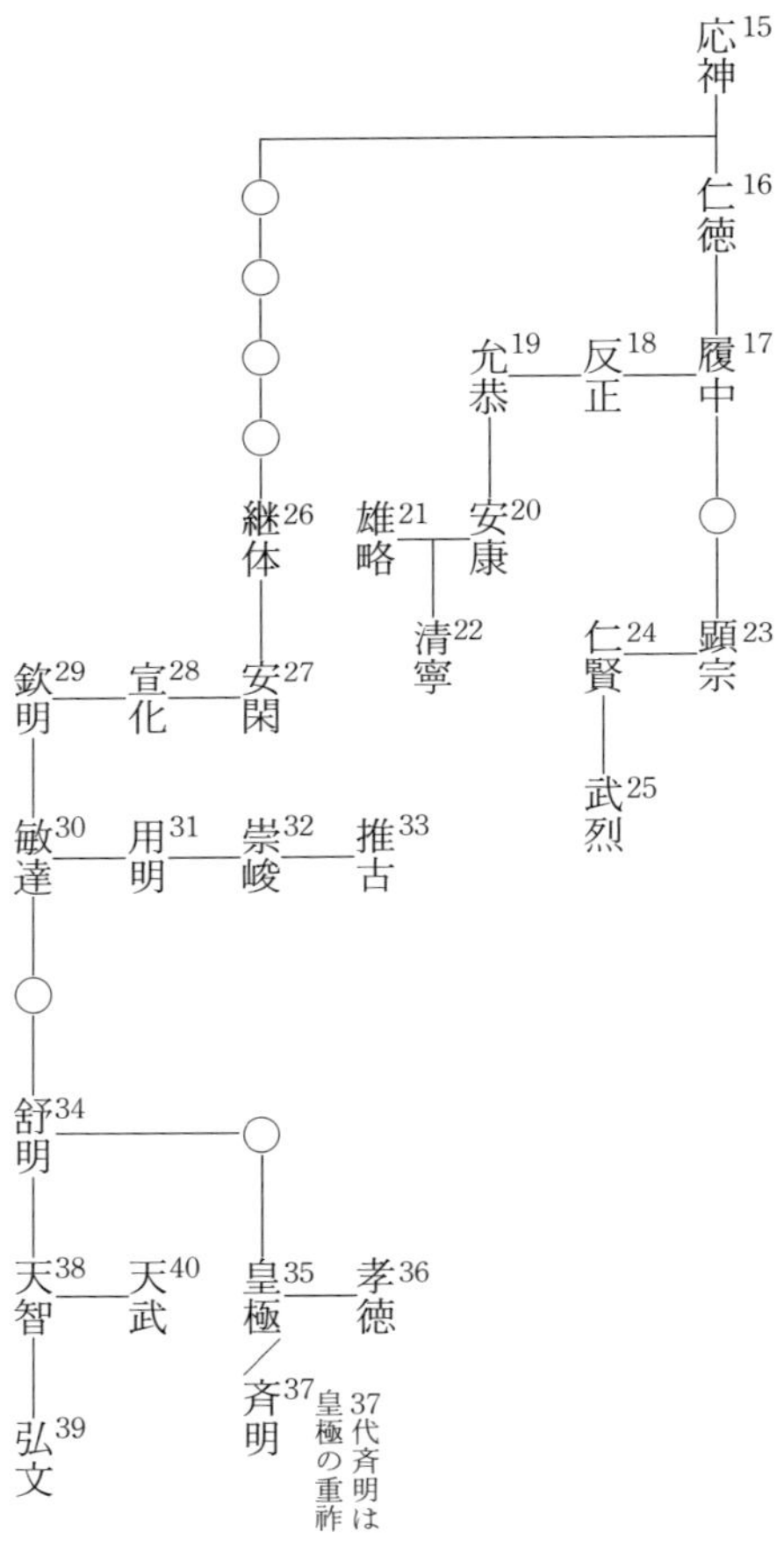

以上の事例からも孫への皇位継承は皆無である。前例がまったくない事を持統天皇と藤原大島は実行しようとした。その密約の証《あかし》が草壁皇子の剣であった。なぜ剣が用いられたのか。この剣は孫が成人式までは用いないが、成人式を迎える直前に、この刀を使う必要があったからである。ほとんどの論者は首皇子が成人

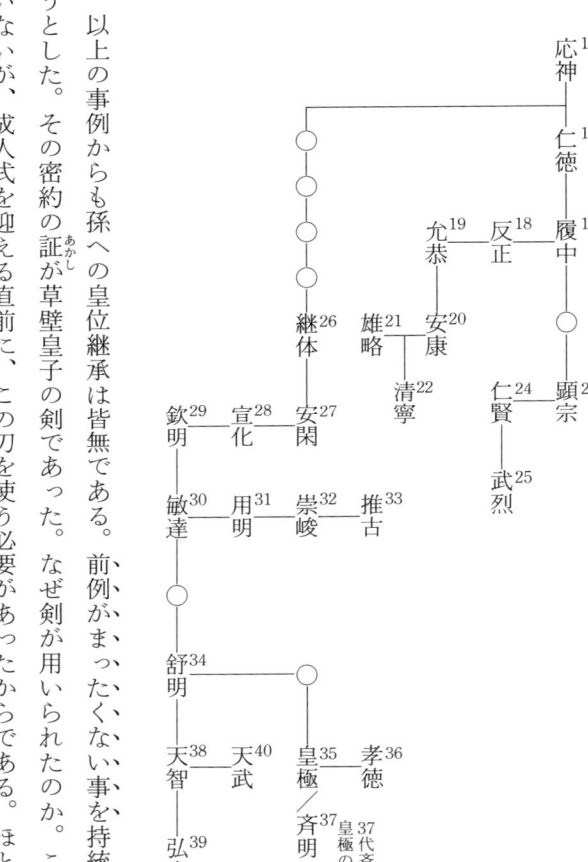

式を迎え即位した時、新天皇の首皇子に父の佩刀を返却したと書くが、それまでなぜ草壁皇子の刀を藤原大島、大島の死後に藤原不比等が持っていたのか。

そのこともほとんどの論者は首皇子を皇位につけるための誓約を、持統天皇としたからと書くが、誓約になぜ草壁皇子の佩刀の授受が行なわれたのかについては論じていない。佩刀の授受は「邪魔者は殺せ」という持統天皇の意志の表現であり、受取った大島も、大島が崩じた後に所持した不比等も、その祖母の女帝の意図を受けて黒作懸佩刀を所持していたから、藤原不比等が天武天皇の妃で、天皇天皇の皇子新田部皇子の母であり、更に問題なのは異母妹との不倫、不倫どころか子供を出産する事まで黙認したのは、前述したが（二四七〜二四八頁）前例のない皇孫への皇位継承を実行するためには、邪魔者は斬るという密約のための剣の授受であったからである。

太政大臣高市皇子の死と持統天皇の吉野行

私が調べた「黒作懸佩刀」についての論考では、祖父母の天皇から皇孫への皇位継承は一例もなく、皇孫への皇位継承は前例がないと書いた論考は一例もなかった。

したがってなぜ皇孫を皇位につけるための誓約に、皇太子草壁皇子の佩刀の授受が行なわれたのか、その事を論じた論考も[5]、私が調査した限りでは一例もない。前天皇からの皇位継承は、孫への皇位継承もあったなら、話し合いでの盟約・密約でいいではないか。草壁皇子の佩刀の授受をしての密約は、相手を斬ることも約束しての事であっただろう。したがって藤原不比等が天武天皇の皇子を出産している妹と密通し、この密通も問題なのに、相手に子供まで生ませている姦通を、持統天皇が許している事実は、不比等に高市皇子を殺害する役目が課されていたからであろう。高市皇子の死については持統天皇十年七月庚戌（十日）条に、

　後皇子尊薨《みまか》りましぬ。

とあり、もっとも単純な死亡記事のみが記載されている。ところが高市皇子の死亡記事の後（八月二十五日条）には多朝臣人長の死亡記事が載る。その記事は、

　直広壱《ぢきくわういち》を以《も》ちて、多臣品治《ほむぢ》に授《さづ》けたまひ、幷《あは》せて物賜《ものたま》ふ。元《はじめ》より従《したが》ひたてまつれる功《いさをし》と堅《かた》く関《せき》を守れる事とを褒《ほ》美めたまへるなり。

とある。この記事に対して高市皇子の場合は壬申の乱の功績記事が載らない。皇族だから記載しなかったと言うなら、持統天皇四年正月に即位し同年七月に太政大臣に任命され、政治は高市皇子にまかせきっていたのだから、その功績を書いてもよいのに、まったくその事も記していない。持統天皇は即位した年から、ほとんど吉野へ行っている。

四年　五回（二月・五月・八月・十月・十二月）
五年　三回（五月・七月・十月）
六年　三回（五月・七月・十月）
七年　五回（三月・五月・七月・八月・十一月）
八年　三回（正月・四月・九月）
九年　六回（二月・三月・六月・八月・十月・十二月）

十年　四回（二月・四月・五月・六月）

持統天皇十年七月十日に高市皇子は薨じている。このような吉野行の事実から見ても、高市皇子に政治をまかせきっており、持統天皇は天皇としては名前だけの天皇である。特に皇孫の軽皇子が成人式を迎える時期の数え年十四歳の九年は前例のない六回であり、十五歳になった十年は、

四月・五月・六月

と前例のない毎月吉野入りをしている。そして七月十日に高市皇子は薨じているが、その時は吉野に持統天皇は居て、皇居には居ない。なぜ高市皇子の死の直前のみ、前例のない毎月吉野へ行っているのか。もし高市皇子が病床に伏していて病状悪化の状態なら吉野入りは出来ないはずだ。したがって高市皇子の死は急死である。急死の以前のみ、なぜか毎月吉野入りをしていて都には居ない。なぜ急死の時にのみ前例のない毎月の吉野入りをしているのか。

理由は高市皇子を消すためであった。黒作懸佩刀を使って斬ったかは不明だが、ともかく太政大臣高市皇子は「薨《みまか》りましぬ」と持統紀に書かれている。この「薨りましぬ」の七月十日の前の三ヵ月は、前例がない、毎月の吉野入りをしているのに、なぜか高市皇子崩御の七月以降、吉野入りの記事はない。翌年（持統天皇十一年四月七日条）に吉野へ行っているが、以後は吉野へ行っていない。この事実からも高市皇子の死は病死ではない。

四月・五月・六月の前例のない毎月の吉野入りは異常である。なぜ前例のない毎月の吉野入りをしていたか。この三ヵ月の間に「後皇子尊薨《みまか》りましぬ」と書く行動をおこしたからである。問題は高市皇子を消す行

動を藤原不比等一人で行なったのか。一人では無理であった。不比等に協力した人物が居た。誰か。
その人物を持統紀は書いている。高市皇子が「薨《みまか》った」七月十日から三ヵ月後の十月二十二日条に、右大臣の丹比真人に資人百二十人、大納言阿倍御主人《みぬし》・大伴御行に資人八十人が給されているが、なぜ資人が給されたのか、理由が書かれていない。前述したが持統紀は元明天皇の和銅七年（七一四）以降に書き加えられた巻で、藤原不比等が全面的に関与した追記の巻である。理由も書かずに資人のみが給された記事が載るのは、理由が書けなかったからである。右大臣・大納言への資人給の理由は、彼等が高市皇子の急死の真の原因を知っていても、沈黙していたからである。その沈黙に与えた資人である。この資人給には役職がまったく記されないで、二人の名前が載る。

石上朝臣麻呂・藤原朝臣不比等

私は「黒作懸佩刀」を持っている不比等に協力した人物が、石上麻呂と見る。この人物なら、不比等が高市皇子が「薨りましぬ」と書く行動を実行しようとした時、協力出来る人物だったからである。

藤原不比等と共に「資人給」の物部連麻呂

『日本書紀』の壬申紀の元年七月二十三日条に、左の記事が載る。

近江の将《いくさのきみ》犬養《いぬかい》連五十君《いきみ》と谷直塩手《しほて》を粟津市《あはついち》に斬る。是《ここ》に大友皇子、走《に》げて入《い》らむ所無く、乃《すなは》ち還《かへ》りて山前《やまさき》に隠《かく》れて、自《みづか》ら縊《くび》れぬ。時に、左右大臣と群臣《まへつきみたち》、皆散《に》げ亡《う》せぬ。唯《ただ》し物部連麻呂《まろ》のみ、且《また》一二人《ひとりふたり》の舎人《とねり》従《したが》へり。

この記事の物部連麻呂について、篠川賢は『物部氏の研究』で左のように書く。

大友皇子の警固を任務としており、そのため最後まで皇子に従い、その死を見とどけたのちは、大海人皇子（天武）側に降伏し、大友皇子の最期を報告したのであろう。（中略）この記事で注意されるのは、大友皇子の最期を述べるにあたって、「時左右大臣、及群臣、皆散亡。唯物部連麻呂、且一二舎人従之」と書かれている点である。これは、大友の最期を劇的に描いた文章であり、事実と異なる作文とまではいえないにしても、麻呂を称えた文章であることは間違いないであろう(6)。

篠川見解はこのように書くが、壬申紀の記事は「事実を書いている」のであって、「麻呂を称えた文章」ではない。理由は篠川賢は「壬申紀」が書く左の『日本書紀』の壬申紀の記事を見落としているからである。

七月壬子《じんし》（二十三日）から三日後の乙卯《いつぼう》（二十六日）に、

将軍等、不破《ふは》宮に向《まを》つ。因《よ》りて、大友皇子の頭《かしら》を捧《ささ》げて、営《いほり》の前に献《たてまつ》る。

とある。大友皇子の頭《かしら》が三日後に大海人皇子の不破《ふわ》宮にとどけられている。誰が栗津《くりつ》市《いち》の大海人皇子が居る不破宮へ大友皇子の首を持参したのか。大友皇子の「自《みづか》ら縊《くび》れぬ」の首を持参したのは、物部麻呂と一二人《ひとりふたり》の舎人達であろう。天智紀は大友皇子が「自ら縊れぬ」と書いているが、事実は石上麻呂と舎人たちが、一人になった大友皇子の首を斬って、その首を大海人皇子の居る不破宮（野上行宮）へ持参したと私は推測している。彼等は大友皇子の正妃の大海人皇子の子女の十市皇女が嫁入りの時、十市皇子の父の大海人皇子の命令で十市皇女の側近になっていた。十市皇女は大友皇子の正妃であったのだから、嫁入り後は大友皇子の側近・従者になっていたのであろう。大友皇子の妃になった十市皇女の付人《つきひと》から、大友皇子の付人になったのも、大海人皇子が背後に居たと私は推測する。

その事は篠川賢の書く敵方の「忠臣」が、なぜか壬申の乱後の天武朝で活躍しているからである。麻呂は五年十月に遣新羅大使になり、十三年十一月の八色の姓の制定で物部連から物部朝臣になり、更に「物部」を改めて「石上朝臣」になっている。そして、天武天皇の殯宮で、

　直広参石上朝臣麻呂、法官の事を誄たてまつる。

とある記事が、私の推測を裏付ける。持統朝になると三年九月、筑紫国に派遣され、大宰帥に位記を送り、また新城の監察をしており、四年正月の持統天皇の即位の時には、

　物部麻呂朝臣、大盾を樹《た》つ。神祇伯中臣大島朝臣、天神寿詞を読む。

とある。石上朝臣を物部朝臣、藤原朝臣を中臣朝臣と書いているのは、武家の物部氏、神祇にかかわる中臣氏の代表、「名負《なお》いの氏」として、持統天皇の即位式には物部麻呂・中臣朝臣が、麻呂と品治を登場させているのである。

この事例から見ても、麻呂は大友皇子の従者であって大海人皇子が送り込んでいた人物と推測できる。このような人物が藤原不比等と共に、持統天皇十年秋に資人を得ているのは、高市皇子を消した行為を不比等と組んで実行したからであろう。石上麻呂は大友皇子の首を持って大海人皇子の所へ持参している人物なのだから、不比等と組んで高市皇子を消す事も実行出来たのである。この時麻呂は五十六歳、不比等は三十八歳で、二人の年齢差も見過せない。

石上麻呂は大友皇子の首を斬って大海人皇子の居所へ持参していた人物である事から見ても、高市皇子の

死に関与したのは、藤原不比等と石上麻呂であろう。

「黒作懸佩刀」にかかわった藤原大島と不比等

本章は「天武朝の中臣連大島と持統朝の黒作懸佩刀」と題して論じた。天武朝での中臣氏の活動を論じた論考も、私が調べた範囲では無い。理由は鎌足の死後は鎌足の子の不比等が注目され、大島の存在が無視されていたからである。天武紀は朱鳥元年九月二十四日条に、「大津皇子、皇太子を謀反《かたぶ》けむとす」とある。この「謀反」に対応する重要の部署が「兵政官」である。その長が藤原朝臣大島がなっている事実が問題である。

本書は『中臣・藤原氏の研究』である。中臣・藤原氏については、鎌足・不比等の親・子については論じられているが、中臣（藤原）大島について論じた論考は、私の知る限り無い。したがって「黒作懸佩刀」について語る論考も、前述したが、藤原不比等は論じられていても藤原大島を論じた論考は皆無である。しかし天武天皇の死の時期から、皇太子草壁の死の三年間の記事でもっとも多く書かれている人物は藤原大島である。持統紀は和銅七年（七一四）以降に新しく加えられた天皇紀であるから、持統紀初頭の藤原大島の活動記事は不比等が書かせている。

二三四頁に掲載した上田正昭作成の「藤原不比等年譜」が示しているように、不比等の活動は持統三年からだが、すでに三十一歳である。上田正昭は前述の年譜で持統三年について、

四月、草壁皇太子殁。草壁皇太子の黒作懸佩刀を与えられる。

と書いている。私は黒作懸佩刀は兵政長官の藤原大島に渡されたが、大島はこの刀を受取った時、彼は刀は自分を護るために他人を斬る道具であることを自覚していたから、持統天皇にも進言し三〇代になっていた藤原不比等を助力者にしていたと推測する。またこの草壁皇子の佩刀を藤原大島に託す事の意味は、草壁皇子の妃で首皇子の母、持統女帝の実妹の阿閉《あへ》皇女（元明天皇）も承知していたであろう。

黒作懸佩刀をめぐる密約は、持統女帝と実妹の元明天皇になる妹（文武天皇になる軽皇子の母）の姉妹と、藤原大島・不比等の藤原氏との間にかわされた密約と私は見ている。この密約で高市皇子は消された。刀の授受は受けた側に刀を使う役目が課されていた。実行のため不比等は持統天皇と相談して石上麻呂を撰んだのである。彼は大友皇子の首を斬って、その首を大海人皇子の所へ持参した人物であり、高市皇子を消すのに適任の人物と見られたのである。

前例のない孫が皇位について新政権が出発した。軽皇子が十五歳で即位し「大宝元年（七〇一）」になると、三月二十一日に「大宝令」に依る新官制が施行された。そのスタッフは左のようである。

左大臣　正二位　多治比真人嶋
右大臣　従二位　阿倍朝臣御主人
大納言　正三位　石上朝臣麻呂
〃　正三位　藤原朝臣不比等
〃　従三位　紀朝臣麻呂

紀朝臣麻呂を除く四人は高市皇子を消して、前例のない孫への皇位継承を実現させた功労者と、その行為を黙認していた人たちである。その悪の連帯のメンバーの中で、大納言であった大伴宿禰御行が記されていないのは、二カ月前の正月十五日に薨じているからである。紀朝臣麻呂が加わっているのは、娘の竈門娘が文武天皇の嬪になっているからである。この紀朝臣麻呂を除く四人は、悪の連帯で亡くなるまでは議政官になっていた。

左大臣多治比真人嶋は大宝元年七月に七十八歳で亡くなり、右大臣の阿倍御主人は六十九歳で大宝三年に亡くなっている。高市皇子を消した陰謀を黙認したのは、多治比嶋・阿倍御主人以外に、阿倍御主人と共に「大納言」であった大伴御行も大宝元年一月に亡くなっている。真人が七十八歳、御主人が六十九歳で亡くなっているから御行は七十歳前後であったろう。高市皇子が消されたのは、大宝元年より五年前の持統十年（六九六）である。今から千三百年前の七十八歳や七十歳前後は、今の八十歳以上である。この年令の彼らは高市皇子の「崩」の事実を知っていても沈黙して居ただろう。今で言えば八十代前後の老人を右大臣・大納言にしていた持統朝の人事から見ても、いつかは「黒作懸佩刀」を使用する事を前提の人事であったのである。

前例のない孫を皇位につけるためには、次のような段取りが必要であった。

一、軽皇子が成人（十五歳）になるまで高市皇子に政権をまかせる必要があった。

二、政権は高市皇子にまかせるが、軽皇子が成人式をあげる十五歳になる直前には、政権をまかせた人物を消す必要があった。

三、そのために相手を斬る、消す必要があった。そのような行動を決意し、実行するための証《あかし》として、刀（草壁皇子の佩刀）の授受が行なわれたのであろう。

その刀を私は「黒作懸佩刀」と見るが、その刀は通説の藤原不比等へではなく、藤原大島へであったと推測する。大島の死の後に不比等に黒作懸佩刀は託されたが、不比等は大島が草壁皇子の佩刀を受取った時から、助力者として黒作懸佩刀にかかわっていたであろう。主導者の大島の死後、助力者として持統天皇と話し合って決めたのが、大友皇子の首を斬って大海人皇子の所へ持参した石上麻呂であった。彼のとった行動から見て適任者として決めた。この決定には軽皇子の母の元明天皇になる阿閉《あへ》皇女も同意しての決定であろう。この「悪の連帯」は元明朝の議政官として、

左大臣　石上朝臣麻呂

右大臣　藤原不比等

として、養老元年三月に左大臣石上麻呂が七十八歳で亡くなるまで続いたのである。この時藤原不比等は五十九歳で二人の間は二十歳の年令差があった（不比等は四年後の養老四年八月三日に六十二歳で薨じているが、この二ヵ月前の五月二十一日に『日本書紀』が成立している）。

以上第六章は今迄無視されていた中臣連大島と、黒作懸佩刀についての新知見を述べた。

［注］

（1）上山春平『埋もれた巨像』（二三五〜三六頁）岩波書店　一九七七年

（2）上田正昭「藤原不比等年譜」『藤原不比等』所収　朝日新聞社　一九七八年

（3）土橋寛「黒作懸佩刀について」『持統天皇と藤原不比等』所収　中央公論社　一九九四年
（4）伊藤博『萬葉集釋注・三』（四五五頁）集英社　一九九六年
（5）高島正人「壬申年功臣贈位一覧表」『奈良時代諸氏族の研究』所収　吉川弘文館　一九八三年
（6）篠川賢『物部氏の研究』（二一四〜一五頁）雄山閣　二〇〇九年

七章　原『古事記』の編纂と持統天皇と藤原不比等

天子降臨神話を天孫降臨神話に変えた持統朝

天武朝の原『古事記』の編纂に多（太）品治が関与していたであろうという見解は、拙著『新版・古事記成立考』で述べた。天武朝の降臨神話は天子降臨であったろう。しかし現存『古事記』では天孫降臨神話になっている。なぜ「子」が「孫」になったのか。この改変はすでに原『古事記』で行なわれた。持統朝で「天子」降臨が「天孫」降臨神話に変えられた。その変更には天武朝の後宮で「壬生」に関与していた多品治《おおのほむち》がかかわっていたが、天武朝の後宮の主《ぬし》の皇后が天皇になった持統朝でも、原『古事記』の編集は続行し多品治が関与していた（その事は拙著『古事記成立考』で書いた）。

岩波書店版『日本書紀・上』頭注の執筆は青木和夫、監修は井上光貞だが、降臨神話の頭注で左のように書く。

　第一・第二の一書や記では、はじめ天忍穂耳尊を葦原中国に降そうとしたが、国譲りで時を経ているうちに瓊瓊杵尊を代りに降すことになっている。（中略）若神の誕生を神聖と観ずる立場からいえば前の方のが元の形なのであろう（傍点は引用者）。

小学館版『日本書紀・一』所収の直木孝次郎執筆の頭注も、『日本書紀』の神代紀の本文の「天孫降臨」の神話について左のように書く。

　初めから皇孫を降臨させるが、記には、最初天忍穂耳命の予定を、御子邇邇芸命が生れたので代って降臨させる。御子聖誕説話としては記の方が原型か。

直木孝次郎が「御子聖誕説話としては記の方が原型か」と書いているのは、「孫」でなく「子」の降臨が、本来の神話と見ているからだが、ではなぜ降臨の神が「子」でなく「孫」になったのか。その理由は岩波書店版の青木和夫・井上光貞・直木孝次郎も述べていない。理由は持統天皇が皇位継承者を前例のない孫にしようとしたからで、さらに降臨の司令神の男女二神のうち、主役が女神の天照大神になっているのも、原『古事記』の関係者が祖母の持統天皇に天照大神を重ねたからである。

ところが倉本一宏は『持統女帝と皇位継承』で、

　よく指摘されるところであるが、天照大神が、子の天忍穂耳尊を地上に降臨させようとしたものの、その夭折によって果たせず、天忍穂耳尊と万幡豊秋津師比売命との間に生まれた天孫の瓊瓊杵尊を降臨させ、それを天児屋命が五伴緒を率いて随伴するという構造は、持統が、子の草壁皇子尊を即位させようとしたものの、その夭折によって果たせず、草壁皇子と安陪皇女との間に生まれた孫の文武を即位させ、それを藤原不比等が百官を率いて輔弼《ほひつ》するという構造と同じものである[1]（遠山美都男『古代の皇位継承』）（傍点は引用者）。

と書き、遠山美都男の、皇子が「夭折」したから皇子でなく天（皇）孫降臨神話になったという見解に同調しているが、子が「夭折」したから天孫降臨なったという記述は、『記』『紀』神話のどこにも書いていない。遠山・倉本見解は『記』『紀』神話の誤読に依る見解である。

『古事記』は「僕は降《くだ》らむ装束《よそひ》しつる間に、子生《あ》れ出でつ。名は天邇岐志国邇岐志天津日高日子番能邇邇芸命ぞ。此の子を降すべし』とまをしたまひき」とあり、子が生まれたから「子を降すべし」と天忍穂耳尊に言っておりながら、理由を示さず天子降臨から天孫降臨に変えているのであって、最初から天孫降臨ではない。理由は孫の首皇子を皇位につけるため、天子から天孫に変えたのである。左のような降臨神話に変えられたのである。

天照大神――天忍穂耳命――邇邇芸命
‖　　　　　‖　　　　　‖
持統天皇――草壁皇子――軽皇子

この事については私の調べた限りでは、ほとんど論じられていないが、この工作に藤原大島・不比等と、多品治が関係していた。

天子降臨神話が天孫になった理由と多朝臣品治

「天子」を「天孫」に変えた人物は、太安万侶の父の多品治と私は推測している。多品治と中臣大島の天武朝での活動については前章で述べた。さらに持統朝に入ると中臣大島は藤原大島と称し、持統天皇に信頼されて天武天皇の殯庭《もがりのみや》では兵政長官として、「兵政官の事を誄たてまつる」と、『日本書紀』（朱鳥元年九月二十八日条）は述べている。この記事では今迄は「中臣連大島」であったのが、なぜか、

　藤原朝臣大島

とあり、持統紀もこの表記である。しかし持統天皇四年正月の即位の時に「天神寿詞」を読んだ時には「中

臣大島朝臣」とあり、五年十一月の大嘗祭の時に「天神寿詞」を読んだ時は「中臣朝臣大島」、亡くなった七年三月の条には「葛原《ふぢはら》朝臣大島」とある。ところが前述したが天武天皇紀は「中臣連大島」であり、天武天皇の殯庭での「兵政官の誄たてまつる」記事以降は「藤原朝臣大島」である。この事実は、大島という人物が天武朝・天智朝で多様な活躍をしていたことを証しているが、従来の藤原・中臣氏論は鎌足・不比等の親子のみを論じて、大島の存在を無視している。

藤原大島は持統天皇七年三月に薨じたが、大島の友人の多品治は湯沐令で壬生にかかわるから、多品治は天武・持統朝で後宮に関与していた。したがって皇后が天皇になった持統朝でも、親友の中臣大島が前述したような活動をしていたから、当然、持統朝でも多品治は壬生関係で活動をしていたであろう。私は主な仕事は天武朝から行なわれていた『古事記』の編纂であったと推測している。この『古事記』を私は現存『古事記』に対して原『古事記』と書く。(原『古事記』については、拙著『古事記成立考』『新版・古事記成立考』で私見を詳述した)。

藤原大島は七年三月に亡くなるが、品治は以後は不比等と組んで編纂事業を行い、持統天皇十年に亡くなったと推測される。持統紀の十年条に、

　七月庚戌《かうしゆつ》(十日)に、後皇子尊《のちのみこみこと》薨《みまか》りましぬ。
　八月庚午《かうご》(二十五日)の朔《ついたち》にして甲午《かうご》に、直広壱《ぢきくわういち》を以《も》ちて、多臣品治《ほむぢ》に授《さづ》けたまひ、幷《あは》せて物賜《たま》ふ。示《はじ》めより従《したが》ひたてまつりれる功《いさを》と堅《かた》く関《せき》を守れる事を褒美《ほめ》たまへるなり。

とあり、高市皇子の死の直後に多臣品治の死の記事が載る。この壬申の乱の功臣である多臣品治の死亡記事

は、他の持統朝の壬申の乱の功臣の死亡記事にくらべると、特別扱いの記事である。

五年五月二十一日条、

百済の淳武微《じゅんむみ》子《し》が壬申の年の功《いさを》を褒《ほ》めて道大参《ぢきだいさむ》を賜ふ。仍《よ》りて絁《あしきぬ》・布を賜ふ。

六年三月二日条、

大伴宿禰友国《ともくに》に直大《ぢきた》弐《に》を贈《おくりたま》ひ、并《あは》せて賻《ふ》物《もつ》を賜ふ。

六年五月二十日条、

文忌寸智徳《ちとく》に直大壱《いち》を賜ひ、并せて賻物を賜ふ。

七年九月十六日条、

直広参を以ちて、蚊屋《かや》忌寸木間《こま》に贈ひ、并せて賻物を賜ふ。以《も》ちて壬申の役の功を褒めたまふなり。

十年五月八日条、

直広肆を以ちて、尾張宿禰大隅《おほすみ》に授けたまひ、并せて水田四十町を賜ふ。

以上は壬申の功臣が没した時の記事だが、多品治の記事と相違して短文である。この事実は、前述したが持統紀は藤原不比等が直接関与している事からも、不比等が特別扱いで多品治の記事を載せたのである。その事は前述したが、高市皇子の死を、

後皇子尊薨りましぬ。

と書いた次に、多品治の記事が載っている事が証している。更にこの多品治の記事とほとんど同文の記事が多品治の記事に併記されているのも異常である。

九月の庚子《かうご》の朔《ついたち》にして甲寅《かふいん》に、直大壱《ぢきたいいち》を以《も》ちて、若桜部《わかさくらべ》朝臣五百瀬《いほせ》に贈《おひてたま》ひ、幷《あは》せて賻物《はぶりもの》を賜《たま》ふ。以《も》ちて元《はじ》めより従《したが》ひたてまつれる功《いさを》を顕《あらは》したまへるなり。

という記事が載る。この若桜部朝臣五百瀬は、壬申紀の元年六月甲申（二十六日）条に、

元めより従へる者は、草壁皇子・忍壁皇子と舎人朴井連雄君・県犬養連大伴・佐伯連大目・大伴連友国・**稚桜部臣五百瀬**・書首根摩呂・書直智徳・山背直小林・山背部小田・安斗連智徳・調首淡海の類、二十有余人、女孺十有余人なり。

とある舎人十一人の中に名前だけ載る人物に過《す》ぎない。ところが多臣品治は違う。『日本書紀』に載る壬申紀の記事から示す。

元年六月二十二日条には左の記事が載る。

村国連男依《むらくにむらじをより》・和珥部臣君手《わにべおみきみて》・身毛君広《むけつきみひろ》に詔《みことのり》して曰はく。「今《いま》し聞《き》かく。近江朝庭《おふみのみかど》の臣等、朕《わ》が為《ため》に害《そこな》はむことを謀《はか》るときく。是《こ》を以《も》ちて、汝等《いかしら》三人、急《すむやけ》く美濃国に往《まか》りて、安《あ》八磨郡《はちまの》の湯沐令《ゆのうながし》多臣品治《ほむぢ》に告《つ》げて、機要《きえう》を宣《の》り示して、先《ま》づ当郡《そのこほり》の兵を発《おこ》せ。仍りて国司等《くにのみことたち》を経《へ》て、諸軍《もろもろのいくさ》を差《さ》し発《はつ》して、急《いそ》ぎ不破《ふわの》道《みち》を塞《さ》へよ。朕《われ》は今《いま》し発路《いでた》たむ」とのたまふ。

また、七月二日の条には、

多臣品治に命《みことのり》して、三千の衆《つはもの》を率《ひき》ゐて、莿萩野《たらの》を屯《いは》ましむ。

とあり、七月六日の条には、

田辺小隅《たなべをすみ》亦進《またすす》みて、莿萩野の営《いほり》を襲《おそ》はむとして忽《たちまち》に致《いた》る。ここに将軍多臣品治遮《た》へて、精兵《ときいくさ》を以《も》ちて

追撃《おいう》つ。小隅、独《ひと》り免《まぬか》れて走《に》げぬ。以後、遂《つひ》に復来《またきた》らず。

この将軍多品治と、単に二十人余の中の舎人の一人として参加したと記されている稚桜部臣五百瀬の死亡記事を、『日本書紀』の持統天皇紀が併記しているのは、多品治の記事を高市皇子の死の記事の直後に記載した事の異常性を消すための併記だからである。

藤原京の「藤原」の意味と黒作懸佩刀の関係

多品治の記事が高市皇子の死の直後に記載されている理由は、後述するが、高市皇子と父との関係について、父（天武天皇）が挙兵した直後の高市皇子の行動を、壬申紀は左のように書く。

天皇、高市皇子に謂《かた》りて曰《のたま》はく。「其《そ》れ、近江朝《あふみのみかど》には、左右大臣と智謀《かしこ》き群臣《まへつきみたち》、共《とも》に議《はかりこと》を定《さだ》む。今《いま》し朕与《われとも》に事を計《はか》る者無《な》く、唯幼少き《ただいとけな》孺子有《こどもあ》るのみなり。奈之何《いかに》かせむ」とのたまふ。皇子《みこ》、臂《ただむき》を攘《かきはつ》り剣《つるぎ》を案《とりしば》りて奏言《まを》さく。「近江の群臣多《さは》なりと雖《いふと》も、何《なに》ぞ敢《あ》へて天皇《すめらみこと》の霊《みたま》に逆《さか》はむや。天皇独《ひと》りのみにましますと雖《いへど》も、則《すなは》ち臣高市、神祇《あまつかみくにつかみ》の霊《みたまのふゆ》に頼《たよ》り、天皇の命《みことのり》を請《う》けて、諸将《もろもろのいくさのきみ》を引率《ひきゐ》て征討《う》たむ。豈距《あにふせ》くこと有《あ》らむや」とまうす。爰《ここ》に天皇、誉《ほ》めたまひて、手を携《と》り背を撫《かきな》でて曰《のたま》はく。「慎《ゆ》め、不可怠《なおこたりそ》」とのたまふ。因《よ》りて鞍馬《くらおけるうま》を賜ひ、悉《ことごとく》に軍事《いくさのこと》を授《さづ》けたまふ。

この壬申紀の記事に依れば壬申の乱の最大の功労者は高市皇子と言える。このような高市皇子の死を、持統天皇紀の七月十日の記事は原文でたった「五字」である。

後皇子尊薨

この記事の次に書かれている多品治の壬申の乱の功を記した記事は、原文で「二十三字」であり、五倍近い記事である。この相違は何を意味しているのか。

持統天皇は行政はすべて太政大臣高市皇子にまかせて、即位した四年から吉野へ行っている。多い時には五回、すくない時には三回である。ところが孫の軽皇子が成人式を迎える持統九年には六回も行っている。なぜ都に居るのがすくなくなり、吉野に居るのが多くなったのか。

理由は何か。私は草壁皇子を皇位につけるため、藤原大島を異例の「兵政長官」に任命し謀反の罪を創作して、大津皇子を自死させたのに、皇位につくべき草壁皇子が崩じてしまった。その死で彼女が決意したのは草壁皇子の子の軽皇子を成人式を迎えたら、今迄前例はない孫に皇位を継承させようと決意したのであろう。そのために、孫が成人式を迎えるまで太政大臣を高市皇子にして、政権をまかせたのである。

毎年の「吉野行」は、孫の軽皇子が成人になるまでの時を待つ間は、行政は太政大臣高市皇子にまかせたから、藤原京にあまり居る必要がなかった。土橋寛は『持統天皇と藤原不比等』で、

第三章「『藤原宮』の宮号の由来」

第四章「『藤原宮』讃歌」

と題する論考でそのことを述べている。

「『藤原宮』の宮号の由来」の土橋寛の主張は、

持統天皇の藤原宮が営まれた藤原京の地勢は、地下水の水位が高く、至る所で地表に湧出して、放置しておくと湿地帯になってしまうような地勢であること、従って「藤原宮」の宮号は、宮地の地勢に基

づくものではなく、鎌足・不比等の本貫地である飛鳥の「藤原」の地名を採って宮号としたものであり、それは持統・不比等の政治的協力関係を象徴する宮号である。(2)

という見解である。また第三章「『藤原宮』の宮号の由来」所収の「『藤原宮の御井の歌』の作者」と題する論考では、

天武天皇の皇子たちの宮で藤原京内に所在するものは皆無である。

と書き、理由について左のように書く。

藤原京址の地勢は地下水の水位が高く、至るところで地下水が地表に湧出して、放置しておくと沼地になってしまうような所だったことによる。

したがって天武天皇の皇子たちだけでなく、持統朝の重臣たちの邸宅もなかったのに、藤原不比等は、藤原京の中に居宅を建てていたのは、持統天皇への協力体制を、内外に顕示する意図によるものだったのであろう。

と書いている。(3)その「持統天皇への協力体制」で、不比等が実行しなければならなかったのは、黒作懸佩刀を持統天皇から受取っていたのだから、この草壁皇子の佩刀を用いる事であり、その「用いる事」とは黒作懸佩刀を用いて高市皇子を斬る事であった。黒作懸佩刀の所持者の遺児を皇位につけるためには、太政大臣高市皇子を消す必要があった。前述したがそのための協力者に石上麻呂が加わったと私は見ている。

持統天皇の毎月の吉野入りは一回もないのに、十年は四月・五月・六月と毎月吉野入りしており、異常である。ところが持統天皇紀は十年七月十日条に、

後皇子尊薨《みまか》りましぬ。

と書く。この持統天皇の前例の毎月の吉野入りと、七月十日の高市皇子の死は結びついている。

持統天皇紀が高市皇子の死を書いた記事の後に、多品治の記事を載せているのは、多品治が軽皇子の即位にかかわっていたからだが、多品治の記事の後に「資人給」の記事が載る。その記事に理由も書かずに石上麻呂と藤原不比等が登場している事が問題である。

高市皇子は殺害されたと書く諸見解の紹介

黛弘道は『日本書紀』と藤原不比等」で左のように書いている。

先帝の皇后が即位する例はこれまでに推古・皇極（斉明）と二人、延べ三例あり、したがって彼女の即位に正面切って反対を唱えるものはいなかった。しかし、天武の皇子の中には天智の皇女を母とする毛並のよい者が、長《なが》・弓削《ゆげ》・舎人《とねり》と三人もおり、大臣の娘を母とする皇子も新田辺《にいたべ》・穂積《ほづみ》と二人おり、また年齢の点ではすでに三十七歳の庶長子高市皇子《たけち》もいたから、持統即位に対する反感は彼らの間にはかなり強くあったことと思われる。

（中略）

そこで持統は思いきった妥協工作を試みた。すなわち、夫の在世中は一人も任命しなかった大臣を復活したのである。まず天武の庶長子高市を太政大臣に、丹比嶋を右大臣に任用したのである。（中略）だが、右の妥協人事によって持統には新たな悩みが生じた。それは太政大臣高市皇子の処遇をめぐる問題である。というのは、この時期の太政大臣は大友皇子の先例でもわかるように天皇に代って国家の大権を総攬する職で、事実上の皇太子であり、大宝律令（七〇一年制定）に定められた「一人に師範として、四海に儀形《ぎけい》たり。邦を経し道を論じ、陰陽《おんよう》を燮理《しょうり》す。其の人なければ則ち闕《か》けよ」という極めて抽象的で何ら具体的職掌を持たない太政大臣とは全くその質を異にするのである。事実、草壁皇太子が草《くさ》壁皇子尊《かべのみこのみこと》と呼ばれたのに対して、高市は後皇子尊《のちのみこのみこと》といわれて全く皇太子扱いされていることでもそれはわかる。

とすれば、持統はいつまでも高市を放置しておくわけには行かない。適当な時期に譲位することも覚悟しなければならない。また、かりに持統が急逝するようなことがあれば、皇位は当然のこととして高市の懐にころがり込むであろう。年月の経つままに持統の後悔は大きくなって行く。そんな折も折、持統十年（六九六）高市は四十三歳の働きざかりを惜しまれつつ逝去した。持統にはまことにラッキーであったが、それだけに高市の死に疑いを抱くこともできないわけではない(4)。

長い引用になったが、持統天皇と太政大臣高市皇子の関係を示しているので、黛見解をそのまま引用した。また和田萃も「七世紀の女帝」で左のように書いている。

高市皇子は天武の諸皇子のうちで最も年長であり、壬申の乱に際してはわずか十九歳で父の大海人皇子軍の総指揮者となった英雄であった。『続日本紀』にみえる生母の身分による序列では、第八位であったとされる。しかし天武八年五月五日の吉野宮における天武・鸕野皇后と六皇子の会盟記事、天武十四年正月の諸皇子に与えられた爵位。朱鳥元年八月十三日に与えられた封戸の記事等をみると、天武朝における諸皇子の政治的序列は、草壁・大津・高市・河嶋・忍壁・芝基の順であり、皇位継承順位は、天智の皇子である河嶋・芝基を除いた草壁・大津・高市・忍壁の順であった。

草壁・大津皇子はすでに亡くなっていたから、持統は高市皇子を太政大臣に任命し、輔政者としたのである。天智十年正月五日に太政大臣に任ぜられた大友皇子について、先にみたように、天武即位前紀にみえる同年十月十七日の大海人皇子の奏言では儲君とすべきとしているから、高市皇子が最も有力な次代の皇位継承者であった。

草壁が皇子尊と称された如く、高市も後皇子尊と称されていたが、持統十年七月十日に急死した。柿本朝臣人麿が高市皇子尊の城上の殯宮で献じた挽歌では、壬申の乱における皇子の功業を高らかに歌った後、「………やすみしし　わが大王の天の下　申し給へば　萬代に　然しもあらむと　木綿花の栄ゆる時に………」と歌っていて、即位を期待されていたのに急死されてしまったと嘆き悲しんでいる。持統が即位した時点では、孫の軽皇子を将来即位させる意図は有していなかったと思われるが、それを一変させたのは、太政大臣高市皇子の急死であった。その政治的な影響の甚大さを思う時、何らかの策謀が潜んでいた可能性もあったかと推測される(5)。

このように黛・和田氏ら、日本古代史の碩学たちの高市皇子の死に対する見解は無視できない。梅原猛も高市皇子の死について、『黄泉の王』で次のように述べている。

高市皇子の死はまことに持統帝にとってはタイミングのよい死であった。すでに軽皇子は十四歳になっていた。多少若いが、皇太子になっても、おかしくはない。もう三年ほど高市が生きて、そして死んでくれたら理想的であるが、もしも高市が持統より長生きしたらどうなるか。それを考えれば高市の死は、持統一族にとってまことにラッキーであった。しかし、一人の権力者にとって、余りにラッキーな、タイミングのよい他の権力者の死は、一応疑って見る必要がある。大浜厳比古《おおはまいつひこ》氏が高市の死を疑ったのも当然である。(6)

と書いて、梅原猛も高市皇子は殺されたと見ている。

前例のない孫を皇位につける為に即位した持統天皇

一　高市皇子が生きているかぎり、持統天皇が死去した時、従来の慣習に依れば高市皇子が皇位継承する事は明らかであった。

二　その事は天武天皇の死の直前の記事が証している。天武天皇は朱鳥元年八月辛巳《しんし》（十三日）条に、皇太子・大津皇子・高市皇子に各《おのおの》「封四百戸を加したまひ」とあるから、太子・大津皇子・高市皇子を同格と見ている事を示している。

三　天武天皇はこの勅命を出して一ヵ月後の九月丙午（九日）に崩じたが、天皇は皇太子・大津皇子・高市皇子を同格と見ていた事は、同じ四百戸の封戸から見て言える。皇太子・大津皇子が死亡した後の皇位継承者は高市皇子が、天武天皇の意向であった。

四　とすれば皇太子・大津皇子の死の後に皇位につくのは、天武天皇の遺言に依れば高市皇子であった。

五　持統天皇が即位し、高市皇子は太政大臣になったが、天皇は治政は高市皇子にまかせ、吉野ばかりに行っていた。その事は前述したが更に示す。

持統天皇四年　二月・五月・八月・十月・十二月
〃　五年　四月・七月・十月
〃　六年　五月・七月・十月
〃　七年　三月・五月・七月・八月・十一月
〃　八年　正月・四月・九月
〃　九年　二月・三月・六月・八月・十月・十二月

六　この事実から見ても三年四月に草壁皇太子が崩じ、四年正月持統が即位し、同年七月に高市皇子を太政大臣に任命した後、政権運営は高市皇子にまかせていたのは、軽皇子が成人式を迎える十五歳までを待っていたのである。

七　その事は高市皇子が七月十日に薨じた十年の吉野行きが証している。

持統天皇十年　二月・四月・五月・六月

とある。七月十日に高市皇子が薨じているから七月以降はないが、この高市皇子が薨じる十年のみが、前例にない四・五・六月と毎月吉野へ行っている事実である。

八　この事実はこの十年四月以降に、高市皇子を亡き人にする陰謀の実行がせまっていたから、実行の直前には、前例のない毎月の吉野行きを実行したのであろう。

高市皇子の死の直前だけ、七年間つづけて来た吉野行きが特に異例であることは無視出来ない。

九　以上の私見とは見方は相違するが、前述したが黛弘道・和田萃などの日本古代史研究の碩学者も、高市皇子の死を他殺と論じており、梅原猛も大浜厳比古の見解を引用して高市皇子殺害説を述べていることから言える。

十　万葉学者は軽皇子は生まれた時から皇太子であったという前提で、『万葉集』の「軽皇子、安騎の野に宿ります時に、柿本朝臣人麻呂が作る歌」を解釈するから、この歌を持統天皇六年（六九二）の冬の作歌と解すのが通説になっているが、数え年十歳（現在の満年齢で九歳）の子を、

日《ひ》並皇子《なみしみこ》の命《みこと》の　馬並《な》めてみ狩立《みかりた》たしし　時は来《き》向《むか》ふ

と人麻呂が詠むはずはない。この歌は『日本書紀』の持統記に載らないが（記載しない事に問題がある）、高市皇子が亡くなって開かれた持統天皇十年秋の皇位継承会議に依り、軽皇子が皇太子ときまった直後の年末（冬至の頃）に詠まれた歌である。軽皇子は生まれた時から皇太子であったと見て論じている「万葉学者」達は、孫が祖父母の天皇から皇位を継承した例は皆無である事を無視して、生まれた時から皇太子と見て論じている。

以上述べた事からも高市皇子の死は他殺であり、軽皇子は生まれた時から皇位継承者であったのではない。が草壁皇子の死の直後から、前例のない皇孫を皇位につけるのが目的で皇位についた持統女帝には、その目的に協力する人達《ひとたち》が居た。彼らは軽皇子が成人式を迎える直前に行動を開始した。行動とは「邪魔者は消せ」であった。その記事が、持統天皇十年七月十日条の、

後皇子尊《のちのみこのみこと》薨《みまか》りぬ。

であった。この死亡記事の書き方は、死亡者が壬申の乱の功臣で太政大臣の高市皇子に対する記事としては、異常に簡略である事から見ても、高市皇子の死は正常死とは言えない。

高市皇子の死についての伊藤博・梅原猛の見解

『万葉集』の巻第二の一九九歌は、

高市皇子尊の城上《きのへ》の殯宮《あらきのみや》の時に、柿本人麻呂が作る歌一首 幷せて短歌

と題詞にある長歌である。この長歌については萬葉集学者たちが、多くの著書・論考で諸見解を述べている。その代表的例として伊藤博の『萬葉集釋注・一』所収のこの歌についての見解を示す。

持統女帝の厚い信頼をうけ、草壁皇子の一周忌を経（中略）、持統四年七月五日、太政大臣に任ぜられた。皇太子のいない朝廷における太政大臣は、皇太子と同等の権限をもって朝政をとりしきる高い位置である。許される最大限の地位に就けて世の信望もある高市皇子の力を活用することで、子の草壁亡く、孫軽皇子はまだ幼い困難な時期を乗り切ろうとする女帝一流の読みもあったであろうが、根底にその人物への信頼がないことには生まれがたい処置であることも事実である。

皇子は、その後、女帝の片腕となって、戸籍作り、藤原遷都の用意、暦法の改革、諸氏の墓記の作成、神宝書の編纂、巡察使の派遣等々、着々と世を固め、乱れを見せなかった。その間に、女帝期待の軽皇子も日に日に成長し、持統十年には十四歳に達した。と同時に高市皇子が死んだ。女帝としては、軽皇子がせめて成年に達するまでは高市に生きてほしかったであろう(7)

このような見解を萬葉学者として第一人者の筑波大学教授の伊藤博は書いており、持統天皇を伊藤視点で見る学者は日本古代史学者たちにも居る。しかし伊藤的視点でない見方で、高市皇子の死を見ていた人物が居る。その人物は柿本人麻呂である。人麻呂は持統朝の宮廷歌人であったから、高市皇子挽歌で皇子が殺害されたとは詠めなかったが、人麻呂の高市皇子挽歌には、持統天皇紀が、

後皇子尊薨

のたった五字ですましている記事に対して、長文の壬申の乱における高市皇子の活躍を詠んでおり、持統紀とは正反対である。人麻呂は草壁皇子の挽歌の二倍以上の長文の挽歌に仕立てている事からも、「日並皇子尊」の草壁皇子の死より、高市皇子の死への思い入りがうかがえる。高市皇子の急死の真相を知っていて、柿本人麻呂はこの挽歌を詠んだと私は推測している。文武朝以降に人麻呂が宮廷出仕をやめた一因は、高市皇子の死の真相を知っていたからであろう。

梅原猛は「人麿・人生とその歌」で左のように書いている。

高市皇子が突然死んだ。人麿の歌には死の原因は書かれていないが、この死がひじょうに突然であったことは歌の調子から明らかである。この長歌に二首の反歌が加わっているが、その一首は次のようである。

ひさかたの天《あめ》知らしぬる君ゆゑに日月も知らず恋ひ渡るかも（巻二、二〇〇）

高市皇子は亡くなられて天を治めるようになってしまった、その高市皇子に月日の流れ去るのも知らないでいつまでも恋い続けていることよ、という歌である。ここには言外に、高市皇子がこの世を治め

られる天皇になるべきであったという意味が含まれているし、前の草壁皇子への挽歌において、月を草壁皇子に、日を持統帝に比している一方で、ここではもう持統帝や草壁皇子に遠慮することなく人麿は高市皇子を慕い続けているという。

ひたすら皇位を無事孫の軽皇子に渡すことを願い、その最大の障碍《しょうがい》として高市皇子を考えていた持統帝には、この人麿の高市皇子に寄せる挽歌は露骨な天皇への挑戦と映ったにちがいない。……この詩人は、祖母として持統帝が抱き続けている血の悲願にたいして理解を示さず、彼は高市皇子の死にあたって、けしからん長歌をつくって彼女に逆らう。彼女はこの詩人に心からの怒りを覚えた(8)。

伊藤博と梅原猛の見解を示したが、両氏の持統天皇観は正反対だが、私は梅原見解を採る。梅原猛は、

高市皇子の死は、持統帝と不比等にとってまことに幸運であり、疑えば疑えないこともない。

と書いて、疑っているが、殺されたとは書いていないが、私は殺されたと見る。前例のない孫に皇位を継承させるためには、強硬手段を取る必要があったから、その実行を誓った時に、すでに剣の授受があったのである。剣を使ってでも実行するという決意の証《あかし》としての授受であった。黒作懸佩刀を受けた者が、この剣を実際に使用したかは不明だが、行動としては持統紀に左のように書く事実、

後皇子尊薨

によって目的を達成したのである。軽皇子が即位すると藤原不比等は軽皇子の父の佩刀（黒作懸佩刀）を、文武天皇に返上した事実が、そのことを証している。

『懐風藻』に載る軽皇子の皇位継承会議の記事

しかし黒作懸佩刀を藤原不比等が文武天皇に返上する前には、高市皇子を消しただけでなく、軽皇子を皇位につける事を重臣たちが了承する会議を開催する必要があった。なぜなら、孫への皇位継承は歴代の皇位継承には前例がなかったからである。

漢詩文集の『懐風藻』の「葛野王。二首」の冒頭に、左の記述が載る。

　王子は、淡海帝の孫、大友太子の長子なり。母は浄御原帝の長女十市内親王。

（中略）

高市皇子薨《みまか》りて後に、皇太后王公卿士《けいし》を禁中《きんちゅう》に引きて、日嗣《ひつぎ》を立てむことを謀《はか》らす。時に群臣《ぐんしん》各《おのがじし》私《し》好《かう》を挟《さしはさ》みて、衆議紛紜《しゅうぎふんうん》なり。王子進みて奏《まを》して曰《い》はく。

「我が国家《みかど》の法《のり》と為《な》る。神代《かみよ》より以来《このかた》、子孫相承《あひう》けて、天位《てんゐ》を襲《つ》げり。若《も》し兄弟相及《あひおよ》ぼさば則《すなは》ち乱此《らんここ》より興《おこ》らむ」

この発言で注目すべきなのは皇位継承の会議なのに、「神代より以来」と言い「神代」を持ち出していることである。天皇は「人」であって「神」ではないが、「現人神《あらひとかみ》」と言われ神に近い存在なのだから、「神代」を持ち出しているが、皇位継承においては「神代」は無関係である。それなのに葛野王は、

　神代より以来、子孫相承《あいう》けて、天位《てんゐ》を襲《つ》げり。

と発言しているのは（葛野王の発言は、持統天皇・藤原不比等からこのように言うようにと言われての発言である）、

会議に参加している人々が読んでいる原『古事記』が「天子」でなく「天孫」の降臨神話になっており、この『原古事記』を皇位継承会議を行なう前に、会議の参加者に配布してあったから、葛野王は「神代より」と特に「神代」を持ち出して発言したのである。問題はこの皇位継承会議でもっとも重要な「神代より」という発言を、『懐風藻』が書いていることである。「孫」への皇位継承を皇位継承会議に出席した人々に認めさせるためには、神代の「天孫」降臨神話を持ち出すしかなかったが、この重要な発言をなぜ史書でもない『懐風藻』が記載しているかである。理由は『懐風藻』の撰者が淡海真人三船だからである。

『懐風藻』という詩文集の編者については、淡海三船説が圧倒的に多い。岩波書店刊の日本古典文学大系本の『懐風藻・文華秀麗集・本朝文粋』で、校注者の小島憲之は淡海三船説の論者として左の人物をあげる。

　林春斎・尾崎雅嘉・伴蒿蹊・伴信友・上田秋成・藤井貞幹・榊原芳野・柿村重松・福井康順・横田健一氏など。

しかし小島憲之は左のように書く。

　撰者は、長屋王と文学的交際のあった、或は長屋王詩苑の詩群を比較的容易に収集できる立場にあった官人某とみるよりほかはない。(9)

と書いている。しかし小島見解は無理である。その決定的根拠を示す。

『懐風藻』の葛野王の詩を示す前文に、

　高市皇子薨《みまか》りて後に、皇太后王公卿士《けいし》を禁中《きんちゅう》に引《を》きて、日嗣《ひつぎ》に立てむことを謀《はか》らす。

とあるが、この記事で持統天皇を「皇太后」と書いているからである（○印は引用者）。さらに弓削皇子の発

言を禁じた葛野王の発言についても、

皇太后、其の一言《ひとこと》の国を定《さだ》めしことを嘉《よ》みしたまふ。

と持統天皇を「皇太后」と書いている事から言える。持統天皇を「天皇」と書かず、「皇太后」と書く発想は、わが国最初の国史を、『続日本紀』が公印使用記事の付記と書いているのと同じである。「付記」と書いた人物は淡海三船だと序章と第一章で書いたが、持統天皇を天皇として認めず、「皇太后」と書く人物は、『日本書紀』の成立を公印使用記事の付記と書いて、わが国最初の国史・正史として認めていない。『日本書紀』の成立を公印使用記事の付記と書く人物が、淡海真人三船なのだから、持統天皇を天皇として認めず、「皇太后」と書く人物も淡海真人三船以外には居ない。

淡海真人三船は左の系譜である。

天智天皇――弘文天皇（大友皇子）――葛野王――池辺王――御船王（淡海真人三船）

葛野王は淡海真人三船（御船王）の祖父だから、高市皇子の死の持統天皇十年七月十日から三ヵ月後の十月中旬には、皇位継承会議は行なわれ、十月庚寅《こういん》（二十二日）に「右大臣丹比真人に資人《つかひびと》百二十人、大納言阿倍朝臣御主人・大伴宿禰御行に資人八十人、石上麻呂・藤原不比等に資人五十人」を賜《たまわ》っている。

この資人給に右大臣と大納言の二人が給されているのは、太政大臣高市皇子の急死について沈黙していた事と、前例のない孫の皇位継承会議に協力した事についてであり、石上麻呂と藤原不比等の資人給は高市皇子を消《け》した事についてであろう。つまり前例のない孫への皇位継承は、高市皇子を消さなくては、不可能だったからである。

前例のない孫の皇位継承と関係する原『古事記』

前例のない孫へ皇位を継承させるためには、

第一段階　持統天皇の孫が成人式をあげるまでは、高市皇子を太政大臣にして、政治はまかせておき、成人式を迎える直前に太政大臣を消す事であった。そのために草壁皇子の佩刀黒作懸佩刀を藤原大島に託した。

第二段階　持統天皇の孫が成人式を迎える直前、「後皇子尊薨」と『日本書紀』は書く。太政大臣高市皇子の死をたった五字ですましている持統紀の記事が、第二段階の実行を証している。

第三段階　太政大臣高市皇子を消しても、前例のない孫への皇位継承の理由づけが必要であった。その理由づけのために孫の皇位継承会議を開催し、軽皇子の即位を認めさせる必要があった。

第二段階の「後皇子尊薨」がないと、第三段階に進めなかったが、第三段階を持統天皇紀は明記していない。明記していないが、右大臣・大納言に資人《つかいびと》を給した記事は、第三段階まで行なって、前例のない孫への皇位継承を実現出来た事の褒賞である。しかしなぜ資人を給されたか理由を書いていない。資人の給が、右大臣や大納言だけでなく、石上麻呂・藤原不比等も役職も書かれずに資人が給されている。役職が書かれていないだけでなく理由も書かれていない。理由を明記出来なかったからである。なぜ明記できなかったか。

理由は不比等・麻呂は「高市皇子薨」の実行者であり、右大臣・大納言は「高市皇子薨」の真相を知りながら、沈黙していた事への褒賞であったからである。

問題は『日本書紀』の褒賞の資人給は、高市皇子の消した事と、その死に依って行なった皇位継承会議の成功とに対する資人給だが、理由も記さずに持統紀に記載したのは藤原不比等である。持統紀のみは和銅七年（七一四）以降の編纂であるが、編纂者の名として従六位上紀清人の名が『続日本紀』に載るが、紀清人のバックには右大臣藤原不比等が居た。彼は自分が資人を給された記事は載せたかった。藤原大島が持統七年二月に崩じて、黒作懸佩刀を自分が受取り、受取った意図を実行した褒賞として、実行者の二人が資人を給されたのだから、そのことは書いたが、給された理由は書けなかったから、資人給のみを記載したのであろう。

しかし資人給の理由は『懐風藻』に葛野王の漢詩が記載され、その漢詩の前文の記事に、「皇太后」（持統天皇と書いていない事が問題である）が皇孫の皇位継承会議を高市皇子の死の直後に行なったと書いた記事が載らなければ、私は持統紀が書く「資人給」の理由を書かなかった。というより書けなかった。私は本書の第一章を、

『日本書紀』の成立を付記に書く『続日本紀』と藤原氏

と題して私見を述べて、「続」を冠した『日本紀』はわが国最初の国史・正史の成立を、公印使用記事の付記として書き、『日本書紀』を正史として認めていないと書いた。この認めていない人物は、『懐風藻』で「持統天皇」を「皇太后」と書いて、「女帝」として認めていない。この事実から見えてくるのは、曽祖父の

大友皇子（弘文天皇）を討った大海人皇子の皇妃を、「天皇」と認めずに「皇太后」と書いたのは、淡海真人三船であろうという推測である。高市皇子を消して前例のない皇位継承会議を開催した時の葛野王の発言を、『懐風藻』が明記しているのは、淡海三船が祖父の葛野王から直接聞いたか、または葛野王から聞いていた父から聞かされたか、どちらかだが、

神代より以来《このかた》、子孫相承《あひう》けて、天位《てんゐ》を襲《つ》げり（○印は引用者）。

の発言が、前例のない「孫」への皇位継承を承知させるきめてになったと、葛野王が言っていた事を淡海三船は聞いていたから、この記事を『懐風藻』で明記したのであろう。

問題は、前例のない皇孫への皇位継承を実現させた神代の「天孫降臨神話」を、皇位継承会議前に作文してあった事実である。この作文は原『古事記』に記載されていた天孫降臨神話である。ここで問題になるのは、高市皇子の死の記事の次に多朝臣品治の記事が載る事である。

持統天皇紀に載る壬申の乱の功臣の記事は、死にあたっての記事だが、多朝臣品治の記事はそれらより二倍か三倍も字数が多い。更に多品治のような壬申の乱の功労者でないのに、他の人物の同じ字数の記事が併記されている。この併記は高市皇子の死の直後に多品治の記事を載せた異常性を消すための併記であろう。

私はこの似た記事の併記は、藤原不比等が記載したと見ている。高市皇子の死の直後に他の壬申の乱の功労者より長文の多品治の記事を載せたのを、異常・異例に見られないために、若桜部五百瀬の記事も載せたのであろう。

多品治の記事を載せたのは葛野王が「神代以来子孫継承」と「孫」を加えて、孫の皇位継承を認めさせる

事が出来たからである。原『古事記』に天孫降臨神話を作文した多品治の功績を、高市皇子の死亡記事の直後に、藤原不比等が記載したと、私は推測している。

太朝臣安麻呂の民部卿任命と藤原不比等との関係

本章の終りに多人長の子の太安麻侶が民部卿になった理由を、藤原不比等との関係から見て私見を述べる。

青木和夫は「律令国家の権力構造」で左のように書く。


　令制における民部省は、全国の国司を通じて民政を指揮し、その報告にもとづいて予算を編成する、国政上極めて重要な宮司であり、その長官・次官は奈良時代まで実務に優れた有力貴族から任命されていた。[10]

この記事から言えるのは民部省の長官の「民部卿」は、特に重要な役所であり、有能な高級官僚から選ばれているが、太安麻呂の民部卿任官は当時の多（太）氏の氏族としての地位からすれば、異例の抜擢である。

『続日本紀』に載る民部卿になった人物は、

　巨勢麻呂　多治比池守　太安麻侶　多治比県守　藤原房前　巨勢奈氏麻呂　藤原仲麻呂　紀麻呂　文室大市　藤原縄麻呂　藤原小黒麻呂　佐伯今毛人　藤原継縄

以上の十三人である。

藤原氏が五人、多治比氏が二人で、他は太氏・巨勢氏・紀氏・文室氏・佐伯氏である。多治比氏の池守は従二位大納言、県守は正三位中納言までになっており、巨勢氏の麻呂も従三位中納言、奈氏麻呂は従二位大納言まで昇進している。また紀麻呂は従三位中納言、文室大市は従二位大納言、佐伯今毛人も正三位まで昇進している。しかし多(太)氏のみは違う。オホ氏は『続日本紀』に五人しか載らない。しかも授位は四人で安麻侶以外の三人は従五位下(犬養)、外従五位下(国吉・徳見)である。安麻侶の従四位下は多氏としては異例の高位である。理由は安麻侶の才能に依るだろうが、不比等が死の直前の民部卿に、身内・有力氏族でなく多氏を選んだのには、安麻呂を抜擢する能力が彼にあったからだが、安麻呂が多品治の子であったことも、民部卿に抜擢した理由と私は推測している。

野村忠夫は「奈良時代の政治過程」で、「霊亀—養老年間の前半は、右大臣不比等の主導のもとに、律令制支配の貫徹が強化された時期であった」(傍点は引用者)と書くが[11]、霊亀—養老年間は太安麻侶の民部卿在任期間である。霊亀元年(七一五)に就任して在任中の養老七年(七二三)に崩じている。安麻侶が民部卿になった霊亀元年には郷里制の執行と共に戸を「郷戸」より実態に近い「房戸」と認定している。郷里制が行政単位の細分化なら、これは農民支配の単位である戸の細分化である。こうした細分化は民部省の仕事である収受を、よりやり易くするための制度である。このように太安麻侶の民部卿就任と同時に、大きな改革が行なわれている。このような改革の最高責任者は右大臣藤原不比等だが(左大臣は居ない)、安麻呂を適任者として選んだのは、安麻侶の才能を評価したのだろうが、品治の子であった事も理由と考えられる。

そのことは「氏長」の記事からも言える。安麻侶は霊亀元年(七一五)に「民部卿」に任命されたが、

『続日本紀』は霊亀二年九月乙未(二十三日)条に、従四位下大朝臣安麻呂を氏長とす。

とある。「氏長」は「氏上」とも記されるが、文武天皇二年(六五八)九月から霊亀二年の十八年間だけに

見られる記事だが、左の五例のみである。

一　文武天皇二年（六九八）九月、無冠麻続豊足・進広肆服部連佐射を「氏上」にする。

二　慶雲四年（七〇七）九月、正五位下大神《おおみわ》朝臣安麻呂「氏長」とする。

三　和銅七年（七一四）二月、従五位下大倭《おおやまと》忌寸五百足《いほたり》を「氏上」とする。

四　霊亀元年（七一五）二月、従五位下大神朝臣忍人を「氏上」とする。

五　霊亀二年（七一六）九月、従四位下太朝臣安麻呂を「氏長」とする。

麻続豊足、服部連佐射は伊勢神宮の神御衣祭を主催する氏族だが、他の四氏は大和国の氏族であり、「氏長（上）」は大神氏・大倭氏と多氏のみである。安麻呂の多氏は大神氏・大倭氏と同格の神祇氏族と見られている。この記事から十五年後の天平二年（七三〇）の『大倭国正税帳』の蓄積稲の順序でも、

一　大神社　一〇六三二束九把

二　大神神社　四〇一九束三把

三　穴師神社　一三六二束

であるが、七〇年後の『新抄格勅符抄』の大同元年（八〇六）の牒の大和国の神社の神戸数と位階は次の通りである。

1　大倭神社　三二七戸　従一位

2　大神神社　一六〇戸　従一位

3　葛木鴨神社　八四戸　従一位

4　振神社　　八〇戸　従一位
5　大神社　　六〇戸　従三位

この事実からも太（多）安麻侶の頃は多（太）氏と多神社は特別扱いであった事がわかる。私は安麻侶を不比等が評価し民部卿に任命したのは、彼が優秀な人材であった事が第一の理由だが、多品治が天子降臨神話を天孫降臨神話に変えて、前例のない孫の皇位継承を実現させる理由づけをしてくれた事が藤原不比等の念頭にあって、不比等が多品治の子の太安麻侶を民部卿に任命したのではないかと推測している。

本章は「原『古事記』の編纂と持統天皇と藤原不比等」と題して、私見を述べたが、藤原氏に関する論考の多くは、藤原鎌足・不比等・仲麻呂について論じられているが、藤原大島についてはほとんど論じておらず、無視している。しかし大島は天武天皇からも信頼され、国史編纂の書記官に任命され、親しい人物のみを指定して行なうバクチ（博戯）にも、多品治と共に招待されている。更に天武天皇の葬儀には、皇后（持統天皇）が兵政長官に任命して、兵政官の誄《しのびこと》を行なわせている。この兵政長官任命は持統朝の藤原不比等との行動と関連しているので第八章で更に詳論するが、本章では今迄論じられていない天武朝の藤原氏の行動を仲臣の多氏と共に論じた。

【注】

（1）倉本一宏『持統女帝と皇位継承』（一七二頁）吉川弘文館　二〇〇九年
（2）土橋寛「『藤原京』の宮号の由来」『持統天皇と藤原不比等』所収　中央公論社　一九九四年

（3）土橋寛「『藤原宮の御井の歌』の作者」注（2）前掲書所収
（4）黛弘道「『日本書紀』と藤原不比等」『律令国家成立史の研究』吉川弘文館　一九八二年
（5）和田萃「七世紀の女帝」『山辺の道』所収　吉川弘文館　一九九八年
（6）梅原猛『黄泉の王』（一八一頁）新潮社　一九七三年
（7）伊藤博『萬葉集釋注・一』（四五五頁）集英社　一九九五年
（8）梅原猛「人麿・人生とその歌」『古代幻視』所収　小学館　二〇〇一年
（9）小島憲之『懐風藻　文華秀麗集　本朝文粋』日本古典文学大系69（一一頁）岩波書店　一九六四年
（10）青木和夫「律令国家の権力構造」『岩波講座日本歴史3（古代3）』所収　岩波書店　一九七六年
（11）野村忠夫「奈良時代の政治過程」『岩波講座日本歴史3（古代3）』所収　岩波書店　一九七六年

八章　藤原・中臣氏の氏神・始祖神から見えて来る実相

正一位・従一位の官位を与えられている藤原氏

第一章から第七章で従来の藤原・中臣氏にない問題提起をしたが、この問題提起の根底には、中臣氏のうち特に藤原氏になった氏族の出身地を、従来の見解で畿内の河内国・大和国などと見ていては、見るべきものも見えてこない事を示したので、本章では平安時代の文献をとおして藤原・中臣氏を論じる。

『続日本紀』宝亀八年（七七七）七月乙丑（十六日）条に、左の記事が載る。

内大臣従二位藤原朝臣良継病《や》めり。その氏神鹿嶋社を正三位に、香取神を正四位上に叙す。

「氏神」は始祖神を祀る枚岡《ひらおか》神社でなくて、都からはるか遠地のエゾ地に隣接する常陸国鹿島社と下総国の香取社を「氏神」にしている。「氏神」の「氏」は氏族の「氏」なのだから、藤原・中臣氏などの氏族の神、始祖神と理解されがちだが、そうではない。前述の宝亀八年の「氏神」の記事について、岩波書店版『続日本紀・五』の補注は、義江明子の『日本古代の氏の構造』の見解を採り、義江見解が、

八世紀以降、ウヂが次第に在地性を失い、父系出自集団へと二次的に再編成されていくなかで成立したもので、一般に出自集団の系譜上の祖が「氏神」として祭の対象となる。

と書いているので、

義江の見解を踏まえて、本条をみた時、「氏神」とされている鹿嶋・香取の神がいずれも藤原氏の系譜上の祖でない点が当然問題になる。

と書き、氏神は「系譜上の祖ではない」が、

しかし一方で、藤原氏が早くから父系出自集団への道を歩みはじめていたことを考えれば、その藤原氏に関して「氏神」の称が他氏にさきがけてあらわれるのも充分首肯できるところであり、本条の「氏神」は、系譜上の祖が明確に「氏神」として位置付けられる前段階と姿として理解しておきたい。

と書いている。「系譜上の祖」が「氏神」だと主張する義江見解を採れば、系譜上の祖でない神を「氏神」にしているのは、「前段階の姿」であったとしても、「充分首肯できるところであり」とは言えない。私は「首肯」できない。

津田左右吉は『日本古典の研究・上』の第一篇第三章で前述の『続日本紀』宝亀八年七月条の前述の記事を取上げて、左のように書く。

鹿嶋香取の神が藤原氏の氏神と呼ばれたのが何時からのことであるかは、明らかでないが、それがタケミカツチとイハヒヌシとに擬せられた後からであるにせよ、前からであるにせよ、藤原氏の祖先神でないことは、いふまでもないから、これは、奈良朝時代に於て、氏神と呼ばれたものが祖先神でないこと、少くともそれに限らないことを示すものである。

このように書いて四頁にわたって論じ、左のように結論する。

氏の神は祖先神ではなかつた。氏神といふ名の意義は文字のまゝの氏の神、詳言すれば其の氏が特に信仰する神、もしくは其の氏を特に保護する神、といふことであつて、氏の祖先といふやうな意義は毫も含まれてゐないことを注意しなければならぬ。祖先を神としてそれに特殊の稱呼を附する必要があるならば、古事記に見える「祖神」といふ適切な名があるのに、それを用ゐずして氏神といつたことが、

既に氏神が祖先でないことを暗示している。(1)

私は津田見解を採るが、問題はなぜ「祖神」でなく「氏神」を「祖神」より重視しているかである。この事実については津田左右吉も含めてほとんど論じていない。さらに問題なのは、藤原氏は「祖神」より「氏神」を重視しているだけでなく、「神」より「人」を位階で上位に置いている事実である。この思い上りにはあきれるが、その事を許している当時の政治情況、八世紀中期から十世紀初頭までの藤原氏の全盛期の時代が問題である。その実例を諸文献でしらべた正一位と従一位を示す。

正一位	贈位年
不比等	七二〇年
武智麻呂	七三七年
房前	七三七年
永手	七七一年
百川	七八一年
種継	七八五年
園人	八一八年
冬嗣	八二六年
長良	八五六年

従一位	贈位年
内麻呂	七一三年
小黒麻呂	七四三年
是公	七八九年
継縄	七九六年
三守	八四〇年
良世	八六七年

良相	八六七年
良房	八七三年
高藤	九〇〇年
時平	九〇九年

この事例は男性だけではない。藤原氏出自の女性が薨じた時にも左の位階が贈られている。

正一位	宮子	文武天皇夫人	七五四年
〃	旅子	桓武天皇夫人	七八八年
従一位	明子	文徳天皇女御	九〇〇年
〃	古子	文徳天皇女御	没年不詳
正二位	多美子	清和天皇女御	八八六年

右のように藤原氏の死者は薨じると、著名な神社の神以上の高位の官位を得ているのである。

著名神社の官位と藤原氏の氏神と始祖神の官位

左の表は宮井義雄の『藤原氏の氏神・氏寺信仰と祖廟祭祀』所収の神社の祭神官位表である。(2)

	天平勝宝三年	延暦三年	延暦十三年	大同元年	天長十年	承和三年	嘉祥三年
八幡神	一品						
賀茂神		従二位	正二位 勲一等	正一位			
住吉神		従二位 勲三等		従一位			
気比神						従二位 勲一等	
熱田神					従三位		正三位
石上神							正三位
三輪神							正三位
大和神							従二位

八幡神の「一品」は正一位相当だから、嘉祥二年（八四九）に正一位の鹿島神・香取神以前の正一位（一品）は、八幡神と賀茂神のみである。問題は「神」に官位を与えるという発想である。この官位を決めているのは祭政を掌握している藤原朝臣・大中臣朝臣が、天皇の名で与えているのであり、神も天皇権力に奉仕する存在と認識されていたのである（その事は神も藤原権力への奉仕と見立てていたのである）。

その事は『続日本紀』の前述した宝亀八年（七七七）の記事が示している。「従二位」の藤原良継は、自分の病気恢復を願って氏神に官位を贈っているが、氏神の鹿島社に「正三位」、香取神に「正四位」を贈っている。いずれも自分の「従二位」より氏神の官位は低い。この事実は見過せない。

宝亀八年以降の叙位は左のようである。

	宝亀八年	承和三年	承和六年	嘉祥三年	貞観元年
タケミカツチ（鹿島神）	正三位	正二位	従一位	正一位	
イハヒヌシ（香取神）	正四位上	正二位 勲一等	従一位	正一位	
アメノコヤネ（始祖神）		正三位	従二位	従一位	正一位
ヒメ神		従四位上	正四位下	従四位上	従三位

宝亀八年は七七七年、承和三年は八三六年、承和六年は八三九年で、いずれも『続日本後紀』記載の記事であり、嘉祥三年（八五〇）は『文徳実録』、貞観元年（八五九）は『三代実録』に載る。注目すべきは八、九世紀の時代でも、藤原朝臣・大中臣朝臣が重視していたのは始祖神のアメノコヤネの夫婦神ではなかった事実である。始祖神より氏神を重視している。

前述の表の宝亀八年、承和三年、承和六年は『続日本紀』。嘉祥三年は『文徳実録』。貞観元年は『三代実録』に載る。『続日本後紀』の承和三年の春日神社の「策命《さくめい》」には、

皇御孫《すめみま》命の坐《いま》す四所《よところ》の大神に申《もう》し給《たま》はく。

とあり、『文徳実録』の嘉祥三年の「策命」にも、

天皇が詔る旨と大神の広前に申し賜へと申さく。

とあり、「皇御孫命の坐す」、「天皇が詔る」と前置して、「四所の大神に申し給はく」と述べており、「天皇が詔《まつ》る」神になっているのは、当時の天皇が藤原氏の血統であったからである。

問題は神よりも藤原氏が階位が上という発想、特に死後に「正一位」「従一位」を贈っているのは、死に依って「人」が「神」になったからである。例えば京都市上京区馬喰町に鎮座する北野天満宮（北野神社）の祭神は菅原道真である。また身近かな人が神に祀られる神社に靖国神社がある。明治神代以降の戦争の戦死者は「神」になって祭られているから、藤原氏も亡くなって、神になったから「正一位」「従一位」が贈られたのである。藤原氏以外でも功労者には死後に位階が贈られている。

それにしても亡くなって神になっても、藤原氏は特に「正一位」「従一位」であるのに、彼らが祀る神は階位が低く、九世紀中期の嘉祥三年（八五〇）に「氏神」の二神は「正一位」になっているが、その前に藤原氏は、

不比等・武智麻呂・房前・永手・百川・種継・園人・冬嗣

の六人が、死後に「正一位」が贈られており、文武天皇夫人の宮子・桓武天皇の夫人の旅子の二人にも「正一位」「従一位」「正二位」が贈られている。理由は父が藤原氏だったからである。正一位の宮子の父は不比等、旅子の父は式家藤原百川の娘で父は太政大臣、明子も太政大臣良房の娘、古子は左大臣（太政大臣を死後追贈）冬嗣の娘、多美子は右大臣贈正一位の良相の娘である。このように藤原氏は不比等の死後、二百年にわたって、薨じた直後には正（従）一位を贈っている。

ところが神の一品・正一位は八幡神と賀茂神のみである。八幡神は東大寺の大仏造営に貢献したので大仏

開眼供養を行なった天平勝宝四年（七五二）の前年に、「一品」の官位が贈られたのである。賀茂神の場合は延暦三年（七八四）十一月に桓武天皇が山城国の長岡京造営を開始したからの従二位贈である。十年後の延暦十三年の正二位・勲一等は、この年の十月に天皇が長岡京へ移ったからであり、大同元年（八〇六）の正一位贈は、この年の三月に桓武天皇が崩じ、平城天皇が即位したので贈られた昇位である。

このように「神」の場合も、藤原氏系の聖武天皇の大仏開眼、桓武天皇の長岡京遷都、平城天皇の即位という、主体は天皇側の行動に依る神社への贈位であり、神社側ではない。藤原氏にとっての「神」は、極端な言い方をすれば藤原氏が利用する存在で、主体は藤原氏側にあった（桓武天皇は藤原氏系ではないが、藤原氏のやり方をとったと言える）。

問題はそのような「神」ではあったが、藤原朝臣・大中臣朝臣にとって、重視すべきなのは「氏神」であって、「始祖神」ではなかった事実である。なぜ「始祖神」でなく「氏神」を重視したかである。

藤原・中臣氏の大和・河内出身説は成立しない

藤原朝臣・大中臣朝臣を含む中臣氏の出身地を畿内の河内・大和と推測する論者たちが居るが、その説が成り立たない理由を例示する。

一　河内出身なら常陸国の多氏や物部氏の祀る神を、春日大社で祭祀しなかったであろう。

二　常陸国で多氏や物部氏が祭祀していた神を春日大社で祭祀しても、主神はアメノコヤネにしたであろう。

三　更に春日大社の問題で言えば、藤原・中臣氏が河内出身なら、河内の枚岡神社の夫婦神を主神にして、付属の神として鹿島・香取の神を合祀したであろう。

四　また河内・大和出身なら、始祖神を「氏神」にして、他氏族の多氏と物部氏が祭祀する鹿島・香取神を「氏神」として祀らなかったであろう。

以上の事例からも藤原・大中臣朝臣を私は常陸国出身と見ているのである。しかし出身地が常陸か河内かという論争は、私は採らない。理由は中臣氏は河内と常陸に居住していたからであり、河内・常陸は「居住地」ではあるが、「出身地」ではないからである。

「出身地」は対馬であり、常陸の中臣氏は肥（火）の国（肥前・肥後）、豊の国（豊前・豊後〈大分〉）の仲臣の配下の卜部として、常陸へ移住した中臣氏であり、河内（和泉）・難波の中臣氏は豊前から移住した中臣氏だからである。このように中臣氏は二カ所に居住していた。その事は欽明朝以降の『日本書紀』の記事が証している。まず欽明朝の記事を示す。欽明天皇十三年十月条は、物部大連尾輿・中臣連鎌子の奏言を天皇は聞いて、

有司《つかさ》、乃《すなは》ち仏像《ほとけのみかた》を以《も》ちて、難波の堀江に流し棄て、復《また》火を伽藍《がらん》に縦《つ》く。焼きつきて更に余無《またあまりな》し。是《ここ》に、天に風雲無くして、忽《たちまち》に大殿《おほとの》に災《ひのわざはひ》あり。

と書く。

敏達天皇十四年三月条には左の記事が載る。

物部弓削守屋大連と中臣勝海大夫と、奏《まを》して曰《まう》さく。「何の故にか肯《あ》へて臣が言《こと》を用ゐたまはざる。

考《ちち》天皇より陛下《きか》に及《いた》るまでに、疫疾流行《えやみあまねくおこ》りて、国民絶《くにのたみた》ゆべし。豈専《あにもは》ら蘇我臣が仏法を興《おこ》し行《おこな》ふに由《よ》れるに非《あら》ずや」とまうす。詔《みことのり》して曰《のたま》はく。「灼然《いやちこ》なれば、仏法を断《や》めよ」とのたまふ。

敏達天皇十四年六月（或本云）は左のように書く。

物部弓削守屋《ゆげのもりや》大連・大三輪逆《さかふ》君、中臣磐余《いはれ》連、倶《とも》に仏法を滅《ほろぼ》さむと謀《はか》りて、寺塔《じたふ》を焼き、并《あは》せて仏像を棄《す》てむとす。馬子宿禰、諍《あらが》ひて従《したが》はずといふ。

用明天皇二年四月条の記事は、原文のそのままの引用は長文になり過《す》ぎるから略し、結びの文章のみを記す。

舎人《とねり》迹見《とみ》赤檮《いちひ》、中臣連勝海の彦人《ひこと》皇子の所より退《しりぞ》くを伺《うかが》ひて、刀を抜きて殺しつ。

殺された理由は、物部連守屋と崇仏に反対し、挙兵せんとしたからである。

この『日本書紀』の欽明天皇紀・敏達天皇紀・用明天皇紀に記されている、中臣連鎌子・勝海と中臣磐余連の三人は「中臣氏系譜」には、いずれも記載されていない。理由は前述したが（一八〇〜一八三頁）、常陸国出身の中臣氏ではなかったからである。私は彼らは河内国・摂津国出身の中臣氏であったと見ている。

対馬の卜部の中臣氏は対馬島を原郷にして豊の国（豊前・豊後）・肥の国（肥前・肥後）に居住した。豊前の卜占の徒（中臣氏）は、大和王権が三世紀末期から四世紀前半に豊の国に侵攻した時（その事は『日本書紀』の景行天皇紀に載る）、王権の支配下に入り、四世紀末から五世紀前半に加耶の秦氏や陶器製作工人と共に、畿内へ移住した。

『新撰姓氏録』によれば、畿内の中臣氏は、

山城国　ナシ
大和国　二氏　大家連　添県主
摂津国　八氏　津島朝臣・椋垣朝臣・荒城朝臣・中臣東連・神奴連・中臣藍連・中臣大田連・生田連
河内国　九氏　菅生朝臣・中臣連・中臣酒屋連・村山連・中臣高良比連・平岡連・川跨連・中臣連・中臣
和泉国　十二氏　宮処朝臣・狭山連・和太連・志斐連・蜂田連・殿来連・大島連・中臣部・民直・評連・畝尾連・中臣表連

である。注目すべきは海に面しない山城国には中臣氏は皆無で、大和国でもたった二氏のみである事実である。

この畿内の中臣氏の分布から見ても、中臣氏は海辺のみに居住している。理由は中臣氏は卜占の徒で亀卜を行なっていたから、海亀が居る海辺に居住したのである。その事は河内国のうち海岸地域のみが分国した和泉国に、中臣氏が最も多い事が証している。

和泉国は天平宝字元年（七五七）に河内国から分国して、和泉郡・大島郡・日根郡の三郡が新郡の和泉国になったが、三郡はすべて海に面している。この地に卜部の中臣氏に必要な海亀が居た。河内国は和泉国の分離で海に面しなくなったが、八世紀前半以前は海岸の和泉国になった三郡も河内国であった。

常陸国の中臣氏も海辺の那珂郡・鹿島郡・行方郡・信太郡が居住地であり、これらの地を建借間（武鹿島）命・黒坂命が征服し、支配した地であった。

河内国の中臣氏祭祀の枚岡神社と祭祀氏族

折口信夫は「神名の釈義」で中臣《なかとみ》氏の「トミ」は「トマ」「トモ」と同じ語で、「屋根の葺草を意味している」と見て、「天児屋」の「屋」を「屋敷」「屋根」などにかかわると述べている(3)。

西宮一民は天児屋命の「児屋」について、「小さな屋根の建物」で、「その建物自体の神格化」が天児屋命と書く。そして理由として、

　沖縄にアシャギと称する小屋が村に建てられており、その前が広場になっている。アシャギは柱四本の上に屋根を葺いた二坪ほどの小屋である。……古くは、そのアシャギはノロが一人や二人正座して入れるほどの極めて小さい建物であったという。「天の児屋の命」というのは、たとえば右のアシャギのような「小屋」の神格化ではなかったか(4)。

と書いている。「児屋」は折口信夫・西宮一民が書くように、「小さな屋」である。卜占は大勢の人々を集めて行なうような技《わざ》ではない。秘儀であったから、折口・西宮見解は無視できない。「児屋」は「小屋」で卜占を行なう場所を意味しているのではないだろうか。

天児屋命について『古事記』は天石屋戸の条で、左のように書く。

　天の香山《かぐ》の真男《まを》鹿《しか》の肩を内抜《うちぬ》きて、天香山の天の波波迦《ははか》を取りて占《うらな》ひ。

『日本書紀』も神代紀で中臣氏について左のように書く。

　太占《ふとまに》の卜事《うらごと》を以《も》て、仕《つか》へ奉《たてまつ》らしむ。（一書の第二）

また、垂仁天皇紀二十五年三月条には、

中臣連が祖深湯主《くかぬし》に仰《おほ》せて、卜《うら》ふ。

とあり、この事例からも中臣氏が卜占の徒であることは明らかで、卜占を行なっていた中臣氏が祭祀していたのが枚岡《ひらおか》神社である。この神社を『延喜式』神名帳は、

枚岡《ひらおか》神社四座　並名神大月次相嘗新嘗

と書く。「ヒラオカ神社」というのは平岡《ひらおか》氏が祭祇氏族だからである。『新撰姓氏録』（河内国神別）に、

平岡連　同じき神の十四世孫、鯛身《たひみ》臣の後なり。

とある。「同じき神」は天児屋命である。当社の祭祀氏族は平岡連であったことは、『続日本紀』承和十年（八四三）六月八日条には「平岡大神社」、『文徳実録』斉衡三年（八五六）十月十九日条には「平岡神」とあり、『三代実録』貞観元年（八五九）正月二十七日条には「枚岡天児屋根命・枚岡比咩神」とある。また貞観七年（八六五）十月二十一日条には「平岡神主」、同年十二月十七日条には「平岡神四所」とある。「枚岡」の前は「平岡」と書かれ、「平岡」「枚岡」の併用は近世まで続いていた。社頭の石標や境内の燈籠などにも「平岡」と書かれていた例がある。このように藤原・中臣氏を河内国出身として、その根拠の代表例としてあげる神社も、「枚岡」という公式表記でなく、地元では「平岡」と書いている。この表記の相違は正史と言われている『記』『紀』に載るアメノコヤネを祀る中臣氏でなく、タケミカツチを主神とする春日大社を創祀した、常陸国出自の藤原氏に成上った中臣氏だったからである。

中世以降は平岡氏の後裔と称する水走《みずはや》氏が枚岡神社の宮司、鳥居氏が禰宜《ねぎ》として奉仕していた。水走氏は

中世以降は河内の土豪として多くの私領をもち、庄園等の公職でも重要な地位を占め、枚岡神社宮司、枚岡若宮神主、諸寺俗別当職などを兼ね、その勢威は近世にまで及んでいた。現社地は河内国河内郡豊浦郷の地で、『和名抄』に依れば隣郡の讃良《さらら》郡にも枚岡郷がある。枚岡神社はこの枚岡郷から移されたという説もあるが、社伝では奥宮のある神津山頂が天児屋命と姫神の鎮座地・旧社地と言われている。

奥宮（旧社地）のある神津嶽は生駒山の峯の一つだが、生駒山は当社の「神山」と言われている。卜占の書の『亀相記』は、生駒（往馬・胆駒）社の祭神は「火燧木《ひきりき》神」と書き、生駒社の社地から採った「火燧木」は大嘗祭の卜占に用いられたと書いている。井上辰雄は「大化前代の中臣氏」で『尊卑分脈』に載る「藤原氏系図」は、津速魂命の十四世の孫を「跨耳《あとみ》命」と書くが(5)、『新撰姓氏録』は「鯛身《たいみ》命」を津速魂命の十四世の孫と書くので、「鯛身《タイミ》（Taimi）は跨身《アトミ》（Atomi）と同一神と見做《みな》してあやまりはあるまい」と書く(5)。

河内国から和泉国が分立したのは天平宝字元年（七五七）で、『新撰姓氏録』の成立は弘仁六年（八一五）に成立しているから、『新撰姓氏録』には河内国と和泉国が載るが、両国が分離する前の河内国居住の中臣氏系氏族は、

河内国　二十一氏（河内国・九氏、和泉国・十二氏）

である。他の畿内の中臣氏は前述したが、

山城国　ナシ
大和国　二氏
摂津国　八氏

であり、河内国が圧倒して多いが、河内国から分離した和泉国の地域は、河内国より範国は少ないにかかわらず十二氏で、畿内のうちでもっとも多い。この事実は何を語っているのか。第一は亀卜を行なう海亀を捕える海岸に近い事である。その事は山城国には中臣氏が居らず、大和国も二氏のみである事が証しており、九州から来た海亀使用の卜者の中臣氏は河内（和泉を含む）と摂津の海辺に居住した事を示している。

問題は春日大社は藤原・中臣氏が祭祀する神社なのに、始祖神のアメノコヤネと姫神の夫婦神は、タケミカツチとフツヌシの次の三位・四位の祭神で、トップはタケミカツチ、次がフツヌシであることである。

春日大社の創始については、『皇年代記』に神護景雲二年（七六八）十一月九日に、

春日大明神移坐三笠山

とあり、文暦元年（一二三四）の「古社記」には、神護景雲二年（七六八）十一月九日に「春日大明神坐三笠山」とあり、一般にこの日が鎮座の日と言われている。武甕槌命は常陸の鹿島神宮より白鹿に駕し、柿の木を御杖として出発し、伊賀国名張郡夏目郷に移御し、十一月十日に三笠山に遷座したと「古社記」に記されている。経津主命は下総の香取神宮から遷座し、更に天児屋命と比売神が河内の枚岡神社から勧請されたとある。なぜ主神が始祖神の天児屋命ではないのか。なぜ東国の常陸国から来た神が主神なのか。この「なぜ」の問《と》いに答た文献はないが、答は藤原朝臣・大中臣朝臣になった氏族の出身地が常陸であったからである。『新撰姓氏録』に依れば畿内の中臣氏の三分の二は河内居住だから、中臣氏の始祖神の枚岡神社が河内国にあるのは当然だが、だからと言って中臣氏の原郷は河内とは言えないが河内原郷説があるのは枚岡神社の存在に依る。

対馬のト者が九州から河内・常陸へ移住した

『豊後国風土記』の冒頭に豊前国の中臣村の白鳥伝説が載るが、この白鳥伝説では白鳥が餅になっている。『山城国風土記』逸文に載る秦氏が祭祀する稲荷神社では(『山城国風土記』は「伊奈利社」と書く)、餅が白鳥になっている。話は逆転しているが根は同じで、理由は次の二例である。

第一は、中臣氏が豊前国の「秦王国」に居住していた事。

第二は、中臣氏は秦氏の原郷の金海加耶国とは海をへだてているが、もっとも近い対馬島の出身氏族であった事。

中臣氏はト者だから秦氏のように集団で、大多数の人が畿内へ移動したのではない。秦集団や陶器製作工人の人々のト者としての移住であった。その事は常陸国を平定した肥前国の建借間(鹿島)命、豊前(大分)国の黒坂命の軍団のト者・ト部として常陸国へ移住したのと同じである。ト者が中臣部さらに中臣連になった事は、八世紀中期の『続日本紀』天平十八年(七四六)三月二十四日丙子条に、

常陸国鹿嶋郡の中臣部廿烟と占部五烟とに、中臣鹿嶋連の姓を賜ふ(○印は引用者)。

とあり、占(ト)部が中臣部と共に「中臣鹿嶋連」になっている事が証している(中臣部も元は占部であった)。

中臣氏は対馬島を原郷にして豊の国(豊前・豊後)、肥の国(肥前・肥後)に居住して、その二国のト部の中臣氏の一部は肥前の建借間命と豊後(大分)の黒坂命に率いられて、常陸国へ四世紀末から五世紀前半に移住した。一方で豊前の中臣氏は三世紀末期から四世紀前半に大和王権が、まず豊の国に侵攻し、王権の支

配下に入った以後、四世紀後半から五世紀前半に、畿内に移住した。亀卜は海辺で亀を捕えて行なうから、豊前から移住した中臣氏は、まず海辺に居住したのである。

中臣氏は河内・摂津移住と常陸移住の二派に分かれている。『続日本紀』宝亀十一年（七八〇）十月七日条は、

常陸鹿嶋神社の祝正六位上中臣鹿嶋連大宗《おほむね》に外従五位下を授く。

とある。『三代格』の天安三年（八五九）二月十六日太政官符所引の「常陸国解」にも、「鹿島神宮寺」について、左のように述べている。

元宮司従五位下中臣鹿嶋連大宗、大領中臣連千徳等与㆓修行僧満願㆒所建立也。今所㆑有禰宜祝等是大宗之後也。累代所㆑任宮司亦同氏也。

「春日大社」の『社伝』には、武甕槌神を鹿島より遷幸する時、供奉《ぐぶ》してきた中臣時風と秀行が、そのまま神宮預・造宮預となり、その子孫が累代「春日大社」の祭主として奉仕したとある。時風・秀行は「中臣鹿嶋連」だが、前述したが、『続日本紀』（天平十八年三月丙子条）には、「常陸国鹿嶋郡の中臣部廿烟と占部五烟」が「中臣鹿嶋連の姓を賜ふ」とあり、占（卜）部も中臣鹿嶋連であり、この鹿嶋連が春日大社の主祭者である事からも中臣氏は「元は卜部」であった。

『常陸国風土記』の香島郡条のみに、左の記事が載る。

年別の四月十日に祭を設けて酒灌《のみ》す。卜氏の種属《やから》、男も女も集会《つど》ひて、日を積み夜を累《かさ》ねて、飲み楽《たのし》み歌ひ舞ふ。其の唱《うた》にいはく。

あらさかの　神のみ酒を
飲《つ》げと　言ひけばかもよ
我が酔ひにけむ。
神の社《やしろ》の周匝《めぐり》は、卜氏の住む所なり。

この「卜氏」が前述の「占部五烟」の「占部」であり、「中臣部」もかつては「占部」であったが、卜占のみでなく祭祀事業にかかわっていたから「中臣部」と称したのであり、同一氏族である。『常陸国風土記』香島郡条は、大化五年（六四五）に、「大乙上中臣鎌子、大乙下中臣部兎子等」が、関東惣領に「請《こ》ひて」、「神郡の香島郡を創設した」と書く（大部分の土地は仲臣の多氏の仲国造の土地が提供されて鹿島郡は新設されている）。関東惣領は『常陸国風土記』の冒頭の「総記」に依れば、孝徳天皇の時代に、

高向《たかむく》臣、中臣幡織田《はたおりた》連を遣《つか》はして、坂より東の国を惣領《すべをさ》めしめき。

とある（「坂」とは箱根の足柄山）。「神郡」の香島郡は孝徳天皇の大化五年に設立されているから、大化年間の初頭に「関東惣領」は任命されたが、この任命には「内臣」の中臣鎌子（藤原鎌足）がかかわっていた事は明らかである。中臣鎌子に依って常陸国のみに「神郡」が作られ、鹿島神宮が新設された。中臣鎌子は、他の国にはない常陸国のみに「神郡」を新設したが、始祖神の天児屋根命を祭祀せずに、地元の他氏が祭祀していた神のみを祀ったのはなぜか。理由は常陸国の卜部がかかわった神社が、仲臣の仲国造が祭祀する「天の大（多）神」と、物部氏系の坂戸神・地元の沼尾池の神の沼尾神であったからである。この事実は中臣氏を論じる時、重要な意味をもっている。

天児屋命を祀る枚岡神社は前述した河内・摂津の中臣氏が祀る祖神である。ところが藤原朝臣・大中臣朝臣になったのは、常陸出身の卜部であったから、彼等が「氏神」にした神を常陸から大和へ移しても、常陸の中臣氏が祭祀していた「氏神」を主神にして、中臣氏の始祖神の天児屋神の夫婦神より上位にして祀ったのである。しかし主神の仲臣の多氏が鹿島で祀っていた神は、仲臣の多氏が祀っていた「建甕槌神」と言う甕神で、その甕神を「武甕槌神」「武甕雷神」「建御雷神」と書く武神・雷神に『記』『紀』神話で変えて、藤原・中臣氏の「氏神」にして祀ったのである。

甕神・武神・雷神のタケミカツチとフツヌシ

『古事記』の崇神天皇記に左の記事が載る。

此の天皇の御世《みよ》に、役病《えやみ》多《さは》に起りて、人民《たみ》死にて尽《つ》さむと為《し》き。爾《ここ》に天皇愁《うれ》ひ歎《なげ》きたまひて、神牀《かむとこ》に坐《ま》しし夜、大物主大神が御夢《みゆめ》に顕《あらは》れて曰《の》りたまひしく。「是《こ》は我が御心《みこころ》ぞ。故、意富多多泥古《おほたたねこ》を以《も》ちて、我が御前《みまへ》を祭《まつ》らしめたまはば、神の気《け》起《おこ》らず、国安《やす》らかに平《たい》らぎなむ」とのりたまひき。是《ここ》を以《も》ちて駅《はゆま》使《つかひ》を四方《よも》に班《あか》ちて、意富多多泥古《おほたたねこ》と謂《い》ふ人を求《もと》めたまひし時、河内の美努《みぬ》村に其の人を見得《みえ》て貢進《たてまつ》りき、爾《ここ》に天皇、「汝《いまし》は誰が子《た》ぞ」と問《と》ひ賜《たま》へば、答へて曰《まを》ししく。「僕《あ》は大物主大神、陶津耳《すえつみみ》命の女、活玉依毘売《いくたまよりひめ》を娶《め》して生める子、名は櫛御方《くしみかた》命の子、飯肩巣見《いいかたすみ》命の子、建甕槌《たけみかつち》命の子、僕《あれ》意富多多泥古《おほたたねこ》ぞ」と白《まを》しき。是《ここ》に天皇大《いた》く歓《よろこ》びて詔《の》りたまひしく。「天《あま》の下平《したたい》らぎ、人民《たみ》栄《さか》えなむ」とのりたまひて、即《すなは》ち意富多多泥古命を以《も》ちて神主《かむぬし》として、御諸《みもろ》山に意富美和《おほみわ》の大神の前を拝《いつ》き祭《まつ》りたまひき。

長文の引用になったがこのタケミカツチは、

大物主神
═ 陶津耳命──活玉依毘売
櫛御方命──飯肩巣見命──**建甕槌命**──意富多多泥古

という系譜のタケミカツチであり、「建甕槌神」と書く。このタケミカツチは「甕神」で武神・雷神の「建御雷神」「武甕槌命」「武甕雷神」ではない。

『古事記』の崇神天皇記の「建甕槌命」は、三輪氏の始祖の「オホタタネコ」の親神だが、その系譜を『古事記』は原文で左のように書いている。

僕者、大物主大神、娶陶津耳命之女、活玉依毗売、生子、名櫛御方命之子、飯肩巣見命之子、建甕槌命子、僕意富多々泥古白。

この系譜記事について岡田精司は、岩波書店版の日本思想大系『古事記』補注で、このような書き方は、埼玉県稲荷山古墳出土の鉄剣銘に見られると書き、鉄剣銘の記述を示して書く。

乎獲居臣上祖、名意富比垝、其児、多加利足尼、其児名弖已加利獲居、其児名多加披次獲居、其児、名多沙鬼獲居、其児、名半弖比、其児、名加差披余、其児、名乎獲居臣

とある文章系図と同類の系譜である。ことに稲荷山鉄剣銘での系譜に自分の上祖（始祖）の名をあげ、

その児（子）の名前以下、歴代の名を記して自分の名を示すということがみえるのと、そっくりなので、「僕者」以下の系譜は、古い形式の系譜書きに属する。自己の始祖から自己までの系譜を語るのは、口承系譜の名残りであろう（傍点引用者）。

この岡田見解から見ても『古事記』の崇神天皇記に載る、三輪氏の始祖のオホタタネコの親としての「建甕槌命」表記は、「口承系譜の名残り」を文字化した、漢字が入る以前からの古い伝承であり、崇神天皇記に載る「建甕槌神」は、葦原中国平定のために派遣された『古事記』の神代記・神武天皇記が書く「建御雷神」とは異質の「甕神」である。『古事記』は雷神と甕神をはっきり分けているが、『日本書紀』は『古事記』のように雷神化していないが、神代紀では「武甕槌神」と書き、「甕」表記を残して、「甕」に「武」を冠して武神化しており、神武天皇紀では「雷」を加えて雷神に近づけている。

『記』『紀』の神名表記から見たタケミカツチについての新旧の順序は、

1　建甕槌命　　『古事記』（崇神天皇記）
2　武甕槌神　　『日本書紀』（神代紀下巻）
3　武甕雷神　　『日本書紀』（神武天皇紀）
4　建御雷命　　『古事記』（神代記・神武天皇記）

という順序で、「甕神」から「雷神」に変化している。このように「タケミカツチ」という呼称は同じであっても、『記』『紀』はこの神の神名表記を文字表現で変えて、甕神を武神・雷神化している。この事実をいままでの論考はほとんど無視して論じているが無視出来ない。

『日本書紀』（神代紀下・第九段本文）は左のように書く。

高皇産霊尊、更《さら》に諸神《もろもろのかみたち》を会《あ》へ、葦原中国に遣《つかは》すべき者を選《えら》びたまふ。僉曰《みなまう》さく、「磐裂《いはさく》根裂《ねさく》神の子磐筒男《いはつつのを》・磐筒女《いはつつのめ》が生める子経津主《ふつぬし》神、是往《これよ》けむ」とまうす。時に天石窟《あめいはや》に住める神、稜威《いつ》雄走《をはしり》神の子甕《みか》速日《はやひ》神、甕速日神の子熯速日《ひのはやひ》神、熯速日神の子武甕槌神有り。此の神進みて曰《まう》さく、「豈唯《あにただ》経津主神のみ独《ひと》り大夫《ますらを》にして、吾《われ》は大夫に非《あら》ざらむや」とまうす。其の辞気《ことばいきざし》慷慨《はげ》し。故、以《も》ちて即《すなは》ち経津主神に配《そ》へ、葦原中国を平《む》けしめたまふ。

この『日本書紀』神代紀（下）の記事は、『古事記』が書く「フツ神」を「フツヌシ神」と書き、「タケミカツチ」と「フツヌシ」の二神を、葦原中国平定のために高天原から降臨させている。ところが『日本書紀』の一書の第一は、タケミカツチとフツヌシを葦原中国の平定のために降臨させたと書くだけで、活動記録を書いていない。一書の第二もフツヌシをタケミカツチより先に書き、大己貴《おほあなむち》神が出雲の国譲りをしたのを高天原へ昇って報告したのはフツヌシのみと書き、タケミカツチを消している。そのことは一書の第二が、

経津主《ふつぬし》神、岐《さかひ》神を以《も》ちて郷導《みちびき》として、周流《めぐ》りて削平《たひら》ぐ。逆命者《したがはぬもの》あれば加斬戮《きりころし》て、帰順者《まつろふもの》は仍《すなは》ち加褒美《ほめ》たまふ。

と書き、フツヌシのみを書いていることからも言える。

このように『日本書紀』の本文、一書の第一・第二は、フツヌシとタケミカツチの二神が葦原中国に降臨して、まつろわぬ者を討って平定したと書くが、タケミカツチは神名が記されているだけで活動記録がない。あるのはフツヌシのみである。この事実は、本文の葦原中国平定神話はフツヌシのみの神話であったことを

証している。

タケミカツチの「ミカ」は「甕」で甕神であった。その甕神を藤原氏がフツヌシと同じ武神・剣神に仕立て、「甕」の上に「武」、または「槌」を取って「雷」と記して、タケミカツチを「雷神」「武神」として『日本書紀』の神代紀で活躍させたのである。このような神名の書き変えについては、私の知る限りほとんど論じられていないが、藤原・中臣氏を論じる時には無視出来ない。

『日本書紀』に載る剣神のタケミカツチとフツヌシ

『古事記』の「建甕槌命」「建御雷命」の「建」について、白川静は『字通』で、

たてる。測量し、区画し、設営する。

と書き、次に、

樹立する、直立する、基準とする。

と書き、三例目に、

国作りする。封建。

と書く。この三つの「建」という漢字解釈から見ても、「甕」に冠した「建」は「ヒモ状」の粘土を重ねて作る過程を「建」と表現したと考えられる。また「槌」について白川静は同じく『字通』で、「棒状のつち」と書き、『字鏡集』に「ミヅノウツハモノ」であると書いている。甕は「水の器物《うつはもの》」である。『日本書紀』はその「甕」に「武」を冠して「武甕槌神」と書き、甕神を武神にしている。

『日本書紀』のイザナキ・イザナミの神生みの神話も、左のように書く。イザナキは、

帯《は》かせる十握剣《とつかのつるぎ》を抜き、軻遇突智《かぐつち》を斬りて三段《みきだ》に為《な》したまふ。此各神《これおのおのかみ》に化成《な》る。復剣《またつるぎ》の刃《は》より垂《したた》る血、是天 安河辺《これあめのやすのかはら》に在《あ》る五百箇磐石《いほついはむら》に為《な》る。即《すなは》ち此経津主《これふつぬし》神の祖《おや》なり。復剣《またつるぎ》の鐔《つみは》より垂《た》る血、激越《たばし》りて神と為《な》る。号《なづ》けて甕速日《みかのはやひ》神と曰《まう》す。次に熯速日神、其の甕《みか》速日神は、是武甕槌《これたけみかつち》神の祖《おや》なり。亦《また》は甕速日命。次に熯速日命。次に武甕槌神と曰《まを》す。

このように、経津主神と武甕槌神は『日本書紀』の神代紀では別神なのに、神武天皇紀では高倉下の見た夢に武甕槌神があらわれて、

「予《よ》が剣《つるぎ》、号《なづ》けて韴霊《ふつのみたま》と曰《い》ふ」

と言ったとあり、タケミカツチはフツヌシと同神の剣神になっている。『古事記』の神武天皇記も、タケミカツチの「持つ刀の名」について、

此の刀《かたな》の名は、佐士布都《さしふつ》神と云《い》ふ。亦《また》の名は甕布都神と云ふ。亦の名は布都御魂《ふつのみむすび》といふ。此の刀は、石上《いそのかみ》神宮に坐《いま》す。

と明記し、

雷神タケミカツチ＝剣神フツヌシ

として、両神を同体異名の同一神にしており、更に『古事記』はイザナキ・イザナミの神生み神話でも、

建御雷之男命、亦の名は建布都命、亦の名は豊布都命。

と書き、雷神の建御雷命（建御雷之男命）を物部氏の祖神布都命と「同体異名」にして、葦原中国平定の武

神派遣記事では、左のように書く。

天照大御神詔《みことのり》もうさく、「いづれの神を遣《つかは》さば吉《よ》けむ」と申《もう》さく。しかして思金《おもひかね》神と諸《もろもろのかみ》神まをさく。「天安河の河上の天石屋に坐《いま》す、名は伊都之尾羽張《いつのをはばり》神、是遣《これつかは》す可《べ》し。若《も》し亦《また》此の神に非《あら》ず者《もの》、其の神の子、建御雷之男《みかづちのを》神、此遣《これつかは》す応《べ》し。また其の天《あめの》尾羽張神は、逆《さかしま》に天安《あめのやす》河の水を塞《せ》き上《あ》げて、道を塞《さ》へ居る故に、他《あだし》神は行き得《え》じ。故、別に天迦久《かく》神を遣《つかは》して問《と》ふ可《べ》し」とまをす。故《かれ》しかして、天迦久神を遣《つか》はして天尾羽張神を問はす時、答へて曰《まを》さく。「恐《かし》こし、仕《つか》へ奉《たてまつ》らむ。然《しか》あれども、此の道には、僕《あ》が子、建御雷《たけみかつち》神遣《つかは》すべし」とまをして、乃《すなは》ち貢進《たてまつ》りて、しかして、天鳥船神を建御雷神に副《そ》へて遣《つかは》しましき。

『古事記』にはフツヌシが登場しないのは、前述したが、イザナキ・イザナミ神話で両神は同一神のカグツチから成ったと書いているからである。以上述べた事を整理して示す。

一　タケミカヅチを『古事記』は神代記では、甕神と雷神の二神があり、別神として神代記と崇神記に書いている。

二　しかし『古事記』の神武天皇記では、物部氏の始祖神のフツヌシをタケミカヅチと同体異名と書き同一神化している。

三　『日本書紀』も神代紀では、タケミカツチとフツヌシは別神として書き分けているが、神武天皇即位前紀では「武甕雷神」は、

「予が剣、号《なづ》けて韴霊《ふつのみたま》と曰《い》ふ」

と言ったと書き、タケミカツチとフツヌシを同一神化している。

この事実は無視出来ない。つまり『古事記』崇神天皇記の建甕槌命は、『古事記』の神代記・神武天皇記の建御雷神や、『日本書紀』の神武天皇紀の建御雷神・武甕槌神・武甕雷神とは相違した、別神である。

甕神　　建甕槌命

雷神（武神）　建御雷神・武甕槌神・武甕雷神

と分類出来る。雷神の三神は表記が相違するが同一神であり、『古事記』は雷神には「神」、甕神には「命」をつけて区別・差別しているのに、『日本書紀』はこの甕神を記さないのは、『記』『紀』のタケミカツチについての見解の相違を示している。

以上述べた事例を『藤原・中臣氏の研究』で記すのは、藤原氏が卜占を行なう卜部から成上って、マツリゴト（神事・政治）の実権を握った結果、自家の出自を神話で高める工作を行なったから、その実例を示して、成上り氏族の実像を明示したかったからである。藤原・大中臣朝臣が祖神のアメノコヤネでなく、タケミカツチとフツヌシを「氏神」にしている事自体が、成上り氏族である事を証している。一般的常識なら始祖神そのものを成上らせる。しかしそのような方法をとらず、藤原・大中臣朝臣は他氏族の祀る甕神（仲臣の多氏の祀る甕神）を雷神化して「氏神」にしている事が問題である。

始祖神を祀る中臣氏と氏神を祀る中臣氏

この問題の答を出すのには、中臣氏に二流があった事を認識する必要がある。

中臣氏は対馬を原郷にしているが、他の氏族は同じ血統・血脈の人達が同族の基本で、中臣氏も同じだが、中臣氏は血統は相違しても、卜占者は「中臣」を名乗った。この認識も中臣氏を論じる時は必要である。しかし卜占者を「ナカトミ」という「中」は、本来は神と人との中を執り持つ仲臣《なかつおみ》の多氏・春日氏を言うのであって、卜部の中臣氏ではない。この事実を確認して論じないと、見るべきものも見えてこない。

問題は卜部の中臣氏には二流あった事実である。

一　藤原朝臣・大中臣朝臣を名乗る元卜部の中臣氏で、「氏神」をタケミカヅチとフツヌシにする氏族。

二　中臣連を名乗る氏族で、卜占を行なうか、卜占を元は行なっており、「始祖神」のアメノコヤネを祀り、タケミカツチ・フツヌシとは無関係の氏族。

「氏神」をタケミカヅチ・フツヌシにする氏族は常陸国出身の中臣氏で、この藤原氏・大中臣氏は、「氏神」「始祖神」にかかわるが、河内（和泉を含む）国・摂津国の中臣氏は「氏神」とは無関係で「始祖神」のみにかかわる。

前述したが、上田正昭は『日本書紀』に載る中臣氏の記事を示している。その記事の冒頭に、

（1）「中臣連の遠祖」天児屋命らがいわゆる天の岩戸詞章で神事を執行する記事（「神代巻」上の第二・第三の一書）。

（2）いわゆる天孫降臨詞章について「中臣の上祖」天児屋命が配侍する記事（「神代巻」下の第一の一書）。

の二例を示す。（1）の記事は『日本書紀』神代紀上（本文）の天の岩屋神話に左のようにある。

手力雄神《たちからをのかみ》を以《も》ちて磐戸《いはと》の側《わき》に立てて、中臣連が遠祖《とほつおや》天児屋命、忌部《いみべ》が遠祖太玉命、天香《あまのかぐ》山の五百箇《いほつ》真坂樹《まさかき》を掘《ねこじ》にして、上枝《ほつえ》には八坂瓊《やさかに》の五百箇御統《みすまる》を懸《か》け、中枝《なかつえ》には八咫鏡《やたのかがみ》を懸け、下枝《しづえ》には青和幣《あをにきて》・白和幣を懸け、相与《あひとも》に其の祈禱《いのり》を致《いた》す。

この記事は『古事記』にも載るが、『古事記』はその前に、左の記事を載せている。

玉祖《たまのや》命に科《おほ》せて、八尺《やさか》の勾璁《まがたま》の五百津《いほつ》の御須麻流《みすまる》の珠《たま》を作らしめて、天児屋命、布刀玉《ふとたま》命を召《め》して、天の香《かぐ》山の真男鹿《まをしか》の肩を内抜《うちぬ》きて、天《あめ》の香《かぐ》山の天の波波迦《ははか》を取りて、占合《うらな》ひ麻迦那波《まかなは》しめて、……。

この文章の後に前述の『日本書紀』と同じ文章が載る。しかし『日本書紀』は『古事記』が記載する卜占の記事を載せていない。なぜ記載しないのか。中臣氏は卜部だが「藤原氏」を称した元中臣氏が卜部出身を認めたくなかったから、天児屋命と布刀玉命が行なった、

占合い麻迦那波《まかなは》しめて

を本文記事では消してしまったのである。しかも『日本書紀』の神代下、第九段、一書の第二は、

天児屋命は、神事《かむごと》を主《つかさど》る宗源者《もと》なり。故、太占《ふとまに》の卜事《うらごと》を以《も》て、仕《つか》へ奉《まつ》らしむ。

と明記している。岩波書店版『日本書紀・上』の「補注」は、この「太占の卜事」について、

魏志、倭人伝に「其の俗挙事行来に、云為する所有れば、輒ち骨を灼きて卜し、以って吉凶を占い、先づ卜する所を告ぐ。其の辞は令亀の法の如く、火坼《たく》を視て兆を占う」とあるような、鹿の肩胛骨をあぶり、その裂目の具合で占いをしたものであろう。このような肩胛骨占いは、北方ユーラシア・内陸アジア、更に北米北部に分布しており、北方系のものと思われる。我が国では弥生時代から行なわれてい

たことが考古学的に説明されている。

と書いているが、この記事は「令亀の法」と書いた後に「鹿の肩胛骨」と書いて、亀卜と鹿卜を混在させて論じている。「弥生時代から行なわれていた」わが国の卜占は鹿卜だが、中臣氏が行なっていたのは亀卜であるが、中臣氏の亀卜は対岸の加耶から受入れた事は明らかである。

三品彰英は「首露伝説——祭儀と神話」で（首露王は加耶国の初代王）、『駕洛（加耶・加羅）国記』に、天上から「首露王が降臨する聖域が亀旨《くじ》と呼ばれている」事や、天から降臨した初代王が、「亀何亀何云云」という「問答的呪歌」を歌うように民衆に首露王が言っている事などから、亀は首露王降臨神話に深くかかわると書き、

> 元来亀は霊的なもの、特に天神に対して水の霊あるいは土地の霊と考えられており、そうした観念にもとづく神話は中国・インドをはじめアメリカ原住民の間にまで分布している。

と書く。そして亀卜について、

> わが原古の卜占は蒙古系で鹿の肩骨を用いたが、他方早くから中国・朝鮮より亀卜法が輸入されていた。伴信友翁によって紹介された『対馬国卜部亀卜次第』の中に「亀甲ノ表ヲ上ニシテ、各左右ノ手ヲ以テ持チ、祝詞ヲ読ミ、次ニ神降《かみおろし》詞ヲ読ム」との儀礼が伝えられており、ここに亀卜と降神の密接な関係が窺われる。

と述べている。(6) この亀卜をわが国に最初に伝えたのが対馬の卜部で、中臣氏の始祖であり、この神を卜占の神として祀っていたのが河内・摂津の中臣氏で、その始祖神が天児屋命であった。

甕神が物部氏の剣神に変化したタケミカツチ

常陸の中臣氏は河内・摂津の中臣氏が祭祀していた始祖神を祀っていなかった。彼らは仲臣の多氏や、物部氏が祀っていた神を、共に卜部として祀っていたから、彼らが推古朝から朝廷出仕してからも、常陸出身の中臣氏にとっての神は、多氏・物部氏の神で、河内・摂津の中臣氏が祀っていた始祖神天児屋神とは無関係であった。常陸の中臣氏が始祖神の天児屋神を知ったのは、推古朝に中臣鎌子（藤原鎌足）の父や叔父が朝廷出仕してからである。この事実は中臣鎌子の父の弥気・叔父の国が出仕した推古朝（五九三〜六二八）から、前述の「氏神」の記事が載る宝亀八年（七七七）の光仁朝の百数十年後になっても、影響していた。

そのことは藤原氏が重視していたのが、始祖神の天児屋命でなく、仲臣の多氏や物部氏の祀るタケミカツチの神であった事が証している。

本章の冒頭で述べたが「氏神」は「鹿島社」「香取神」であり、内大臣の藤原良継ははるか遠方のエゾ地に近い地の神社・神を「氏神」にして官位を贈っているが、始祖神のアメノコヤネは無視している。この事実は見過せない。宝亀八年（七七七）に藤原良継が氏神に位階を贈ったのは、病気恢復祈願の行動だが、良継は二カ月後に崩じている。内大臣の藤原氏に無視された藤原・中臣氏の始祖神は、藤原氏の氏神に官位を贈って五十九年後の承和三年（八三六）に正三位を贈られているが、その時、鹿島のタケミカツチと香取のイハヒヌシは正二位を贈られており、同格でない。

中臣氏の始祖神でなく他氏が祭祀していた神を「氏神」にして、「始祖神」より高位の官位を贈っている事例は他の氏族にはないが、この事実の指摘は従来の藤原・中臣氏論にはまったくない。この事例は平安時代以前、藤原不比等が政治の実権を握り、奈良に都を移した以降の奈良時代の不比等の子や孫も、基本は河内や摂津の中臣氏の祀る始祖神より、常陸で祀っていた神を重視していたからである。彼らの祖先たちがト部として祀っていた神は、仲臣の多氏が祀っていた、天の大（多）神であった。その神の形代は甕であり、『筑後国風土記』が書く「甕依姫」であった。『筑後国風土記』は肥君・築紫君の祖は「甕依姫」だが、前述（一七〇頁）したが、鹿島神宮で祭祀していたのは肥前国製作の大甕であった。

仲臣の多氏系の常陸国の仲臣の仲国造が祀っていたのは、多氏編纂の書く『古事記』の崇神天皇記に祀る「建甕槌神」で、この甕神は甕依姫と同じで女神である。甕は妊娠した母体であることは、図11（一七二頁）の縄文時代中期の山梨県須玉町御所前遺跡出土の、母胎から嬰児が顔を出している「人面把手付土器」から言える。また鹿島神宮の主神の「天の大神」は「天の多神」で甕神で「建甕槌神」である。

この甕神を祭祀する中臣氏が「藤原」姓になり、鎌足・不比等が政治の実権を握るようになると、仲臣の多氏の神は、藤原氏の「氏神」となり、甕神は『日本書紀』で、

武甕槌神・武甕雷神

と書いて武神・雷神化した。しかし本来は甕神だから、「甕」に「武」を冠したり、「雷」を付したりしている。私はこの『日本書紀』のタケミカツチ表記は藤原不比等に依ると見るが、その工作過程を示す。

神代上第五段に記載の一書の第六は、

　剣の刃《は》より垂《したた》る血──経津主《ふつぬし》神の祖

　剣の鐔《つみは》より垂る血─┬─甕速日神──武甕槌神
　　　　　　　　　　　　　└─熯《ひ》速日神

と書き、別伝として「剣の鐔より垂る血」は、

　甕速日神──熯速日神──武甕槌神

と書き、武甕槌神は甕速日神の子か孫と書いている。この別伝の系譜の武甕槌神が、葦原中国平定の武神として活躍するのは、剣についた血に依る神だからである。

　この「武甕槌神」が神武天皇紀になると、「武甕雷神」と「雷神」の「雷」が加えられ、

　武甕雷神、登《すなは》ち高倉《たかくら》に謂《かた》りて曰《いは》く。「予《わ》が剣《つるぎ》、号《なづ》けて韴霊《ふつのみたま》と曰《い》ふ。

と書かれている。「韴霊」とは前述の「経津主神」の事だから、物部氏の始祖神である。このように『日本書紀』は書き、藤原氏の氏神は武甕槌神とし、「武」「雷」表記の「タケミカヅチ」を物部氏の始祖神と同名の「フツノミタマ」にしている。

『古事記』は『日本書紀』が、

　武甕雷神＝韴霊

と書くこの剣神を、建御雷神の「刀」とし、『日本書紀』の注記は左のように書く。

　此の刀の名は、佐士布都《さしふつ》神と云ひ、亦の名は甕布都《みかふつ》神と云ひ、亦の名は布都御魂《みたま》と云《い》ふ。此の刀は石《いその》

上神社《かみ》に坐《いま》す。

「石上神社」は物部氏の氏神「フツヌシ」を祀る神社である。『日本書紀』が、

「予が剣、号《なづ》けて韴霊《ふつのみたま》と曰《い》ふ」

と書く「フツノミタマ」は、物部氏が祭祀する石上神社の神だと明記しているのは、『古事記』編纂の多氏にとって、自家が祀っていた甕神（建甕槌神）が、藤原・中臣氏に依って武神・雷神化されて、藤原・中臣氏の「氏神」化している事に対しての批判の注記である（私はこの注記は多朝臣人長が書き入れたと推測する。理由は拙著『新版・古事記成立考』で述べた）。

壬生直・湯沐令の多氏と推古・欽明朝の中臣氏

常陸の中臣氏が中央政界で活動するようになったのは、壬生直の常陸の仲国造の多氏の手引に依っている。常陸の多氏は「大生氏」と書かれ、祭祀している神社も「大生神社」と、「生」がつくのは多（大）氏が壬生部にかかわるからである。『和名抄』は行方郡に「大生郷」とあるが、『常陸国風土記』（行方郡）は、天武天皇の時代に、

大生《おふ》の里の建部袁許呂命《たけるべをころ》、此の野の馬を得て、朝廷《みかど》に献《たてま》つりき。

とあり、また左の記事も載る。

大生の里あり。古老《ふるおきな》のいへらく。倭武《やまとたける》の天皇、相鹿《あいか》の丘前の宮に坐《いま》しき。此の時、膳炊屋舎《おほひとの》を浦浜《うらべ》に構《かま》へ立て、艖《けしふね》を編《あ》みて橋と作《な》して、御在所《みましところ》に通《かよ》ひき。大炊《おほひ》の義《こころ》を取りて、大生《おほふ》の村と名づく。

とある。私は「大生」の「生」は多氏が「壬生直」であった事に依ると見ている。大和国の多（太）氏の職が、宮廷の壬生、皇子養育にかかわっていた事から、壬生直の多氏の居住地が「大生」と書かれたと推測している。

その事は壬申紀（天武天皇即位前紀）からも推測出来る。壬申紀の元年六月辛酉（二十二日）条に、左の記事が載る。

村国連男依《むらくにむらじをより》・和珥部《わにべ》臣君手《おみきみて》・身《み》毛君広《けのきみひろ》に詔《みことのり》して曰《のたま》はく、「今《いま》し聞《き》かく、近江朝廷の臣等、朕が為に害《そこ》はむことを謀《はか》るときく。是《ここ》を以《も》ちて、汝等《いましら》三人、急《すみかけ》く美濃国に往《まか》りて、安《あ》八磨《はちま》郡の湯沐令《ゆのうながし》多品治《むほぢ》に告《つ》げて、機要《きえう》を宣《の》り示して、先《ま》づ当郡《そのこほり》の兵《いくさ》を発《おこ》せ。仍《よ》りて国司等《ら》を経《へ》て、諸軍《もろもろのいくさ》を差《さ》し発して、急く不破《ふは》道を塞《さ》へよ。朕《われ》は今し発路《いでた》たむ」とのたまふ。

この記事が証しているように、天武天皇が挙兵した時、挙兵を命じられた人物は多品治である。多氏は「多朝臣」だが「湯沐令」とある。横田健一は「壬申の乱前における大海人皇子の勢力について」で、「湯沐邑」について詳論しているが、「湯沐」の源流は、

結論を先に出してしまえば、それは大化前代の壬生部（乳部）制である。

と書き、『新撰姓氏録』右京神別下天神、丹比宿禰条の記事を引用し、

湯沐令は記紀にみえる大化前代の皇子や皇后の名を冠した名代部、子代部にあたるものを意味するように思われる。また誕生の儀式に奉仕した伝説からみて、大化前代の養育にあずかった壬生部のようなものであると思われる。

と述べている。岸俊男は「光明立后の史的意義」で「中宮湯沐」を論じ、

　壬生部についてはすでに横田健一によって、それが大化改新をへて食封制化し、かの書紀の壬申の乱関係記事に現われるような湯沐邑に変わり、さらにやがて延喜式の東宮湯沐二千戸に定着するであろうという見通しが立てられ、詳しい考察がなされている。（中略）中宮湯沐の始源も大化前代に遡りうる要素が秘められているように思う。

と書いている。[7]多氏は壬生部にかかわっていたから多品治は湯沐令になっていたのである。

『常陸国風土記』行方郡のトップに、

　難波長柄豊前大宮馭宇天皇之世　癸丑年、

とある。この記事は「孝徳天皇・白雉四年（六五三）」であり「大化前代」である。この時に、

　茨城国造。小乙下、壬生連麻呂
　那珂国造　大建　壬生直夫子

が、茨城の地を八里、那珂（仲）の地を七里、提供して（戸数七百余戸）を割いて「行方《なめかた》郡」を設立している。この行方郡に「大生」の地があり、大生神社があるが、「生」は「壬生」の「生」である。ところが大和国の多氏も「壬生」の湯沐令である事からも、大和と常陸の多氏の交流は、壬生部の成立時期から見ても大化前代からであり、前述したが多氏系の仲国造が仲臣であったから壬生直になり、茨城国造も壬生連になったのだろう。

「中臣氏系図」には『日本書紀』の欽明朝から推古朝までの人物が記載されている、

欽明朝　中臣連鎌子
敏達朝　中臣連勝海・中臣磐余連
用明朝　中臣連勝海
推古朝　中臣宮地連麻呂・烏摩侶

これらの人々は、「中臣氏系図」にまったく記されておらず、藤原鎌足（中臣鎌子）の叔父と父のみが載る。

推古朝　中臣連国
欽明朝　中臣連弥気

中臣連国は鎌足の叔父、弥気は鎌足の父である。なぜ「中臣氏系図」に前述の人々の記載がないのか。理由は常陸国出身の中臣氏でなかったからである事は前述（一八二頁）した。

始祖神祭祀の中臣氏と氏神祭祀の藤原氏との相違

欽明朝から用明朝までに登場する鎌子・勝海・磐余連の三人は物部氏・大三輪氏と組んで、崇仏に反対した活動をしたが、物部氏と組んでの反対運動だったから、物部氏が蘇我氏と戦って敗北した事で（崇峻天皇元年七月・五八八年）、史上に登場しなくなった。

推古朝に登場する麻呂と烏摩侶は豊前国の中臣氏である。蘇我馬子が用明天皇二年四月、豊前国の豊国法師を天皇の病気治癒のため呼んだ時、法師と共に宮廷出仕し、推古朝に活動したのである。その事は推古天皇二十年二月二十日条に、「皇太夫人堅塩媛」の改葬の儀に、蘇我馬子の誄を代読している事が証している。

豊前国の中臣氏は、畿内の中臣氏のような排仏の立場には居なかった。その事は常陸国の中臣氏も同じであった。

常陸国の中臣氏は鎌足の父と叔父の活動に依って宮廷内の地位を固めていったのだが、鎌足の父の弥気が宮廷で奉仕したのは壬生にかかわる内廷（後宮）であった。その事は第二章でも述べたが、『日本書紀』（推古天皇十五年二月一日条）に、

壬生部を定む。

とある。この壬生部に大和国の多氏がかかわっていたから（その事は時代が下るが多品治が湯沐令であった事が証している）、壬生部設立と共に多氏と深くかかわる常陸の中臣氏が宮廷出仕したのであろう。

高橋六二は「ミブと文学――多氏の職掌をめぐって――」で多品治の「湯沐令」について、滝川政次郎・直木孝次郎・利光三津夫・梅田義彦・横田健一の見解を示し、注目すべきは横田健一の見解だとし、横田見解を採っている（横田見解は前述した）。そして「湯沐は壬生にある証左は大嘗祭の次第に求められる」と書き、『延喜式』践祚大嘗祭の記事を示して、左のように書く。

大嘗祭において主殿寮が「供奉御湯」・「供奉大斉場」・「御湯沐畢」・「供奉御浴」・「供御湯」・「供御湯畢」に携っているのは、これすべて同一義の表現と見て不都合あるまい。しかして、これらは如何なる意義を有するものであつたのか。

（中略）

ここでさらに臆説が許されるならば、前記の如き大嘗祭における「湯」一群の語彙は、「湯沐」の同

義語とみて、これにはミブ――貴子を養育するとの意――の信仰の投影されているものとして不可ないのではなかろうか。結局、湯沐といふのはミブといふのと同じものだと考へるのである。

私は高橋見解を採る。(8)

この論考は「国学院雑誌」(六七巻二号)に発表されたもので、折口信夫の弟子だから、「湯沐」を折口信夫が書く、皇子誕生の時の禊ぎの儀に、壬生・湯沐の原義があるとも述べている。

折口信夫は「中臣の語義――中臣の考察(一)――」で、

中臣は中つ臣だ。すると中皇命――神と天子との間に立たれる尊いお方――と同じ意味で、天子とその他の宮廷の人たちとの間に立っている臣だと、こう考える。これが誰にも当りさわりのない考えであると思う。(9)

と述べているが、折口見解は『新撰姓氏録』が、多(太)朝臣と春日朝臣を「仲臣」と書いて、「中臣」と区別している事実を無視している。「仲臣」の多朝臣は神武天皇、春日朝臣は孝昭天皇の後裔であり、出自が中臣氏とまったく相違する。その事を折口見解は無視して、「中臣の職掌と分派――中臣の考察(二)――」では、左のように述べている。

中臣天神寿詞を通じてみえることは、中臣の古い仕事は禊ぎの水に関することだといえる。そのうち、禊ぎの水が復活の信仰を忘れ、産湯ということを忘れて、もっぱら食物の水と考えられるようになっていった。こういう道筋が考えられる。(10)

この「禊ぎの水」は卜占の中臣氏でなく仲臣の多氏の役職であった。その事は多氏の始祖の名が「神八井耳命」である事から言える。「八井」の「八」は「八百万《やおよろづ》」の「八」で多数の意であり、「多くの井」という氏名である。ところが「中臣寿詞」には「中臣の遠祖天児屋命」は、天上に昇り、カミロキ・カミロミの男女神から、左のように言われている。

「この玉櫛《たまくし》を刺《さ》し立てて、夕日より朝日の照るに至るまで、天つ詔《のり》との太詔《ふとのり》と言《こと》をもちて告《の》れ。かく告らば、まちは弱韮《わかひる》にゆつ五《い》百篁《ほたかむら》生《お》ひ出《い》でむ。その下より天の八井出でむ。こを持ちて天つ水と聞《きこ》しめせ」と事依《ことよ》さしまつりき（○印は引用者）。

この祝詞には多氏の始祖の氏名、「神八井耳命」の「八井」が記されており、この祝詞は本来は「仲臣寿詞」であったのが、卜者の中臣氏が成り上って「仲臣《なかつおみ》」から「中臣《なかとみ》」の「寿詞」になってしまったのである。

この成り上りの中臣氏は常陸の中臣氏で、河内・摂津の中臣氏ではない。この事は「中臣」を「藤原」に変えただけでなく、「始祖神」以外に常陸系のみが「氏神」を作り、「氏神」に冠位を与えている事は本章の冒頭で述べた。『続日本紀』の宝亀八年（七七七）は、光仁天皇が即位して八年後である。

光仁天皇は八代続いた天武系の天皇から、天智系に変った初代天皇である。その系図を示す。

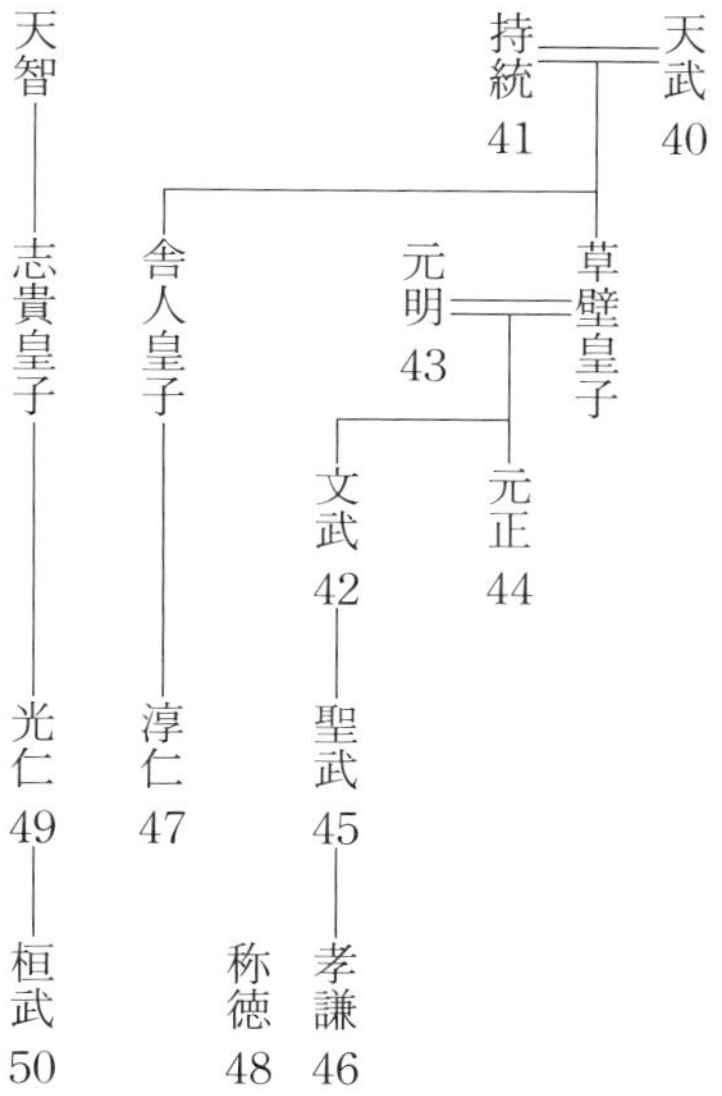

天武即位の六七三年から光仁即位の前年七六九年まで、百年間は天武系皇統であったのが、百年後天智系に皇統が変った藤原氏は、「氏神」を「始祖神」以外に作り、「氏神」のみに官位を与え、始祖神を無視している。更に光仁天皇即位の二年前の神護景雲二年（七六八）十一月九日に、常陸の鹿島神宮の祭神を大和へ移して、春日神宮を創設している。この事を実行したのは内大臣藤原良継である。彼は春日神宮を創設して十一年後に病気になり、氏神の鹿島と香取の神にのみに位階を与えて始祖神のアメノコヤネを無視している事は本章の冒頭で書いた。この事実から見ても始祖神を祭祀する河内・摂津の中臣氏と、氏神のタケミカッチを主神とする藤原朝臣・大中臣朝臣に成上った中臣氏を、単純に同系として論じられない。

［注］

（1）津田左右吉『津田左右吉全集第三巻』（一一八～二二一頁）岩波書店　一九六三年
（2）宮井義雄『律令貴族藤原氏の氏神・氏寺信仰と祖廟祭祀』（一二三頁）成甲書房　一九七八年
（3）折口信夫「神名の釈義」『折口信夫全集第七巻』所収　平凡社　一九六六年
（4）西宮一民『新潮日本古典集成　古事記』（三六六～六七頁）新潮社　一九七九年
（5）井上辰雄「大化前代の中臣氏」『古代王権と宗教的部民』所収　柏書房　一九八〇年
（6）三品彰英「首露伝説」『日鮮神話伝説の研究』所収　平凡社　一九七二年
（7）岸俊男「光明立后の史的意義」『日本古代政治史研究』所収　柏書房　一九六六年
（8）高橋六二「ミブと文学」「國學院雜誌」六七巻二号
（9）折口信夫「中臣の語義―中臣の考察（一）」『折口信夫全集ノート編第二巻』所収　中央公論社　一九七〇年
（10）折口信夫「中臣の語義―中臣の考察（二）」注（9）前掲書所収

九章　天孫降臨神話に秘められた実相と中臣・藤原氏

豊前国宇佐で結婚した中臣・藤原氏の始祖実相

天皇紀で中臣氏が最初に登場するのは、『日本書紀』の神武天皇紀に記されている神武天皇の東征伝承のトップ記事である。

行きて筑紫国の菟狭《うさ》に至りたまふ。時に菟狭国造が祖有り。号《なづ》けて菟狭津彦・菟狭津媛と曰《い》ふ。乃《すなは》ち菟狭《うさ》川の上に一柱騰宮《あしひとつあがりのみや》を造《つく》りて饗奉《みあへたてまつ》る。是《こ》の時に、勅《みことのり》して菟狭津媛《うさつひめ》を以《も》ちて、侍臣《まへつおみ》天種子《あめのたねこ》命に賜妻《めあは》せたまふ。天種子《あめのたねこ》命は、是《これ》中臣氏が遠祖《とほつおや》なり。

『古事記』は左のように書く。

即《すなは》ち日《ひ》向《むか》自《よ》り発《た》たして、筑紫に幸行《いでま》しき。故《かれ》、豊国《とよのくに》の宇沙《うさ》に到りましし時、其の土人《くにひと》、名は宇沙都比《うさつひ》古《こ》・宇沙都比売《ひめ》（此ノ十字は音を以ゐる）の二人、足一騰宮《あしひとつあがりのみや》を作りて、大御饗献《おほみあへたてまつ》りき。

この『記』『紀』の事例から見ても、『紀』の、

勅《みことのり》して菟狭津媛《うさつひめ》を以《も》ちて、侍臣《まへつおみ》天種子《たねこ》命に賜妻《めあわ》せたまふ。天種子命は、是《これ》中臣氏が遠祖《とほつおや》なり。

という記事は作文である事は明らかである。しかし作文であっても、『日本書紀』に書き入れる理由はあった。なぜなら『豊後国風土記』の冒頭に、

豊国直等が祖、菟名手《うなて》に詔《みことのり》したまひて、……豊前《とよのくにみちのくち》の国仲津《なかつ》の郡《こほり》の中臣の村に往き到りき。

とあり、菟狭の地がある豊前国には中臣村があったからである。「中臣郷田中森」とあると書くが、『太宰管内志』は「仲津郡草場村、古《いにしへ》は中臣村と云《い》ひし」とあり、大宝二年（七〇二）の豊前国仲津郡丁里戸籍（『正

倉院文書』古編一）にも、「中臣部黒麻呂」の氏名が載り、『日本書紀』の中臣氏の祖の天種子命と菟狭津婚の結婚記事は作文でも、中臣氏が豊前・豊後の豊の国に居住して居たことは確かだから、中臣氏の始祖の宇佐での結婚譚が作文でも理由はある。

『尊卑分脈』に載る「中臣氏系譜」の冒頭には、左の系譜が載る。

天兒屋根尊——天押雲命——天多禰伎命——宇佐津臣命——御食津臣命——伊賀津臣命

「天多禰伎命」には「天」が冠されているのは、この神は前述した神武東征伝承に載る日向国から神武天皇に随行していた「天種子命」である。したがってこの系譜の「宇佐津臣命」は、天多禰伎命（天種子命）と宇佐津姫（神武天皇紀が書く「菟狭津媛）との間に生まれた子である。この室町時代初期成立の『尊卑分脈』に載る「中臣氏系譜」からも、中臣氏の出身を河内・常陸出身と主張する事は出来ない。

問題は神武天皇紀になぜ日向の地に藤原・中臣氏の始祖が居て、宇佐で菟狭津《うさつ》姫と結婚した記事を、『日本書紀』が記しているかである。私は拙著『日本書紀成立考』で詳論したが、『日本書紀』の編纂に藤原不比等が関与していたから、藤原不比等が記入した記事と推測している。

私が調査した限りでは、藤原・中臣氏を論じた論考で、神武天皇紀の神武天皇の東征記事の冒頭で中臣氏の始祖の「侍臣天種子命」が、宇佐で菟狭津臣と結婚した記事について論じた論考はない。

この神武天皇紀で問題にすべきなのは、神武天皇の出発地の日向国である。日向国は古くは現在の宮崎県・鹿児島県を総称して言った、『続日本紀』和銅六年（七一三）四月三日条に、

日向国の肝坏《きもつき》・贈於《そお》・大隅《おほすみ》・始羅《あひら》の四郡を割《さ》きて、始めて大隅《おほすみ》国を置く。

とあり、和銅六年に新設された大隈国が鹿児島県になっている。

この『続日本紀』の記事より十二年前の大宝元年（七〇一）四月三日条に、左の記事が載る。

勅《みことのり》して山背《やましろ》国葛野《かどの》郡の月神・樺井《かばゐ》神・木嶋《このしま》神・波都賀志《はつかし》神等の神稲《かむしね》、今より以後《いご》、中臣氏に給《きゅう》す。

この四神のうち波都賀志神は中臣氏が祀る高御魂《たかみむすび》神社であり、木嶋神は秦氏が祀祀する天照《あまてらすみむすび》御魂神社であり、月神も秦氏にかかわる月読神社である。その事は『延喜式』神名帳が月読神社について「松尾末社」と書いているが、松尾神社は秦氏の氏神である。このように秦氏祭祀の神社の神稲を「中臣氏に給す」とある事は、前述した「秦王国」と言われている豊の国（豊前・豊後）に中臣村があり、『豊後国風土記』が書く中臣村に飛来して来た白鳥伝説と、同じ伝承である事と関連している。更に注目すべきは前述の中臣氏に給する四社の神稲のうち、山城国へ来た大隅隼人が祭祀していた月神（樺井神）の神稲が、中臣氏に給されている事である。

天孫降臨の「高千穂」は大隅国の霧島山連峰（一）

『古事記』の天孫降臨神話は、出雲国の国譲り神話が書かれた後、出雲国と無関係に、

日向の高千穂の久士布流多気《くしふるたけ》に天降《あまくだ》りまさしき。

とあり、なぜか出雲とはまったく無関係に、日向国が登場する。問題は「日向の高千穂の久士布流多気」である。

本居宣長は『古事記傳第十三之巻』で、

天降坐于《アマクダリイマス》竺紫日《ツクシノヒ》向之《ムカノ》高千《タカチ》穂《ホ》之《ノ》久《ク》士《シ》布《フ》流《ル》多《タ》気《ケ》。

とある記事について、

此ノ山の事、上にも云《イヘ》る如《ゴト》く、其《ソレ》とおほしき、二処《フタトコロ》に有《アリ》て、いとまぎらはし。

と書いている。そして、

其一《ソノヒトツ》は、今も高千《タカチ》穂《ホ》嶽《タケ》と云《イヒ》て、かの風土記に見えたる、臼杵《ウスキ》郡なる是《コレ》なり。

と書き、更に左のように書く。

今一《イマヒトツ》は、諸懸《モロアガタ》郡にありて、霧島《キリシマ》山と云《イ》ふ。（中略）此山《コノヤマ》は、日向国の南の極《ハテ》にて、大隅国の堺《サカヒ》なり。
（中略）書紀に襲之《ソノ》高千穂峯ともあればなり。

そして結論として、「どちらにもきめかねる」と書いている。この本居宣長の「どちらにもきめかねる」が通説化しているが、私は「日向国の南の極にて、大隅国の境」にある「襲之《その》高千《たかち》穂峯《ほのみね》」を、天孫降臨の峯と推測する。

日向国臼杵《うすき》郡の高千穂嶽でない理由は、『古事記』が、

此地《このち》は韓国に向ひ、笠沙《かささ》の御前《みさき》を真来《まき》通《とう》りて、朝日の直《ただ》刺す国、夕日の日照《ひて》る国なり、故、此地は甚《いと》吉《よ》き地。

と書いているからである。「此地は韓国に向ひ」の「韓国」については後述するが、「笠沙の御前」の場所は明らかである。「笠沙の御前」は鹿児島県川辺郡笠沙町の「野間岬」である。この場所の比定に異論はない。

天孫ニニギは降臨すると、このような行動をとっている。

笠沙の御前《みさき》に、麗《うるは》しき美人《をとめ》に遇《あ》ひたまひき。

天孫は日向国と大隅国の境界の霧島山系に降臨したから、大隅国の「笠沙の御前」へは簡単に行けるが、豊後国に近い臼杵郡の高千穂嶽からは笠沙の御前は遠すぎて、神話であっても行けない。無理である。直線でも霧島山系の降臨地とくらべると二倍半以上遠地にあり、この地から笠沙岬に落ちる夕日は拝せない。さらに笠沙岬方位には、白岩山（一六四五メートル）、国見岳（一七三九メートル）、南には江代山（津野岳ともいう。一六〇七メートル）などが屏風のようにつらなり、神話であっても臼杵郡の高千穂は「笠沙《かささ》の御前《みさき》に真来通《まきとお》り」にはならない。「笠沙の御前に真来通り」と結びつくのは、大隅国の高千穂（霧島）連峰である。

以上述べたように『古事記』の天孫降臨記事の高千穂の地は、大分県に近い高千穂でない事を、はっきり証している。そのことは、

「此地《このち》は韓国に向ひ、笠沙《かささ》の御前《みさき》を真来通りて、朝日の直刺す国、夕日の日照る国なり。故、此地は甚《いと》吉《よ》き地」と詔《の》りたまひて、底津石根《そこついわね》に宮柱布斗斯理《みやはしらふとしり》、高天の原に永椽多迦斯理《ひぎたかして》坐《ま》しき。

故に爾《ここ》に天受売命《あめのうづめ》に詔《の》りたまひしく、「此の御前《みさき》に立ちて仕《つか》へ奉《たてまつ》りし猿田毘古《さるたひこ》大神は、専《もは》ら顕《あら》はし申《もう》せし汝《いまし》送り奉《たてまつ》れ」

と書かれていることからも言える。「御前」は「笠沙岬《かささ》」であるが、この御前は九州の地図を見れば明らかだが、神話であっても大分県との県境の宮崎県の高千穂でなく、鹿児島県の高千穂である事を、はっきり証明している。

天孫降臨の「高千穂」は大隅国の霧島山連峰（二）

『日本書紀』の天孫降臨神話は更にはっきり、大隅国の高千穂に天孫が降臨した事を証している。『古事記』が「此の御前」と書く岬を『日本書紀』本文は、「吾田《あた》の長屋《ながや》の笠狭《かささ》の碕《みさき》」と書いており、「笠狭の碕」は「アタ（吾田）」にある。『鹿児島県の地名』（日本歴史地名大系47）は「阿多郡」について左のように書く。

「古事記」上巻、「日本書紀」神代下には、ホノニニギとコノハナサクヤヒメの結婚の神話がみえ、コノハナサクヤヒメのまたの名をカムアタツヒメといい、これは阿多地方に関連をもつものとされる(1)。

「阿多地方」は「阿多郡」の事だが、「笠沙の御前」の「野間岬」のある「川辺郡」の北に隣接して「笠狭岬」がある。前述したが『日本書紀』は「吾田の長屋の笠狭の碕《みさき》」と、「野間岬」を書いているから、韓国岳を主峯とする霧島（高千穂）連峰に降臨した天孫ニニギは、霧島山から見た冬至の夕日が落ちる「笠沙の碕」に向う寸前に、阿多（吾田）で神吾田津姫（鹿葦津《かしつ》姫・木花之開耶姫）に会ったのである。この『記』『紀』神話の記述からも、この地から遠く離れた大分県に近い地の高千穂山系ではなく、鹿児島県の高千穂山系が天孫降臨の地であることは明らかである。

『日本書紀』の一書の第四は、

日向の襲《そ》の高千穂の槵日《くしひ》の二上峰《ふたかみのみね》の天浮橋《あまのうきはし》に到《いた》りて、浮渚《うきじ》在《まり》之平地《たひら》に立たし、膂宍《そしし》の空国《むなくに》の頓丘《ひたを》より覓国《くにま》ぎ行去《とほ》り、吾田《あた》の長屋《ながや》の笠狭《かささ》の御碕《みさき》に到《いた》ります。

と書き、降臨した天孫ニニギは、降臨すると「痩《や》せた不毛の国から丘続きに良い国を求めて行かれた（膂宍の空国の頓丘をより覓国ぎ行去り）」とあるが、この記述から見ても同じ鹿児島県の山に降臨して鹿児島県の海辺に行ったのならわかるが、宮崎県と大分県の県境に近い高千穂に降臨して鹿児島県の西南の岬に行ったという神話は、神話でも無理な神話で成り立たないから、私は天孫降臨の「高千穂」は大隅国の霧島山連峰と見る。

高千穂（霧島）山系の最高峰は「韓国岳」（一七〇〇メートル）であり、次の高峯が高千穂峰（一五七四メートル）である。最高峰が高千穂峰でなく韓国岳なのは、『古事記』の天孫降臨神話が、

　此地は韓国に向い、……甚吉《いとよ》き地、

と書いているのと無関係ではない。

西郷信綱は『古事記』の「韓国に向ひ」について、『古事記注釈』（第二巻、平凡社、一九七六）で左のように書く。

　「韓国に向ひ」というとき、朝鮮半島のことが念頭にあったであろう。降臨が「筑紫の日向」になされた以上、そこに朝鮮半島のことが出てくるのは、そう不条理ではない。朝鮮半島からの新しい文化の波は筑紫の地をまず洗ったはずだから、「韓国に向ひ」と下の「朝日の直刺す国」とは、脈落がつかなくもない。（中略）だがにもかかわらず、「韓国」が朝鮮であっては、下の「真二来-通笠沙之御前一」とどうしても折合わない。それに、これは北九州ではなく南九州の話なのだから、なおのことそうである。カラクニはやはり書紀にいう「空国」に同じであろう。(2)

と述べている。倉野憲司は「韓国」について『古事記全註釈』（第四巻、三省堂、一九七七）で、左のように

述べている。

向二韓国一　韓国は文字通り朝鮮で、その国と相対してゐるの意。仮令韓国は見えなくとも、韓国を意識した語である。今、韓国岳といふ山があるのも偶然ではあるまい。（中略）然るに記伝には「韓は借字にて、空虚国《カラクニ》の義《コヽロ》にて、即《チ》書紀の空国《ムナクニ》なり。」と述べてゐるが、これは誤りである。[3]

と書いて、「韓国岳」という山が霧島山系にあるからの「韓国」と見ているから、倉野憲司の天孫降臨の山は韓国岳のある大隅の高千穂連峰であるが、西郷信綱は本居宣長の「空国」説に同調しているから、現実の高千穂の地を比定していない。私は本居宣長・西郷信綱の「空国」説は採らない。私は倉野憲司が書く韓国岳のある大隅の高千穂連峰が、『記』『紀』の書く天孫降臨の地と見ている。

日向国の古墳群についての考古学者の見解

しかし倉野見解の「韓国は見えなくとも、韓国を意識した語」と書く見解には、賛同出来ない。理由は天孫降臨の地が九州の北端の福岡県でなく、最南端の鹿児島県である事である。この地から韓国本土に向いて「甚吉《いとよ》き地」などと書くはずはない。したがってこの韓国は韓国本土でない韓国である。

倉野憲司は霧島山系に韓国岳がある事と「韓国」を結びつけているが、「韓国に向ひて」と『古事記』は書いているのだから、韓国岳の「韓国」ではない。この天孫降臨の高千穂岳のある霧島山系が、「韓国」に向いているから、この地が「甚吉き地」なのである。

倉野憲司は霧島山系に韓国岳がある事に注目しているが、『古事記』は天孫降臨の山を、

日向の高千穂の久士布流多気《くしふるたけ》、

と書き、『日本書紀』は左のように書く。

日向の襲《そ》の高千穂峯《たけ》　本文

日向の高千穂の槵触峯《くしふるたけ》　一書の第一

日向の槵日《くしひ》の高千穂の峯　一書の第二

日向の襲の高千穂の槵日の二上峰《ふたがみたけ》　一書の第四

日向の襲の高千穂の添山峯《そほりやまのたけ》　一書の第六

日本思想大系『古事記』（岩波書店）で、「クシ（ジ）フル」は、韓国の「三国遺事・駕洛国記にみえる首《しゅ》露《ろ》王の亀旨峯《くしふる》への天降り神話と同名」と書く。『記』と『紀』の一書の第一の天孫降臨神話の降臨の山の名が、韓国の加耶国の始祖王の降臨の地名と、まったく同じであることは見過すことはできない。

三品彰英も「古事記と朝鮮」と題する論考で『記』『紀』が書く降臨神話の降臨地の「久士布流多気《くしふるたけ》」（『古事記』）、「槵触峯《くるふるたけ》」（『日本書紀』一書の第一）の「クシフル」は、韓国の加耶国・新羅国の始祖王の降臨神話の降臨地の「クシフル」と一致すると書いて、さらに新羅王の始祖降臨神話の降臨地の「徐伐」（sophur）は、「わが天孫降臨の聖域ソホリと同名である。新羅のソフルは王都を意味するが、原義的には神霊の来臨する聖処を呼んだ言葉である」と書き、『日本書紀』の一書の第一が「クシフルタケ」と書くのと、一書の第六が「ソホリヤマノタケ」と書いているのは、「クシフル」と「ソホリ」は韓国語で同義だからと書く[4]。

小学館版『日本書紀・一』も頭注で、「ソホリは王都を意味するソシモリと同根の語」と書き、『日本書紀』の素戔嗚尊が「新羅国に降り到り、曾戸茂梨《そしもり》の処に居す」とある記事を示して、「現在の大韓民国の首都のソウルも同じ語」と書いている。クシフル＝ソフリ＝ソシモリは、韓国語の「王都」「首都」の意である。このように韓国とかかわるのは、韓国岳を主峰とする高千穂（霧島）連峰の山麓に、韓国宇豆峯神社が鎮在している事から言える。

理由は後述するが、『古事記』の天孫降臨神話は、この地が「韓国に向ひ、……甚吉《いとよ》き地」と書いているのだから、この天孫降臨の山に「直刺《たださ》す」朝日の昇る方位に「韓国」があり、夕日の日照る方位に「笠沙《かささ》の御前《みさき》」があるのである。「笠沙の御前」は鹿児島県川辺郡笠沙町の「野間岬」である事は前述した。つまり「野間岬」に夕日の落ちるのを拝せるのが、天孫降臨の山なのである。

では「笠沙の御前」に落ちる夕日を高千穂の霧島山から拝するのに対し、朝日の昇る方位にある「韓国」の地はどこにあるのか。その地は左の地である。

宮崎県西都市の西都原古墳群。

この地については、第二章で「日向国の西都原古墳群の加耶系技術と遺物」という見出しで論じたが、この古墳群を鈴木重治は「宮崎県下の主要古墳の変遷概要」で、四世紀末期から最盛期の五世紀の古墳群と書いているが(5)、西都原古墳群とその周辺が、天孫降臨の「日向の高千穂の久士布流多気《くしふるたけ》」から見れば、「韓国」の地であった。

この地が「韓国」であることは、前述した。日高正晴（西都原古墳研究所所長）は『古代日向の国』と題する著書で「日向特有の墓制と古伽耶の古墳」と題して、西都原古墳群は「地下墓拡と墳丘の複合形式の墳墓が、全国的にみて、日向以外には存在しない特異な墓制である」と書き、「西都原地下式四号墳の玄室のような長方形型玄室の短側壁から出入りする閉塞した内部構造の古墳は、韓国洛東江流域の古伽耶《かや》地方一帯に認められる」と書いているからである。(6)

西都原古墳の最大級の円形墳である一六九号墳出土の舟形埴輪についても、日高正晴は韓国の国立博物館にある船形土器の三点と同一であり、これら三点の出土地は明らかではないが、北野耕平の論証では韓国慶尚南道中央部の洛東江下流地域に限定されているとしている。(6) 更に鈴木重治も韓国の慶尚南道国城邑松鶴洞一号墳の地下式横穴と、西都原古墳群の九二号・九五号・九九号・一〇〇号墳の墳丘長・後円部径・前方部幅がほぼ共通である事からも、加耶との密接な関係を述べている。(7) この地から昇る朝日を高千穂連峰から拝せるから、「韓国に向い」である事を更に詳論する。

『古事記』の天孫降臨神話の「韓国に向ひ」について

『古事記』の天孫降臨神話の、

韓国に向ひ、笠沙の御前を真来《まき》通りて、

は、次の言葉が重要であり、この言葉の地を具象化したのが「韓国」と「笠沙の御前」である。その言葉とは左の表現である。

朝日の直刺す国、夕日の日照る国……。

『古事記』(雄略記)の「天語歌《あまかたりうた》」には、「纒向《まきむく》の日代《ひしろ》の宮」(景行天皇の宮)を、

朝日の日照る宮、夕日の日影《かげ》る宮、

と書いている。『祝詞式』の竜田神社の条にも、「吾宮《わがみや》」は、

朝日の日向《ひむか》う処《ところ》、夕日の日隠《かげ》る処、

とあり、大和の丹生《にゅう》大明神の「告文」にも、

朝日なす輝く宮、夕日なす光る宮、

とある。また『皇太神宮儀式帳』は伊勢の国を、

朝日来向《きむか》う国　夕日の来向う国、

と書いている。この「国讃め」は天孫降臨神話で左のように書くのと同じである。

朝日の直刺《たださ》す国　夕日の日照《ひて》る国。

天孫降臨神話は朝日の地が「韓国」、夕日の地が「笠狭《かささ》の碕《みさき》」と、地名を示しているが、問題は「韓国」である。

天孫降臨神話が韓国の加耶の首露神話と類似していることは、今から七十五年前の昭和十八年（一九四三年）の戦時下に刊行された、三品彰英の著書、『日鮮神話伝説の研究』に記載の「首露伝説」の左の記事が証している。

かつて首露の降った亀旨峯がキシフルと読まれ、わが天孫降臨の槵触《くしふる》と同一名であることが論じられたことがある。もちろん亀旨を音読してキシフルと読んだのは誤りであるが、そうした論者とは別な読解によれば、亀旨はkui muriであって、ku(shi)furuへの転訛の可能性は充分考えられよう。がそれはと

にかくとして、神話上の構想において彼我相互に等しい節々が少なくない。まず何びとも気づくであろうことは、天孫降臨神話の神勅と首露降臨の神宣との類似で、

「此ノ豊葦原ノ水穂国者ハ、汝将レ知国《シラサンクニゾト》、言依賜《コトヨサシタマフ》、故、隋ニレ命ノ以可シ二天降ル一、」（『古事記』）

「皇天ノ所二以命ズルレ我ニ者ハ、御シ二是処ヲ一、惟レ新ニシ二家邦ヲ一、為レ二君后リ一、為ノレ茲故ニ降ルナリ矣、」（『駕洛国記』）

の両文を比較すれば、思い半ばに過ぐるものがあろう。わが神話におけるこの神勅の展開、およびその歴史的意義については別稿で論じたところであるが、今民俗学的に見ても、天神（皇天）の声としての「のりごと」における両者の類似もまた注意すべきである。[8]

このように加耶国の初代王の降臨神話と、『記』『紀』の降臨神話が一致するのは、『記』『紀』神話の降臨地の居住氏族と関連しているからである。この地に古くから居住していたのは大隅隼人だが、この地には大和王権の命令で秦王国の豊前国から人々が移住して来ている。天孫降臨神話の霧島山系の山麓には、『延喜式』の式内社の韓国宇豆峯神社（鹿児島県霧島市国分上井）や、式内大社の鹿児島神宮（鹿児島県霧島市隼人町内）が祀られている。この鹿児島神宮は「大隅正八幡宮」と言われているが、私は拙著『秦氏の研究』で「鹿児島神宮――なぜ『大隈正八幡宮』というのか――」と題して、なぜ「正」が冠されているかを書いた。

豊前国の宇佐八幡宮については、拙著『神社と古代王権祭祀』や『秦氏の研究』で、本来の八幡神は秦王国の加耶出身の人々が祭祀していた神で、初期の祭祀氏族は金海加耶出身の秦氏系の辛（韓）島氏である事を詳述した。この辛島氏（「辛島」は「韓島」）について中野幡能が『八幡信仰』で書いている文章は長文だが、無視出来ない事実を述べているので、そのまま引用する。

『承和縁起』所収の辛嶋家主解状によると、

大御神者、初天国排開広庭天皇御世、宇佐郡辛国宇豆高島天降坐（下略）

とある。『八幡宇佐宮託宣集』では、辛国宇豆高島を大隅の韓国宇豆峰神社にしているが、解状には「宇佐郡辛国宇豆高島」とあるので大隅（鹿児島県）ではないはずである。……豊前国宇佐郡の中にある「辛国」村または「辛嶋村」と同じか又は辛国神を迎える聖地の意味であろう。

辛国の辛は韓、又は伽羅であろう。大伽羅国については『日本書紀』垂仁天皇二年の条にみえるが『魏志』によると狗邪韓国にあたり、現在の金海に比定されている。金海には有名な新石器時代（縄文）の遺跡（貝塚）があり、北九州との関係の深さを物語っている。それは、大伽羅の王子都努我阿羅斯等《つぬがあらしと》が美女のあとを追って日本に来たが美女は難波と姫島の比売許曽社の神になっていたとある。この垂仁紀の記事が物語っているように、伽羅国と北九州とは古くから深い関係をもっていた。

この金海（伽羅）の貝塚の附近に祠堂《サタン》が建っているが、ここは原始林と巨石の林立した、立派な「磐境」であり、近くに、円錐形の霊山「クシ峰」があり、この霊山に降臨した神を祀っているといっている。

宇佐郡にも「クシ峰」とそっくりの山があり、これを稲積山といっている。山麓に当たる所に「六神社」という小社がある。原始林の中にあり樹木は以前天然記念物に指定されていたという。ここには「陶村《すえ》」があり古くから辛嶋氏が住んでいた。(9)

このように中野幡能は『八幡信仰』で述べているが、「クシ峰」とは『古事記』の天孫降臨神話が書く、

日向の高千穂の久士布流多気《くしふるたけ》、

の「久士《くし》」であり、『日本書紀』の、

日向の高千穂の槵触峯

日向の槵日の高千穂の峯

日向の襲の高千穂の槵日の二上峯

の「槵」は「宇佐八幡神宮」の始源の祭祀氏族が祭祀する「クシ峯」と同じ「クシ」の峰である。この共通性はなぜか。

天孫降臨の地に八幡神が降臨したと書く文献

中野幡能は『宇佐八幡宮託宣集』は鹿島神は天孫降臨の大隅国の蘇於峯（霧島山）にしていると書いているが、『宇佐八幡宮託宣集』記載の記事を示す。

宇佐の菱形山に天童現われて言ふ。「辛国の城に始めて八流の幡を天降して、我は日本の神となれり」（中略）人皇第一主神、日本磐余彦尊、御年十四歳の時、帝釈宮に昇り、印鑑を受執り、日州辛国の城に還り來る、蘇於峯是也。蘇於峯は霧島山の別号也。

『八幡宇佐宮託宣集』は正応三年（一二九〇）二月十日に編集を開始し、正和二年（一三一三）八月に終了した。二十三年間かけて編纂された書で、著者は宇佐宮寺の学頭、神吽《じんうん》である。神吽が編纂を開始した直前に蒙古襲来（一二七四～一二八一）があり、その直後に編集が開始された。この『八幡宇佐宮託宣集』で注目すべきは、宇佐八幡神が降臨した「蘇於峯」は天孫降臨の霧島山の別号と書いている事である（「辛国」は「韓国」である）。

『八幡宇佐宮託宣集』は十四世紀初頭に成立しているが、原『古事記』の天孫降臨神話は七世紀末である。六百年余の後代でも天孫降臨神話の地は八幡神の降臨した地という伝承があるのはなぜか。理由は天孫降臨の地に大隅正八幡宮（鹿児島神宮）があるからである。私は拙著『秦氏の研究』で、この神社がなぜ八幡宮に「正」をつけているかについて論じた。「正」をつけたのは、宇佐八幡宮は「偽」だと主張しているからである（本来の祭祀氏族の辛島氏を排除し宇佐氏祭祀の神社だからである）。

中野幡能は『八幡信仰史の研究・上巻』（一九七五年・吉川弘文館）で、第一章を「原始八幡宮」、第二章を「応神八幡宮」と書いて区別し、宇佐氏・大神氏の祀る「応神八幡宮」に対し、辛（韓）島氏の祀る八幡信仰の宮を「原始八幡宮」と書いている。この原始八幡神を祀る大隅の神社を、「大隅正八幡宮」と称しているのは宇佐八幡宮を「正」ではないと主張しているからである。この主張は十四世紀初頭成立の『八幡宇佐宮託宣集』にも影響しているのは、宇佐氏や大神氏が祀る『八幡宇佐宮託宣集』が認めて、八幡神は宇佐ではなく大隅国の霧島連峰に降臨したと書いている事から言える。

理由は始原の八幡信仰の祭祀氏族に関係がある。

宇佐八幡宮については中野幡能の一九七五年刊のA５版上下二巻（合計九九六頁）の大著『八幡信仰史の研究』で、詳細に論じられているが、その大著の普及版が一九八五年に『八幡信仰』として刊行されている。この書で宇佐氏について結論的見解を述べているが、公文書で宇佐公の存在が初めて認められるのは、宝亀四年（七七三）正月十八日の「豊前国司解（『石清水文書』）」記載の文献に載る記事である。その記事には、「禰宜正六位上辛嶋勝与曽女と宮司外正八位下宇佐公池守」を解任し、大神朝臣田麻呂を任命したという記事が載る。この年の二月十日の「豊前国司解」に八幡大神の託宣として五ヶ条を上申しているが、その第五条に、大宮司に大神朝臣多麻呂（田麻呂と多麻呂は同一人物）、少宮司に宇佐公池守等を任命したとある。この「宇佐公池守」が公文書に載る「宇佐氏」の初見だから、中野幡能は『八幡信仰』で、左のように書く。

> ここに宇佐公池守は改めて少宮司として八幡宮に、参画することになっている。こうして宇佐氏が八幡宮に初めて登場するのである[10]。

この『豊前国司解』という公文書の記事からも、宇佐氏が鹿島神宮の祭祀に関与したのは宝亀四年以降である。宝亀四年は光仁天皇が即位して四年目で、この年の一月二日に桓武天皇になる山部皇子が立太子の式を行なっている。つまり「宇佐八幡宮」と言われている神社に、地元の宇佐氏が関与したのは桓武天皇以降である。桓武天皇の在位は七八一～八〇六年で、『日本書紀』の成立の養老四年（七二〇）より六十年も後代である。したがって藤原不比等は『日本書紀』の最終成立時には、土着氏族の宇佐氏の存在を知っていたのである。

中野幡能は『八幡信仰』で宇佐国造について、左のように書いている。

> 宇佐国造の事は、文献的には『日本書紀』や『先代旧事本紀』の『国造本紀』・『天神本紀』にみられるのであるが、宇佐では戦後駅館川《やくかん》（宇佐川）の東側に弥生時代の大集落跡が発見され、その台地一帯に三世紀の古稲荷古墳以来の古墳群が群集している。ことに九州最古といわれる四世紀赤塚古墳を始め、

五世紀の福勝寺（春日山）古墳、六世紀の鶴見古墳と続いており、現在、国の史跡風土記の丘に指定されている。恐らく宇佐君国造家の墳墓群とみて誤りはあるまい。(11)

このような宇佐君も八幡信仰に直接関与したのは八世紀末から九世紀初頭である。この事実からも八幡信仰は豊前に居住していた秦氏ら、加耶系氏族の信仰であり、彼らが天孫降臨神話の高千穂連峰の山麓に移住してきたから、高千穂連峰の最高峰を韓国岳と言い、この山を祭祀する辛国宇豆峯神社が山麓にあり、近くに大隅正八幡宮があるのである。八幡宮に「正」を冠している事実は、鎌倉時代に編集された『宇佐八幡宮託宣集』が八幡神の降臨地を天孫降臨の霧島山（蘇於峯）と明記しているのと一致している。この事実からも、『古事記』の「韓国に向ひ」の「韓国」は秦王国の人々が居住していた日向の西都原古墳群のある地を言ったと、私は推測するのである。

天孫降臨の山麓の地は豊前国の人々の移住地

天孫降臨の霧島山連峰の山麓に「仲川郷《なかつがわ》」がある。『鹿児島県の地名』（日本歴史地名大系47）は「仲川郷」について左のように述べている。

現牧園《まきぞの》町南部の中津《なかつ》川流域の上中津川《かみなかつがわ》・下中津川を遺称地として、その周辺一帯が郷域とみられる。（中略）仲川は古代の好字二字策に伴って仲津川から転じたと考えられるが、中津・仲津は豊前国仲津郡との関連が推定できるので、同郡からの移民によって形成されたことはほぼ確実であろう。

このように書いて、この地に移住してきた豊前国仲津郡の人々について、更に左のように述べている。

勝姓や秦部など渡来系との関連が指摘できる同郡は、西海道のなかでも先進的で、早い時期に造籍作業が行われ（大宝二年「豊前国仲津郡丁里戸籍」正倉院文書）、隼人勧導のための移民に適任とされたのであろう。仲川郷と稲積《いなづみ》郷には国府からの官道が通じていたことが想定される。(12)

豊前から移住してきたのは、「先進的」な「勝姓や秦部など渡来系」氏族と見て、正倉院文書の「豊前国仲津郡丁里戸籍」が記しているが、第二章で四八〇戸の豊前国仲津郡丁里の戸籍を示した。四八〇戸の戸数のうち二三九戸が「秦部」で、「勝」が一六一戸で、合計四〇〇戸である。四八〇戸のうち八〇パーセント以上が渡来系氏族である事からも、天孫降臨の地に豊前（秦王国）から移住したのは「韓国」の人だが、この豊前国中津郡丁里の戸籍には「中臣部」の記載もある。

更に「仲川郡」のある桑原郡には「大分郷」と、「豊国」を明記した「豊国郷」がある。この郷について『鹿児島県の地名』桑原郡条は、

「鹿児島県史」が推定域とする現始良《あいら》町豊留《とよどめ》は別府《べっぷ》川の流域にあり、大分郷比定地の蒲生《かもう》町北とも川筋で結ばれる。

と書いているが、(13)「大分郷」は豊前・豊後の豊の国の県名「大分県」と同じである。「大分郷」について『鹿児島県の地名』は、

交通上の要地で「日本後紀」延暦二三年（八〇四）三月二五日条に蒲生駅がみえ、薩摩国府と大隅国府を結ぶ駅家が設置されていた。近年薩隅国境から大隅国府に至る官道跡も具体的に推定されつつあり、移民による大分郷がこの地域に設置された背景もより確かなものになろう。

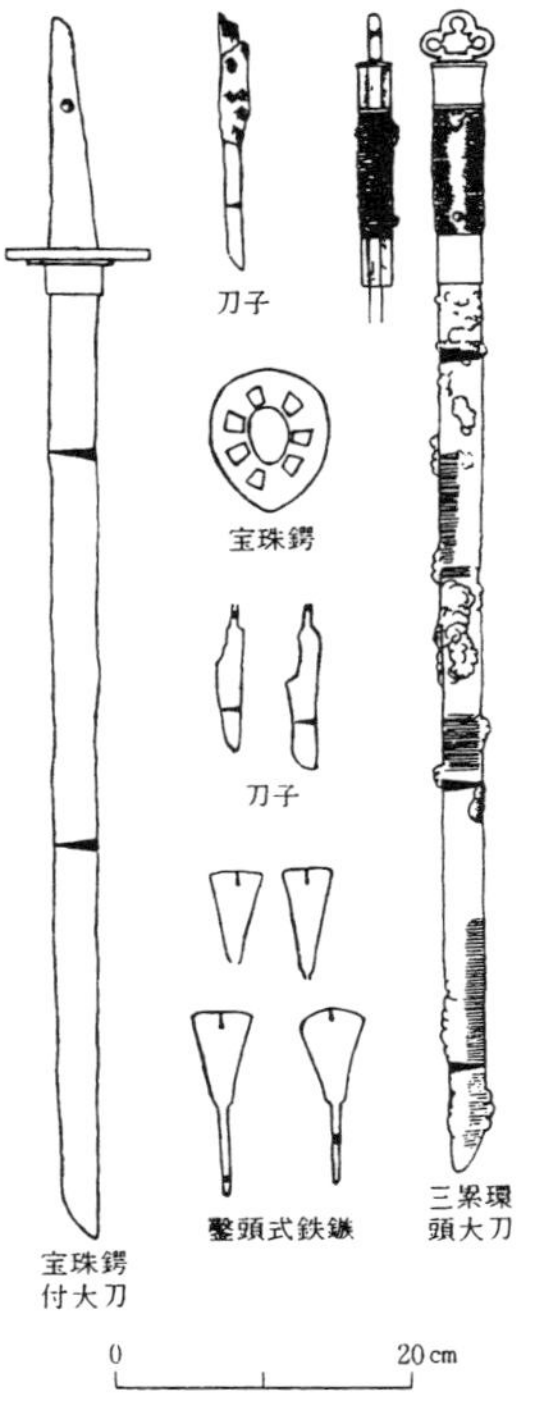

図14　亀ノ甲遺跡の副葬品

と書いている。(14)この中川郷・豊国郷・大分郷は、秦王国の豊前の地名だが、郡名の「桑原郡」の「桑」も隼人と関係がある。この桑原郡には「桑善郷《くわよし》」があるが、『鹿児島県の地名』は、「桑善郷」について左のように書く。

「鹿児島県史」は桑原郷の誤りかともし、郡家の所在地と想定、大隅国建久図田帳にみえる桑東郷《くわのとう》・桑《くわ》西《さい》郷にあたる地域で、現国分市府中《ふちゆう》であろうかと推定している。(14)

中村明蔵は「大隅国府の推定地とされる国分市府中の亀甲にある地下式横穴古墳から出土した金銅製三累環頭大刀」について、「この種の大刀は朝鮮半島南部の古新羅や伽耶地方から出土するものといわれ、朝鮮半島では五、六世紀に盛用されたものという。この大刀はおそらく豊前からの移住民によって南九州に持ちこまれたものであろう」（傍点は引用者）と書いている。(15)このような出土遺物から見ても、豊前国の秦王国の移住者たちが、天孫降臨地に居住していた事が確《たしか》められる。

中村明蔵が書く「金銅製三累環頭大刀」は、河口貞徳が『日本の古代遺跡・鹿児島』で国分市府中出土の「亀ノ甲遺跡の副葬品」として示す図14である。河口貞徳は「南朝鮮に出土例の多い側刀」と書くが、(16)「南朝鮮」は加耶・新羅である。時代は「五、六世紀」だが「共伴する須恵器が七世紀のもの」と書くから、推古朝から持統朝の間に、大隅隼人の地に来た加耶系の移住民の頭領の刀剣である。この地は大隅国の国府所在地で天孫降臨神話の降臨地である。亀ノ甲遺跡のある国分市には「式内社」の韓国宇《からくにう》豆《づ》峯《みね》神社があり、国分市に隣接する隼人《はやと》町に「大隅正八幡宮」と言われて今は『延喜式』で「大社」の資格で書かれている「鹿児島神宮」があるが、「韓国」を冠した神社と「正」を冠した八幡宮がある事は無視できない。国分市・隼人町の北に隣接し天孫降臨神話の霧島山系の山麓の牧園《まきその》町は、かつての大隅国桑原郷の仲川郷であることは前述（三五四頁）した。

以上述べたように『記』『紀』の天孫降臨神話の地の降臨の山の山麓は、豊前国の「秦王国」の人々の居住地である。この地から登る冬至の朝日の登る方位に、加耶から来た人々が関与した大古墳群があるから「韓国に向ひ」と書き、冬至の夕日の落ちる方位は「笠沙《かささ》の碕《みさき》」と書いたのである。

天孫降臨神話から見えてくる中臣氏の出自

天孫降臨神話は『日本書紀』の景行天皇紀が「豊国別王」が最初の日向国造の始祖と書く地の記事である。井上辰雄は『隼人と大和政権』で図1（七四頁）「大化前代の九州」を示し、日向国が記されていない理由を前述した（七四頁〜七六頁）が、重要だから再録する。

『古事記』が筑紫島の四つの国を紹介している中に、熊襲の国が見えることが注目されるのである。

「筑紫島、身一つにして面四つあり。面毎に名有り。故《か》れ、筑紫国を白日《しらひ》別《わけ》と謂《い》ひ、豊国《とよのくに》を豊日《とよひ》別《わけ》と謂《い》ひ、肥国《ひのくに》を建日《たけひ》向豊《むかとよ》久《く》士《じ》比《ひ》泥《ね》別《わけ》と謂《い》ひ、熊襲《くまそ》国《こく》は建日《たけひ》別《わけ》と謂《い》ふ」

そして「日向国」が欠けているのを、

日向はむしろ豊国の延長と考えられていたからである。[17]

と書いて、次に「大化後の九州」を図2（七五頁）で示し、左のように書く。

『旧事紀』が、筑紫島の四つの国に日向国を加え、「次熊襲国」として除外するのは、大化後、日向国が日向、大隅、薩摩を総称する国名としてあったからである。[17]

この井上辰雄の記事が示すように、九州の他の国と同じ国として「日向」が扱われたのは大化改新以後であり、それまでは「豊国」であったから日向国の初代国造は「豊国別皇子」である。

中野幡能の『八幡信仰史の研究』（上巻）記載の「九州古墳分布図」（八六頁所収の第1図）にある[18]「県別前方後円墳数」では、

宮崎県　一七八基

福岡県　一一一基

で圧倒的に宮崎県が多い。大分・佐賀・熊本・鹿児島・長崎の五県の総数が一四八基だから、宮崎県は、九州五県の合計数に近い前方後円墳のある地である。この事実は無視出来ない。

問題は私が調査した限りでは、畿内や常陸の中臣氏は論じられているが、豊の国（豊前・豊後）・日向・大隅に関与する藤原・中臣氏を論じた論考は、中臣氏豊の国出自説を発表している太田亮・中野幡能・黒田源次以外は皆無である。

以上の三氏は、中臣氏の畿内・常陸出身論者が無視している、中臣氏宇佐出身説だが、中野・黒田の両氏は太田見解に同意しているのであり、太田見解以上の新知見は示していない。太田見解については前述（九五〜九九頁）したが、太田亮の主張を整理して示す。

一　景行紀に、天皇熊襲親征の際、豊後の大野で直入中臣神を祭祀している事。太田亮は「近畿以外の地方に於いては見るべき分布を残して居ない中臣氏が、九州南部の山間の僻邑に中臣神を祀って居た事は驚異に値する」と書く。

二　神武紀に、「中臣氏の先祖の種子命が神武天皇の詔によって宇佐の菟狭津姫と結婚をして居る。古い事だから伝説に過ぎないが、伝説としても中臣氏と宇佐との間に密接な関係がなければ、このような伝説が生まれる訳のものでない。

三　豊の国に仲津郡があり、その郡内に中臣郷が和名抄に載っている（○印は引用者）。

四　大宝二年の仲津郡丁里戸籍に中臣部黒麻呂の名がある事。

中野幡能はこの太田論文を読んで、更に『豊後国風土記』の冒頭に載る、「豊前国仲津郡中臣村」の記事を加え、更に黒田源次の「中臣氏祖神攷」でも太田亮見解を踏襲して、中臣氏は豊前国仲津郡中臣村が出身地と主張していると書いている[19]。私は「中臣氏祖神攷」（大和文化研究、四巻一号）は読んでいないから、黒田見解の詳細は知らない。中野・黒田見解は太田見解に依っているが、私は中臣氏は対馬出身説だが、太田・黒田・中野の豊の国出身説は私見の補強になっている。

太田亮の見解は宇佐で中臣氏の祖が菟狭津姫と結婚した事も、中臣氏豊の国出身説の根拠にしているが[20]、中臣氏の始祖天種子命にとって、宇佐は菟狭津媛との結婚の場であり、出生地は日向である。そして、神武天皇の東征の出発地は天孫降臨の大隅であり、大隅が出生地になっている。その大隅の大隅隼人が祀る月神の神稲が中臣氏に給されている事実も無視出来ない。

更に注目すべきなのは、『古事記』の天孫降臨神話の「韓国に向ひ、……故、此地は甚吉《いとよ》き地」とある記事である。この韓国は宇佐八幡宮・加耶国・秦氏（秦王国）にかかわっており、更に中臣・藤原氏にもかかわる事を書いた。

その理由として中臣・藤原氏論では、私の知る限りほとんど論じられていない、『日本書紀』の神武天皇紀の東征記事の中臣氏の始祖が、宇佐の地で菟狭《うさ》津《つ》姫と結婚する記事と、中臣氏の始祖の天種子命の出身地の「日向」と、天孫降臨について論じた。本章で述べた事実から、古代の豊の国・秦王国の問題と八幡信仰を論じる事で、中臣・藤原氏の実像と原郷が対馬であることがより明らかになった。その事は次章で詳述する。

天孫降臨神話が大隅の高千穂山系で、八幡神も天孫降臨神話の山に降臨したという伝承があり、高千穂山系の山麓は秦王国の豊前国の人々の移住地で「元八幡宮」と称する神社があり、高千穂山系の最高峰が韓国岳であり、この地から冬至の朝日の昇る方位に、加耶の秦王国の人々が関与した古墳群がある。したがって『古事記』はこの地から昇る朝日を拝せる降臨地を「いとよき地」と書く。そして「いとよき」天孫降臨の山系を「クシフルタケ」と書くが、「クシフル」は加耶・新羅の始祖王降臨の「クシフル」と一致するが、『紀』の一書第六は、降臨の山を「ソホリ山」と書く。「ソホリ」は韓国語で「王都」の意である。この事実と中臣氏の始祖を日向出身と書く『紀』の神武天皇紀の記事、更にこの中臣氏の始祖が宇佐で結婚したと書き、中臣氏が大隅隼人が祀る神社の神稲を給されている事実も見過せない。

[注]

（1）『鹿児島県の地名』（九〇頁）平凡社　一九九八年
（2）西郷信綱『古事記注釈』第二巻（二七六頁）平凡社　一九七六年
（3）倉野憲司『古事記全注釈』第四巻（一八〇頁）三省堂　一九七七年
（4）三品彰英「古事記と朝鮮」『日鮮神話伝説の研究』所収　平凡社　一九七二年
（5）鈴木重治「宮崎県下の主要古墳の変遷概要」『日本の古代遺跡　宮崎』所収　保育社　一九八五年
（6）日高正晴「日向特有の墓制と古伽耶の古墳」『古代日向の国』所収　日本放送出版協会　一九九三年
（7）鈴木重治「西都原古墳群と地下式横穴」『日本の古代遺跡　宮崎』所収　保育社　一九八五年
（8）三品彰英「応神天皇と八幡神」『日鮮神話伝説の研究』所収　平凡社　一九七二年
（9）中野幡能『八幡信仰』（六六～六七頁）塙書房　一九八五年
（10）中野幡能　注（9）前掲書（一一八頁）
（11）中野幡能　注（9）前掲書（三五頁）
（12）日本歴史地名大系47『鹿児島県の地名』（五四〇頁）平凡社　一九九八年
（13）注（12）前掲書（五三八頁）
（14）注（12）前掲書（五三九頁）
（15）中村明蔵「鹿島神宮」『日本の神々（九州）』所収　白水社　一九八四年
（16）河口貞徳『日本の古代遺跡　鹿児島』（一六四頁）保育社　一九八八年
（17）井上辰雄『隼人と大和政権』（三一頁）学生社　一九七四年

（18）中野幡能「九州古墳分布図」『八幡信仰史の研究』（八六頁）吉川弘文館　一九七五年
（19）中野幡能『八幡信仰史の研究』（一一八頁）吉川弘文館　一九七五年
（20）太田亮「中臣氏と九州」『日本古代史新研究』磯部甲陽堂　一九二八年

十章　宇佐の「秦王国」にかかわる中臣氏と対馬

宇佐市出土の弥生時代の小銅鐸について

中臣氏が「豊国」と、「豊国別」と言われている「日向」にかかわる事は書いた。その事実の裏付があったから、私は藤原不比等は『日本書紀』の神武天皇の東征伝承のトップに、

行きて筑紫国の菟狭に至りたまふ。菟狭は地名なり。此をば宇佐と云ふ。時に、菟狭国造が祖有り。号けて菟狭津彦・菟狭津媛と曰ふ。乃ち菟狭川の上に一柱騰宮を造りて饗奉る。是の時に、勅して菟狭津媛を以ちて、侍臣天種子命に賜妻せたまふ。天種子命は、是中臣氏が遠祖なり。

とある記事を特に問題にした。この『日本書紀』の記述に依れば、中臣氏は大隅国が豊国別王を初祖とする日向国から分離する前の、「豊国」を「別《わけ》」た地の人物である。中臣氏の遠祖は河内・大和・常陸出身とする見解を、『日本書紀』が否定している。『日本書紀』は日向の天孫降臨の地から宇佐へ来た天種子命を、「是《これ》中臣氏が遠祖なり」と書いており、「種子」という名からも遠祖である事を示している。この記事は中臣氏畿内・常陸出身説を決定的に否定している。

この地は「豊の国」「秦王国」と言われている。「秦」は「秦氏」の「秦」であり、秦氏は拙著『秦氏の研究』『続・秦氏の研究』で述べたように、金海加羅出身の渡来氏族である。この加羅（耶）出身の渡来人たちは、いつ頃から、豊前・豊後の「豊の国」へ来たのであろうか。

三木彊は『宇佐神宮の原像』で、左のように述べている。

昭和五十二年、宇佐市別府での水利工事中、竪穴住居址から小銅鐸が発見された。九州は銅鐸圏外で

あり、しかも全高一一・八センチの小型とあっては、話題とならざるをえない。この竪穴は七・八×五・三メートルの大きさを持ち、床面に礫・土器片が層をなしてばらまかれていた。小銅鐸は、投げ込まれた不要の土器や小石の中から発見された。しかも、銅鐸は完形品でなく、人工的におし潰されて、あたかも二枚の銅板を重ねたようにみえた。小銅鐸の発見例は、朝鮮では平壌付近に多く、慶州にはまれであるが、別府小銅鐸が慶州市入室里のものと近似することが注目される。(1)

と書いている。

宇佐市教育委員会の昭和五十一年の調査報告書は、この韓国式小銅鐸について、

日本に伝来した時期は半島におけるⅡ類小銅鐸の行なわれた時期にあたり、日本の弥生時代前期末から中期後半（一世紀前半）に及ぶ間のある時期に宇佐地方にもたらされ、それから後期の期間まで伝世して、役割を終えたのである。

と書いている。

西谷正は「シンポジウム古代宇佐」で、「古代宇佐と朝鮮文化」と題して発言し、この小銅鐸は「朝鮮考古学を勉強している立場からいうと、おそらく朝鮮から、そういうお祭に使う道具をもって、朝鮮の人たちがやって来て、何年か後にその機能が失われた時点で埋められたと考えたい」と述べて、「この小銅鐸は朝鮮との係わりを示すひじょうに重要な遺物で、日本の銅鐸のモデルになったものが出土した事でも、大変注目される」と、考古学者の九州大学教授は発言している。(2)

高倉洋彰は「九州の銅鐸——宇佐市別府遺跡出土の小銅鐸について——」で、左のように書く。

宇佐市別府鐸は朝鮮小銅鐸の系統に属する。弥生時代終末期に廃棄された竪穴式住居を利用したゴミ捨て場的遺構から出土しており、伴出の土器などとともに投げ込まれていたと報告されている。終末期まで使用されたものであろう。

別府鐸は九州の弥生時代遺跡出土の諸鐸、あるいは近畿を中心に分布する銅鐸のいずれとも相違しており、朝鮮小銅鐸Ⅱ類に分類される。Ⅱ類は朝鮮小銅鐸の中では日本に近い地域に分布する。

と書き、付記に朝鮮の考古学者伊武烔は、「朝鮮式小銅鐸の用途は宗教的な儀器と見ている（「韓国青銅物の研究」『朝鮮考古学年報』第三巻、一九七二）と書いている(3)。

中臣氏が居た京都《みやこ》郡の海岸地域の苅田町には、三世紀終末期に築造された九州最古の石塚山古墳があり、宇佐市には石塚山古墳の次に古い四世紀初頭築造の前方後円墳の赤塚古墳がある。この古墳は大正十年に地元の人達によって発掘されているが、後円部の箱式石棺の中から三角縁神獣鏡四面・三角縁盤竜鏡一面・鉄刀身片・碧玉製管玉などが出土している。第二章で述べた石塚山古墳出土の三角縁神獣鏡と同笵であり、更に京都市相楽郡山城町の椿井大塚山古墳の三角縁神獣鏡とも同笵である。この事実からも、この時期に畿内勢力がこの地に進出したことが確《たしか》められる。

赤塚古墳は四世紀初頭の築造と言われているが、同時期か赤塚古墳より先行する三世紀末と見る見解がある石塚山古墳が福岡県京都郡苅田町にある。この石塚山古墳は三世紀末か四世紀初頭の古墳で、九州で最古の古墳である。

畿内の大和王権の最初の進出地に石塚山古墳が築造され、更に進出したのが宇佐の地で、そこに赤塚古墳が築造された事で、宇佐市別府に居住していた弥生時代前期（紀元前一〇〇年頃）の末から中期前半（紀元前後）に使用していた朝鮮式銅鐸が、三世紀末から四世紀初頭の大和王権の進出によって、三〇〇年間も祭に使用していた祭器であった。三木彊はその祭器が、

　投げ込まれた不要の土器や小石の中から発見された。しかも、銅鐸は完形品でなく、人工的におし潰されて、あたかも二枚の銅板を重ねたようにみえた。

状態で出土していると書き[1]、高倉洋彰も、

　弥生時代終末期に廃棄された竪穴式住居を利用したゴミ捨て場的遺構から出土しており、……

と書いている[3]。

小田富士雄は「宇佐の朝鮮小銅鐸」と題する論考で図15・図16を示し、朝鮮半島で発見されている小銅鐸の発見遺跡と数量は、次のとおりであると書く[4]。

1	平安南道平壌市楽浪区貞拍洞夫祖《ふそ》薉君《かいくん》墓	一二
2	〃　〃　〃　〃　採土場	六
3	〃　〃　〃　石岩洞	一
4	〃　〃　梧野洞梧野里第二三号墳	四
5	〃　東大院区東大院洞	？
6	〃　〃　寺洞区美林洞	？
7	〃　大同郡上里希昌洞	三

8　黄海南道殷栗郡雲城里　四
9　忠清南道大田市槐亭洞　二
10　慶尚北道慶州市九政洞　一
11　〃　月城郡外東面入室里　二

朝鮮の小銅鐸は平壌市から二十三個出土しており、加耶の地（慶尚北道）からは三個である。この事実から見ても、宇佐の地の人々が使用していたのではなく、韓国から豊前国に弥生時代前期末（紀元前一〇〇年）から中期後半（一世紀前半）頃に、宇佐の地に来た渡来人が、祭具として持ち込んだのが、この小銅鐸であ

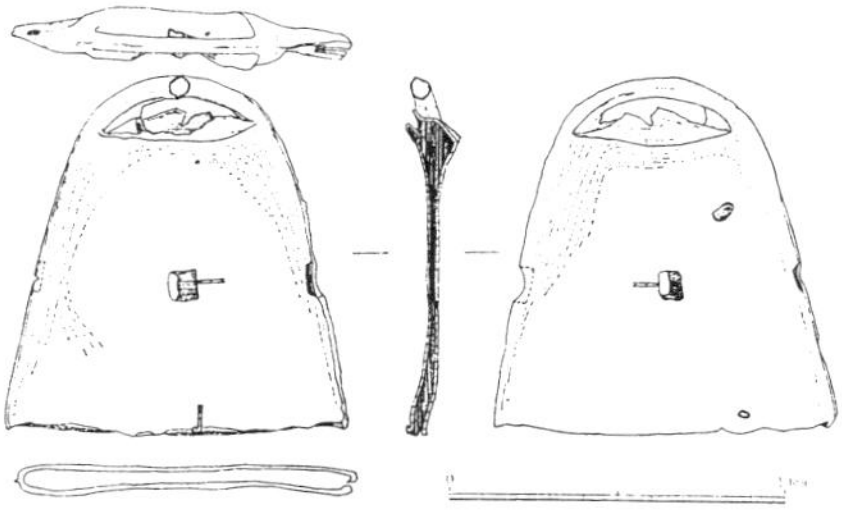

図15　宇佐市別府発見の小銅鐸実測図

図16　朝鮮・西日本における銅鐸発見地分布図（番号は本文遺跡一覧表参照）

る。この地は秦王国の所在地である。彼らの祭具であったのが、畿内から来た大和王権の治政者の指示で廃棄されたのであろう。

豊前国の大宝年間の戸籍と駅館川流域の遺跡

紀元一世紀代に豊前の地に加耶から来た人々が、祭具として用いていた朝鮮式銅鐸は、大和王権が進出して前方後円墳を築造するようになって、捨てさせられたのである。彼らは子孫をふやしてこの地に居住しており、更に戦乱の半島の地から平和な「豊」の地へ移住して来た後続の人々もいたであろう。その結果を示すのが大宝二年（七〇二）の豊前国仲津郡丁里の戸籍である。この戸籍によれば、全戸は左の数である。

全戸　　　四八七戸
渡来系氏族　四〇一戸

総戸数の八割は渡来系で、半数以上が秦氏なのだから、「秦王国」と言われたのは当然である。この事例は、上三毛郡塔里では一二八戸のうち渡来系でないのは四戸で、ほとんどが渡来系で半分強が秦氏である。上三毛郡加目久世里も八割強が渡来系で、渡来系の半分が秦氏である（「上三毛郡」は「上毛郡」の別称で、『正倉院文書』の「塔里」は、豊前市塔田《とうだ》が遺称地、「加目久世里」は豊前市梶屋《かじや》が遺称地と言われている）。

仲津郡丁里戸籍について『福岡県の地名』（日本歴史地名大系41）は、「秦部と勝姓が四八〇人のうち四〇〇人と多い。このうち丁勝は仲津郡丁里、狭度勝は当郡狭度郷、高屋勝は当郡高屋郷、阿射弥勝は当郡呰身郷の有力者であろう」と書いている。(5) これらの氏族は、秦氏と同じに「勝《すぐる》」という「姓」で渡来系氏族であるから、弥生時代中期の紀元前後の時代に、すでに宇佐地域に加耶からの移住者が居住していたのである（その事を示すのが宇佐市の別府遺跡出土の韓国の銅鐸）、彼らの同族はまず海辺の豊前国仲津郡丁里や、上三毛郡（上毛郡）塔里・加目久世里の戸籍が示す地域に居住していて、次第に宇佐地域まで居住地を拡大していったのである。その一例が別府遺跡である。

『豊後国風土記』の冒頭に載る白鳥伝承は、豊前国仲津郡中臣村の話として書かれているが、『和名抄』にも仲津郡に「中臣」の御名をあげている。『福岡県の地名』（日本歴史地名大系41）は、

　大宝二年（七〇二）の豊前国仲津郡丁里戸籍（正倉院文書・古編一）にみえる「中臣部泥売」は当郷と関連するか。「太宰管内志」は「仲津郡草場村、古は中臣村と云《あ》りし」とし、豊津町の田中《たなか》の貴船神社所蔵の神像背部の刻文に「中臣郷田中森」とあるため（県神社誌）、現在の行橋市旧草場《くさば》地区から豊津町田中一帯の今《いま》川の中流域に比定される。

と述べている。(6) 前述の大宝二年（七〇二）の豊前国の仲津郡丁里の戸籍にも中臣部が一戸記入されている。中臣部泥売が秦部小金の妻となった以外には中臣部とのかかわりを示すものはないが、車持君三戸とある車持君の女性は藤原鎌足の妻であり、定恵や不比等の母である事は見過せない。この事実は豊前国の中臣氏と藤原鎌足と関係がある事を証している。

中野幡能は『八幡信仰』で左のように書く。

　宇佐市の瀬社の附近を別府《びゅう》と言っているが、昭和五十一年十二月に弥生後期遺跡から朝鮮式小銅鐸が発見された。（中略）銅鐸が朝鮮式小銅鐸であることは間違いなく、三世紀の遺跡から出土したことも

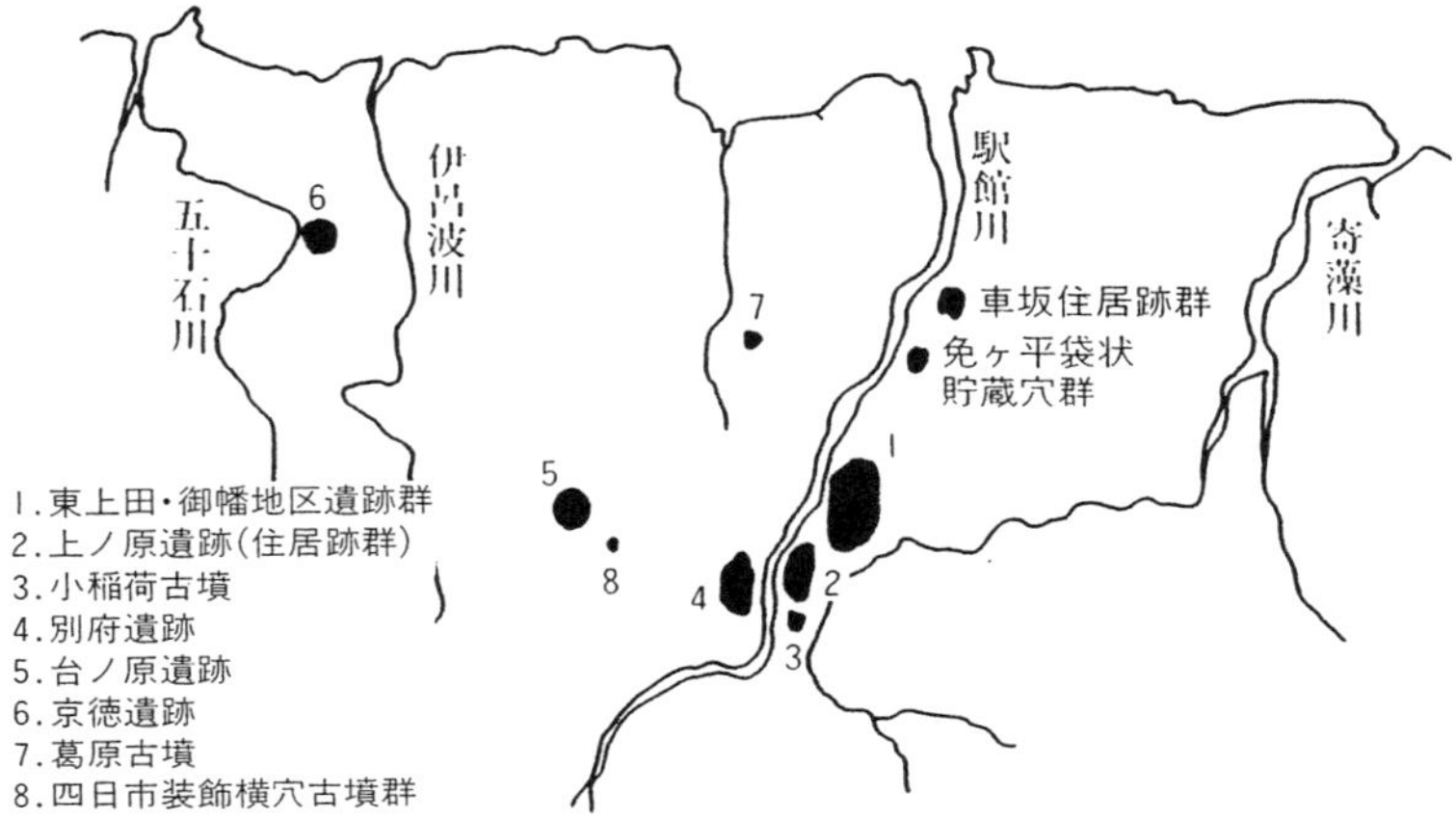

図17　弥生集落発展遺跡図

間違いない。いずれにしても宇佐の渡来文化は意外に古いことが実証されたわけである。しかも、後の宇佐八カ社の一つである瀬社旧社地の一隅から出たこと、さらにこの地方がかなり広範囲に弥生住居跡があり、奈良時代の郡家跡と思しき、大型の建物跡も見られている。[7]

清輔道生は『卑弥呼と宇佐王国』で図17の「弥生集落発展遺跡図」を示している。[8] 4が別府遺跡だが、駅館《やつかん》川下流の免ヶ平袋状貯蔵穴群は「弥生前期末から中期初期」と見られており、この免ヶ平袋状貯蔵穴群に隣接する車坂住居跡群も、免ヶ平の貯蔵穴群と同じ時期の遺跡と言われており、時期は別府遺跡と同時期である。

この車坂・免ヶ平の地域は、弥生時代前期末から紀元前一〇〇年頃には渡来系氏族が居住している。そして次第に川上に居住地を拡大し、川の南側の台地から、別府遺跡のある北側に移り、清輔道生は「集落が台地から低地への移動が認められる」と書いている。そして更に左のように書いている。

上ノ原遺跡に続く北部川岸沿いから銅矛が出土している。また、上ノ原遺跡から約一五〇メートルほど川沿いを溯った台地上には、三世紀終末期築造と比定された一辺が二〇メートルの方墳、小稲荷古墳がある。

これは宇佐における独立して造られた個人墳丘墓としては最古といわれている。ただし、副葬品は皆無であったが、上ノ原または対岸の別府遺跡の集落にかかわる首長級人物の墓と推測されている。[9]

清輔道生は「小稲荷古墳」と書くが、「小」は「古」の誤記で、「古稲荷古墳」が正しい。

清輔道生が示す図17に記載の「東上田・御幡地区遺跡群」について、『大分県の地名』(日本歴史地名大系45)は、「東上田遺跡」の項で、

駅館《やっかん》川東岸の……弥生時代中期を中心とした環濠集落。(中略)稲作文化に伴う石包丁(穂摘具)、磨製の石鏃・大形石斧・石戈・石剣などとともに石鏃をはじめとする各種の打製石器や細身の磨製石斧などの縄文的な石器も多い。鉄器は溝の中から小型の板状鉄斧が一点発見されているのみである。これらの生産道具の内容や貝塚の存在などを併せて検討すると、当遺跡は稲作社会へと発展しながらもなお狩猟・採集への依存度が大きかったことが理解される。特筆すべき遺物として口縁部が丸く折曲げられた特徴をもつ朝鮮系無文土器の破片がある。[10]

と書いている。この遺跡の対岸のやや上流に、前述した朝鮮式小銅鐸が出土した別府遺跡がある。

弥生時代の倭と加耶の文物交流が示す実情

柳田康雄は「倭と伽耶の文物交流」と題して、出土地・遺物・時期を左のように記す。

1	慶尚南道三千浦市勒島	弥生土器	弥生時代中期初～弥生時代中期末
2	慶尚南道金海市会峴里貝塚	弥生土器（甕棺）	弥生時代中期初・後期末
3	慶尚北道慶州市朝陽洞	弥生土器・鉄鏃	弥生時代後期末
4	釜山市東萊区温泉洞	弥生土器	弥生時代中期前半
5	慶尚南道金海市池内洞	弥生土器	弥生時代中期末
6	慶尚南道金海市柳下里	弥生土器	弥生時代中期・後期中頃
7	大邱市飛山洞	中細銅矛・中広銅矛 中広銅戈	弥生時代中期末～後期前半
8	慶尚南道金海（伝）	（中広銅矛）	弥生時代後期前半併行
9	大邱市晩村洞	中広銅戈	弥生時代後期前半～中頃
10	江原道（伝）	中広銅戈	弥生時代後期前半
11	慶尚南道固城郡固城邑東外洞	広形銅矛・鏡片 弥生土器・土師器	弥生時代後期後半・4世紀
12	全羅北道南原郡松洞面細田里	弥生土器・鉄鏃	弥生時代後期前半
13	慶尚南道陜川郡苧浦里A地区42号墳	鉄鏃	弥生時代後期後半
14	慶尚南道金海郡大東面礼安里136号墳	鉄鏃	弥生時代後期後半
15	慶尚南道昌原市道溪洞5号土壙墓	鉄鏃	弥生時代後期末

16	慶尚南道咸安郡沙内里	小形仿製鏡	弥生時代後期前半～中頃
17	済州市健入洞山地港	小形仿製鏡・鏡片	弥生時代後期前半
18	釜山市東萊区老圃洞	弥生土器・鉄鏃	弥生時代後期末～3世紀後半
19	釜山市影島区朝島貝塚	弥生土器・土師器	弥生時代後期中頃～4・5世紀
20	慶尚南道金海市府院洞貝塚	弥生土器・土師器	弥生時代中期前半 後期後半～5世紀初
21	慶尚南道昌原市外洞城山貝塚	弥生土器・土師器	弥生時代後期末～4世紀
22	慶尚南道南海郡古縣面都馬里貝塚	弥生土器・土師器	弥生時代後期末

この資料は私が編集し刊行していた、季刊雑誌「東アジア古代文化」と、江上波夫を会長にして私もかかわっていた「東アジアの古代文化を考える会」が、一九八九年七月二十二日・二十三日の両日に行なった「伽耶はなぜほろんだか」のシンポジウムに、柳田康雄が「倭と伽耶の文物交流」と題して発表した時に示した資料である（このシンポジウムは『伽耶はなぜほろんだか』というタイトルで大和書房から、一九九一年に刊行し、増補改訂版を一九九八年に刊行した）。

この柳田康雄の示す資料からも倭人は加耶へ進出・移住している。柳田康雄は前述の資料を示して、左のように語っている。

三世紀以前に朝鮮半島に見られる遺物は、全部が北部九州系のものです。そして四世紀のある時期から九州以外のものも含まれてきます。とくに土器では、四世紀の後半の新しい布留式土器が見られるようになりますが、庄内式土器はまだ一点も見ておりません。ですから、三世紀、四世紀の初めには、まだ九州以外のものは見られない……。

この発言と加耶から出土の倭系遺物が弥生時代中期初頭から見られ事からも、この時期には倭人は加耶へ移住しているが、九州と相違して当時の加耶・新羅へは倭国の軍も出兵しており、九州と相違して平和の地ではなかった。

韓国の史書『三国史記』の「新羅本紀」（巻二）の「阿達羅尼師今《アタラニサコム》」の条に、左の記事が載る。

二十年（一七三）五月、倭国の女王、卑弥乎（呼）が使臣を遣わして修交した。

また「奈解尼師今《ナヘニシコム》」の条には、

十三年（二〇八）四月、倭人が国境を犯したので、伊湌の利音を遣わし、将兵を率いていって防いだ。

とあり、「助賁尼師今《ジョブンニサコム》」の条には、

三年（二三二）四月、倭人が攻めて来て金城を取り囲んだので、王は親《みずか》ら出て戦うと、賊は敗れて逃げていった。

四年（二三四）五月、倭兵が東方の辺境を犯した。七月、伊湌の干老が沙道（慶省北道の旧沙院付近）で倭人と戦う際、風に乗じて火を放つと、賊兵どもは水にとびこんでみな死んだ。『魏志倭人伝』に依れば、魏の景初三年（二三九）に、倭国王卑弥呼は、使を帯方郡に派遣して、魏の明帝に朝献したいと求め、使者を洛陽に送った。明帝は卑弥呼に「親魏倭王」の称号を贈り、金印紫綬を与えている。

この史実から見ても三世紀には加耶へ倭国軍は侵攻し、更に新羅を攻撃している。前述したが倭国の弥生土器が加耶から出土しているのは、弥生時代中期の紀元前後から一〇〇年頃であるが、『後漢書東夷伝』によれば、後漢の永初元年（一〇七）に、倭国王帥升《すいしょう》が生口《せいこう》百六十人を献じたとあるから、この時代にすでに加耶に倭軍は侵出しており、百年後には新羅に侵攻している。この文献例は加耶（主に金海加耶とその周辺）の倭系出土遺物、考古資料と一致しているから、戦乱の地の加耶から「豊」の国と言われている地へ移住して来たのは当然である。

宇佐市出土の弥生時代の小銅鐸は紀元一世紀頃に加耶の人々の祭器として持ち込まれ、三世紀末に大和王権の進出によって廃棄されたのである。この時期にはわが国の銅鐸祭祀は行なわれなくなっているから、宇佐に進出した大和王権の指示によっての廃棄であろう。

弥生時代の豊前の駅館川流域の加耶系遺跡

別府遺跡の北の一キロほどの近くに、中野幡能が『八幡信仰史の研究』上・下巻で述べている「原始八幡信仰」の祭祀氏族の辛島氏の居住地、現在も「辛島」と言われている地がある。この「辛」は「韓」である。中野幡能は『八幡信仰史の研究』の普及版『八幡信仰』で、「辛島」の「辛」は「韓」で「伽羅」であると書き、左のように述べている。

大伽羅国については『日本書紀』垂仁天皇二年の条にみえるが『魏志』によると狗邪韓国にあたり、現在の金海に比定されている

（中略）

金海（伽羅）の貝塚の附近に祠堂《サタン》が建っているが、ここは原始林と巨石の林立した、立派な「磐境《いはさか》」

であり、近くに円錐形の霊山「クジ峰」があり、この霊山に降臨した神を祀っているという。
宇佐郡にも「クジ峰」にそっくりの山があり、これを稲積山と言っている。原始林の中にあり、樹木は以前天然記念物に指定されていたという。ここには「スエ村」があり、古くから辛嶋氏が住んでいた。

（中略）

このように見ると「辛国」の聖地というのは辛国的聖地ということで、「伽羅国」や、また伽羅国、金海の祠堂などに関連をもつものかも知れない。そして、その聖地も、稲積山の場合などは、対馬の天童山などと共に、余りにもよく類似している。

（中略）

ところで既に述べたが、宇佐市の瀬社の附近を別府《びゆう》といっているが、昭和五十一年十二月に弥生後期遺跡から朝鮮式小銅鐸が発見された。（中略）銅鐸が朝鮮式小銅鐸であることは間違いなく、三世紀の遺跡から出土したことは間違いない。いずれにしても宇佐の渡来文化は古いということが実証されたわけである。(11)

長文の中野見解を引用したが、中野幡能は「三世紀の遺跡から出土した」から「宇佐の渡来文化は古い」と書いているが、前述したがこの韓国式小銅鐸は、宇佐市教育委員会の調査報告書によれば、
日本の弥生時代前期末から中期後半（一世紀前に及ぶ間のある時期に宇佐地方にもたらされ、それから後期の期間まで伝世して、役割を終えたのである。
と書いている。前述したが小田富士雄も「宇佐の朝鮮小銅鐸」で、

銅鐸の祖型となる朝鮮小銅鐸は、早ければ前期末、おそくとも中期前半代に流入していなければならないであろう。

と書いている。(4)「前期末」とは紀元前一〇〇年であり、「中期前半」は紀元前後をいうから、早ければ三〇〇年、おそくても二〇〇年前から、加耶から来た人々は、この地に居住していたのである。

前述の清輔道生の示す図17の弥生集落遺跡図の1・2・3は、4の別府遺跡や辛島氏の本拠地辛島の対岸だが、1の東上田・御幡地区遺跡群については前述したが、『大分県の地名』(日本歴史地名大系45)はこの遺跡群の「東上田遺跡」の項で左のように書いている。

駅館《やっかん》川東岸の台地上に営まれた弥生時代中期を中心とした環濠集落。……前期末から中期末頃の土器が出土していることから、継続性のある拠点的集落であったことを示している。……特筆すべき遺物として口縁部が丸く折曲げられた特徴をもつ朝鮮系無文土器の破片がある。(12)

また上ノ原遺跡については、県指定史跡の「上《うえのはる》原遺跡」と書いて、左のように述べている。

弥生時代後期の方形住居跡一〇軒が検出され、うち一軒は屋外排水溝が付設されるなど丁寧なつくりで、中国製の鏡片も出土し、族長クラスの住居跡であったと考えられる。(13)

清輔道生は小稲荷古墳と書くが、「小」は「古」が正しく、場所は駅館川の東でなく西であり、別府遺跡の北(地図では上)にある。『大分県の地名』はさらに左のように書く。

墳丘は一辺二〇メートルの方形をなし、高さ二メートル。周辺は扁平な割石の葺石が施されていて周溝がめぐる。内部は安山岩の扁平割石を利用した箱式石棺で、長さ一・八メートル、最大幅〇・五メートル。石棺の位置は墳頂から二メートルと深い位置にあり、石棺埋置後に封丘が築かれたらしい。石棺内には副葬品はなく、周溝部から弥生時代終末期の土器片が発見されており、三世紀代の造営と考えられる。宇佐地方に前方後円墳が出現する前の段階での地方色の強い首長墓とみられている。(13)

「原始八幡信仰」の祭祀氏族の辛（韓）島氏の居住地の「辛島」。弥生時代前期末から中期後半の間にこの地に来た人々が、出身地で祭具にしていた韓国の小銅鐸を廃棄した「別府」を、また「辛島」「別府」と同じに渡来氏族の居住地の上田・東上田・御幡、そして宇佐神宮の地などを、国土地理院作成の五万分の一の地図「宇佐」で見ると、ほとんどの地が東西で四キロ、一里以内に入っている。この事実は見過せない。

秦王国の加耶系氏族と共存していた中臣氏

中野幡能はA5版の上・下二巻で九九六頁の大著『八幡信仰史の研究』でも、普及版の二一五頁の『八幡信仰』でも、『隋書』倭国伝に掲載の「秦王国」についてふれていない。「秦王国」については拙著『秦氏の研究』の第二章で秦王国について論じ、秦王国は豊前国であることを述べた。拙著『秦氏の研究』は二十五年前に刊行した書であり、本書で述べたような事例（考古学上の事例）を取上げていなかった。

宇佐市別府出土の韓国の小銅鐸の実例を見ても、豊前の宇佐地域が「秦王国」と呼ばれるようになった先駆者たちは、早ければ弥生時代前期末（紀元前一〇〇年頃）には渡来しているのである。この地域は駅館川の上流にあるが、最初の加耶からの渡来民たちは、まず海岸地域に居住し、更に駅館川の上流へ移住したのである。図3（八六頁）で宇佐八幡宮の最大の祭事の放生会の時の「神幸順路」を示したが、出発地は田川の採銅所だが、宇佐に至る順路は海岸である。第二章で述べたが、大宝二年（七〇二）の仲津郡丁里、上三毛郡塔里・加目久也里の戸籍の仲津郡も、上三毛郡は現在は上毛郡だがいずれも放生会の神幸路にあるが、仲津郡丁里は四八一戸のうち、左のような構成である。

秦部	二三九戸
「勝」の姓	一六一戸
「部」の姓	三〇戸
無姓	四九戸
不詳	二戸

「秦部」と「勝」の姓の氏族は加耶からの渡来氏族で、全体の八割強を占めており、「秦王国」と言われる理由を証している。この戸籍には「中臣部」が一戸ある。

上三毛郡塔理の氏族構成も、

秦部	六六戸
「勝」の姓	五八戸
「部」の姓	四戸

であり、合計一二八戸のほとんどが渡来系で、半数が秦部である。

上三毛郡加目久也里の氏族構成も、

秦部	二六戸

「勝」の姓　　　　　二九戸
「部」の姓　　　　　一二戸
無姓　　　　　　　　一戸

であり、合計六八戸であるから、七割弱が渡来系である。渡来系氏族でもっとも多いのは秦部で、宇八幡宮の巡行順路の地域は秦氏系氏族を主とする渡来系（加耶系）氏族の居住地でまさに「秦王国」である。したがって駅館川周辺の弥生集落の居住者も秦氏系、加耶出自氏族と見てよいだろう。

問題は前述（八六頁）の八幡神の神幸路の終着地に、紀元前一〇〇年頃から居住していた渡来氏族が居たとすれば、その時期や、それ以前から八幡神の神幸路地域には加耶系渡来人が居住しており、対馬の中臣氏の祖も居住していたであろう。仲津郡丁里には中臣部が居住しているが、『豊後国風土記』の冒頭には、景行天皇の時代と書いて、豊前国仲津郡中臣村の記事を書く。「中臣村」と明記しているのだから、中臣氏は「中臣村」と言われるほど集団で居住していたのである。この「中臣村」の人々は、畿内から来たのではない。対馬から来たのである。その事は仲津郡丁里の中臣郡は、「中臣勝」ではなく渡来氏族ではない。日本人である。しかし渡来の秦氏と共通の伝承をもつ事は前述した。

『豊前国風土記』に載る中臣村の記事には、白鳥が餅になった、という記事が記載されているが、『山城国風土記』逸文の「伊奈利（稲荷）社」の記事には、

餅が白鳥になった。

という記事が載る。「白鳥が餅」と「餅が白鳥」と、話は逆だが共通の伝承である事からも、中臣氏と秦氏

の関係が密接である事を証している。この事実は中臣氏が豊前国出身だからではなく、対馬出身である事を示しており、中臣氏が卜占の徒である事も証している。わが国の卜占、と言っても亀卜だが、亀卜の発祥地は対馬である事は、伴信友の著書『正卜考』全二巻が詳細に論じている。

この「豊の国」と言われている地は、対馬の島民にとっては良き移住地であったから、卜占者たちが移住したのであろう。その事は、『豊後国風土記』に、

　鳥、餅と化《な》為り、片時《しまし》が間《ほど》に、更《また》、芋草《いも》数千許《いくち》株《もと》と化《な》りき。

と書かれている事からも言える。対馬より土地も豊かで、気候も温暖で住み良く作物も豊富に生育する「豊の国」であったから、対馬から移住したのである。その対馬からの移住者の中に亀卜を行なう卜者が居たのであり、その特技を持つ事が、対馬の移住者が他の移住者と相違していたのである。

豊後国を平定した多（太）氏・物部氏・中臣氏

『豊後国風土記』の中臣村の記事には、景行天皇が豊国直等が祖菟名手《うなて》に詔して、豊国を統治させた。その菟名手が豊前国仲津郡中臣村に行った時の話として、前述の記事が記載されている。この記事の菟名手は『日本書紀』の景行天皇十二年七月条の左の記事に載る。

　熊襲反《そむ》きて朝　貢《みつぎものたてまつ》らず。

続いて景行天皇は、八月十五日に、

　筑紫に幸《いでま》す。

とあり、九月五日条には、

周芳《すは》の娑麼《さば》に到ります。時に天皇、南を望《みそこなは》して、群卿《まへつきみたち》に詔《みことのり》して曰《のたま》はく。「南の方に烟気《けぶり》多《さは》に起《た》つ。必ず賊在らむ」とのたまふ。則《すなは》ち留《とどま》りて、先《ま》づ多臣が祖武諸木《たけもろき》・国前臣《くにさき》が祖菟名手《うなて》・物部君が祖夏花《なつはな》を遣《つかは》して、其《そ》の状《かたち》を察《み》しめたまふ。

とある。この記事の「国前臣が祖菟名手」は、『豊後国風土記』の「豊国直等が祖菟名手」と同一人物である。菟名手は多臣の祖の武諸木と共に豊の国の平定に活動している。

この記事の載る『日本書紀』の景行天皇紀十二年の十月条に、前述の武諸木・菟名手・夏花は、豊の国の豊前を平定し、豊後の平定を行なっている記事が載る。城原《きはら》（竹田市木原）の地の事として『日本書紀』の十二年十月条に、城原《きはら》（竹田市木原）の地で、

水上《かわのほとり》に卜《うら》へたまひ、便《すなは》ち兵を勒《ととの》へ、先《ま》づ八田《やた》を禰疑野《ねぎの》に撃《う》ちて破る（八田は賊将の名）。

とあり、この記事の後に、「直入《なほり》中臣神」を祀ったとある。この記事からも卜占によって勝利したから中臣神を祀ったのである。この地は豊後国で「大分」の地であり、大分君を『古事記』は多氏同族と書くが、この地を平定した将軍を「多臣が祖武諸木《たけもろき》」と書くから、武諸木という多（太）朝臣の配下に卜占を行なう卜部の中臣氏が居たのである。その事は「水上に卜へたまひ」、「八田を禰疑野《ねぎの》に撃《う》ちて破る」の後に、左の記事が載る事から言える。

志我神《しが》・直入《なおり》物部神・直入中臣神、

を祀ったとある。この三神はこの地を平定した景行天皇十二年九月五日条の豊の国（豊前・豊後）平定の左

の三将にかかわっている。

多臣の祖武諸木・物部君の祖夏花・国前臣の祖菟名手

三神のうちの物部神は、この地を平定した三人の武将のうちの物部夏花にかかわる。中臣神は前述した『豊後国風土記』の冒頭に載る記事によれば、中臣村にかかわるのは豊国直の菟名手である。この人物は国前臣の菟名手と同一人物だから、彼が卜占の徒の中臣氏を配下に置いていたから、中臣神にかかわる。トップに載る志我神は多臣の武諸木にかかわるだろう。直入神は地元神だが、豊後国を平定した武諸木の多臣は、『古事記』の神武天皇記によれば、多臣の始祖の神武天皇の皇子神八井耳命の後裔氏族に「大分君」が載り、この大分君の始祖が武諸木だから大分君にもかかわる。したがって豊前・豊後（大分）を平定した武将の奉じていた神が、直入神・物部神・中臣神であったと、私は推測している。

この三神を祭祀した記事の次に、

日向到《いた》り、行宮《かりみや》を起《た》てて居《ま》します。

とあり、日向に進行している。日向に中臣氏が居たと神武天皇紀は記すが、日向の最初の国司は前述したが「豊国別王」であり、『記』『紀』神話の天孫降臨の地が藤原・中臣氏にかかわる事に私は注目している。

多臣の祖武諸木は『古事記』の神武天皇記に多臣の始神の神八井耳命の後裔氏族の「大分君」の始祖である。「大分君」が祀る神が志賀の神だが、「志賀神」の「志賀」は『大分県の地名』（日本歴史地名大系45）が書く「大分県大野郡志賀」で今の「大分県大野郡朝地町市万田付近」をいう。大分君の支配地の神だから多臣の祖武諸木が祀ったのであり、直入物部神は物部君の祖夏花が祀ったのであり、直入中臣神は国前臣の祖菟名手が祀った神である。前述（三八四頁）したが『豊後国風土記』の冒頭に載る記事の豊国直の菟名手と、国前臣の菟名手は同一人物である。このように、私は豊前・豊後の「豊の国」を平定した武諸木・菟名手・夏花のうち、多臣の武諸木が大分君の始祖と見ている。

殞田（大分）君は豊後国で、豊前国が「秦王国」である。この豊前・豊後を平定したのが武諸木だが、日向国は「豊国別王」が最初の国造と推古天皇紀が書くように豊国の分国である。阿蘇国・火国も多氏が国造と『古事記』（神武天皇記）が書くように、九州の主要の地は仲臣の多氏の支配地であった。前述の多氏の将軍武諸木の配下に直入中臣神を祀る中臣氏が居た事からも仲臣の配下のト部が中臣氏である。

香春神社の祭祀氏族鶴賀氏と加耶国の王子

八幡神については前述したが中野見解が証したように渡来神である。その事は八幡神の最大の祭事の放生会の出発地が香春神社である事が証している。「香春神」については『豊前国風土記』逸文には、左のように書かれている。

昔者《むかし》、新羅の国の神、自《みづか》ら渡り到来《きた》りて、此の河原に住みき。便即《すなは》ち、名づけて鹿原《かはる》の神と曰《い》ふ。

「新羅の国の神」と書くのは加耶が新羅に併合されたからであり、事実は「加耶の国の神」である。なぜならこの地は「秦王国」と言われているが、拙著『秦氏の研究』『続・秦氏の研究』で詳論したように、秦氏の出身地は「金海加耶とその周辺」の人々を言うからである。香春神社の神官三家は、赤染氏二家、鶴賀氏一家である（『太宰管内志』）。赤染氏について平野邦雄は「秦氏の研究（一）」で、秦氏と同族、または同一の生活集団を形成した氏族で、恐らく新羅系帰化人。
と書き、更に左のように書く。

香春神は新羅国神で秦氏が祭祀していた銅産神で、赤染氏の赤染は、新羅・加羅系の呪術[14]。『備中国大税負死亡人帳』の天平十一年（七三九）の記事の「都宇郡河面郷辛人里」の条に、戸主赤染部首馬乎、戸主秦人部稲麿、戸口秦人部弟嶋の名があり、赤染部首と秦人部は共に辛人里に住んでいるが、「辛人」は韓人・加羅人の意である。『続日本紀』宝亀八年（七七七）四月十四日条に、遠江国蓁原郡主張の赤染造長浜らが、常世連に改姓したという記事が載るが、同郡の名神大社の敬満神社について、伴信友は『蕃神考』で、「敬満」は「功満」（『新撰姓氏録』左京諸蕃の太秦公宿禰条に、「功満王」が仲哀天皇八年に来朝したとある「功満」）の転訛とし、「もとこの国にありける秦氏人の祖神」と書いている。『続日本後紀』承和十四年（八四七）八月十七日条にも、「遠江国蓁原郡人秦黒成」の名が見え、遠江国蓁原郡でも「赤染」と「秦」は一体化している。以上の事例からも、『豊前国風土記』は香春神を「新羅国神」と書くが、加耶は新羅に併合されたから「新羅国神」と書かれており、本来は「加耶国神」である。その事は赤染氏と共に祭祀氏族になっている「鶴賀氏」が証している。

この鶴賀氏は『日本書紀』の垂仁天皇二年是歳条に載る「意富加羅《おほから》国の王子都怒我阿羅斯等《つぬがあらしと》」の伝承の都怒我（鶴賀）阿羅斯等の後裔氏族である。垂仁天皇紀に依れば「神石」の「白石」が童女となって阿羅斯等の前にあらわれたが、居なくなったので、阿羅斯等が問うと、

「東方《ひがしのかた》に向《い》にき」といふ。則《すなは》ち尋《もと》めて追求《おひま》ぐ。遂に遠く海に浮びて、日本国に入りぬ。求《ま》げる童女《をとめ》は難

波に詣《いた》り、比売語曽《ひめこそ》社の神と為《な》り、且《また》豊国の国前《くにさき》郡に至り、復《また》比売許曽社の神と為りぬ。

とあり、彼等の祖は紀元前後の弥生時代の初期に、加耶から渡来して豊前の地に居住していた秦氏の国は「秦王国」と言われていた。その渡来氏族の韓（辛）島氏が祭祀していたのが中野幡能が書く「原始八幡神」であり、その後、中央の蘇我氏が派遣した三輪山の神を祭祀していた大神氏が加わり、更に土着氏族の宇佐氏も加わり、中野幡能が『八幡信仰史の研究』（上巻）で書く「原始八幡信仰」の加耶出身の渡来氏族の祭祀氏族の韓島氏の上に立って、祭祀権を奪ったのである。

しかし放生会に用いられる八幡神の御神体の鏡は、香春神社で作られているのは香春神社が秦王国の神の元宮であったからである。放生会の祭儀にはいくつかの儀礼があるが、もっとも重要なのは香春神社の採銅所にある古（元）宮八幡宮に勅使（後に豊前国司）が参向し、鏡を鋳造し、この神鏡を八幡神の御神体として宇佐神宮に納める儀式である。この神事からも、また香春神社を「古宮八幡宮」という事からも、香春神社は加耶から来た「秦王国」の人々が最初に祭祀していた神社・神山であった事がわかる。

私は一九九三年刊の拙著『秦氏の研究』で、

香春神社の神官三家のうち二家は赤染氏で、秦氏系である。鶴賀氏の「ツルガ」が、北陸の「ツルガ」の地名とかかわるとすれば、鶴賀氏も渡来系氏族である。そのことは『日本書紀』の垂仁天皇二年条に、

御間城《みまき》天皇の世に、額に角有《お》ひたる人、一の船に乗りて、越国の笥飯浦《けひうら》に泊《とま》れり。故、其処《そこ》を号《なつ》けて角鹿《つぬが》と曰《い》い、問《と》ひて曰《い》はく、「何《いづこ》の国の人ぞ」といふ。対《こた》へて曰《もう》さく。「意富加羅《おほから》国の壬《こきし》の子。名は都怒

我阿羅斯等。亦の名は干斯岐阿利比智干岐と曰ふ。

とある。この「ツヌガ」が鶴賀と書かれ、現在は敦賀と書かれている（福井県敦賀市）事から言える。

香春神社は宇佐八幡宮の元宮・古宮といわれ、八幡宮と縁が深いが、八幡宮の祭神誉田別命（応神天皇）は、『記』『紀』によれば、気比の神と名替えをする。気比の神とは、敦賀市の気比神社で、ツヌガアラシトが加耶から来て上陸した笥飯の浦にある。ツヌ（ル）ガ地方には秦氏が居住しており、秦氏と深くかかわる白神信仰の盛んな地である。

このような鶴賀の地名を名乗る鶴賀氏が、赤染氏と共に、香春神社の祭祀氏族なのだから、この鶴賀氏も秦氏となんらかの縁があって、香春神社の神官になったのだろう。

と、私は二十五年前に『秦氏の研究』（大和書房）で書いているが、宇佐八幡宮の元宮と言うべき香春神社に加耶国の王子の末裔が祭祀氏族として奉仕している事から見ても、宇佐八幡神は加耶の神であった。

比売許曽神社と都奴賀阿羅斯等と三間名公

「秦氏となんらかの縁」と私は書いたが、その「縁」を示す例を『日本書紀』の垂仁天皇二年是歳条が述べている。その事例を示す。垂仁天皇二年是歳条に、都怒我阿羅斯等《つぬがあらしと》が加耶国の王子として加耶に居た時、

白石《しろいし》を将来《もちき》て……寝中《ねかのなか》に置く。其の神石《くすしきいし》、美麗童女《かほよきをとめ》に化《な》りぬ。是《ここ》に阿羅斯等、大きに歓《よろこ》びて合《あ》はむと欲《おも》ふ。然《しか》るに、阿羅斯等《あらしと》、他処《よそ》に去《ゆ》きし間《あいだ》に、童女《をとめ》忽《たちまち》に失《う》せぬ。阿羅斯等大《おほ》きに驚《おどろ》きて、己《おの》が婦《め》に問《と》ひて曰《いは》く。「童女、何処《いづこ》にか去《い》にし」といふ。対《こた》へて曰く。「東方《ひむがしのかた》に向《い》にき」といふ。則《すなは》ち尋《と》めて追来《おいま》

ぐ。遂《つい》に遠く海に浮《うか》びて、日本国《やまとのくに》に入《い》りぬ。求《ま》げる童女は難波《なには》に詣《いた》り、比売許曽社《ひめこそのやしろ》神と為《な》り、且《また》豊国の国前郡《くにさき》に至《いた》り、復《また》比売許曽神社の神と為る。並《ならび》に二処《ふたところ》に祭《まつ》らるといふ。

と書かれており、香春神社の祭祀氏族の鶴賀氏の始祖、ツヌガアラシトにかかわる女性は、「豊国の国前郡」の「比売許曽神社」の神になっている。この事例は都怒我阿羅斯等《つぬがあらしと》伝承だから、国前郡の比売許曽神社（大分県東国前郡姫島村に所在）は、香春神社の祭祀氏族の鶴賀氏にかかわる。

『新撰姓氏録』（未定雑姓・右京）にも、

三間名公《みまな》。弥麻奈国主《みまなこにきし》。牟留知《むるち》王の後なり。初め御間城入参五十瓊殖天皇《みまきいりひこいそにゑのすめらみこと》 諡は崇神 の御世《みよ》に額《ひたひ》に角負《つのお》ひたる人、船に乗りて、越国《こし》の笥飯浦《けひのうら》に泊《とま》れり。人《つかひのひと》を遣《つかわ》して問《と》ひて何《いづれ》の国の人ぞと曰《い》ふ。対《こた》へて曰《もう》さく。意富加羅国《おほから》の王の子。名は都努我阿羅斯等《つぬがあらしと》。亦《また》は阿利叱智干岐《ありしちかんき》といふ。伝《つて》に日本国《やまとのくに》に聖《ひじりのきみ》有《いま》すと聞《うけたまは》りて、帰化《まうおもぶ》く。

という記事が載り、河内国（未定雑姓）には、

三間名公
仲臣 雷 大臣 命《なかつおみいかつちおほおみのみこと》後也。

津嶋直
天児屋命十四世孫雷大臣命之後也。

という記事が載る。

三間名公と津嶋直が共に雷大臣命を祖としている。津嶋直は対馬直で対馬出身の卜者である。『新撰姓氏

録』右京神別上には、

壱伎直

天児屋命九世孫雷大臣之後也

とあるが、壱伎直も卜者である。

横田健一は「中臣氏と卜部」と題する論考の冒頭で、

『尊卑分脈』の系図に「跨耳命」の右註に「雷大臣命 正説也」とあり、下註に、

雷大臣命足中彦《(仲哀)》天皇之朝廷習大兆之道達亀卜之術賜卜部令供奉其事、

とあるのを考えてみると、『尊卑分脈』の成立年代は室町時代初期で、その註や訓はそこまで下る可能性はあるとしても、平安初期には、押見宿禰＝忍見足尼が雷大臣であり、卜部の祖であるとともに、中臣氏の祖であるとする系図がほぼ成立しており、押見を跡耳《アトミミ》とする説もあったことが相像される(15)。

と書いて、七十八頁になる長文の「中臣と卜部」と題する論考で、中臣氏は卜部である事を論証している。しかし伊岐の卜部は論じているが、伴信友が『正卜考』二巻で亀卜の発祥地として論じている対馬の卜占についてはふれていない。重視すべきは対馬の亀卜である。

亀卜は対馬・壱岐の卜者が主に行なうが、卜者の津嶋直と壱岐直の祖の雷大臣は河内国の三間名（任那）公も祖にしているが、雷大臣命に「仲臣」が冠されている。『新撰姓氏録』で「仲臣」表記は三例のみである。

仲臣　　大春日朝臣祖

仲臣子上　　多朝臣同祖島田臣

仲臣雷大臣命　三間名公

「ナカ」表記でも「仲」が冠された「臣」は「オミ」と読むのに、「中」は「臣《トミ》」と読む。「臣」を「トミ」と読む実例は、中臣氏のみである。ところが『新撰姓氏録』に依れば三間名公の祖の「雷大臣命」を、

対馬連・壱岐連

が祖にしている（壱岐連は「雷大臣」とある）。この事実をどう解すべきか。加耶王の後裔氏族の三間名公と任那と対馬・壱岐の地理上の近さが同一神を共通にしたのであろう。更に問題なのは仲臣と中臣の関係であるが、この事は第十二章で述べる。ここで問題にしたいのは香春神社の祭祀氏族の鶴賀氏は加耶国王子の都怒我阿羅斯等の後裔氏族だが、都怒我阿羅斯等にかかわる女性が、豊前の姫島に来たという伝承がある事から見て、香春神社の祭祀氏族の鶴賀氏は姫島とかかわると見てよいだろう。

姫島の海上航路にもつ重要な意味と鶴賀氏

この姫島（大分県国東郡姫島村）について秦政博は左のように書く。

国東半島の北端約四キロの沖合に浮かぶ姫島は、総面積七・二平方キロの東西に長い小島。周防灘が伊予灘と交わる近くの海上に位置し、古来、瀬戸内海方面と結ぶ海上交通の要地であった。『古事記』の国生みの神話に登場する「女島」が当島に比定されるのも、古くから海上交通に重きをなしていたからであろう。(16)

この秦政博の指摘は無視できない（秦政博は大分県居住者だが、秦王国の地に今も秦氏が居住していることは注目される。しかし「秦《はた》」と言わず秦政博は「秦《しん》」と言う）。『日本書紀』の神代紀第六段一書の第三に、

> 日神の生みたまへる三女神を以《も》ちて、葦原中国の宇佐嶋に降居《くだりま》さしめたまふ。

とある。この「宇佐嶋」について岩波書店版『日本書紀』の頭注は、左のように書く。

> 豊前国（大分県）宇佐郡宇佐。諸書、豊前国宇佐郡の宇佐と解し、通証に「見林曰、宇佐島非二海島一、二川周二流神山一。故有二島名一」とあるが、島とは海路宇佐に至るためか。地名辞書は前後の文脈から筑前国宗像郡の沖ノ島と断ずる。海の彼方から神が来臨するとの考え方を取れば、沖ノ島説がよい。未詳。

と書いている。「宇佐島」と明記しているのに、「沖ノ島説がよい」と書き、「未詳」とも書き、まとまりのない文章である。小学館版『日本書紀』は左のように書く。

> 通説では大分県の宇佐、海から見れば島と言える。ただし、このシマはある一つの地域をさす意とも。また宗像郡沖ノ島とする説もある。

「沖ノ島説がよい」などと書いていない。「宇佐」と明記しているのだから、宇佐を「島」にしたのであり、この記事も、神武天皇の東征伝承で中臣氏の始祖天種子命を菟狭津媛と結婚した記事を載せたのと同じに、私は藤原不比等が書き入れたと推測している。私は「宇佐島」は比売許曽神社のある姫島と見て、拙著『神社と古代王権祭祀』所収の「宗像大社」で左のように述べた。

一　比売許曽神の亦の名の下照姫と宗像女神の子の下照姫（『延喜式』臨時祭の条に難波の比売許曽神社につ

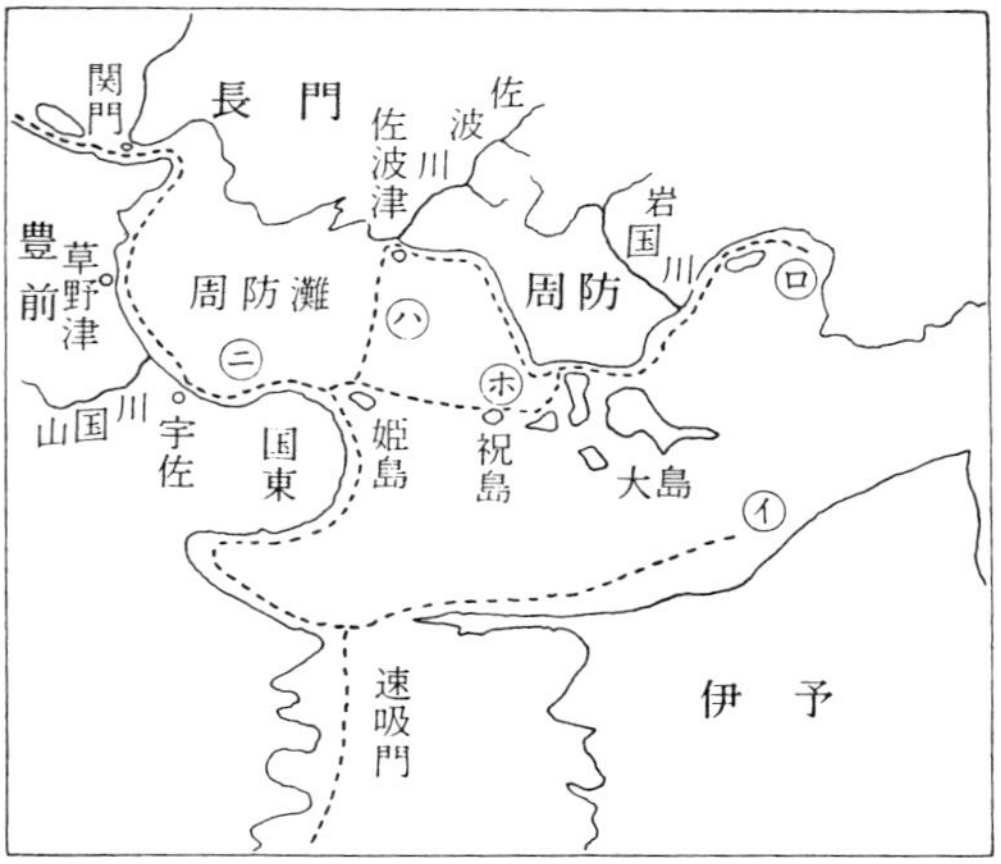

図18　上代航路図

いて、「赤号、下照比売」とあり、『延喜式』四時祭下条には「下照比売神社」と書き、「或号、比売許曽社」とある）の一致。

二　比売許曽神の織女的性格と宗像女神の織女的性格（この事例については『神社と古代王権祭祀』の比売許曽神社・宗像大社で詳述した）。

図18は村上磐太郎の『周防灘圏の上代交通と邪馬台国』に載る「上代航路図」である。

（イ）豊予海峡から瀬戸内海に入る上げ潮

（ロ）東南に進んで伊予灘に入る潮

（ハ）（ロ）はさらに北に直行して周防の佐波に達する潮

（ニ）国東・豊前沿岸を洗う潮

（ホ）祝島・大島を縫って安芸灘に至る潮

この五方向の潮は引き潮では反対の潮流になる。古代の瀬戸内海の航路は、この上げ潮・引き潮に乗らなければ船を目的地へ進めることは出来なかった。この五つの潮流のすべての交点の位置にあるのが、国前半島の先の姫島である。このように書き、更に私は、

このヒメコソ神を、『古事記』は「渡之《わたの》神《かみ》」と書き、新羅から追いかけてきたアメノヒボコを「塞《さ》へ

て入れず」と書く。また、ヤマトタケルが走水の海を渡ったときも、「渡之神」が浪をおこして塞えぎったと、『古事記』は書く。海の難所にいる塞神として、姫神に道主貴（ヒメコソ）がいるのである。塞神の猿田彦が天孫降臨の道案内をしたように、「渡之神」は海導者であり、道主貴である。

ヒメコソは、『日本書紀』に、まず豊後の姫島に坐し、次に難波の姫島へ移ったと書かれているが、朝鮮から渡来する場合、瀬戸内海の入口の姫島と、瀬戸内海より内陸への入口にあたる難波の姫島が、航路上重要だったからであろう。その逆に、韓国へ渡来する場合、姫島と沖ノ島が重要な島となる。だから道主貴は姫島（宇佐島）から沖ノ島（海北道中の島）に移ったのであろう。

と書いた。

ヒメコソ神を『古事記』は「渡之神《わたりのかみ》」と書くが、「渡之神」とは渡来神である。この渡来神は韓国からまず豊後の姫島に来て、次の難波の姫島に移っているのは、船で韓国から来た人々の海上の巡航路であったからであろう。

秦政博は大分県東国前郡姫島村の比売許曽《ひめこそ》神社について、左のように書く。

『日本書紀』垂仁紀の伝える比売許曽神は、朝鮮半島から渡来した童女《おとめ》が神に化身したものである。童女は難波に至る古代渡来人の交通路を示唆したものであろう。古代のその経路の一つは、対馬海峡を渡海して儺《な》の津（博多）に上陸したのち、ほぼ東に方向をとって田川郡香春（新羅国の神という辛国息長大姫大目命を祭神とする香春神社がある）に至り、そこから周防灘に面した草野津《かかののつ》（行橋市）に出て再び海上コースをとり、姫島を経由して瀬戸内海へと東航する。姫島はこのように大陸文化の伝導経路上に位

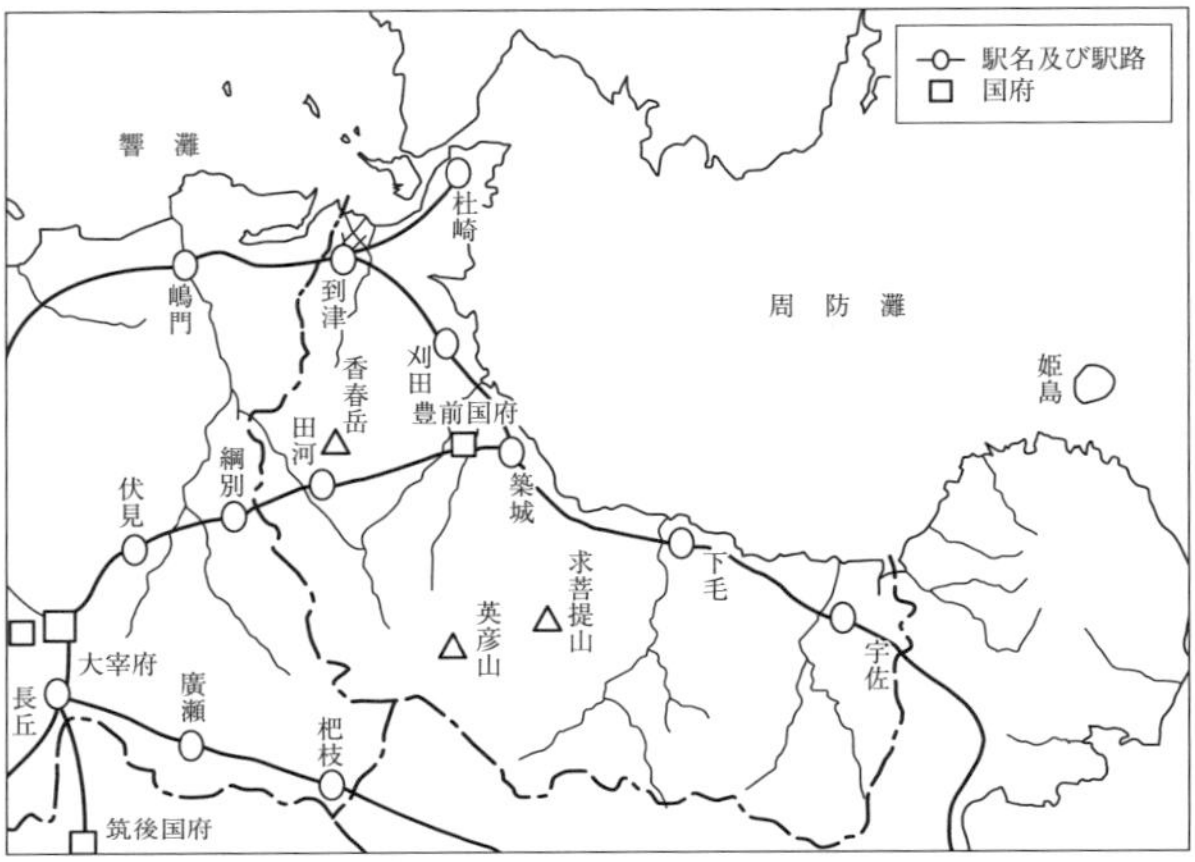

図19　豊前の主要道路図

置し、北九州方面と瀬戸内海方面を結ぶ重要な役割を果たしていた。これが比売許曽神社成立の背景をなしたものと考えられる(16)。

図19は「豊前の主要道路図」だが、大宰府から豊前国府の途中に田河があるが、田河市の東に隣接して香春神社の鎮座の香春町がある。韓国・中国から来た公・私の外来者たちは、図18の航路で難波まで同じ船で行く場合と、乗船して来た大形船は肥前の港に置き、図19の道を通り、周防灘の海岸に来て、瀬戸内海を船で難波津へ向った。二つの行き方があった。いずれの航路にしても姫島は無視出来ないが、姫島には都怒我阿羅斯等関係伝承があり、この都怒我阿羅斯等の後裔氏族の鶴賀氏が香春神社の祭祀氏族である事は無視出来ない。

鶴賀氏は『新撰姓氏録』が書く「三間名公」だが、前述したが津嶋直と同じ「雷大臣命」を祖にしている。「津嶋」は「対馬」だが、私は「対馬」は中臣・藤原氏の原郷であると述べたが、宇佐の地は『日本書紀』によれば、藤原・中臣氏の始祖がウサツ姫と結婚した地なのだから、この記事を藤原不比等が『日本書紀』に載せた意図は、宇佐の地が中臣・藤原氏の祖が活動した地である事を示している。私はこの記事を『日本書紀』に記載したのは藤原不比等と推測しているから、『日

本書紀』の神代上の一書第三の、

日神の生みたまへる三女神《みはしらのひめかみ》を以ちて、葦原中国の宇佐嶋に降居《くだりゐ》さしめたまふ。

とある記事も、藤原不比等が書き入れたと推測する。

対馬の八幡信仰は宇佐より古いという主張（一）

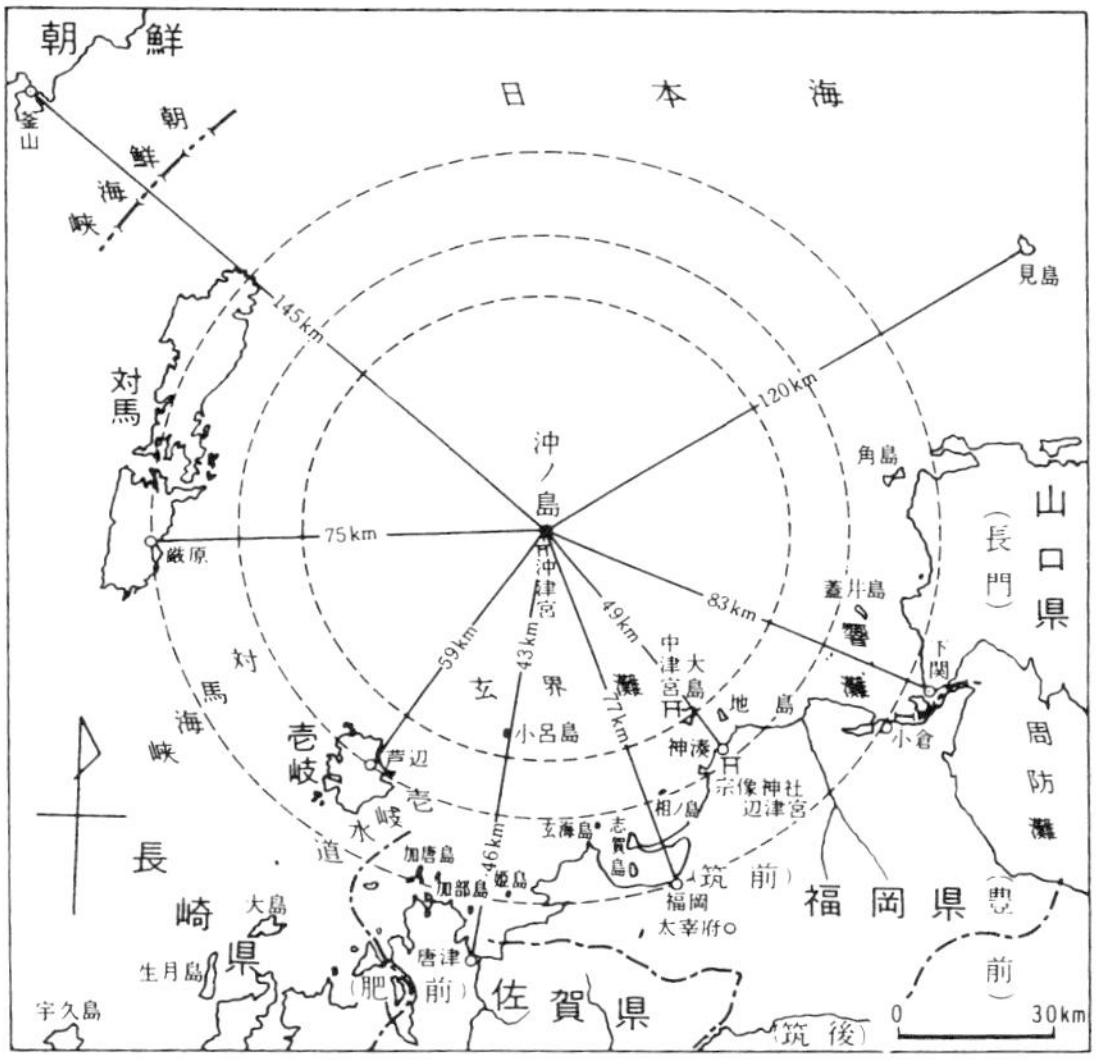

図20　沖の島からの各地を示す図

「葦原中国の宇佐島に降居《くだりゐ》さしめたまふ」三女神については、『日本書紀』第六段正文・第一・第二・第三には相違がある。正文の市杵《いちき》島《しま》姫は『紀』の第一・第三の一書には瀛津《おきつ》島《しま》姫とあり、宗像大社の沖の島で祀る祭神である。図20は「沖の島からの各地を示す図」だが、この図20を見ても対馬島は壱岐島の五倍はあり、二島を同等に見て論じられない。

『魏志』倭人伝は対馬島の人々について、

　食海物自活、乗船南北市糴（「海物を食して自活し、船に乗って南北の市場と商売する）。

とあるが、「南北」の「北」は韓国である。

次頁の図21は柳田康雄が作図した「倭系遺跡・遺

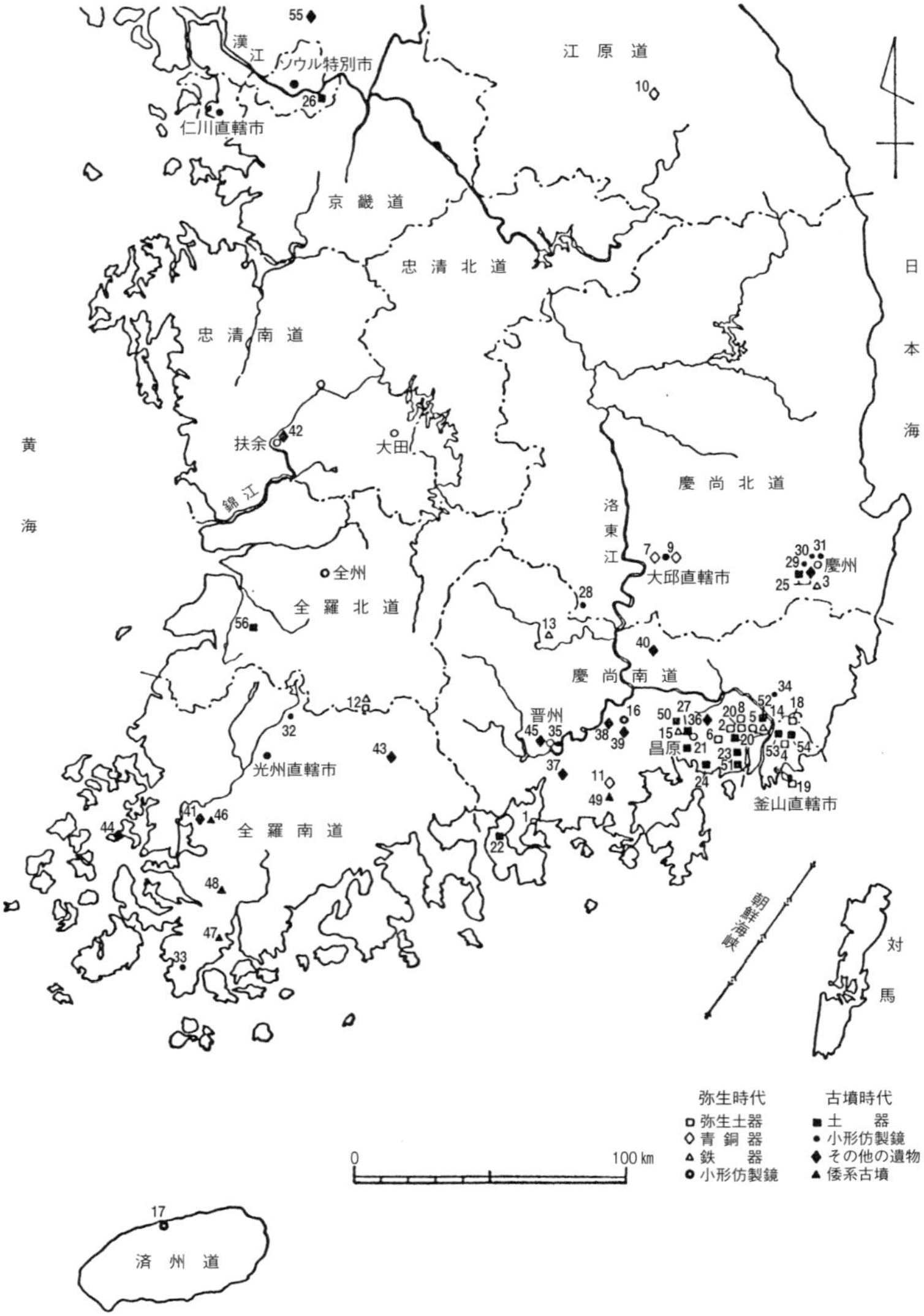

図21　倭系遺跡・遺物分布図

物分布図」であるが、「倭系遺物」が集中して韓国の地に分布しているのは、秦氏出身の金海加耶とその周辺であり、この地にもっとも近いのが対馬島である。

永留久恵は『古代史の鍵・対馬――日本と韓国を結ぶ島――』で、韓国の「金海式土器」が出土する対馬の遺跡・古墳について、左のように書く(17)。

上対馬町　カミカラ崎遺跡、朝日山遺跡、尾崎遺跡。

上県町　白獄遺跡、クビル遺跡。

峰村　ガヤノキB遺跡、ガヤノキE遺跡、小姓島3遺跡、チゴノハナ遺跡。

豊玉村　ハロウ2遺跡、スス崎遺跡、唐船遺跡、赤崎遺跡、寺浦崎1遺跡。

美津島町　五次郎遺跡、菜畑遺跡、赤崎2遺跡、皇后崎遺跡。

厳原町　中学校遺跡。

このように金海加耶の「金海式土器」は、対馬の弥生遺跡から多数出土しており、古墳からも出土している。この加耶系遺物と共通する遺物を出土するのが、九州の豊前国である。この豊前国と豊後国はかつては「豊国《とよのくに》」と言って一国だったが、この豊国には中臣氏が居住しており、八幡信仰の発祥地である。

三品彰英は「対馬の天童伝説」で、対馬各地の天童伝説は「水辺の母と神童の出誕という点は共通しており」と書き、「これらの天童伝説が八幡縁起の系統に属し、なかんずく大隅正八幡の縁起にははなはだ近いことは一読して直ちに察せられる」と書いている(18)。また三品論文は、『霊八幡宇佐御託宣集』第五巻に、八幡神は「鍛冶之翁」として「豊前国宇佐郡厩峯と菱形池之間」にあらわれたと書いており、『続群書類従、第三輯上」に、鍛冶神が「三歳ノ小児ノ形ニテ」出現し、八幡神と名乗ったと書いているから、対馬の天童信仰と八幡信仰は、神が小児（天童）として出現し鍛冶神であることで共通していると書く。そして三品彰英は八幡の語義については『神皇正統記』に「八方に八色の幡を立てること」とあるから、「八幡《やはた》は多くの幡を立てた祭祀様式に名づけられたもの」と書き、そのような祭祀様式は、「ちょうど対馬の天童山の神石のごとくであった」と書き、更に、

筆者は実際そうした天童山の神石のあたり一面に無数に立てられた色とりどりの御幣を目撃した時、すぐに想起したのはこの八幡という名称であった。そこには八幡という名はなかったけれども、八幡の祭儀の事実があったからである。

と書き、更に対馬の天童伝説の「天童が神馬に乗って空を飛んで都に行った話などは、宇佐八幡神が神馬に乗って飛翔したという有名な縁起の焼き直しかもしれない」と書いて、対馬の民俗信仰と八幡神信仰の共通性を述べている。

永留久恵は『古代史の鍵・対馬』の「第七章、神々の故郷」で、「八幡宮の起原」という見出しをつけて、「峰村木坂の伊豆山に鎮座する旧国弊中社「海神神社《わたつみ》」は明治三年までは八幡宮であった」と書き、「海神神社明細書」の記述を記す。[10] その記述は「我田引水」の内容だから引用しないが、宇佐の八幡信仰は対馬にあって、対馬から宇佐へ移ったと強調しているのには、なんらかの根拠・伝承が対馬にあったからであろう。

永留久恵は更に佐賀の和多都美《わたつみ》神社の伝承を『神社明細帳』から引用する。

神功皇后三韓征伐の時、八流の幡を此の地に立て給ひ、勅誓ありし所なり。此幡は、皇后が筑前に坐《い》

ませし時、宗形《むなかた》の神が親ら布を織り、幡を作り、皇后に授け給ひし玉津宝の御幡である。

この文章を引用して永留久恵は左のように述べている。

八幡の起源についてはいくつかの説があるが、ここでは木坂八幡が宇佐より古いと主張している。全国三万余の八幡宮の総本社とされる宇佐八幡は、欽明天皇三一年に創建されたという伝承があるので、意図的にそれより古くもっていったのであろう。対州編年略にはじまり、紀事や島誌にまで、「欽明天皇の三十一年（五七〇）八幡宮の神霊を豊前国宇佐郡に分祀す。八幡宮を他州に祭るの始めという。」と、まことしやかに述べている。その後天武天皇の五年（六七七）、八幡宮を与良の清水山に分祀したといい、これが国府の地となって、国府八幡とよばれ、また木坂の本宮に対する八幡新宮、上津八幡（木坂）に対する下津八幡ともいったというが、文書で見えるのは平安末期以降である。(19)

このように永留久恵が書いているのは無視出来ない。

対馬の八幡信仰は宇佐より古いという主張（二）

永留久恵は『古代史の鍵・対馬』で対馬の八幡信仰について、前述したが「峰村木坂の伊豆山に鎮座する旧国幣中社の『海神《わだつみ》神社』は、明治三年までは八幡宮であった」と書く。この神社は上県峰町木坂字伊豆山にあり、『対州神社誌』『神社大帳』は「八幡宮」と書くが、『大小神社誌』は「八幡本宮」と書くのは、宇佐八幡宮の「本《もと》」の「宮」の意である。

三品彰英は対馬の「天童伝説」は八幡縁起の系統に属するが、宇佐八幡宮の縁起でなく大隅の「正八幡宮」の縁起に「はなはだ近いことは一読して直《ただ》ちに察せられる」と書き、宇佐でなく大隅の「正」を冠した八幡宮の伝承と、対馬の伝承が一致すると書いている(11)(宇佐の八幡宮に対して大隅の八幡宮が「正」と冠するのは、本来の八幡信仰が宇佐で変質したからである。そのことも、拙著『秦氏の研究』『続・秦氏の研究』で詳述した)。

三品彰英は八幡信仰は加耶から入ったと推測するから、原八幡信仰が対馬にあるのは、「対馬の地理的位置から推して朝鮮に近いから」と書き、対馬と大隅の八幡信仰は豊前国よりも古いと書いている。そして八幡信仰にある韓国的要素(具体的には加耶系要素)からみて、『延喜式』神名帳の対馬島上県郡の「名神大社」である「和多都美《わたつみ》神社」が「八幡本宮」に比定され、「木坂八幡宮」とも言われていることを例証にしている。永留久恵は「木坂の神社は、島主の崇敬篤《あつ》く、対馬国一宮と称してきた」と書き(19)。この神社を宇佐の八幡宮に対しての「八幡本宮」と対馬の人々が主張しているのも、宇佐の八幡信仰の源流は対馬の八幡信仰だと、島民は古くから信じていたからと述べている。

前述した三品彰英の、

新羅始祖伝説→天童伝説→八幡伝説、

という記述も、八幡伝説の源流を対馬の天童伝説、さらに加耶の伝説と見ているからである。八幡信仰には豊前の秦王国の秦氏・加耶系氏族がかかわっているが、加耶にもっとも近いのが対馬であり、対馬の地理的位置も無視出来ない。そうした自然・地理的状態だけでなく、人間関係に置いても弥生時代初頭から豊の国(特に豊前国)には加耶系氏族、具体的に言えば秦氏・秦氏系氏族が居住し、「秦王国」と言われていた。その人々の中に対馬から移住していた人々が卜占を行なって、彼らが中臣氏と言われるようになったから、秦王国の信仰（八幡信仰）の原郷は対馬だという主張が、対馬の人から言われるようになったのであろう。

建武二年（一三三五）に書かれた『惟賢比尼筆起』所収の「大隅正八幡本縁事」には、左の記事が載る。

> 震旦《シンタン》国陳大王《チンダイオウ》娘大比留女《ヒルメ》、七歳御懐妊《ゴカイニン》。父王怖畏《オソレ》ヲナシ、汝等未幼少也《イマシライマダオサナシナリ》。誰人子有慥申《タレヒトノコアリシカモウシ》ベシト仰《オオセ》ケレバ、我夢朝日光胸覆所娘《ワガユメアサヒノヒカリムネヲオホフトコロノムスメナリ》也ト申給《モウシタマ》ヘバ、弥驚《ミオドロキ》テ、御誕生息子共《ウマレシムスコトトモニ》、空船乗《ウツロフネニノリ》、流《ナガ》レ着所《ツクトコロ》ヲ領《リョウ》トシ給《タマ》ヘトテ大海浮奉《オホウミニウキタマヒ》、日本大隅磯岸着給《ヤマトオホスミノイソキシニツキタマフ》。其太子《ソノタイシ》ヲ八幡《ハチマン》ト号奉《ゴウシタテマツル》、依此船着所《ヨツテコノフネノツクトコロ》ヲ八幡崎《ハチマンサキ》ト名《ナノル》、是《コレ》継体天皇御宇也《ミヨナリ》。大比留女《オホヒルメ》、筑前国若椙《ワカスギ》山へ飛入給後《トビイリタマイシアト》、香椎聖母大菩薩《カシヒセイボダイボサツ》と顕給《アラハレタマ》ヘリ。皇子《ミコ》大隅国ニ留《トドマ》リテ、八幡宮祝《マツラ》レ給ヘリ。

この記事の八幡神「空船乗、流し着所」が大隅だと書かれていることについて、似た話が対馬にもあると、永留久恵は『古代史の鍵・対馬』で書き、「空《うつろ》船」について左のように書いている。

> うつろ船が流れ着いた伊奈崎の対岸は、古への「加羅《から》」の国である。その加羅の始祖伝説のなかに、対馬のうつろ船とよく似た話がある。それは「駕落《から》の海に一艘の船が来泊し、高貴の婦人（神女）が乗っていて、七宝、奴婢を積んでいた。駕落国の始祖首露《しゅろ》王が、この女人を娶って妻とした」というもので、また、耽羅《たんら》（済州島）の始祖は、箱船に乗って来たと伝えている。[19]

と書く。そして永留久恵は「『うつろ船』で有名なのは、大隅《おおすみ》国一の宮正八幡宮の縁起に、『震旦《しんたん》国陳大王の娘大比留女《おおひるめ》が、七歳にして日光に感じて懐妊し、王子八幡を生んだ。この八幡をうつろ船に乗せて流し、これが大隅国へ流れ着いた』と説いている」と書く。[10]

大隅国の八幡神宮は、「正八幡宮」と「正」をつけているのは、大神氏・宇佐氏が祭祀する宇佐八幡宮は本来の信仰ではないと主張しているからである。その事は拙著『秦氏の研究』で述べたが、「正八幡信仰」は「原八幡信仰」である。「原八幡信仰」には秦王国の時代の豊前で中臣氏が秦氏と共にかかわっているが、私は中臣氏が秦氏と白鳥伝承を共有し、豊前の秦王国の秦氏と共存し、大神氏・宇佐氏祭祀以前の「原八幡信仰」が対馬の人々の信仰になっていることから見て、中臣氏の原郷は対馬と推測しているのである。

三品彰英は宇佐の八幡信仰の原郷は対馬だと、「対馬の天童伝説」で述べており、「大隅正八幡本縁事」を取上げて、「震旦国王女の漂着と神童（八幡）の出誕」は、対馬の「天童伝説」の「女院の漂着と天童の出誕」と同じだと書き、八幡信仰と対馬の結びつきを述べている。さらに対馬の天童伝説には、「水辺における天童の出誕」伝説があるが、宇佐八幡宮の伝説にも「菱形池における神童（八幡）の出誕」の伝説があるから、八幡信仰と対馬の天童伝説は結びついているとし、新羅始祖伝説との関連を示して、左のように書く。

	新羅始祖伝説	天童伝説	八幡伝説
A型	閼川のほとりにおける神童の出誕	水辺における天童の出誕	菱形池における神童（八幡）の出誕
B型	宋帝室の王女の漂着と神童の生誕	女院の漂着と天童の生誕	震旦国王女の漂着と神童（八幡）の出誕

そして「右の各伝説のうち、A型はその資料文献の年次からいっても、またその内容からいっても、B型よりもずっと古く、これに対してB型は説話の要素は古いけれども、それがこれらの伝説に結びついたのは

A型よりもよほど新しい」と書き、A型は、

新羅始祖伝説→天童伝説→八幡伝説

と書いており、[18] この三品見解も八幡信仰の原郷を対馬と見ている。

対馬の人々は宇佐の八幡信仰より、自分たちの祭祀している信仰が原八幡信仰だと主張しているが、その伝説を三品見解は新羅始祖伝説と書く。しかしこの伝説は加耶にもあり、元八幡社と言われて放生会の出発地の香春神社の祭祀氏族が、秦氏系の赤染氏と加耶系の鶴賀氏である事からも、宇佐八幡宮の原始像は明らかである。その宇佐の姫と中臣・藤原氏の始祖が結婚したという記事を、『日本書紀』の神武天皇の東征記事の冒頭に載せたのは、藤原不比等と私は推測している。

この宇佐の地は八幡信仰の秦王国の地だが、八幡信仰は対馬から宇佐へと対馬の人々は主張している。この事例や、本章で述べた事例からも、藤原・中臣氏の原郷は対馬と言える。

［注］

（1）三木彊『宇佐神宮の原像』（一三五〜六頁）人物往来社　一九八〇年
（2）西谷正「古代宇佐と朝鮮文化」『宇佐―大陸文化と日本文化』所収　吉川弘文館　一九七八年
（3）高倉洋彰「九州の銅鐸―宇佐市別府遺跡出土の小銅鐸について」注（2）前掲書所収
（4）小田富士雄「宇佐の朝鮮小銅鐸」「日本のなかの朝鮮文化」三四号　朝鮮文化社　一九七七年
（5）日本歴史地名大系41『福岡県の地名』（一二〇三頁）平凡社　二〇〇四年
（6）注（5）前掲書（一二〇二頁）

（7）中野幡能『八幡信仰』（七一頁）塙書房　一九八五年
（8）清輔道生『卑弥呼と宇佐王国』（一一六頁）彩流社　一九八八年
（9）清輔道生　注（8）前掲書（一一七〜八頁）
（10）『大分県の地名』日本歴史地名大系45（二三一頁）平凡社　一九九五年
（11）中野幡能　注（7）前掲書（六七〜七一頁）
（12）注（10）前掲書（二三一頁）
（13）注（10）前掲書（二三三頁）
（14）平野邦雄「秦氏の研究（一）」「史学雑誌」七〇篇四号　一九六一年
（15）横田健一「中臣氏と卜部」『日本古代神話と民族伝承』所収　塙書房　一九八二年
（16）秦正博「比売語曾神社」『日本の神々（九州）』所収　白水社　一九八四年
（17）永留久恵「浦々の古墳」『古代史の鍵・対馬』所収　大和書房　一九七五年
（18）三品彰英「対馬の天童伝説」『日鮮神話伝説の研究』所収　平凡社　一九七二年
（19）永留久恵「神々の故郷」注（17）前掲書所収

十一章　常陸・磐城の装飾古墳と大生古墳群と中臣氏

常陸・磐城の装飾古墳についての大場見解

中臣氏が大和王権で具体的な活動を示すのは欽明朝からと言われている。第四章で「上田正昭が示す『日本書紀』の中臣氏関係記事」で、欽明・敏達・用明・推古朝の中臣氏の活動記事を示したが、欽明・敏達・用明朝の活動記事は、物部氏と共に排仏運動をした記事のみで、推古朝から初めて宮廷出仕の中臣氏が登場するが、この中臣氏は畿内の中臣氏ではない。豊前と常陸出身の中臣氏であった。この事実に私は注目している。

問題は常陸国の装飾古墳である。代表的な装飾古墳は茨城県勝田市中根にある、昭和四十八年（一九七三）九月に発見された「虎塚古墳」である。この古墳は九州のみにある装飾古墳が茨城県で発見された事で注目された。

国学院大学教授の大場磐雄は『考古学上から見た古氏族の研究』（一九七五）で、多氏（仲国造）の支配する茨城県那珂（仲）郡の四つの装飾古墳を、多氏の古墳として左のように書く（「墳」は古墳、「抄」は『和名類聚抄』、「式」は「式内社」の略）。

水戸市吉田（墳）　（抄）那珂郡吉田郷　（式）吉田神社
水戸市下国井（墳）　（抄）那珂郡大井郷　（式）大井神社

勝田市虎塚（墳）　（抄）那珂郡幡田郷
勝田市白河内（墳）　（抄）武田郷

また、「鹿島」の地名のある地の古墳も多氏の古墳と見て、左の二カ所をあげる（［横］は横穴墓の略）。

那珂町白河内（墳）　（抄）久慈郡木前郷
久慈郡金砂郷村猫淵（横）　久慈郡久米郷

また福島県は多氏系の石（磐）城国造の地だから、石城国造に依る装飾横穴として、

いわき市館山（横）　（抄）菊多郡大野郷
いわき市中田（横）　（抄）磐城郡磐城郷
　　　　　　　　　　（式）鹿島神社

をあげる（『古事記』の神武天皇記に多氏同族として「道奥の石城国造」が載る）。他にも多氏の装飾古墳として福島県の三カ所を示す。

双葉郡双葉町清戸迫（横）　（抄）標葉郡標葉郷
原町市羽山（横）　（抄）行方郡子鶴郷
相馬郡鹿島町江垂（横）　（抄）行方郡真野郷

原町市羽山の装飾横穴については、大場磐雄はこの地を『和名抄』で「行方《なめかた》郡子鶴郷」と言うが、多氏居住の「常陸国那珂郡にも子鶴あり」と書く。さらに相馬郡鹿島町江垂の装飾横穴の近くには、式内社の鹿島御子神社があることも取上げて、多氏による装飾横穴と主張している。大場見解では述べていないが、福島

県原町市、福島県相馬郡鹿島町は『和名抄』（承平年間〈九三一～九三八〉に成立）では、茨城県行方《なめかた》郡と同じ行方郡を称しているが、『常陸国風土記』（行方郡）に依れば多氏系の仲国造の始祖の建借間《たけかしま》命が征討した地である。後述するが、大生神社・大生古墳群の所在地だから、大場見解によれば常陸国那珂（仲）郡に所在する装飾古墳（吉田・下国井・虎塚）を築造した人々が多氏系で、彼らが北方の地に進出して、装飾古墳・横穴を作った事に成る。

大場磐雄は「東国に装飾古墳を残した人々」と題する論考の結びで、左のように書く。

東国に装飾古墳を残した人々の氏族が、どういう結果を示すかという点である。まず最初に目に付くのは多氏一族との関係である。特に常陸と磐城両国はこの一族の分布が濃厚であり、装飾墳との関連も密接である。次に注目されるのは物部氏で、相模の一部と陸前に認められる。その他では阿倍氏がある。その他は特に重要な古氏族と関連は認められない。

このように書いて、多氏と装飾古墳の関係について左のように書く。

1　多氏一族の発祥は九州肥国で、古代のある時期に東方に移住し、畿内に栄えたが、一部は東方開発のため早く東国に来て国造家の祖となり、更に太平洋側を経て磐城方面に進出している。

2　多氏一族の東国での中心は常陸国で、常陸仲国の祖となり、鹿島神宮を奉戴し、東北経営に進出した。

3　同氏は今の福島県方面に進み、石城国造の祖となり、鹿島神宮の分社を奉斎してこの地方に栄えた。

4　東国における装飾古墳の拠点である茨城県下の水戸市・勝田市・那珂町方面は、仲国造の支配下となっており、仲国造家累代の墳墓も築造された。最近問題となった虎塚古墳のごときはその年代上から見て同国造の最後の奥津城ではあるまいかと推定される。

5　虎塚古墳の装飾文様や吉田古墳及び勝田市金上古墳等に見る線刻が、九州の熊本県、福岡県下に見るものと類似している点は、偶然の一致というよりは多氏一族の移住による必然の結果であること。

6　『常陸風土記』行方郡の条に見える仲国造の祖建借間命が、肥前地方の民謡「杵島曲《きしまぶり》」を兵士に唱わせた記事は、多氏の仲国造の始祖建借間命の出身地の肥国と常陸との関連を示す好資料であること。

7　東北地方において今のいわき市から双葉郡や相馬郡方面に存する装飾横穴が、いずれも多氏一族と関係深いこと、ならびにその装飾文様中に九州地方と密接な内容を示すことも、同じ理由によって解明することが出来る。(1)

以上が大場見解である。この見解が発表された前年の一九七四年五月に斎藤忠が、「装飾古墳・装飾横穴」と題する論考で、火国や大分国の国造は多氏だが、この国造の同族が常陸の国造になっている事を理由に、大場見解と同じ見解を発表している。ところがこの年に拙著『日本古代試論』を私は刊行している。拙著を読んだ玉利勲は私見を『装飾古墳紀行』で左のように引用している。

大和岩雄著『日本古代試論』(七四年七月)は、オホ氏に関する本格的な研究書であるが、そこでも海洋的性格をもつオホ氏と、装飾古墳との深いかかわりが論じられている。中に、次の一節がある。「磐井の〝反乱〟後、大和政権に臣従した北九州勢力は、六世紀に水軍を主力にして関東に進出し、常陸に本拠を置きさらに東北に進出した。(中略)北九州の兵力は遥か遠いエゾ地征討の役割を課せられたのであろう。装飾古墳が両地域のみにある謎も、九州と常陸の年代のズレからみても、このように解釈することによって解けるのである」(2)

このように私見を引用して、大場磐雄と私の見解は同一見解であると紹介している。拙著は一九七四年刊で、四十四年前に刊行しており、私見の基本は変らないが不十分な見解だから、補足を本書で書く。

常陸・磐城の装飾古墳と推古朝の中臣連国

大場磐雄は常陸・磐城の装飾古墳は多氏の築造と書くが、常陸国の虎塚・船玉・大師唐櫃《からうど》・十日塚・花園三号墳の装飾古墳は、横穴式石室内の壁面に、赤や白の顔料を使用して、主として武器や武具を描いていると書き、その代表を虎塚古墳としている。この古墳を調査した大塚初重は、最初の築造を七世紀初頭、最後の埋葬を七世紀中葉と「虎塚古墳の装飾」で書いている。そして石室内の彩色壁画について、

茨城県内の装飾古墳は、彩色をほどこす場合と線刻による場合とがある。とくに、船玉古墳、花園三号墳、大師唐櫃古墳、十日塚古墳などは、横穴式石室内の壁画に、赤や白の顔料を使用して、主として武器や武具を描いている。

と書いている。(3) 武器・武具を描いているのは、装飾古墳を築造した人々が、東北地方の蝦夷と戦う武人であった事を証している。問題はその武人がなぜ装飾古墳を造る地域なのか。理由は最初に常陸国に来た武将(建借間命・黒坂命)の出身地が装飾古墳を築造する地域の人々だったからである。その時期は推古朝初頭(六〇〇年)から大化年間(六四五〜六四九)で、推古・舒明・皇極・孝徳天皇の時代である。第三章で述

べた中臣鎌足の父の弥気や叔父の国が、推古朝の後宮・宮廷に出仕し、『日本書紀』によれば、中臣連国は新羅征討の大将軍、鎌足の父は舒明天皇の即位に活躍・策動していた時代である。特に注目したいのは、中臣連国は推古天皇の三十一年に、推古天皇は「群卿《まへつきみたち》」を集合して、

天皇、新羅を討《う》たむとして、大臣に謀《はか》り、群卿《まへつきみ》に詢《と》ひたまふ。

その時に、

中臣連国の曰《もう》さく。「任那《みまな》は、是元《これはじ》めより我が内官家《うちみやけ》なり。今し新羅人伐《う》ちて有《え》つ。請《こ》はくは、戎旅《いくさ》を戒《いまし》め新羅を征伐《う》ちて、任那を取り百済に附《つ》けむことを。寧《いかに》ぞ新羅に有るに益非《ますことあら》ざらむや」とまをす。

と発言したと『日本書紀』は書く。そして崇古天皇紀は、その年（推古天皇三十一年）に、

大徳境部臣雄摩侶《だいとくさかひべをまろ》・小徳《せうとく》中臣連国を以《も》ちて大将軍にす。

と書き、更に左のように書く。

数万の衆《いくさ》を率《ゐ》て、新羅を征討《う》つ。

また推古十一年十二月五日条には「初《はじ》めて冠位《かんゐ》を行《おこな》ふ」と書き、左の冠位を記《しる》す。

大徳・小徳・大仁・小仁・大礼・小礼・大信・小信・大義・小義・大智・小智。

中臣連国は十二階の階位の第二位なのに、第一位の大徳の境部臣雄摩侶と共に「大将軍」になっている記事に私は注目している。他の小徳の七人はすべて「副将軍」であり、七人の中には物部氏・大伴氏など武将を出している名門の氏族が居るのに、なぜ新興氏族の中臣氏が「大将軍」になったのかである。中臣連国は他の副将軍と同じ官位の「小徳」であり、一位の「大徳」の境部臣雄摩侶の「大将軍」より官位は低いのに、

なぜ「大将軍」に任命されたのか。私は一見は無関係のように見られるが、常陸・磐城の地に装飾古墳が築造された事と関係があると見ている。

大場磐雄・大塚初重の東国の装飾古墳の見解

大場磐雄が常陸・磐城の装飾古墳は多氏によると推論しているのは、常陸仲国造・磐城国造が多氏であり、この地域にのみ装飾古墳があるからである。(1)

二〇〇二年八月刊行の大塚初重の『東国の古墳と大和政権』に掲載の「虎塚古墳の装飾」「常陸花園三号墳の装飾古墳」の論考は、いずれも大塚初重が発掘責任者として関与した古墳についての論考である。この論考で九州と常陸・磐城の装飾古墳は同じであると、大塚論文は論証している。

大場磐雄は国学院大学教授の考古学者、大塚初重は明治大学教授の考古学者だが、大場磐雄が常陸・磐城の装飾古墳を多氏によると主張するのは、九州の装飾古墳の分布地域が、肥君・大分君など九州の多氏の支配地域にあるからであり、常陸・磐城の国造も『古事記』の神武天皇記が多氏と書いているからである。しかし問題は、常陸・磐城の装飾古墳が築造された時期である。

玉利勲は『装飾古墳紀行』で、「虎塚古墳の石墳の石室からは銀装大刀、刀子、鉄鏃など少量の遺物とともに一体の人骨も出土した。これを追葬時のものだとする大塚（初重）氏は、虎塚古墳の最初の築造を七世紀初頭、最後の埋葬を、ほぼ七世紀中葉とみるのである」と書いている。(4) 七世紀初頭は推古朝の推古天皇八年（六〇〇）から推古天皇三十六年（六二八）の三月七日の推古女帝没の時代である。推古三十一年には境部臣雄麻呂・中臣連国が大将軍になって、新羅征討の軍兵が派遣されているが、中臣連国が新羅征討の大将軍になれた理由と、常陸・磐城の装飾古墳がこの時期に築造されている事に私は注目している。無関係ではないと見ている。

東国の装飾古墳がまず常陸国で築造されたのは、この時期に九州で装飾古墳を造っていた人々が常陸国へ来て作った事を証している。その事を証するのは装飾古墳がまず常陸国に築造されているからである。しかもそこに壁画が描かれている事について大塚初重は、「虎塚古墳の装飾」で左のように書いている。

九州地方の古墳壁画との共通性は壁画のモティーフのみでなく、奥壁・側壁をはじめ横穴式石室の各所をいろどる壁画構成の点でも、明白に指摘できる。死者の黄泉国《よみのくに》における生活を護るための魔力があると信じられた三角文は玄室を飾る必要欠くべからざる文様であった。太陽・月さらに除魔の具としての鏡までも円文として豪族の身を護った。大刀・槍・鉾をはじめ冑・靫・楯など多種多様の武具も、彼の来世の生活に是非とも必要な呪術的性格を与えられて描かれたのであろう。舟・馬具は死の旅立ちに用意され、翳《さしば》と首飾りも同じ意味で壁面を飾った。ほとんど前例のない首飾りは紐の結び目まで見事に表現され、等間隔に配列された一五個の玉類はまさに写実である。壁画そのものがマジカルな性格を具えていたことは間違いないが、首飾りなどは、副葬品に大刀一口・刀子《とうす》二口・鉄鏃《てつぞく》二個以外に見当らぬ点と、盗掘の痕跡が皆無なことなどから推定すると、あるいは副葬品に代わる意味を与えられていたのかもしれない。(5)

虎塚古墳は一九七三年に大塚初重が発掘調査の責任者として行なわれているが、それから十年後の一九八三年九月二十八日から大塚初重は茨城県西茨城郡岩瀬町の装飾古墳を発掘調査し、一九八八年に「常陸における装飾古墳の性格――花園三号墳を中心として――」と題する論文を発表している。

花園三号墳の石室奥壁の四例の靫の表現は、東国の彩色壁画では前例がなく、その靫の構図は九州の古墳壁画の靫ときわめてよく似ている。とくに花園三号墳の壁画に赤・黒・白という三色が用いられていることは、茨城県日立市かんぶり横穴一四号墓と真壁郡関城町船玉古墳石室例があるのみであり、横穴式石室への三色の塗彩は東日本唯一の例である。……靫の上部が外側に開き中央部はわずかに凹み外形では中位がくびれる。形態上では福岡県王塚古墳や日ノ岡古墳、珍敷塚《めづらしづか》古墳・原古墳などにも類例が見られる。また福岡県王塚古墳の靫のように黒彩した靫の全輪郭を赤色線でめぐらした例があって、花園三号墳の靫の図が九州北部の装飾古墳壁画の靫と表現がきわめて共通している点が特筆される。(5)

このように書いて、次のように述べている。

三本の柱で支えられた舟形図文と一〇個の円環文が特徴的である。舟形図文の上方に平行して描いてある赤色線で輪郭をした黒色帯も、両端が欠失していて不明だが、本来は舟形のように上方に内湾していたかもしれない。黒色帯や赤色帯を横に何枚か平行して描き、そこへ赤彩円文を一〇個前後も並列して描くという描写法は、これもまた福岡県珍敷塚古墳の奥壁壁画に見出すことができる。

(中略)

花園三号墳の彩色壁画の特色とさるべき図文には、武器類と思われる具象的な壁画がある。東側壁の玄門寄りにみとめられる四本の槍もしくは鉾と推定される壁画は、黒彩の柄の先端すなわち鋒《ほこさき》を赤色線で描き、内部を白色に塗っているので、明らかに白刃を意識してのことではなかろうか。大刀や槍・鉾などの武器類を描いた先例は、茨城県ひたちなか市虎塚古墳例にあり、また熊本県千金甲《せんごんこう》三号墳では鹿角装大刀と頭椎大刀らしきものを、福岡県王塚古墳では大刀、佐賀県太田古墳では刀剣五口が描かれていた。こうして武器類を描いた古墳壁画例は、奥壁をはじめ側壁の壁面空間に、円文や三角文などの幾何学文や、X字形・井の字形などの記号様の文線とともに描かれる例が多く、この点でも九州と東日本の彩色壁画の共通性として指摘しうるのである。(5)

長い引用になったが、このように述べて結びに左のように大塚初重は書く。

本古墳の築造年代を西暦六〇〇年前後ごろと考えている。

東国の装飾古墳、とくに彩色壁画古墳の性格は、これまで多くの先学によって論じられてきた。古墳の分布を壁画内容の類似性とから、西日本ことに北部九州の古墳例との歴史的な関係が深く考えられてきた。壁画をのこした集団についてもまた多くの見解が出されているが、学界の一致した見解を見るまでに至っていない。花園三号墳の壁画例を加えることによって、九州地方の古墳壁画との親近性が一層高まったことは事実であろう。今後の課題は花園三号墳の壁画の詳細な観察と比較研究が優先されねばならないと考える。(5)

常陸の装飾古墳についての大塚初重の長文の見解を、そのまま引用して示したのは、今迄ほとんど論じられていない問題が秘められているからである。

中臣連弥気・国が朝廷出仕した理由と「壬生」

大塚初重は常陸国の装飾古墳の出現時期を七世紀「初頭」または「前後」と書いており、花園三号墳の築造年代を西暦六〇〇年前後ころと考えている[5]、と述べている。

大塚見解を採れば被葬者は五五〇年以降（欽明・敏達朝）に常陸へ来ている。この時期は『日本書紀』記載の中臣氏の活動が、確実に史料として認められた時代だから、この時期に排仏に物部氏・三輪氏と組んで活動した畿内の中臣氏（中臣連鎌子・勝海、中臣磐令連）の『日本書紀』への記載は、事実として認められている。彼らは仏教を受入れた蘇我氏に反対して物部氏と共に挙兵し討れている。そして崇仏の推古朝で受入れられたのは、豊前の中臣宮地連麻呂・烏摩侶と、常陸の中臣連弥気・国の兄弟であった。

豊前の中臣宮地連麻呂・烏摩侶は用明天皇二年（五八七）四月二日条に、蘇我馬子が豊前の豊国法師を天皇の病気治療に豊国から招じた時、付人《つきびと》として来た兄弟である（その事は拙著『秦氏の研究』で詳述した）。中臣宮地連烏麻呂は『日本書紀』推古天皇二十年（六一二）二月二十日条に、欽明天皇の妃の「皇太夫人堅《きた》塩《し》媛《ひめ》」の改葬の時、病気中の蘇我馬子が行なう誄《しのびごと》を代行しており、豊前の中臣宮地連は「蘇我派」であったが、常陸の中臣氏は「蘇我派」ではなかった。だからと言って、反蘇我の立場に立って排仏行動をした畿内の中臣氏の立場はとらなかったから、推古朝に出仕しているのである。その手引をしたのは「壬生直」の常陸国の仲臣の多氏（仲国造）と推測している。

『日本書紀』の推古天皇十五年（六〇七）二月一日条に、左の記事が載る。

壬生部《みぶ》を定む。
『常陸国風土記』行方《なめかた》郡条の冒頭の、孝徳天皇の「癸丑《みづのとうし》（白雉四年）の年」（白雉四年は六五三年）に、茨城の国造《くにのみやつこ》、小乙下《せうおつのしもつした》壬生連麻呂《みぶのむらじまろ》、那珂の国造、大建《だいけむ》壬生直《あたひ》夫子等《をのこら》 惣領高向の大夫、中臣幡織田の大夫等に請ひて、茨城の地の八里と那珂の地の七里とを合せて七百余戸を割《さ》きて、別《わ》きて郡家を置けり。

とあるが、この記事は推古天皇十五年（六〇七）に壬生部が成立して四十六年後の記事で、常陸国に行方《なめかた》郡という新郡の新設を示す記事である。この行方郡新設の白雉四年（六五三）の四年前、「己酉《つちのととり》の年」（大化五年は六四九年）に中臣鎌子（藤原鎌足）は常陸国に「神郡」の鹿島郡を新設しているが、鹿島郡に隣接する行方郡も神郡の鹿島郡も、いずれも多氏の常陸の仲臣の仲国造統治の郡である。

壬生直夫子の「壬生直」は常陸多氏をいう。行方郡は『常陸国風土記』が書く仲臣の「仲国造」（『古事記』の神武天皇記は多氏系氏族と書く）の始祖建借間（鹿島）命が『常陸国風土記』に依れば征討した地であり、茨城国造の茨城郡も豊後（大分）国の多氏系の大分君出自の黒坂命が平定した土地だから、新設された行方郡も、神郡（鹿島郡）も、いずれも常陸多氏の統治の地である。この地に中臣鎌足がかかわって新郡（行方郡）・神郡（鹿島郡）を新設したと、『常陸国風土記』が書いている事に、私は注目している。この事実は仲臣の多氏と中臣氏の密接な関係を証している。前述した常陸・磐城国造の地の装飾古墳の被葬者も、欽明・敏達朝の頃に九州の多氏の支配地の肥国・豊国から来た人々であり、同じ多氏系の国造の地の常陸・磐城へ来て装飾古墳を築造したのである。しかしこの時期（欽明・敏達朝）になると仲臣の多氏の配下に居た中臣氏が台頭しており、その代表者が推古朝の中臣弥気・国の中臣鎌子（藤原鎌足）の父・叔父などであったと推測出来る。

『常陸国風土記』行方郡に「大生里」の記事が載り、

大炊《おほひ》の義《こころ》を取りて、大生《おほふ》の村と名づく。

と書くが、事実は仲国造の多氏が壬生直だから、その所在地を「大生」と書き、神社を「大生神社」と書いたのである。常陸国の多（太）氏が、「大生」と書く「生」については、私は「壬生」の「生」と見ている。その事は大和の多氏が大海人皇子（天武天皇）の湯沐令《ゆのうながし》になっているように、壬生に多氏がかかわっている事を示すため「大」に「生」を加えたのである。

藤原鎌足（中臣鎌子）の父と叔父が推古朝廷に出仕したのは、推古天皇十年の壬生部設立で壬生直になった仲臣の仲国造の手引で、中臣弥気は常陸から上京して、推古女帝の後宮へ出仕したのであろう。舒明天皇即位前紀に、中大兄皇子が推古女帝の御所に行った時、

中臣連弥気、禁省《みやのうち》より出でて曰《まう》さく、「天皇の命《おほみこと》を以《も》て喚《め》す」とまうす。

と書かれていることからも、弥気が後宮にかかわっていた事を示している（「壬生」は「後宮」にかかわる）。弥気の子の鎌子が孝徳朝で「内臣《うちつおみ》」任命されたのも、「内臣」も天皇の側近に仕える役であることでは壬生と同じだからである。つまり常陸出身の中臣氏は畿内の中臣氏と相違して仲臣の多氏と同じで、内廷（後宮）にかかわる職種について、地位を次第にあげていったのである。これは中臣弥気・国の兄弟の兄（長男）の役割で、この血統は子の鎌子（鎌足）・孫の不比等に受継《うけつ》がれているが、弥気の弟の国のような、将

軍の血脈もあった事は見過せない。

常陸国行方郡の三昧塚古墳の被葬者と遺品

常陸国の古墳について、大塚初重は左のように書く。

茨城県における古墳の発生年代については所論のわかれるところであろうが、筆者は四世紀代の後半、おくれても終末期には古墳の出現があったものと考えている。(5)

「所論のわかれるところであろうが」と書くのは四世紀代終末期・五世紀初頭という見解もあるからだが、この地へ来たのは『常陸国風土記』によれば、いずれも九州の多氏系の、肥君の建借間命・大分君の黒坂命が率いていた軍兵であり、その軍兵に卜者として参加していたのが中臣氏の祖である。

その初期の軍団が九州から来て二百年後に、装飾古墳を築造する九州の人々が来ているが、彼らも建借間命・黒坂命の後裔の氏族であり、装飾古墳の被葬者は多（太）氏系の肥君・大分君の一族と私は推測している。しかし第一次と第二次の渡来の間には二百年の歳月があったから、常陸では実質の権力構造は変化していた。常陸の仲臣の多氏の後裔氏族は壬生直として実在していたが、実質の権力は中臣氏が掌握していたから、壬生氏として中央政権に出仕していた多氏の手引で、推古朝に出仕した中臣連国は、大伴・物部の軍事氏族を押しのけて、新羅征討の最高指揮官に任命されたのであろう。

常陸国に最初に来た九州の多氏の権力を示す代表例は、茨城県行方《なめがた》郡玉造町沖洲《おきす》の三昧塚《さんまいづか》古墳がある。この古墳を昭和三十年（一九五五）、今から六十三年前に発掘した大塚初重は左のように『東国の古墳と大和政権』で述べている。長文だが転載する。

石棺の中には、遺骨がよく残っていました。頭部近くに大きな鏡（平縁変形四神四獣鏡《ししんしじゅうきょう》）が一面と足元にも小形の乳文鏡《にゅうもんきょう》が一面に置かれ、その上にクシが置かれておりました。この状態から、最後に石棺の蓋をする時に、遺骸に付き添ってきた奥方が、自分用の乳文鏡と竹のクシを置き添えて、お別れをしたのかなと、私は思いました。

この他、刀剣と挂甲草摺《けいこうくさずり》やガラス玉が千数百個入っておりました。右手に丸玉三百余個、左手に小玉千三百余個、これをそれぞれ糸で束ねると同じ長さ（幅）になります。十八歳から二十歳前後の男性の骨でした。また石棺外の木箱の中には鉄製の横矧板鋲留短甲《よこはぎいたびょうとめたんこう》や挂甲、あるいは衝角《しょうかく》（船の先端部の形のような）付冑と甲冑類が二領置かれており、さらに轡鏡板《くつわかがみいた》や面繋《おもがい》金具などの馬具があって、砥石《といし》と、鉄刀と鉄鏃《てつぞく》がありました。

ここで一番問題になるのは、八個の馬形飾を付けた、透し彫りのある金銅の冠で、頭部に被った形で発見されました。これまで藤ノ木古墳を含めて、全国で五〇例位の冠が出ておりますが、馬形飾を付けたものはこれだけです。……西暦五〇〇年前後に、この地域に馬にきわめてゆかりの深い馬形飾のついた金銅冠を所持した二十歳前後の豪族が居たことは事実です。

実は、私がこの人物の枕の上に乗っていた頭蓋骨から、冠を取り上げて収納しようとしたわずか一、二秒の間に、冠に裏打ちしてあった目の粗い麻のような白布がちりじりに粉のようになって消えてしまったのです。私のまったくの不注意でしたが、冠は完形品でして、金属が、この人物の前頭部に直に当たらないように配慮していたということがわかりました。

こういう日本の古墳の中でも稀に見る冠をもった三昧塚古墳には、なんと金銅製の兵庫鎖でつないだ垂飾《すいしょく》付《つき》耳飾《みみかざり》、そして二面の鏡や横矧板鋲留短甲と、鋲留の衝角付冑、さらに可動的な乗馬専用の鉄製の挂甲等武具一式と比較的古い形式の馬具が出土しました。

したがって、この二十歳前後の若い豪族は、先進的な武具を身にまとった戦闘的な軍事的な色彩の強い人物であった可能性が高いのです。そして、さらに馬をもっていて、f字形の屈曲が強い古い形式の轡鏡板や、銀製の面繋飾《かざり》の金具がついていて、同じ五世紀の終わりから六世紀代の馬具としても第一級のものであって、この三昧塚に埋葬された人物がもっていた馬具の装備からも、なみなみならぬステータス（身分）であったといえると思います。(5)

長い引用になったのは、著者自身が発掘者で自分が経験した記述であるからである。この地は行方郡が鹿島神宮の元宮大生神社の所在地で、常陸多氏の祖建借間命が平定した土地である。

常陸国の「行方郡」の設立と中臣鎌子と多氏

この三昧塚古墳のある地は玉造町だが南に隣接して麻生町がある。その町の北部（旧大和村）の地を、『常陸国風土記』行方郡条は、

田の里あり、息長足日売の皇后の時、此の地に人あり。名を古都比古《こつひこ》といふ。三度《みたび》韓国に遣《つか》はされぬ。其の功労《いさを》を重みして田を賜《たま》ひき。因《よ》りて名づく。

とある。三度韓国に遣わされた人が三昧塚古墳のある地の近くに居た事は無視出来ない。この田の里の南に隣接して、

> 相鹿《あふか》・大生《おほふ》の里あり。古老《ふるおきな》のいへらく。倭武《やまとたける》の天皇《すめらみこと》・相鹿《あふか》の丘前《をかさき》の宮に坐《いま》しき。此の時、膳炊屋舎《おほひとの》を浦浜《うらべ》に構《かま》へ立て、艀《はしふね》を編《あ》みて橋と作《な》して、御在所《みましところ》に通《かよ》ひき。大炊《おほひ》の義《こゝろ》を取《と》りて、大生《おふ》の村と名づく。

と『常陸国風土記』（行方郡条）は書くが、「大生」の里・村の「生」は前述したが「壬生」の「生」である。三谷栄一は『『常陸国風土記』の生成と展開——壬生氏を中心とした伝承文学の成立基盤をめぐって——』と題する論考で、左のように書く。

> 磐城国に常陸国と同様に行方郡があり、『和名抄』にも「奈女加多」と称し、六郷に分っている。明治に入って相馬郡と併合された所である。更に北に遡って陸前国登米郡内に行方郡というのがある。『和名抄』の「登米郡行方郡訓、奈女加多」と注している。その訓とは確かに、この時代とはいえ、類の少ないものである。この特殊な地名であるため、吉田東伍博士の『大日本地名辞書』に、この陸前国行方郷を注して、
>
> 行方は常陸国の郷名にて、又、磐城国にも同名あり、蓋、それらの郡より遷徙せる者か。
>
> とあるのは、確かに承認される説であって、移住民は移住先に本郷の名を冠することが少なくない。そのことは『播磨国風土記』を一見すればよくわかる。例えば飾磨郡小川里英保村の名は、伊予国英保村からの移住による。揖保郡大田里の名の如きは、摂津国三島賀美郡大田村に由来し、更に北に遡っては、紀伊国名草郡大田村に発しているといわれる。前述の如く、那珂国造壬生氏が一族の地を割いて、神の郡

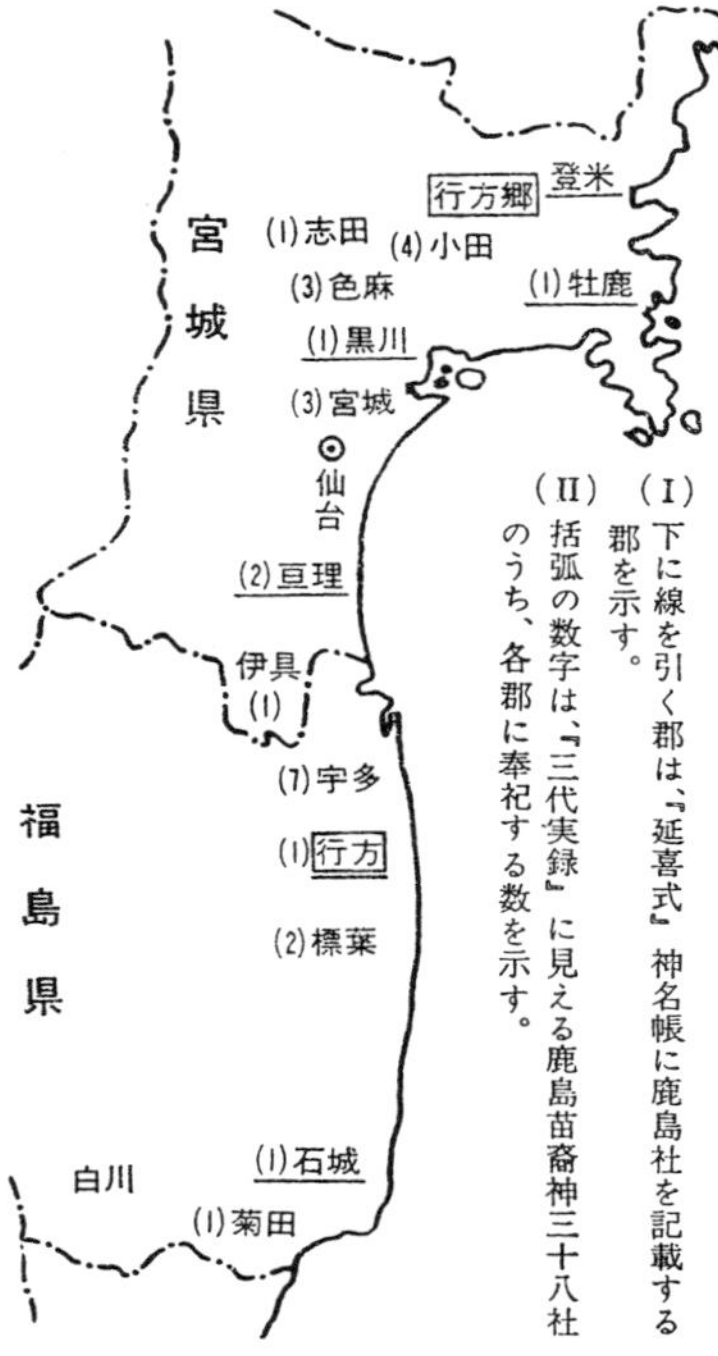

図22　花園三号墳の東側壁壁面実測図

である鹿島郡を創設したと共に、この那珂国造壬生氏一族によって開拓された土地に冠した地名である以上、これらの土地も壬生一族の北進地と認めて間違いはなかろう。壬生氏の祖神「建借間命」の信仰を奉じて移住した壬生氏一族が、磐城国に行方郡を創設し、更に北進して登米郡には、郡にまで成長しなかったとしても、行方郡を開拓したと考えられる。(6)

このように述べて図22を示す。三谷栄一の論考は、サブタイトルが「壬生氏を中心とした伝承文学の成立基盤をめぐって」とあるように、国文学者の視点から『常陸国風土記』の生成と展開」を論じた論考だから、私が本書で論じる視点とは相違している。しかし「行方郡」の地名のある場所は前述（四一〇頁）した「東北・北関東の主な装飾古墳」の、福島県の羽山・江垂・清戸迫の地と、宮城県の山田の地とかかわり、いずれも行方郡か行方郡の付近にある地名であることが注目される。

問題はこの事実は三谷論考が書く壬生直が居住する常陸国の地名だから、磐城・更に北の蝦夷地の「行方郡」は常陸の「行方郡」の人々の進出地である。この進出を主導したのは、この地名の地と装飾古墳の地が重なる事実からも、時期から見ても、主導したのは中臣氏であろう。

まず「行方郡」の地名である。この地名は前述したが『常陸国風土記』によれば孝徳天皇の白雉四年（六五三）に、関東惣領の「高向大夫」と「中臣幡織田大夫」の「請《こ》ひ」に依って新設されたとある。白雉四年の八年前の大化元年に、中臣鎌子は「内臣」になっているのだから、関東惣領に中臣幡織田大夫を任命したのは、内臣の中臣鎌子であり、「行方郡」の新設も鎌子の指示であろう。この「行方郡」の新設の白雉四年（六五三）より三十年前の推古三十一年に、鎌子の叔父の中臣国は新羅征討の大将軍として、推古天皇紀によれば、

　数万の衆《いくさ》を率《ゐ》て、新羅を征討《う》つ。

とある。この事実から見ても蝦夷地を征服してつけた「行方《なめかた》」という地名を、出発地の常陸の地名にしたのであり、その実行者が中臣鎌子だが、彼がつけた地名は仲臣の多氏の建借間命・黒坂命の平定地で、「行方」は平定した地の意である。

孝徳天皇の白雉四年（六五三）の四年前、大化五年（六四九）に、多氏系の仲（那珂）国造の地五里と、海上国造の地一里を割《さ》いて「神郡」を新設している。「神郡」の新設を求めたのは地元の中臣部だが、背後には中臣鎌子が居た。彼ら中臣氏が祀った鹿島神宮は、多氏の仲国造が祀っていた「天の大（多）神」が主神で、地元の物部系坂戸氏が祀っていた坂戸神、そして祭祀地にある沼尾池の神の沼尾神付属神であり、天児屋神は鹿島神宮では祭祀していない。主神は仲臣の常陸国の多氏の神であった。藤原氏の原郷の常陸国での多氏と中臣氏の関係は、仲臣と卜部の中臣氏の関係であった。

常陸国行方郡の大生古墳群と多氏と中臣氏

本章の冒頭で大場磐雄の装飾古墳は多氏築造説を紹介したが、井上辰雄は「装飾横穴墓をめぐる豪族とその性格」で、九州の有明海、不知火海沿岸の装飾古墳は筑紫君・日置氏・火君の勢力圏と重なっているが、火君を除く筑紫君と日置氏は多氏系ではない事を取り上げ、更に「一歩譲って多氏系氏族が装飾古墳の造営者とするならば、中央の多氏本族がどうして装飾古墳を造らなかったか」と書いて大場見解を批判している。(7)しかし装飾古墳は九州の氏族の墓地造型なのだから大和の多氏は造らないのであり、この井上批判は的外れの批判である。多氏でも、常陸・磐城の装飾古墳は九州出身の肥君・大分君系氏族に依る墓だから、私は大場見解を採る。大場磐雄も「東国に装飾古墳を残した人々」と書き、九州の装飾古墳のすべてが多氏系氏族だと主張しているのでないから、井上辰雄の批判は、大場見解を拡大解釈しての批判で、的外れである。

しかし常陸・磐城の装飾古墳は大塚見解が示すように、「六〇〇年前後」以降だから、推古朝（推古元年が五九三年）以降である。この時期は九州から来た装飾古墳に埋葬された人たちは肥君・大分君の多氏系の人々であっても、その埋葬地の実力者は中臣氏であった。その事は推古三十一年（六二三）に新羅征討の大将軍に中臣連国が任命されている事から言えるし、行方郡の新設からも言える。

常陸国に行方郡が新設されたのは白雉四年（六五三）の孝徳天皇の時代だが、翌年一月五日条には、左の記事が載る。

紫冠《しくわん》を以《も》ちて中臣鎌足連に授け、封《へひと》を増《ま》すこと若干《そこはく》戸なり。

この記事からも行方郡の新設は中臣鎌足がかかわっている事は、行方郡の新設は関東惣領に依っているが、その関東惣領が中臣幡織連である事からも言える。常陸国の行方郡が中臣鎌足の意図に依っての新設だから、磐城・更に奥地の蝦夷地に行方郡が新設されたのも、鎌足に依ると推測出来る。

常陸国で推古朝の頃から装飾古墳を築造した人々は、九州の多氏系の肥前・肥後、豊前・豊後から来た人々であったが、当時の常陸国での実力氏族は仲臣の多氏でなく中臣氏であった。その事で問題になるのは「大生古墳群」である。この古墳群については昭和四十六年五月十日の日付で、茨城県行方郡潮来町の、潮来町教育委員会の教育長、山野徳介の「序」がついた『常陸大生古墳群』（雄山閣出版）が詳論している。

この古墳の発掘調査は今から四十七年前で半世紀前の昭和四十六年に行なわれている。この古墳群につい て、

大生西古墳群　三七基・前方後円墳五基
大生東古墳群　六〇基以上・前方後円墳二基
大賀古墳群　三基・前方後円墳一基
釜谷古墳群　一一基
水原古墳群　五基以上

と書くが、この古墳の数については「約一二〇基以上」と書いている事について、『大生古墳群』は「古墳群の分布と規模」で左のように書く。

実数において正確を欠いているのは、山林中で荊棘に閉され、認定に苦しむものが相当に存在するた

めで、更に検討を重ねれば増加の可能性が強い。但し前方後円墳の八基はほぼ確実であると考えられる。(8)
この調査から現在までは、ほぼ半世紀近くたっているが、その期間に茨城県の考古学者らが調査した結果、現在は一八〇基はあると言われている。旧大生原村の地域内で一八〇基の古墳があり、しかも前方後円墳が八基も築造されているのが常陸国である事実は、他に例がない古墳群である。

大生古墳群を発掘調査した国学院大学教授の大場磐雄も、それ以降に調査した考古学者も、私も、この古墳群は常陸の多（大生）氏が築造した墳墓と見て論じてきたが、六世紀中期、欽明朝以降の常陸の多氏に、他に前例のない一八〇基の古墳を、古墳時代終末期の七世紀末まで、百五十年間に、一年間に最低一古墳を築造する権力・財力があったかである。当時の常陸の多氏にその力はない。とすれば常陸の中臣氏と多氏の古墳群であろう。

『常陸大生古墳群』には「行方郡古墳時代関係遺跡地名表」が記載されている。行方郡の古墳の詳細を町村別に示すが、まずの古墳の数を示す。

町村名	前方後円墳	円墳	方墳	上円下方墳
麻生町	一二	三五		
牛堀町	一七	三四	四	
潮来町	七	六一	二	五
北浦村	八	一〇八	二七	六
玉造村	一〇	五二	九	

鉾田町	一	七七	一〇	
合計	五五	三六七	五二	一一

（潮来町に大生古墳群があるが、この古墳群は除外した）

大生古墳群を除外しても四八五基の古墳があり、『常陸大生古墳群』記載の古墳を含めば六二三基で、前方後円墳が六六基になる。関西の古墳は消滅した古墳が多いから、正確な数は不明だが、当時辺境の常陸にこれだけの多くの古墳が一地域に集中し、密集して造られており、前方後円墳のような大古墳が六六基も築造されているのは見過せない。その中での代表例が大生古墳群である。

常陸の中臣氏が中央政権で活躍したのは推古朝からである。推古元年（五九三）は五世紀末だが、大生古墳群は五世紀後半から始まって、本格の築造は推古朝の古墳時代後期から終末期である。この時代の常陸多氏は壬生直となり、壬生の「生」を書き加えて、「大（多）」を「大生」と書いているが、前方後円墳八基を含み一八〇基の古墳群を造る財力も政治力もなかった。あったのは中央政権に出仕し、推古朝に数万の軍兵を率いて新羅征討の大将軍になった中臣連国や、孝徳朝から天智朝に活躍した中臣鎌子（藤原鎌足）、持統・元明・元正朝の藤原不比等である。彼らの出身地、父祖の地は常陸であった。この事実から見れば、藤原鎌足・不比等の原郷の常陸の中臣氏の墳墓が大生古墳群と私は推測している。勿論、常陸の多氏もこの地に埋葬されていたであろう。

その関係は、天武朝の多品治と中臣大島の関係が証しており、それは持統朝で中臣大島の死後の藤原不比等と多品治の関係が証している（その事については、第七章でさまざまな視点から述べた）。

磐城国の「行方郡」が示す中臣・藤原氏の実像

常陸国の行方郡は常陸多氏の祖の建借間命・黒坂命が平定した地であるが、行方郡は磐城国にもある。常陸国と磐城国の行方郡はどちらが先か不明だが。磐城国の「行方郡」は浜通り北半に位置し、東は太平洋に面し、現在の福島県相馬郡鹿島町・小高町・飯舘《いいたて》村・原町市の地域をいう。『和名抄』は「奈女加多《なめかた》」と訓を付している。『続日本紀』の養老二年（七一八）五月二日条には、陸奥国の石城《いはき》・標葉《しは》・行方《なめかた》・宇太《うだ》・曰理《わたり》および常陸国の菊多《きくた》との六郡を割きて「石城《いわき》国」を置き、国造は多氏である。この石城国の行方郡には今も「鹿島町」という町がある。

鹿島町の古墳群として「真野古墳群」がある。穴沢咊光・馬目順一編著の『日本の古代遺跡・福島』は、鹿島町の真野古墳群について、左のように書く。

> 真野古墳群は前方後円墳二基を含め、一一六基存在したとされるが、開墾や開発などの土地造成により徐々にその姿を消しつつあり、現在確認できる古墳は四九基となってしまった。（……）
>
> 墳形はほとんどが円墳であり、20・24号墳の二基のみが前方後円墳である。（……）
>
> 副葬品は、武器、馬具、玉類を主体としているが、全体として少ない。寺内A群49号墳は、直径二一メートルの円墳で、周溝をもち、鎌・刀子・斧・鏡・槽・臼玉の滑石製品が出土している。また寺内A群7号墳は、鹿角製刀子と櫛をもっていた。寺内A群20号墳は全長二八・五メートルの前方後円墳で、変則的古墳とされる。金銅製魚符、鉄製円頭大刀、直刀鉄鉾、鉄鏃鉄斧、轡《くつわ》、土師器壺など注目すべき

遺品が多い。金銅製魚符は全国的にみても本例を含めて五指程度と珍しい遺物である。従来魚佩と考えられていたが藤の木古墳の調査において装飾大刀と伴出し、魚符の可能性が高くなった。（……）小池B群8号墳からは、馬鐸《ばたく》三が出土している。（……）

副葬品と内部主体などから年代を探るとすれば、五世紀後半には古墳の築造がはじまり、六世紀末にいたったものといえよう。（……）わが国古墳文化を考える上で軽視できない古墳であるところから、一九七九年（昭和54）国指定史跡となり(9)……総合的解明の俟たれる古墳群なのである。

この長文の引用から見ても福島県の行方郡の古代遺跡は、茨城県の行方郡の大生古墳群より先行しているが、無視出来ないのは、この地を「鹿島」と言っている事である。

磐城にある行方郡内の原町市には、真野古墳群と同じに前方後円墳は国指定史跡になっている。五世紀後半から百年余後代に築造された前方後円墳の渋佐一号墳を中心にして、かつては百基を越える桜井古墳群があった。

このように磐城国の行方郡にも常陸国行方郡の大生古墳群と同じに、一ヵ所に集中して古墳が築造されている。しかも同じ「行方郡」にある古墳群でも、磐城国の行方郡の古墳群の築造時期は、常陸国行方郡の古墳群が六世紀後半以降からなのに対し、百年早い五世紀後半以降からである。この事実からも、常陸国の「行方郡」という郡名は磐城国の「行方郡」を採ってつけた郡名と推測出来る。

磐城国の行方郡には今も「鹿島町」と言う地名があるが、この「鹿島」は『常陸国風土記』の行方郡の記事に依れば、崇神天皇の御代に、東《あづま》の夷《えみし》の荒《あら》ぶる賊を平《たいら》けむとして、建借間《たけかしま》命を遣《つかは》しき。即ち、此は那賀《なか》の国造の初祖なり。

とある「タケカシマ」が征討した地の地名と同じ事から見ても、「ナメカタ」地名は常陸国より磐城国の「行方」が先行だが、磐城国造も常陸国の仲（那賀）国造も、『古事記』の神武天皇記は多（太）氏と同族と書く。

この磐城国の「行方郡」の鹿島町には、五世紀後半から六世紀末までの群集墳もあり、同じ福島県（磐城国）行方郡の原町市の真野古墳群も同時期に築造されているが、常陸国の大生古墳群より少ないが百基余の群集墳である。築造方法は同じだが、この磐城の群集墳は常陸国より先行している。

大和王権のエゾ地侵攻は、常陸の古墳の出現期は遅くても五世紀初頭と見られているから、四世紀後半には建借間命の軍兵は常陸に来て、五世紀代前半には磐城へ進出している。建借間命の出身の肥の国では三世紀中頃から古墳時代が始まり、三世紀中期から四世紀を初期、五世紀を中期、六世紀以降を後期に区分しているから、古墳時代の前期後半に常陸に進出し、更に磐城に進出して行方郡の古墳群を築造していたのである。

常陸から磐城へ進出し、磐城に行方郡を作った磐城国造は、多氏系の常陸の仲臣の仲国造と同族である。しかし磐城へ進出した常陸多氏の配下の卜部の中臣氏は、卜部としてだけでなく、常陸で仲臣の多氏の配下の中臣氏が実権を掌握したように、磐城でも実権を握っていたのは中臣氏で、磐城の「行方」の地名を中臣鎌子が常陸でも用いて、多氏の建借間命・黒坂命の平定した地を「行方郡」としたのであろう。更に現在の宮城県の地にも「行方郡」があるのも、三谷栄一が前述（四二五～四二六頁）の論考で推測するような、壬生直が主導した進出ではなく、推古朝に新羅征討の大将軍を出している。常陸国の中臣氏に依る命名であろう。

常陸国行方郡という新郡を中臣鎌子が新しく作った白雉四年（六五三）から六年後、『日本書紀』斉明天皇四年（六五九）四月条に、

船師《ふないくさ》一百八十艘《そう》を率《ひきゐ》て蝦夷《えみし》を伐《う》つ。齶田《あぎた》・渟代《ぬしろ》二郡の蝦夷、望《おせ》り怖《お》ぢ降《したが》はむと乞《こ》ふ。

とある。この蝦夷は日本海側の蝦夷だが、日本海側の蝦夷討伐の前に、太平洋側の蝦夷討伐を行なっていた。その太平洋側の討伐の将軍が多氏から中臣氏に移っていったのであり、その事は中臣連国が新羅征討大将軍に任命されたことや、鹿島神宮の大祭が「三韓降伏天下泰平の大神事」である事が証している。

［注］

（1）大場磐雄「東国に装飾古墳を残した人々」『考古学上から見た古氏族の研究』所収　永井出版企画　一九七五年
（2）玉利勲『装飾古墳紀行』（二三七頁）新潮社　一九八四年
（3）大塚初重「虎塚古墳の装飾」『東国の古墳と大和王権』所収　吉川弘文館　二〇〇二年
（4）玉利勲『装飾古墳紀行』（一九三頁）新潮社　一九八四年
（5）大塚初重「常陸花圓三号墳の装飾古墳」『東国の古墳と大和王権』所収　吉川弘文館　二〇〇二年
（6）三谷栄一「『常陸国風土記』の生成と展開―壬生氏を中心とした伝承文学の成立基盤をめぐって」『日本神話の基盤』所収　塙書房　一九七四年
（7）井上辰雄「装飾古墳をめぐる豪族とその性格」「之とのす」13号所収　新日本教育図書　一九八〇年

（8）大場磐雄「古墳群の分布と規模」『常陸大生古墳群』所収　雄山閣　一九七一年
（9）穴澤咊光・馬目順一「真野古墳群」『日本の古代遺跡　福島』所収　保育社　一九九一年

十二章　春日神宮と藤原・中臣氏と「仲臣」の多（太）氏

春日神宮を藤原・中臣氏が創祀の時期と理由

鹿島神宮は大化五年（六四九）に常陸国に創立され、神護景雲二年（七六八）に大和国の春日に祭神が移された。なぜ常陸国から大和へ移したのか。この移動は当時の藤原・大中臣朝臣の意向に依っている。『春日神社御本地御託宣記』や『一代要記』は、「神護景雲二年（七六八）」に、「藤原四所明神を春日山に崇《あが》め奉《まつ》る。十一月九日なり」と書いている。『大鏡裏書』は「藤原氏之仕事」と題して「春日社」に言及し、「称徳天皇神護二年戊申、藤原氏四所明神を春日山に奉祝」と述べている。この神護景雲二年説は『帝王編年記』にも書かれており、この見解が一般に流布していた。その事は『大乗院寺社雑事記』の文明十年（一四七八）年十八日条に、

藤原永手大臣、神護二年二月春日社建立。

と書いている。

鹿島神宮の主神を大和国の春日の地に移した時期の政治情況は、左のようである。

天平宝字八年（七六四）　藤原仲麻呂の乱。
天平神護元年（七六五）　道鏡、太政大臣禅師に就任。
　春日大社造営開始。
天平神護二年（七六六）　道鏡、法王に就任。
神護景雲二年（七六八）　春日大社の社殿造営完了。

年号は「天平」に「神護」が付され、「神に護られた」とする年号だが、この年号の元年には仏僧道鏡が「太政大臣禅師」に任命され、翌年には道鏡は「法王」になっている。この時代には神道より仏教が重視された。法王道鏡の下《もと》の異例の天平神護景雲二年十月に成立した政権のメンバーは、左の人物である。

左大臣　正二位　藤原朝臣永手
右大臣　従二位　吉備朝臣真備
大納言　正三位　白壁王
法臣位　大僧都　円興禅師
中納言　正三位　弓削宿禰浄人

「法臣位」は大納言に準ずる位階だが、円興は道鏡の腹心で、仏舎利発見の奇験を演出して道鏡を法王にした人物である。弓削浄人は道鏡の実弟で、さらに大納言に進んでいる。このような法王道鏡下の時代の左大臣であった藤原永手が、鹿島神・香取神を大和国の春日の地に移しているのだから、この行動は仏僧道鏡の法王就任に対する、神道側の藤原・大中臣氏のデモストレーションであった。

神護景雲三年の翌年、宝亀元年（七七〇）八月四日に、道鏡を「法王」にまでに成り上らせた称徳女帝が没すると、『続日本紀』に拠れば、八月二十一日に道鏡を下野国の薬師寺別当に任じ配流にし、十月一日には白壁王が即位して光仁天皇になっている。翌年の宝亀二年三月十四日には、左大臣藤原永手をトップにして、大中臣清麻呂を右大臣、藤原良継を内大臣に任命している。そして鹿島神・香取神を大和の春日の地へ移すのを決めて実行した。実行した左大臣藤原永手は、この宝亀二年（七七一）二月に五十八歳で亡くなっている。

春日大社が創始されたのは神護景雲二年（七六八）だが『続日本紀』宝亀八年（七七七）七月十六日条に、

内大臣従二位藤原朝臣良継《よしつぐ》病《や》めり。その氏神鹿島社を正三位。香取神を正四位上に叙す。

とある。この年は春日大社を創設して九年後だが、仏僧の道鏡が法王として君臨していた時期に、仏教に対抗して鹿島・香取の神を常陸から都の奈良へ移して、藤原・大中臣朝臣の「氏神」として祀ったのである。つまり道鏡の仏教重視に対抗しての春日神宮の創始である。

したがって道鏡が法王に就任した天平神護二年（七六六）十月から二年後の天平景雲二年（七六八）十一月に、鹿島大明神を常陸国から大和国に移している。

問題は常陸国の鹿島神は中臣氏の神ではない。中臣氏の始祖神は天児屋命である。この始祖神も夫婦神として春日神宮に合祀しているが、合祀した四神の三位・四位であって、トップの神は常陸の仲臣の多氏（仲国造）の祀っていた神、次の神は香取神宮で祀っていた物部氏の神であった。この多氏祭祀の甕神のタケミカツチとフツヌシを藤原・大仲臣朝臣は「氏神」にしているが、多氏が祭祀していた「建甕槌神」という甕神を、武神・雷神の「武甕雷神」と表記して祀って、藤原・中臣氏の「氏神」にした。しかし本来は仲臣の多氏の神であった事は、仲臣の春日氏の地に移していることが証している。

「氏神」についての諸見解と中臣・藤原氏の出自

岩波書店版『続日本紀・五』の「補注」は、「氏神」について、辞典類では、「一般に氏神とは祖神のこと、血縁的祖先にして氏一統の守護神として氏の長者が祭るものをいう」（『国史大辞典』原田敏明執筆）、「習俗上の同族集団ないし地縁社会を包括的に守護する神社とその祭神を、成員との親縁性を象徴的に強調して一般に『氏神』という」（『日本史大事典』薗田稔執筆）、と書いて、義江明子の著書『日本古代の氏の構造』の見解を引用して、左のように書く。

以上の義江の見解を踏まえて、本条をみた時、「氏神」とされている鹿嶋・香取の神がいずれも藤原氏の系譜上の祖ではない点が当然問題となる。当時両神がすでに春日の地に勧請されていたことは、天平神護元年に常陸国鹿嶋社の封二〇戸を割いて春日神を充てたとする新抄格符抄所引大同元年牒の記事から充分推測できるとしても、あくまで両神は中臣氏と共通の系譜上の祖である天児屋根命とは性格を異にすると言わざるをえないのである。しかし一方で、藤原氏が早くから父系出自集団への道を歩みはじめていたことを考えれば、その藤原氏に関して「氏神」の称が他氏にさきがけてあらわれるのも充分首肯できるところであり、本条の「氏神」は、系譜上の祖が明確に「氏神」として位置付けられる前段階の姿として理解しておきたい。

この見解の「藤原氏が早くから父系出自集団への道を歩みはじめていた」から、「藤原氏の系譜上の祖ではない」神を「氏神」にするのも「充分首肯出来るところであり」と書くのは納得出来ない。義江見解の「氏神」についての見解紹介から見ても、この結論は説得力がない。理由は、この見解は津田左右吉が『津田左右吉全集・第三巻』所収の「日本上代史の研究」の第一篇（上代の部の研究）で、二十頁にわたって「氏神」、特に『続日本紀』宝亀八年七月条に記載の左の記事、

藤原朝臣良継病、叙其氏神鹿嶋社正三位、香取神正四位上、

について、津田左右吉が注視して論じているのを、無視して論じているからである。

津田左右吉は前述の記事に注目し、この記事を検証して左のように書く。

氏神といふ名の意義は文字のまゝの氏の神、詳言すれば其の氏が特に信仰する神、もしくは其の氏を特に保護する神、といふことであつて、氏の祖先といふやうな意義は毫も含まれてゐないことを、注意しなければならぬ。祖先を神としてそれに特殊の称呼を附する必要があるならば、古事記に見える「祖神」といふ適切な名があるのに、それを用ゐずして氏神といつたことが、既に氏神が祖先でないことを暗示するものであらう。[1]

私は津田見解を採るから、氏神を「系譜上の祖」で「祖神」になる「前段階の姿」と書く、岩波書店版の『続日本紀・五』注記記載の見解は採らない。なぜなら「祖神」は藤原・中臣氏も『記』『紀』も、「天児屋根命」と明記しており、「氏神」と「祖神」は別神だからである。

春日神宮の祭神は四神だが、「氏神」の二神が重視され、「祖神」天児屋命の夫婦神は「氏神」の下位に祀られている。なぜ「祖神」が「氏神」より軽視されているのか。この事実について私の知る限り、ほとんど論じられていない。理由は「藤原朝臣」「大中臣朝臣」と『新撰姓氏録』が書く中臣氏は、常陸の中臣氏が成り上ったのであり、畿内に居住して河内の枚岡神社を祭祀していた中臣氏とは別系である事が、無視されているからである。その事は前述（三六頁）した「中臣氏系図」が証している。

「中臣氏系図」は『日本書紀』が欽明朝以降に活躍した、

中臣連鎌子、勝海、磐余連、宮地連麻呂、烏麻呂

の五人を記載せず、中臣鎌子（藤原鎌足）と鎌足の父と叔父の、

中臣連弥気（御食）・国

のみが記載されている事が証している。更に『日本書紀』に記載されず『常陸国風土記』（鹿島郡）のみに載る「中臣臣狭山命」が、「臣狭山命」と書かれて「中臣氏系譜」には記載され、更に「臣狭山命」の前に「国摩大鹿嶋命」と、「鹿嶋」を名にする人物が記載されている事例が問題である。

常陸国に関係のない人物は記載せず、常陸に関係ある人物のみを記載している事実からも、藤原・中臣氏を論じる時、畿内の中臣氏のみに視点をあてて論じ、常陸国の中臣氏を無視していては見るべきものも見えてこない。

藤原・中臣氏の「氏神」は常陸国の神であって畿内の中臣氏の神でなかった。したがって河内国で祀られていた「始祖神」の夫婦神は、春日大社では祭神の四神のうちの三・四位であって軽視されている。この事実も無視して、中臣氏は河内国出身で卜部・卜占の徒ではないと主張する論者が居るが、それらの論者からの私見への反論を望《のぞ》む。

仲臣と中臣との関係と春日氏・多氏・中臣氏

中臣・藤原氏の出自を論じるにあたっては、仲臣《なかつおみ》と中臣《なかとみ》の関係を論じなければならないのに、その事を論じないから、なぜ常陸から大和の「春日」の地に鹿島神を移したのか、その事を論じた論考は、私が調査し

た範囲内では皆無であった。問題は、藤原・中臣氏が鹿島神を仲臣の春日の地に移したいと思っても、大和国の春日氏が同意しなければ目的は達成出来ない。当時の春日氏はどうであったのか。

岸俊男は「ワニ氏に関する基礎的考察」で、春日氏について左の二氏のみを示す(2)。

春日臣(闕名字)	(崇峻前)大伴連嚙・阿倍臣人・平郡臣神手・坂本臣糠手らと共に物部守屋を討つ
大春日朝臣赤兄	(和銅元)従五位下

この二氏のみが『日本書紀』『続日本紀』に載るが、加藤謙吉は『ワニ氏の研究』で左のように記す。

大春日朝臣赤兄	和銅元年、従六位下より従五位上に昇叙。
大春日朝臣家主	養老七年、従五位下叙位。天平九年、従五位上昇叙。
大春日朝臣果安	神亀元年、正六位上より従五位下に昇叙。
(大)春日朝臣五百背	天平一五年より天平二〇年頃まで、写官一切経所、写後経所などに経師として出仕。氏名を春日にも作る。神護景雲元年、従六位上より従五位下に昇叙。
大春日朝臣清(浄)足	宝亀八年(?)に遣唐使として入唐、唐女の李自然を娶り、翌年(?)帰国。延暦八年、正六位上より従五位下に昇叙。延暦九年、官奴正任官。

加藤謙吉の示す五人はいずれも『続日本紀』に載る。加藤謙吉は五百背は『正倉院文書』、清足は『日本紀略』『正倉院文書(御物曝涼目録)』を引用して、詳細に述べている(3)。五百背が従五位下に昇叙の神護景雲元年の翌年、二年十一月九日に、「春日神社御本地御託宣記」に依れば「左大臣藤原永手、春日大明神を三

笠山に移し奉る」とある。常陸国から鹿島神を移すための神社造営は、移転前年から行なっていただろうから、五百背の従五位下は春日大社創設と無関係ではない。五百背は「経師」である事からも役職に依る功績とは言えない。

清足が遣唐使として派遣された宝亀八年（七七七）は、春日大社の創始の神護景雲二年（七六八）の九年後であるから、清足は春日の地に藤原氏用の神社を創設するのを認めたから、大春日朝臣が遣唐使の一員に任命されたのであろう。加藤謙吉は大春日氏を五人しか示していないのに、小野氏は二十人、粟田氏も二十人、大宅氏は十三人を取上げている。この事実から見ても大春日氏の当時の事情が推測できる。「春日」に「大」を冠する「大春日氏」はワニ氏系氏族の中では名門であっても、藤原氏が春日大社を創始する頃には、春日氏の力は弱体化していたから、春日の地に成上り氏族の藤原・中臣氏が、自家の「氏神」を祀る事が出来たのであろう。だがこの「氏神」は仲臣の多氏が祭祀していた「甕神」の「建甕槌神」を雷神化した、『古事記』が「建御雷神」、『日本書紀』が「武甕槌神」「武甕雷神」と書く、「甕」に「武」を冠したり、「雷」を付したりした神名の神を祀ったのである。

このように『記』『紀』編纂時には仲臣の春日氏の存在は薄かったように、仲臣の多氏も同じ状況にあった。ただ春日氏と相違して天武朝では大海人皇子の湯沐令《ゆのうながしれい》の多朝臣品治《ほむぢ》や、元明朝の民部卿の従四位下太朝臣安麻呂などの人物が居ることは、同じ仲臣でも大春日朝臣とは相違する。藤原・大中臣氏らが鹿島神を大和国の春日の地に祭祀出来たのは、仲臣の春日氏の地が、常陸国の鹿島神宮で祭祀する神を移して祀っても、地主の春日氏が反対・妨害をしないとわかっていたからである。

それにしても春日氏の地を特に選んだのは、多氏と同じに春日氏も「仲臣《なかつおみ》」だったからで、この事実も中臣氏は仲臣の輩下の卜部であった事を証している。

仲臣《なかつおみ》と中臣《なかとみ》の関係は『新撰姓氏録』を検証すれば明らかである。『新撰姓氏録』の「仲臣」表記は三例のみである。

仲臣《なかつおみ》　大春日朝臣の祖

仲臣子《ね》上《かみ》　多朝臣同祖、武恵賀前命孫

仲臣　雷大臣《いかつちおほおみ》命　三間名公の後裔

前述の『多神宮注進状』（久安五年〈一一四九〉に大和国の国司に提出した書）には「仲臣」を「仲津臣」と書き、「旧名春日社」の「多神社」を成務天皇五年に武恵賀前命の孫の仲津臣が祭祀したと書く。神武天皇の皇子が多朝臣の始祖、孝昭天皇の皇子が大春日朝臣の祖であり、皇族である。三間名公は韓国の任那《みまな》（加耶）国の王族である。問題はこの「三間名公」の「雷大臣命」を始祖にする氏族は、『新撰姓氏録』に依ると左の氏族である。

中臣志斐連　呉公　神奴連　生田首　中臣連　津嶋直

呉公は三間名公と同系だが、他の五氏はすべて中臣氏である。

『尊卑分脈』の系図には「跨耳命《あとみみ》」の右註に「雷大臣命正説也」とあり、下註に、

雷大臣命足仲彦天皇之朝廷習大兆之道達亀卜之術賜姓卜部令供奉其事

とあり、雷大臣命は「足仲彦（仲哀）天皇」の時の人物で卜占を行なう卜部の祖とあるが、三間名公の任那

（加耶）と対（津）島は海をへだてているが隣接しており（この事例も中臣氏対馬出身の見解を裏付ける）、津嶋直と三間名公が同じ雷大臣命を祖にしているのには理由があっての事である。その理由とは仲臣と中臣は関係があり、仲臣《おみ》は神と人との仲を執り持つ「臣」であり、中臣《とみ》は仲臣の配下に居た亀卜を行なう卜部だったが、中臣の出身地は対馬で三間名公の金海加耶と近く、結びつきがあったからである。

春日氏の日向神社と多氏関与の日向神社

中臣氏を論じるに仲臣氏の多氏・春日氏を論じなければ、中臣・藤原氏の実像は見えてこないのに、従来の中臣・藤原氏論は私が調査した範囲内では皆無である。したがってなぜ常陸国の鹿島神宮の神を大和国の春日の地に移したのか、なぜ春日の地でなければならなかったのか、その事を論究する必要がある。

仲臣の多氏が常陸国で祭祀していた神が、大和国の仲臣の地に移ったが、なぜこの地の地名は「春日」なのか。

写真2は「春日曼荼羅図」だが、三笠（御蓋）山の山頂から昇る日の出が描かれているが、この日の出は伊勢の海から昇る「春日」（春分の日）である。私は一九八九年刊行の『神社と古代王権祭祀』（白水社）で左のように書いた。

春日大社の創立は神護景雲二年（七六八）とされている。しかし続日本紀・万葉集・正倉院に載る東大寺四至図等によれば、それ以前に御蓋（三笠）山の祭祀が行われていた事は広く知られている。この山もまた三輪山と同じ日の出の信仰につながるものであることは、春日曼荼羅に多く描かれている御蓋山頂から昇る朝日の図からも明らかである。

「日向神社」という社名は、単に「日」「太陽」をいうのではない。「朝日」「日の出」を言う事は「春日曼荼羅」の絵が証しているが、この「朝日」は春分の「日の出」である。その事は「春日」という地名・氏族名が証している。**写真2**は「春分の日の出」、つまり「春日」の絵である。その御蓋（三笠）山山頂の日向神社は、伊勢の海から昇る朝日・日の出に「向う」神社だから「日向神社」である。藤原・大中臣朝臣らに依る常陸国の鹿島神を遷座しての春日大社設立前から、仲臣の春日氏が祭祀していた神社だから、この神社を常陸の鹿島方向から昇る朝日遥拝の神社とする説があるが間違いである。「御蓋（笠）山」の「カサ」は、「笠」を円形の日輪と見立てての山名である。

写真2　春日曼荼羅図部分

　添上郡の春日大社（旧神地）は日向神社が鎮座する御蓋（三笠）山山頂の山麓にあったが、日向神社については、現在は「茨城県の鹿島神宮を遥拝する神社」と言われているのは、本来の日向神社の信仰が忘れられているからである。

　この春日の地の御蓋（笠）山山頂の日向神社だけでなく、『延喜式』神名帳は「大社」の日向神社を記す。その神社は三輪（御諸）山の山頂に鎮座しているが、春日の日向神社が仲臣の

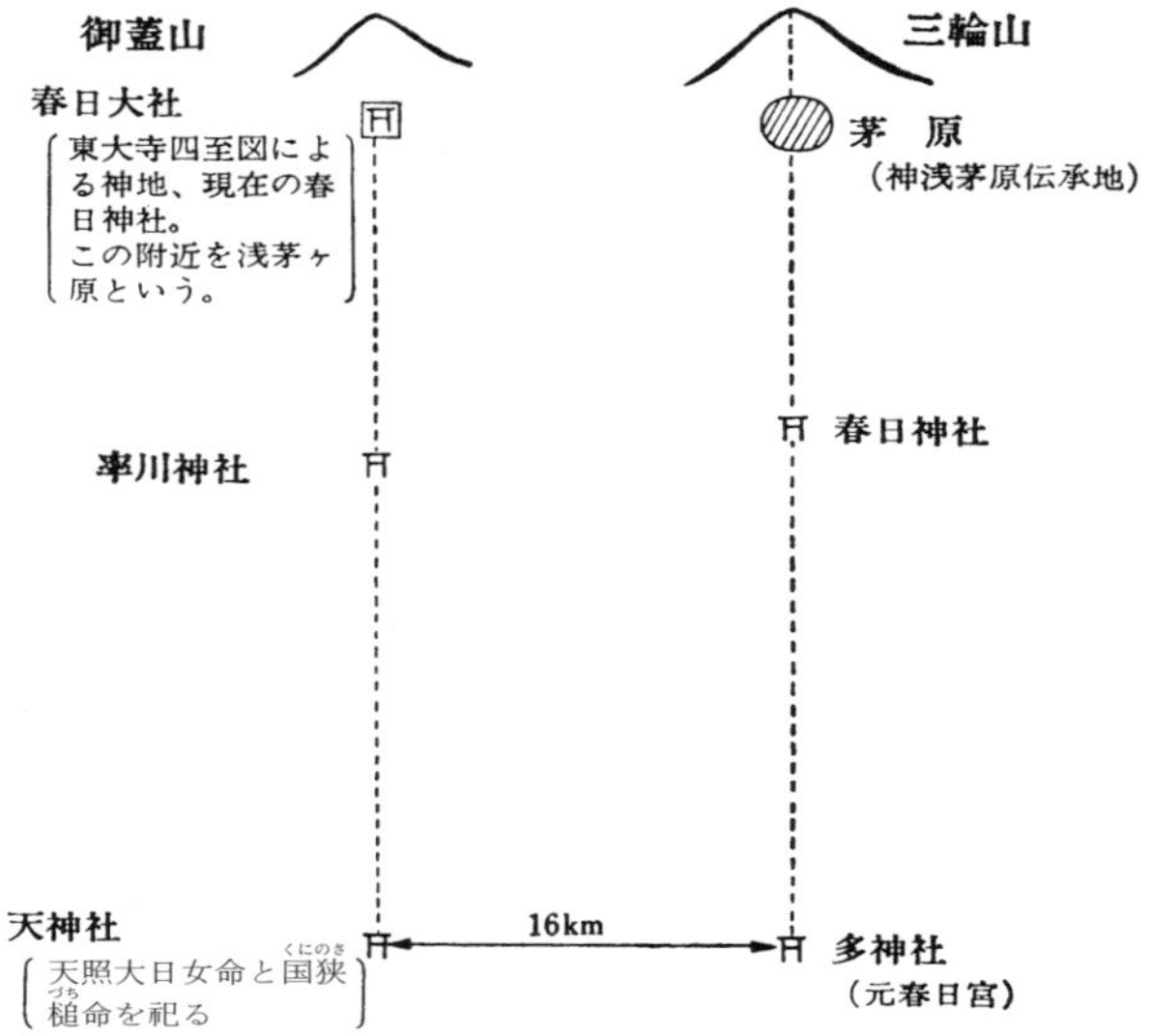

図23　元春日宮の多神社と春日大社の関係

写真3　多神社の鳥居と三輪山（松下煌氏撮影）

春日氏にかかわるのに対して、三輪山山頂の日向神社は春日氏と同じ仲臣の多氏にかかわる。その事を図23・写真3で示す。多神社の旧名も「春日宮」であった。

『五部神社記』に久安五年（一一四九）に書かれた『多神宮注進状』に、左の記事が載る。

神八井耳命ハ当国春日県後改メ十市県トナスニ居リ、斯《ココ》ニ神籬磐境《ヒモロキイワサカ》ヲ起シ立テ、皇祖天神《アマツカミ》ヲ祭祀シ、幣帛ヲ陳シ祝詞ヲ啓ス。磯城ノ瑞籬《ミヅカキ》宮ニ御宇御間城《ミマキ》入彦《イリヒコ》五十《イ》瓊殖《ニエ》天皇ノ御代七年冬中ニチヨヒ、卜《ウラナヒ》ニ依リ八十万《ヤホヨロヅノ》群神《カミガミ》ヲ祭ラシム。……社地ヲ号《ナヅ》ケ太郷と曰《イフ》、天社ノ封ヲ定ム。神地ノ旧名春日社、今多神社ト云フ。

仲臣の多氏の氏神多神社の「旧名」も「春日社」なのは、春分の朝日遥拝地だからである。小川光三は『大和の原像』で多神社の祭祀について左のように書く。

三輪山の祭祀に多神社が特に重要だと思う理由は、

（1）春分の朝日が三輪山の背後を輝かせて昇ること

（2）大和平野の中央部にあってこの地に働く人々の集合に便利

（3）古代に飛鳥川の河原が、飛鳥川と寺川に挟まれた中州のような場所であったこと

等である。

稲作には春分の設定が重要であることはすでに述べたので、（1）についてことさら説明する必要はないが、古代にはこの日に、ここで祭りが行われたようだ。

この宮の祭礼は四月二十日だが、……この宮の祭りは、特に「大連座」と呼ばれているから、多くの人々が大和平野一円から参集して連《つ》らなり座《す》わり、朝日に輝く三輪山を拝したと思われる。これが

（2）の理由である。

（中略）

（3）については、河原や中州が清浄の地とされていたことは広く知られている。古社に例をとれば、熊野川の中洲にある熊野本宮跡や、伊勢神宮を始め大きな神社の社殿の下には、よく河原石の敷石が見られるのも、古い社が河原にあったことを示すものであろう。また現存も尚その習慣の遺っている行事が各所に見られるが、昔は神を拝むとき必ず水に浸って斎戒沐浴（禊《みそ》ぎ）をした。この禊ぎの簡略化されたものが手水《ちょうず》で、神に詣でる時に行う手水やみたらしはその遺風であり、塩を撒いて清めるのも、塩を法の華とたとえるように、水による禊ぎや祓いの極端な簡略化である。このように河・池・海などの禊ぎ場に接していることが、古い宮の条件であった[4]。

長い引用になったが、仲臣の春日氏・多（太）氏は、共に日向神社が山頂にある山を祭祀する神社である。相違は春日大社が山麓にあるのに対し、春日宮（多神社）は山麓から離れた飛鳥川畔に鎮座している事である。したがって三輪山山頂と多神社（春日宮）の間に春日神社がある事は無視出来ない。

弥生時代からの祭祀遺物出土の多神社の地

このことは拙著『日本神話論』で述べたが、昭和四十七年（一九七二）、多神社の裏の飛鳥川の築堤工事中に、多神社の境内から縄文時代のヤジリ、石斧などの石器や、弥生時代の土器、さらに古墳時代の土師器・須恵器などが大量に出土した。翌四十八年の同志社大学の調査の際にも、弥生・古墳時代の祭器が出土している。昭和五十三年から五十六年にかけて橿原考古学研究所が発掘調査を行なったが、弥生時代（前期～後期）から古墳時代（中期末）の出土遺物は祭祀的性格の強いものであった（『奈良県遺跡調査概報』一五七八）。

また、橿原考古学研究所編の昭和五十六年度の『奈良県遺跡調査概報』は、五十三年から継続した調査の結果について、

> 最近の調査結果を総合すると、弥生時代前期～古墳時代後期に至る大遺跡となることは、ほぼ確実となった。（中略）これより東北約三キロメートルに位置する田原本町遺跡に優るとも劣らない遺跡であることが判明した成果は多大であった。

と書いている。さらに昭和六十一年（一九八六）に橿原考古学研究所が発掘した速報版『大和を掘る』は左のように述べている（傍点は引用者）。

> 弥生時代前期の環濠としては全国最大規模の南北約三五〇メートル、東西約三〇〇メートルの環濠集落が発見されている。また、古墳時代では四C中頃～五C後半をピークに七Cまでの遺構が検出されているが、とくに六〇を越える布留三～四式期の上坑や井戸は小型精製土器の一括品や異形木製品などを含み、きわめて祭祀的色彩が濃厚である。また、これに続く初期須恵器や韓式系土器、方形区画等々とその内容は膨大かつ多彩である（傍点・〇印は引用者）。

「六〇を越える布留三～四式期の上坑や井戸は小型精製土器の一括品や異形木製品などを含み、きわめて祭祀的色彩が濃厚である」と書いているが、布留三～四式期は四世紀末、初期須恵器や韓式系土器は四世紀末

から五世紀中頃に伝来している。以上述べた出土遺跡物から見ても、多神社の地は弥生時代からの祭祀場であった事は確実だが、私が注目しているのは、初期須恵器や韓式系土器も出土している事実である。

寺沢薫は「三輪山祭祀遺跡とそのマツリ」で、三輪山祭祀の変遷を左のように示している。[5]

段階	年代	主な祭場	遺構	遺物
第一段階（形成期）	四世紀後半～五世紀前半	三輪全域	中州露天	土師器・韓式系土器・須恵器・珀玉製品・硬玉製勾玉・剣形鉄製品・滑石製模造品など。
第二段階（成立期）	五世紀後半～六世紀初頭	三輪全域～狭井川・大宮川間	磐座	須恵器・滑石製模造品・子持勾玉・土製模造品など。
第三段階	六世紀後半～七世紀初頭	狭井川・大宮川間～禁足地	磐座 岩上	須恵器・子持勾玉・滑石製模造品（臼玉主体）・土製模造品など。
第四段階	七世紀前半～	禁足地	長方型土壇	

多神社の境内遺跡・飛鳥川河畔（河原）からの出土遺物と比較すると、多神社所在地の祭祀遺跡が五世紀中期で終了しているのは、寺沢薫が示す第一段階の形成期が、第二段階（成立期）になると主な祭場の範囲が狭くなっている事と一致している。第一段階の遺構は「中州露天」なのに、第二段階では磐座祭祀となり、範囲が狭くなっている。遺物も第一段階の三輪全域には多神社の「中州露天」も加わっていた。その時期の

遺物のトップは「土師器」、次が「韓式系土器」であって、三位が須恵器だったのが、第二段階の五世紀後半になると遺物のトップが須恵器になる。これは何を示しているのか。

陶器の畿内製作は四世紀末から五世紀初頭に、和泉国（当時は河内国）の陶邑（「陶邑古窯群」は堺市南部を中心に、和泉市・岸和田市・南河内郡狭山町に及び、窯跡は五百基を超える）で行なわれている。『古事記』の崇神天皇記に、

此の天皇の御世《みよ》に、役病《えやみ》多《さは》に起りて、人民《たみ》死にて盡《つ》きむと為《し》き。爾《ここ》に天皇愁《うれ》ひ歎《なげ》きたまひて、神牀《かむとこ》に坐《ま》しし夜、大物主大神、御夢《みゆめ》に顕《あらは》れて曰《の》りたまひしく。「是《こ》は我が御心《みこころ》ぞ。故、意富多多泥古《おほたたねこ》を以《も》ちて、我が御前《みまへ》を祭らしめたまはば、神の気《き》起《おこ》らず、国安《やす》らかに平《たひら》ぎなむ」とのりたまひき。是《ここ》を以《も》ちて駅《はゆま》使《つかひ》を四方《よも》に班《あか》ちて、意富多多泥古と謂《い》ふ人を求めたまひし時、河内《かふち》の美努《みぬ》村に其の人を見得《みえ》て貢進《たてまつ》りき。爾に天皇、「汝《な》は誰《た》が子ぞ」と問《と》ひ賜《たま》へば、答へて曰《まを》ししく、「僕《あ》は大物主大神、陶津耳《すゑつみみ》命の女、活玉依《いくたまより》毘売《ひめ》を娶《め》して生める子、名は櫛御方《くしみかた》命の子、飯肩巣見《いひかたすみ》命の子、**建甕槌命**《たてみかづち》の子、僕《あれ》意富多多泥古《おほたたねこ》ぞ」と白《もう》しき。是《ここ》に天皇大《いた》く歓《よろこ》びて詔《の》りたまひしく。「天《あめ》の下平《したやは》らぎ、人民《たみ》栄《さか》えなむ」とのりたまひて、即ち意富多多泥古命を以ちて神主《かむぬし》として、御諸《みもろ》山に意富美和《おほみわ》の大神の前を拝《いつ》き祭《まつ》りたまひき。

ゴシックで書いた建甕槌神は葦原中国を平定した『古事記』の建雷槌神や、『日本書紀』が書く『武甕槌神』（神代紀）、『武甕雷神』（神武天皇紀）と書く武神・雷神ではなく甕神である。

この事実と寺沢薫が示す「三輪山祭祀の変遷」の遺物を検証すると、第一段階の「土師器・韓式系土器・須恵器」が、第二・第三段階では「須恵器」のみになっている事と関連している。

この時期から三輪山祭祀に、陶器製作工人の三輪（大神）氏がかかわった事を示しており、山頂から昇る日神祭祀から、山そのものの祭祀に変ったのである。

多神社所在地が示す三輪山との関係の事例

多神社の地の前述の祭祀遺物の出土は、前述の寺沢薫が示す三輪山祭祀の考古学視点から見た段階で言えば、第二段階までで、第三段階になると僅《わず》かな出土遺物で、第四段階は寺沢薫が示す「三輪山祭祀遺跡」と同じに遺物は無い。この事実は出土遺物は三輪山山麓とは異なった遺物も出土しているが、祭祀時期に変遷はあっても、出土品の量の大小では共通している。

図23は多神社の位置を示す図である。多神社は三輪山山頂から昇る春分・秋分の朝日を遥拝する位置にあり、寺沢薫の示す例が山信仰なのに対し、多神社の位置は三輪山から昇る日の出遥拝の祭場であった。和田萃は「三輪山祭祀の再検討」と題する論考で、左のように述べている。

奈良盆地の中・南部、いわゆる国中《くんなか》に住んでいた者の実感として、明け方の三輪山の山容と夕日を浴びた二上山の姿は、実に印象的である。現代人である我々ですら、何かしらこの二つの山に神々しさを感じる。こうした実感は、私のみならず国中に住む多くの人々に共通したものであろう(6)。

前述した図23では多神社は三輪山と二上山を結ぶ線上にある。

多神社は飛鳥川の河岸に位置し三輪山山頂から昇る春分・秋分の朝日遥拝所であった。その事は四五〇頁記載の図23の多神社の位置と、写真3の多神社の鳥居と三輪山の関係が証している。

鳥居は一般に神社の正面にあるが、写真3の多神社の鳥居は、なぜか多神社でなく、三輪山がすっぽり入る位置、三輪山遥拝用の鳥居としてある。しかし三輪山の祭祀でなく、山から昇る春分・秋分の朝日遥拝の鳥居であったことは、図23が証している。多氏の始祖の神八井耳命が、初代天皇神武から受けた皇位継承権を弟に譲って、神祭りの仲臣《なかつおみ》になると宣言したと『記』『紀』は書くが、この多氏のかつての居住地は現在は多神社のある地だが、前述したように弥生時代からこの地は、大和国の人々にとっての三輪山から昇る春分の朝日遥拝場であったのである。その祭祀は前述の寺沢薫の「三輪山の祭祀遺跡とそのマツリ」によれば、四世紀後半から三輪山そのものへの祭祀も始まったのである。

仲臣の多氏居住地の「春日」地名と日神祭祀

久安五年（一一四九）三月十三日に大和国十市郡の多神宮の禰宜、従五位下の多朝臣常麻呂らが、大和国の国司に提出した前述の『多神宮注進状』には、左の記事が載る。

　号社地曰太郷、定天社封、神地旧名春日宮、今云多神社。（社地を号して太郷という。天社の封を定む。神地の旧名は春日社。今は多神社と云う。）

「多神社」の旧名を「春日宮」と明記している。『古事記』の孝霊天皇記に、

　此の天皇、十市《とをちの》県主の祖、大目《おほめ》の女、名は細比売《くはしひめ》命を娶《め》して、生みませる御子、大倭根子《おほやまとねこ》日子《ひこ》国玖琉《くにくる》命。又春日の千《ち》千《ち》速真《はやま》若《わか》比売を娶して生みませる御子、千千速比売命（○印は引用者）。

とある。「大倭根子日子国玖琉命」は孝元天皇だが、孝元天皇の母は「十市県主の祖、大目の女」である。十市県は現在の奈良県十市郡だが（『延喜式』神名帳に載る十市郡の十六社で唯一の「名神大社」が多神社）、『日

本書紀』の孝霊天皇紀は、皇后の細媛《くはしひめ》命について、

一に云はく、春日千乳早山香媛《ちちはやまかひめ》といふ。一に云はく、十市県主等が祖が女《むすめ》は真舌媛《ましため》なり。

と書き、『記』『紀』の「春日」は「十市県（郡）」のことを言う地名と書く。『日本書紀』の綏靖天皇紀も、左のように書いている。

二年の春正月に、五十鈴依媛を立てて皇后としたまふ。一書に云はく。磯城県主が女、川派媛といふ。一書に云はく、春日県主大日諸が女糸織媛なりといふ。

この記事の「春日県主」の「春日」について、岩波書店版・小学館版の『日本書紀』の頭注は、春日大社のある『和名抄』の「大和国添上郡春日郷」と書く。しかし岩波書店版の補注は、

普通、春日県主の本拠は大和国添上郡春日郷と考えられているが、春日県が磯城（志貴）・十市の県のように、後に大和の六の御県に加わっていないところから見ると、沙本毘古の謀反の際の滅亡は如何かと思うが、十市県主系図や多神宮注進状に記されているように春日県が十市県に改められたか、あるいは春日県主氏が磯城県主または十市県主氏に併合されたかいずれかによって、春日県がかなり早く消滅したことは事実であったろう。

と書いている。私はこの補注の見解を採る。

『多神宮注進状』の記事を載せている「十市県主系図」（『和州五部神社神名帳大略注解』掲載）には、孝昭天皇の時に「春日県」を「十市県」に改めたと書いているが、その「十市県主系図」を左に示す。

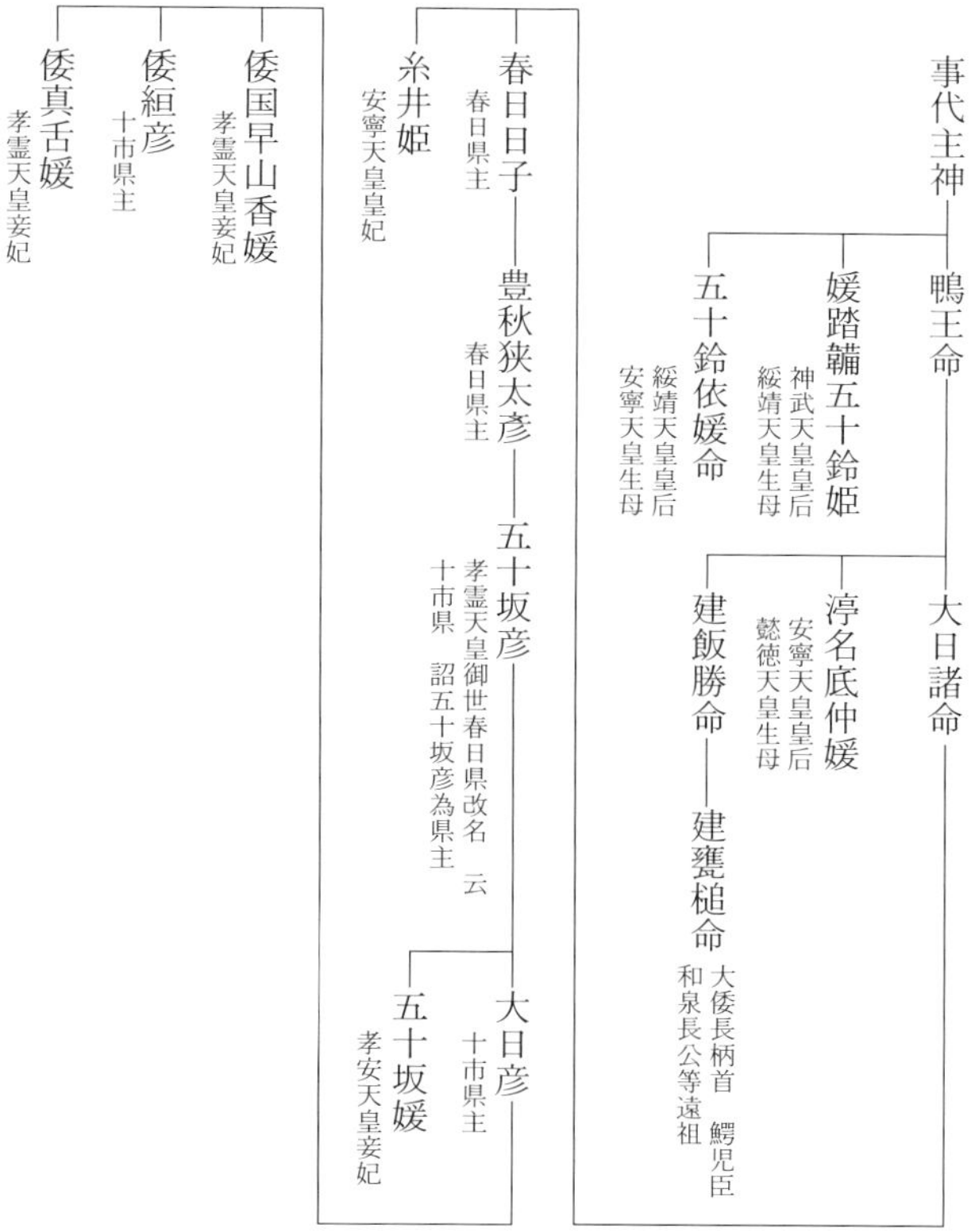

「十市県主系図」によれば、孝霊天皇の時代に「春日県」が「十市県」に変更したことになっている。この記述からすれば、現在の奈良県十市郡（県）は、「春日」から「十市」に変ったのだから、「多神社」もかつては「春日」の地にあった。したがって「春日宮」と言われていたのである。『日本書紀』の綏靖天皇紀は、

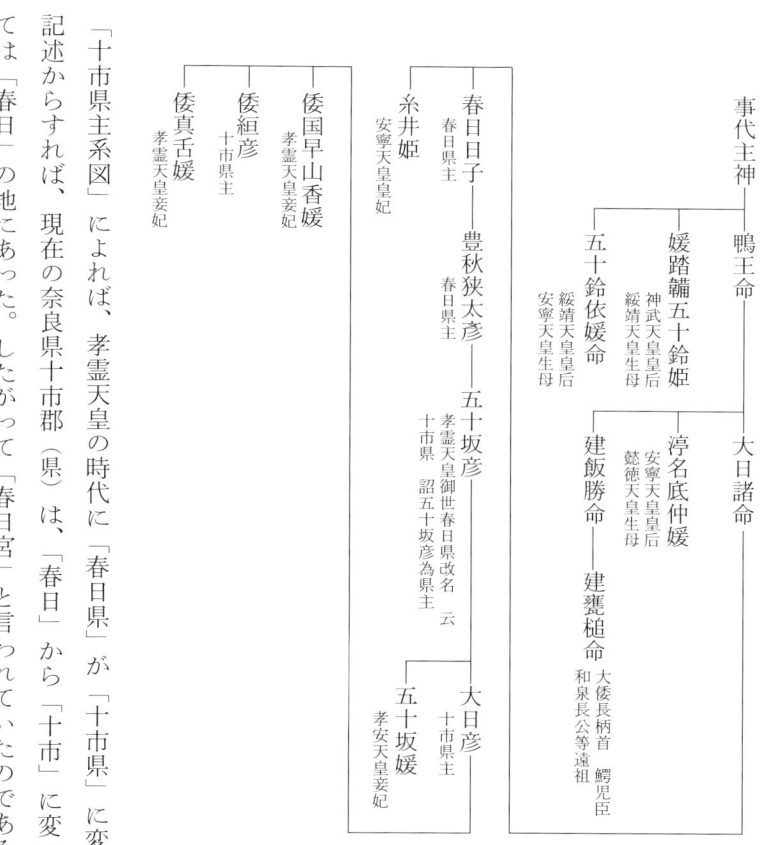

「春日県主大日諸が女《むすめ》糸織姫」を皇后にしたとあり、孝霊天皇紀も「春日千乳早山香媛」を皇后にしたと書いているが、この「春日」は「十市」のことだから、「十市県主系図」は春日県主が十市県主に変ったと記すのである。

以上述べたように、多氏の居住地は元は春日県にあったから、多神社は「春日宮」と言われていたのだが、なぜこの地が「春日」なのか。理由は前述した**図23**が示すように春分の三輪山山頂から昇る朝日、二上山に落る夕日遥拝地が、春日宮のある県だからである。この十市県は元は「春日県」であったから、春分の朝日の「春日」が昇る山（三輪山）の山頂に日向神社があったのである。

また春日神宮のある御蓋（三笠）山の山頂にも、鹿島神が白鹿に乗って遷幸し、日向神社のある浮雲峰に天降りしたという伝承があり、日向神社は鹿島神宮遥拝のための社と言われているが、日向神社の神殿は西北西に面し、その前面には、ほぼ正方形の周囲を石積みで囲った祭祀場がある。この祭場から神殿を拝せば、その方位はほぼ東南東の冬至日の出方向（伊勢神宮の方向）で、鹿島神宮の方向とは逆である。このように大和の二つの日向神社は伊勢神宮のある地の海から昇る、春分・冬至の日の出遥拝地として、山頂にあり、まさに「日向」の地である。前述した四四九頁の**写真2**は「春日曼荼羅図」の部分だが、山頂（日向神社のある地）から朝日が昇っている絵であり、このような絵からも、この地が「春日」と言われている事が理解できる。

鹿島神宮の祭神を遷座した地を「春日」と言い、鹿島神宮の本来の祭神を祀っていた多氏の本拠地の神社も「春日宮」と言うのは、大和の地の仲臣の多氏・春日氏の祭祀は日神祭祀だったからである。

なぜ『古事記』神代記は大物主神を書かないのか

三輪山から昇る朝日でなく三輪山そのものの信仰の始原期の第一段階は、四世紀後半からである。三輪山の神の大物主神の記事を『古事記』と『日本書紀』で比較して見ると、注目すべきは『古事記』神代記には「大物主神」はまったく登場しない。ところが『日本書紀』も「大物主神」は神代上（第八段）一書第六に、

一書に曰く。大国主神、亦は大物主神と名し、亦《また》は国作《くにつくり》 大己遺《おほあなむち》命と号《まう》し、亦は葦原醜男《あしはらしこを》と曰《まう》し、亦は八千戈《やちほこ》神と曰し、亦は大国玉《おほくにたま》神と曰し、亦は顕 国玉《うつしくにたま》神と曰す。其の子凡て一百八十一神有《ま》す。

とある記事のみで、大国主神の別名の筆頭と記されているのみで、大物主神の活動記事はない。『記』『紀』神話では大物主神は無視されている。しかし『紀』は人代紀になると、「大物主神」「大物主大神」と書き、崇神紀には七例記され雄略紀にも一例載るが、雄略紀には「大三輪神」という表現も一例ある。

以上の実例からすると「大物主神」という三輪（大神）氏の神は、仲臣の多氏関与の『古事記』の神代記では、まったく無視されており、『日本書紀』でも大国主神の「亦《また》の名」として記されているのみで、神代・神話の神としては重視されていない。この事実は重要である。

一般に天つ神の代表神の、

天照大神

に対して国つ神の代表神として、

大国主神・大物主神

が見立てられている。大国主神は出雲の神だから、大物主神の「亦の名」「別名」と見立てられてて、大和の神の国つ神の代表神に『記』『紀』神話では見立てられているが、『記』『紀』神話では、神代の活動記事は無い。あるのは天皇紀である。

『古事記』神代記は「大物主神」を記載しないのは、この神は成り上り氏族の三輪氏が、仲臣の多氏が弥生時代から祭祀していた日神祭祀、つまり天つ神祭祀でなく、国つ神祭祀の代表神に仕立てて『日本書紀』に載せていたから、地上の歴史の神として、天上の神話、つまり高天原神話からは除外している。この事実を取上げて論じた論考を、私は知らない、もう一度書く、

『古事記』は大物主神を神代統に記載していない。

大物主神が活躍するのは『日本書紀』のみである。序章でも書いたが『日本書紀』は藤原・中臣氏用国史の面もある。対馬出身の卜部と中臣氏と、加耶の陶器製作工人の三輪氏との密接な関係については、改めて詳論するが、この両氏はかつては仲臣の多（太）朝臣の配下に居た氏族であった。

多氏の始祖は神武天皇、春日氏の始祖は孝昭天皇の皇子が始祖だが、中臣連は対馬出身の卜占者、三輪氏は加耶出身の陶器製作職人の頭《かしら》から成上って、「朝臣」に成上っている。この事実の確証なしには、国史の真実は見えてこない。大物主神が『古事記』にまったく登場せず、『日本書紀』のみに載るが、この神は藤原朝臣と大神朝臣が作文して『日本書紀』に記載した神である。『日本書紀』神代下では更に左のように書いている。

是《こ》の時《とき》に、帰順《まつろ》ふ首渠《かみ》者は、大物主神と事代主神となり。乃《すなは》ち八十万神《やほよろづのかみたち》を天高市《あめのたけち》に合《あつ》めて、帥《ひき》ゐて

天《あめ》に昇り、其《そ》の誠款《まこと》の至《いたり》を陳《まを》す。時に高皇産霊尊、大物主神に勅《みことのり》したまはく。「汝《なれ》、若《も》し国神を以ちて妻とせば、吾猶《あれなほ》し汝《な》を疏心《うときこころ》有りと謂《おも》はむ。故、今し吾《あ》が女三穂津姫《むすめみほつ》を以《も》ちて、汝に配《あは》せ妻《め》とせむ。八《や》十万《ほよろづ》神を領《ひき》ゐて、永《とこしへ》に皇孫《すめみま》の為に護《まも》り奉《まつ》るべし」とのりたまひ、乃《すなは》ち還《かへ》り降《くだ》らしめたまふ。

また神代下（第八段）一書の第六は、

大国主神、亦は大物主神と名《まを》し、亦は国作大己貴命《くにつくりおほあなむち》と号《まう》し、（以下略）

と書いて、

国の中に未《いま》だ成らざる所は、大己貴神《おほあなむち》、独《ひと》り能《よ》く巡《めぐ》り造《つく》りたまひ。遂《つい》に出雲国に到《いた》りたまふ。

と書く。そして更に左のように書く。

「今《いま》し此《こ》の国を理《をさ》むるは、唯吾一身《ただあれひとり》のみなり。其《そ》れ吾《あれ》と共《とも》に天下《あめのした》を理《をさ》むべき者、蓋《けだ》し有《あ》りや」とのたまふ。時に、神《あや》しき光海《ひかりうな》を照し、忽然《たちまち》に浮び来る者有り。曰《いは》く、「如《も》し吾在《われあ》らずは、汝何《いましいかに》ぞ能《よ》く此《こ》の国を平《こと》けむや。吾が在るに由《よ》りての故に、汝《いまし》其の大きに造《なせ》る績《いたはり》を建《た》つること得《え》たり」といふ。是《こ》の時に大己貴神《おほあなむち》問《と》ひて曰《のたま》はく。「然《しか》らば汝は是誰《これたれ》ぞ」とのたまふ。対《こた》へて曰く。「吾《あ》は是《これ》汝が幸魂《さきたま》・奇魂《くしたま》なり」といふ。大己遺神の曰《のたま》はく。「唯然《しか》なり。廼《すなは》ち知りぬ。汝は是吾《これあ》が幸魂《さきたま》・奇魂《くしたま》なりと。今し何処《いづこ》にか住《とどま》らむと欲《おも》ふ」とのたまふ。対《こた》へて曰く。「吾は日本《やまと》国の三諸《みもろ》山に住《すま》らむと欲《おも》ふ」といふ。故、即ち宮を彼処《そこ》に営《つく》り、就《ゆ》きて居《ま》しまさしむ。此大三輪《これおほみわ》の神なり。

この記事に依れば、

大国主神＝大物主神＝大己貴命

は同一神で、出雲の神であるが、

大三輪の神で幸魂・奇魂

でもあると明記している。この「大三輪の神」を、『古事記』崇神天皇記の記事を系譜化して示すと、

大物主大神
　＝――櫛御方命――飯肩巣見命――建甕槌命――意富多多泥古
陶津耳命の娘活玉依毘売

という系譜になる（この記事は埼玉県の稲荷山古墳出土の鉄剣銘の系譜と同じ記述であることに私は注目している）。
しかし『古事記』は天皇記（崇神天皇記）に記載しており、『日本書紀』のような神代紀記載でない事からも、『古事記』では大物主大神は神代の神話ではない。『古事記』が神話に入れていないのは、意富多多泥古を祖にする三輪（大神）氏は、渡来氏族で、古くから日本列島に居住していた氏族ではなく、外来氏族・帰化氏族であったからである。

しかし『日本書紀』はこの外来氏族の始祖神を神代紀に登場させているのは、『日本書紀』に関与している藤原不比等の藤原・中臣氏にとって、関係の深い氏族が三輪（大神）氏であったからである。

中臣・藤原氏と三輪・大神氏の出自と多（太）氏

和田萃は「三輪山祭祀の再検討」で左のように書く。

三輪山の神を祀るための祭場が三輪山の西麓にあり、そこはまた、古くから素朴な日神祭祀の祭場でもあった。三輪山の頂上は、大和王権の大王によって、春先ごとに行なわれる国見の舞台でもあったところから、三輪山西麓での祭祀は、次第に王権による祭祀の性格を色濃くしていく。大和王権の東国進出に伴い、三輪の神が軍神として各地に勧請されていったのも、三輪山祭祀が大王の行なうものであったことと、密接に関わりをもっている。五世紀後半、王権は泉南地域に須恵器製作集団を置いて、生産された須恵器を独占する。そして、須恵器の堅牢であることに注目し、神酒を盛る祭器として、三輪山祭祀に使用した。雄略朝に至り、日神祭祀の祭場として、伊勢の地が急速にクローズアップされてくる。そして、伊勢の地で行なわれる日神祭祀が、王権による祭祀として定着するに及んで、三輪山祭祀は著しく衰えることになった。この三輪山祭祀の中断が、三輪の神の祟りによる疫病の流行として説話化された。六世紀中葉に至り、三輪君によって三輪山祭祀が再興されるが、三輪君による三輪山祭祀は、従来の王権による国家的祭祀とは異なり、祟り神としてのオホモノヌシ神を祀るものであった。その結果、オホモノヌシ神が国つ神として位置付けられるに至ったのである。三輪君が、陶邑の須恵器生産集団を支配下においたことから、三輪君の祖オホモノヌシ神の後裔として、須恵器生産集団の祖オホタタネコを組みいれたのであろう。陶邑集団から奉献される須恵器を、三輪君が三輪山祭祀に祭器として使用するから、両者の間に擬制的な同族関係が生じたものと考えられる。[6]

長い引用になったが私が検証した多くの三輪山信仰論・大物主神論・三輪（大神）氏論のなかで、最もすぐれた論考と私は評価しているからである。しかしこの和田論文でも他の論考でも、私が調査した範囲内では、左の雄略天皇七年七月丙子（三日）の記事は無視されている。

天皇、少子部連蜾蠃《ちいさこべむらじすがる》に詔《みことのり》して曰はく。「朕、三諸岳の神の形を見むと欲ふ。（或いは云はく。此の山の神、大物主神とすといふ。或いは云はく。菟田の墨坂神なりといふ。）汝《いまし》、膂力《ちから》人に過《す》ぎたり。自《みづか》ら行きて捉《とら》へ来《まうこ》」とのたまふ。蜾蠃答《すがるこた》へて曰《まう》さく。「試《こころみ》に往《まか》りて捉《とら》へむ」とまうす。乃《すなは》ち三諸岳《みもろたけ》に登り、大蛇《をろち》を捉取《とら》へて、天皇に示《み》せ奉《たてまつ》る。天皇、斎戒《ものいみ》したまはず。其の雷虺虺《かみなりひび》きて、目精《まなこ》赫赫《かかや》く。天皇畏《かしこ》み、目を蔽《おほ》ひて見たまはず。殿中《おほとののうち》に却《しりぞ》き入《い》り、岳《をか》に放《はな》たしめたまふ。仍《よ》りて改《あらた》めて名を賜《たま》ひて雷《いかづち》とす。

この記事に依れば三輪山の神は「雷神」になっているが、雷神を捉えるのは仲臣の多氏系の小子部連である。この雷神は三輪山を祭祀する氏族が多氏が祀っていた天つ神（日神）が、和田萃の書くように三輪氏が祭祀するようになって、国つ神化して雷神になったのである。しかし雷神になっても、その雷神を捕えるのは三輪氏でなく多氏系氏族である事からも、本来の祭祀氏族は仲臣の多氏であった事は明らかである（多神社を「春日宮」という事が証している）。

多神社の西約一・三キロの地に『延喜式』神名帳に記載の左の神社が載る。

子部神社二座　並大、月次新嘗

この神社のすぐ西に「小子部神社」または「スガル神社」といわれる小祠があり、『多神宮注進状』の裏書には左の記事が載る。

蜾蠃《すがる》神社一座　雷蜾蠃《いかつちすがる》の霊、亦《また》雷神と云う。是即《これすなはち》小子部連の遠祖なり。子部の里にあり。

この記述からも伝承上の人物ではあるが、多郷に仲臣の多氏と共に居たのが、大神《おほみわ》神社の祭神の蛇神を捕えて来た小子部連である。この事実からも本来の三輪山の神を祭祀していたのは、多氏であった事は明らかで、その多氏の配下に須恵（陶）器製作工人の三輪（大神）氏が居たのであり、仲臣の多氏の配下に卜部の中臣氏が居たのと共通する（子部神社の所在地は橿原市飯高町だが、『和州五部神社大略注解』には「意富郷飯富村」とあり、「飯富」の下に「昔呼二於布一今如二文字一」と注記がある。「於布」は「オフ」だから「飫富」が「飯富」になったのであり、子部神社の地も、「多（大）氏」の地である。『古事記』の神武天皇記は、天皇の長男の神八井耳命の後裔氏族のトップに「意富臣」、次を「小子部連」と書き、次に「坂合部連・火君・大分君・阿蘇君」が書かれており、更に「道奥の石城国造・常道の仲国造」が載る）。

『日本霊異記』の冒頭にも「雷を捉える縁」と題して同じ話が載る。この記事は『日本書紀』が「三諸岳」と書く「三輪山」を「雷岳」と書いており、雷神の居る山になっている。山頂に日向神社のあった山は、「日神」から「雷神」化しているが、この祭祀氏族が三輪氏である。しかし雷神を捕えられるのは多氏系氏族の小子部氏である。柳田国男は「雷神信仰の変遷」で『日本霊異記』に載る「雷を捉える」話も、小子部連が伝えたと書いており、多氏伝承と見ている。

多氏・春日氏が祭祀していたのは「日神」だが、三輪氏が祭祀していたのは「雷神」である。しかしその「雷神」を捕えられるのは仲臣の多氏系氏族である。この事実を確認しておく必要がある。三輪氏も仲臣の多氏配下の陶器製作工人であったから、多（太）氏の配下の卜占の徒であった中臣氏と三輪氏は結びつきがある。その中臣氏は常陸の中臣氏でなく畿内の中臣氏であった。

第五章で示した上田正昭の「『日本書紀』の中臣氏関係記事」に、左の記事が載る。

（12）中臣磐余連が物部大連守屋・大三輪君逆とともに、寺塔を焼き仏像を棄却しようとしたという記事

（「敏達天皇紀」十四年六月「或本云」の条）

この中臣氏は常陸の中臣氏でないが、排仏行動においては同志であった。『日本書紀』神武天皇即位前紀（戊午年九月五日条）に、

兄磯城の軍有りて、磐余邑布《し》き満《いは》めり。

とあり、履中天皇の磐余若桜宮・清寧天皇の磐余甕栗宮、継体天皇の磐余玉穂宮など、皇居のあった地であったから、卜部の中臣氏が居住していた。したがって三輪神祭祀氏族の三輪氏と親しかっただろうが、この中臣磐余連も仲臣の多氏配下の卜部であった。したがって仲臣の春日氏の配下にも卜部の中臣氏が居たであろう。しかしその時代は五世紀代と六世紀前半までで、六世紀後半以降になると、中臣氏は藤原氏、三輪氏は大三輪氏として成り上ったのである。

大三輪氏は「大神氏」と書くが、『石清水文書・二』の「弥勒寺建立縁起」に依ると、欽明天皇二十九年に大神比義が宇佐に来て八幡社の「祝」となったとあるから、中野幡能は『八幡信仰史の研究』（上巻）で、左のように書く。

大和の大神氏が、筑前・豊前の大神部及び秦氏を背景にして政府の中央集権的政治意図を帯して、宇佐国に来たのではあるまいかと考える。

と書いているが、『日本書紀』の敏達天皇紀十四年六月条に、中臣磐余連が物部大連守屋と大三輪君逆と共に、寺塔を焼き仏像を棄却したという記事が載り、中臣氏と三輪氏は排仏で同一行動をとっており、結びつ

きがあり、共に宇佐の八幡信仰にもかかわっている事は見過せないが、本章は「春日神宮と藤原・中臣氏と『仲臣』の多（太）氏」として論じたので、本章の終りに、この事例も藤原・中臣氏研究に無視出来ない事例である事を示すだけにしておく。

［注］

（1）津田左右吉「上代の部の研究」（一一六〜二三頁）『津田左右吉全集』第三巻所収　岩波書店　一九五三年
（2）岸俊男「ワニ氏に関する基礎的考察」『日本古代政治史研究』所収　塙書房　一九六六年
（3）加藤謙吉『ワニ氏の研究』（一三一頁）雄山閣　二〇一三年
（4）小川光三『大和の原像』（二四〜二五頁）大和書房　一九七三年
（5）寺沢薫「三輪山祭祀遺跡とそのマツリ」『大神と石上』所収　筑摩書房　一九八八年
（6）和田萃「三輪山祭祀の再検討」『国立歴史民俗博物館研究報告第7集』所収　一九八五年

十三章　『古語拾遺』『姓氏録』の高皇産霊神と三種の神器

『古語拾遺』に登場する始原の神カミロキ・カミロミ

斎（忌）部氏は大同元年（八〇六）八月に中臣氏と、伊勢神宮祭祀の幣帛師派遣について争《あらそ》った。その「争」の査定を平城天皇が行なったが、査定後、天皇は斎部広成に斎部氏に古く語り伝えられている事を記して提出せよと言ったので、広成は勅命にしたがって書いたのが『古語拾遺』である。この書の末尾には左の記事が載る（原文は漢文）。

愚臣広成　朽邁《ちくぐう》の齢《とし》、既に八十に逾《およ》んで犬馬《けんば》の恋《おもひ》、旦暮《たんぼ》に弥《いよいよ》　切《ねむごろ》なり。忽然に遷化《みまかり》なば、恨《うらみ》を地下に含まむ。街巷《がいかう》の談《ものがたり》も猶《なほ》取るべきこと有り。庸夫《ようふ》の思も、徒《いたづら》に棄《す》て易《やす》からず。幸《さいはひ》に求訪《きうばう》の休運《くうん》に遇《あ》ひて、深く口実《こうじつ》の墜《お》ちざることを歓《よろこ》ぶ。庶《ねが》はくは斯《こ》の文の高く達《とほ》りて、天鑒《てんかん》の曲照《きよくせう》を被《かうふ》らむことを。

大同二年二月十三日

「朽邁《ちくぐう》の齢《とし》」は、齢をとって衰えた事を言うが、この『古語拾遺』を執筆した時、斎部広成はすでに八十歳であった。当時の八十歳は今の九十歳以上である。この「あとがき」で注目すべきは、「深く口実《こうじつ》の墜《お》ちざることを歓《よろこ》ぶ」と書いていることである。この「口実」はこの書の題名と冒頭の文章と結びついている。そのことを冒頭の漢文の結びの文章と同じに読み下《くだ》し文で示す（この読み下し文は安田尚道・秋本吉徳『古語拾遺』〈現代思潮社、一九七六〉による）。

蓋《けだ》し聞《き》く。上古の世、未《いま》だ文字有らざるとき、貴賤《きせん》・老少《らうせう》、口口に相伝へ、前言往行《ぜんげんわうかう》、存《のこ》して忘《わす》れず。書契《しよけい》ありてより以来《このかた》、古を談ずることを好まず。浮華《ふげ》競ひ興《おこ》りて、還《かへ》りて旧老《きゆうろう》を嗤《あざ》ける。遂《つひ》に人をして世を歴《へ》て弥《いよよ》新たに、事をして代を逐《お》ひて変改せしめ、顧みて故実《こじち》を問ふに、根源を識《し》ること靡《な》し。国史・家牒《かてふ》、其の由略を載すと雖も、委曲を一二《つばひらかにせること》猶遺《あや》まてる所有るがごとし。愚臣言《まを》さずは、恐らくは絶えて伝ふること無からむ。幸《さひはひ》に召問を蒙《かがふ》りて、蓄憤《ちくふん》を攄《の》べむと欲《ほり》す。故に旧説《ふるごと》を録《しる》して、敢て以て上聞《じやうもん》すと云尓《いふことしかり》。

と書き、さらに『古語拾遺』は左のように書いている。

又、天地割《あめつちわか》れ判《ひら》くる初に、天の中に生《う》まれます所の神、名を天御中主神《みなかぬしの》と曰《まを》す。次に高皇《たかみ》産霊神《むすひの》〔古語多賀美武須比。是《こ》は皇親神留《すめむつかむる》伎命《きの》なり〕。次に神産霊神《かみむすひの》〔是は皇親神留《かみる》弥命《みの》なり。此の神の子《みこ》は天児屋命《のこやねの》。中臣《の》朝臣の祖《みおや》なり〕。其の高皇《たかみ》産霊神《むすひの》の生《あ》れます所の女《みむすめ》の名を栲幡千《たくはたち》々姫命《ぢひめの》と曰す〔天祖 天津彦《あめみおやあまつひこの》尊の母《いろは》也〕。其の男《を》の名《みな》を、天忍日命《のおしひの》と曰す〔大伴宿《の》禰の祖也〕。又、男の名を天太玉命《のふとたまの》と曰す〔斎部宿禰の祖也〕。

この記述によると、

高皇産霊神（神留伎命）——大伴・斎部氏の神

神産霊神（神留弥命）——藤原・中臣氏の神

という系譜になる。

大林太良は「古語拾遺における神話と儀礼」で、『古語拾遺』の書くカミロキ・カミロミについて、

祝詞や寿詞の神話では、高天原の皇祖はカムロキ・カムロミの二神であって、これが地上の支配者としてスメミマを天降らせたのである。そこにはアマテラスは登場しない。そして重要なことは、これが祝詞・寿詞を通じて見られる現象であって例外のないことだ。しかし、正史としての『日本書紀』が権

威をすでに確立していた平安時代において、このような『書紀』の所伝と著しく異なる神話が祝詞や寿詞において一般的だったことは、カムロキ・カムロミ両神が地上の支配者としてスメミマを天降らせたという伝承が古くからあって、しかも祝詞や寿詞の文の一部としてすでに定着していて改変し難いものであったことを物語るものなのであろう（傍点は引用者）。

こう考えてくると、『古事記』、『書紀』一書二、『古語拾遺』において、タカミムスビとアマテラス両神が指令神として登場するのは、アマテラス神話の発達に伴って、かつてのカムロキ・カムロミ両神の対のうちカムロミがアマテラスにとって代わられた結果かも知れない。

（中略）

私の考えによると、カムロキ・カムロミ両神の指令でスメミマが天降する神話には元来アマテラス神話は異質である。したがって、高天原神話の古い体系の一つには、高天原に原初神タカミムスビ・カミムスビ両神が出現した神話が、宇気比神話や天岩屋神話を中間にはさまずに、いきなり天孫降臨神話に直結していた所伝もあった可能性を考慮に入れてよいと思われる。[1]

このように書いて、

カミロキ——タカミムスビ

カミロミ——カミムスビ

という関係は、『出雲国神賀詞』に、

高天《たかま》の神主《かむろぎ》　高御魂《たかみむすび》・神魂《かみむすび》命

とあることが証していると書いている。

松前健は「大嘗祭と記紀神話」で、左のように書く。

『古語拾遺』には、高皇産霊《たかみむすび》神を皇親神留《すめむつかみろ》伎《き》命、神皇産霊神を皇親神皇留弥《かみろみ》命と記している故、鈴木重胤などは、もともとこの語はタカミムスビとカミムスビの二神を指したのであろうと述べている。……「出雲国造神賀詞」では、「高天の神王高御魂《たかみむすび》・神魂《かみむすび》命」と記されており、この「神王」を「カムロギ」と訓ませている諸註が多く、おまけにここではホノニニギを、この神王の二神の皇孫命と呼んでいるのである。アマテラスはその神賀詞には一向に名が出てこない。その文面をそのまま素直に受け取るなら、ホノニニギはタカミムスビとカミムスビの裔ということになり、その命令で天降りすることになる。

カムロギ・カムロミというような、相称的・対偶的な名称が、もともとからアマテラスとタカミムスビというような、語源的にも異系・異質な二神に用いられていたとは、考えがたい点がある。むしろ一対になって現われる生成の男女二神という意味で、タカミムスビとカミムスビの方が、原初的な形の司令神としてふさわしい。[2]

このように書いて、「新嘗祭の素朴な時代の祭神は、カムロキ・カムロミと呼ばれたタカミムスビとカミムスビの二神」であったろうと書いている。

大林太良・松前健は、

カミロキ――タカミムスビ

カミロミ――カミムスビ

と解すが、文字無き時代に語り伝えられていた始原の神は、

カミロキ・カミロミ

の男女二神であった。その男女二神が、文字が入ってきて作文された最初の対《つい》の男女神であり、「出雲国神賀詞」の、

高天の神主《かみぬし》　高御魂《たかみむすび》・神御魂《かみ》

である。この女神神魂命が「天照大神」に変身、成り上ったのである。しかし「天照大神」は政略的目的で作られた神だから、『記』『紀』神話では高天原の唯一神になっているが、現実の天皇の即位儀礼には登場していない（その事は第五章で書いた）。

『古語拾遺』『新撰姓氏録』と藤原・中臣氏

津田左右吉は「古語拾遺の研究」で、

姓氏録において記紀に見えない神の名が多く作られてゐ、同じく記紀に見えない祖先の名と共の物語とが現はれてゐるのも、奈良朝を通じて行われた系譜の造作補修の結果であるべきことと考へるがよい（允恭朝のこととせられてゐる氏姓を正されたといふ話も、或はこのころの作であるかも知れぬ）。

と書き、『紀』の成立以降に始祖神は勝手に造作されたと書いている。そして『古語拾遺』が中臣氏の始祖神を、

カムロミ‖カミムスビ

と書いているから、『新撰姓氏録』は藤原朝臣・大中臣朝臣の始祖神を「ツハヤムスビ」と書いていることについて、

ツハヤムスビの命をカムロミとするのは甚だ奇怪であるが、中臣氏の祖がカミムスビの神から此の神に移されたに伴ひ、カムロミの称呼もまたそれに付随して来たためであるとすれば、容易に領解せられよう。

と書いている。(3) つまり、

『古語拾遺』　『新撰姓氏録』

カムロミ──→カミムスビ──→ツハヤムスビ

という関係になると津田左右吉は書き、藤原・中臣氏が書く『新撰姓氏録』の始祖神は女神だと書いている。佐伯有清も津田見解を『新撰姓氏録の研究・研究篇』で引用し、津田見解を採って、藤原・中臣氏の始祖神を女神のカミムスビと見ている。しかし『新撰姓氏録』はカミムスビを藤原・中臣氏を始祖神にしていない。ツハヤムスビという『記』『紀』神話に登場していない神を記している。

『新撰姓氏録』左京神別上・天神の条に、

藤原朝臣

出自津速魂命三世孫天児屋命也。

大中臣朝臣

藤原朝臣同祖

とあり、摂津国神別・天神の条のトップに、

津島朝臣

大中臣朝臣同祖。津速魂命三世孫天児屋根命之後也

とある。藤原・中臣氏系氏族は『新撰姓氏録』には四十四氏が載る（未定雑姓を含む）が、この中で藤原朝臣と同じ、「津速魂命三世孫天児屋（根）命之後也」の氏族は、藤原朝臣と対馬出身の津島下県主の後裔氏族がなった津島朝臣だけである。この事実（藤原と津島の両氏が同一神を始祖にしている事実）からも、藤原氏が対馬（津島）出身である事を示している。

この「津速魂命」は、

カミロキ――タカミムスビ

カミロミ――カミムスビ

と『古語拾遺』の書くカミムスビが、『新撰姓氏録』で変えられた神名である。一方で『新撰姓氏録』では多数の氏族が、タカミムスビの漢字表記をさまざまに書き分けて、タカミムスビを始祖にしている。『新撰姓氏録』にタカミムスビを「高皇産霊命」と書いて始祖としているのは、左の二氏のみである。

大伴宿禰（左京神別中）

高皇産霊尊五世孫天押日命之後也

斎部宿禰（右京神別上）

高皇産霊尊子天太玉命之後也

大伴・斎部氏以外にもタカミムスビを始祖にする氏族が居るが、『新撰姓氏録』は「高皇産霊尊」と書かずに、左の神名で多数の氏族がタカミムスビを祖にしている（この事実を前述の黛弘道の論考はまったく無視して示しているのが問題である）。

高魂命　日奉連（左京神別中）、弓削宿禰（左京神別下）、三島宿禰（右京神別上）、大伴大田宿禰（右京神別上）、忌玉作（右京神別上）、小山連（摂津国神別）、葛木直（河内国神別）、役直（河内国神別）、恩智神主（河内国神別）、荒田直（和泉国神別）

高御魂命　小山連（右京神別中）、葛木忌寸（大和国神別）、役直（河内国神別）

高御牟須比乃命　玉祖宿禰（右京神別上）

高媚牟須比命　伊與部（右京神別下）

高彌牟須比命　波多祝（未定雑姓・大和国神別）

この事実は第三章の藤原・中臣氏が祀る高御魂神社の祭祀氏族とは、まったく結びつかない。（黛弘道は前述（一三八〜一四〇頁）したが『新撰姓氏録』のタカミムスビ表記の区別をまったく無視して書いているので、黛見解は私は採らない）。

『新撰姓氏録の研究・本文篇』は編纂の関係者名を巻頭で左のように書く。

弘仁六年七月廿日

中　務　卿　四　品　臣　萬　多　親　王

右大臣従二位兼行皇太弟傅勲五等臣藤原朝臣園人
参議従三位行宮内卿兼近江守臣藤原朝臣緒嗣
正五位下行造東寺長官臣阿倍朝臣眞勝
従五位上行尾張守臣三原朝臣弟平
従五位上行大外記兼因幡介臣上毛野朝臣穎人

この巻頭の記事に対して巻末に、左の記事が載る。

正六位上行治部省少丞臣石川朝臣國助
従六位上行治部省少録臣伊豫部連年嗣
従七位下行治部省少録臣越智直浄継
従八位上行散位寮少属臣高志連正嗣
大舎人正七位上臣大伴宿禰根守
散位正七位下臣大田祝山直男足
散位従七位上臣味部臣廣河
散位従七位下臣内蔵忌寸御富

佐伯有清は『新撰姓氏録の研究・研究篇』所収の「新撰姓氏録の撰者」で、巻頭に載る人達について、その地位からみると萬多親王、藤原園人、同緒嗣らは、ただ編纂の監督、監修にあたった程度で、実際の編纂業務にたずさわったのは阿倍眞勝、三原弟平、上毛野穎人の三人であろう。弟平の傅の詳細は

わからぬが、眞勝や頴人は、その経歴からして、ことに学織に深く、実務にあたったと考えられる。と述べている。そして、

高木成助氏は、以上の六人すべてが具体的な問題にどれ位関係していたか疑問とし、実際編纂にあったのは巻末に記されている石川朝臣國助以下八人の人々であったろうといっている。おそらくこの説はあたっているであろうが、さらに阿倍眞勝以下三人の撰者は具体的に編纂の指導と、その進捗に力をそそいだと考えたい。

と書く(4)。

「実際編纂にあたった」「巻末に記されている石川朝臣國助以下八人の人々」の中には、「大伴宿禰根守」は参加しているが、中臣氏あるいは中臣氏系氏族の参加はない。あるのは、『新撰姓氏録』の巻頭に記されている、右大臣の藤原朝臣園人、参議の藤原朝臣緒嗣だが、彼らは当時の政権のトップに居たから、名前が記されているだけで、『続日本紀』が『日本書紀』の成立を付記扱いにしているのと同じ編集方針で、『新撰姓氏録』が編集されたからであろう。

平城天皇と斎部広成と『古語拾遺』の成立

『続日本紀』の成立については、第一章で、「『日本書紀』の成立を付記に書く『続日本紀』と藤原氏」と題して、私見を述べた。「『日本書紀』の成立を付記に書く」、『続日本紀』の編集方針が「新撰」を冠した『姓氏録』にも継続されていたから、藤原不比等が、原郷の対馬と大和に二社、山城に一社創始した「タカミ

ムスビ」は、百年後には藤原・中臣氏系でなく、ライバルの大伴・忌（斎）部氏の始祖神になっているのは、タカミムスビは藤原・中臣氏に関係ある神ではなかったからである（その事は原郷の対馬で祭祀しても、対馬の人々の信仰する神にならなかった事が証している。しかし藤原不比等は成り上るのには、「タカミムスビ」を自家の神にする必要があったからである）。

本書の「第一章」で述べたが、現存の『続日本紀』は『日本書紀』の成立を公印使用記事の付記として書き、藤原仲麻呂編纂の『続日本紀』三十巻を、二十巻に巻数を減少し、『日本書紀』と同じ藤原氏用国史になるのを避けて編集している。その方針は桓武天皇の意向に依っている事を第一章で述べた。「新撰」を冠した『姓氏録』も桓武天皇の晩年、『続日本紀』の成立後に本格的に編纂が開始され、桓武天皇が崩じて八年後の弘仁五年（八一四）六月一日に成立している。この八年間に『新撰姓氏録』に関与した平城・嵯峨天皇は、桓武天皇の皇子であり、『新撰姓氏録』の編纂に関与した萬多親王も桓武天皇の皇子であったから、桓武天皇が『続日本紀』を編纂したのと同じ意図で「新撰」を冠した『姓氏録』も編纂されたのである（『続日本紀』が『日本書紀』の成立を公印使用記事の付記と書くのと、「新撰」を冠した『姓氏録』が「高皇産霊尊」を大伴・斎部氏の始祖神にする『古語拾遺』の見解を採っているのは、同じ視点・考え方である）。

『日本紀略』は大伴弟（乙）麻呂が安殿《あて》親王を「東宮傅」にしたと書く。平城天皇になる安殿親王が藤原氏でなく大伴氏を「東宮傅」にした事に私は注目している。『日本紀略』に依ると大伴弟麻呂は、延暦七年（七八八）十一月十三日に正五位下、延暦十年正月に二階級特進し従四位下に昇り、同年七月征夷将軍（『続日本紀』は「征夷大使」と書く）になり、延暦十四年正月には征夷大将軍として従三位勲二等を授けられており、延暦十八年（七九九）に「東宮傅」になっているが、東宮（皇太子）の安殿親王（後の平城天皇）は、その時すでに二十五歳であったから、大伴弟麻呂を「東宮傅」にしたのは東宮自身であったろう。その時、弟麻呂は六十九歳になっていた。

大同元年（八〇六）三月十七日に桓武天皇は崩御し、皇太子安殿親王が三十二歳で即位し、年号を「大同」に変えた。『日本後紀』によれば大伴弟麻呂は、平城天皇即位の一ヵ月後に天皇に上表して「致仕」が許され、大同四年（八〇九）五月に「散位従三位」で薨じている。病床に伏すまで大伴弟麻呂は出仕していたと『日本後紀』は書き、その時「年七十九」と書く。

斎部広成が『古語拾遺』を平城天皇に献上したのは、大同二年（八〇七）二月十三日だから、大伴弟麻呂も献上された『古語拾遺』を読んでいたであろう。このように平城天皇が即位する直前の二十代の初頭には、「東宮傅」が藤原氏から大伴氏に代っていた事実。更に「東宮」が平城天皇として即位後も、平城天皇の宮廷に大伴弟麻呂が出仕していた事実は見過せない（大伴氏は反藤原であった）。この事実からも斎部広成に、平城天皇が即位した年に行なった中臣氏と斎部氏の伊勢神宮祭祀についての査定（この事については『日本後記』大同元年八月庚午に詳細な記事が載る）には、天皇のバックには大伴弟麻呂が居たであろう。

平城天皇は即位の年に中臣氏と斎部氏の争いを査定した後、斎部広成に斎部氏の家の歴史を史書にして提出せよと命じたのは、大伴弟麻呂の助言に依るだろう。その事は『古語拾遺』のトップに前述（四六八頁）したように、大伴氏と斎部氏の始祖は「高皇産霊神」で、「是《こ》は皇親神留《かみろ》伎《き》命なり」と書いていることから言える。斎部広成は大伴氏と斎部氏は同祖氏族であると主張している事からも、斎部氏と大伴氏はセットである。『新撰姓氏録』が『古語拾遺』の「高皇産霊神」を大伴・斎部氏の始祖として記載しているのは、『古語拾遺』の記事をそのまま受取って『新撰姓氏録』が載せているからである。だから他のタカミムスビを始祖とする氏族は、「高皇産霊命」でなく、「高魂命」「高御魂命」「高御牟須比乃命」「高媚牟須比命」「高彌牟須比命」と表記し、大伴・斎部の両氏の「高皇産霊命」と区別しているのである。

この事例からも『古語拾遺』の記事は大伴朝臣もかかわっている。その事は大伴家持編の『万葉集』が平城天皇の時代に成立したと書く伊藤博の見解にも関連している。伊藤博は「平城万葉」と題する論考で左のように述べている。

『古今集』編輯陣は、万葉集の最後の撰録を平城朝と考えてこそおれ、万葉集が平城朝の一点において一挙に成ったと見ていなかった。つまり、万葉集は「ならの御時」において形成史を持ち、平城朝に至って完成したと見ていたと判断しないわけにはゆかない。

（中略）

万葉集はまず聖武朝晩年から孝謙朝初期にかけてのころに十五巻本として完結し、ついで、桓武朝の延暦初年に二十巻本として一応完成しつつも官庫に眠る運命を持ち、やがて平城朝大同期に〝平城万葉〟として甦ることによってついに晴の〝二十巻本歌集〟たりえたという点におちついた(5)。

この伊藤見解を私は採る。伊藤博は述べていないが、『平城万葉集』の成立には平城天皇と共に大伴弟麻呂も関与していたであろう。『古語拾遺』『新撰姓氏録』によれば、大伴氏と斎部氏は高皇産霊神を始祖とする反藤原・中臣氏系としては、同じ見解の氏族である。

『新撰姓氏録』正本に対して中臣氏による「卜部本」

斎部広成の『古語拾遺』は大伴氏と斎部氏の始祖神をセットで扱っており、始祖神も同一にしている。『新撰姓氏録』に『古語拾遺』の見解が採り入れられたのも、斎部氏と大伴氏が、同族関係にあったからであろう。

佐伯有清は『新撰姓氏録』の編纂について、

実際に編纂にあたったのは巻末に記されている石川朝臣國助以下八人の人々であったろうといっている。おそらくこの説はあたっているであろう。(6)

と書いているが、「石川朝臣國助以下八人」のうち、有力氏族と見られるのは、石川朝臣國助と大伴宿禰根守であるから、彼らが『古語拾遺』に記載の記事を『新撰姓氏録』に採用した。この見解は当時の藤原朝臣の右大臣・参議も受入れなくてはならなかったのである。

石川朝臣國助の同族の石川朝臣名取は、第一章で述べた『続日本紀』の編纂に、淡海真人三船と共にかかわった人物で、名取と三船は反藤原・中臣氏の視点に立って『続日本紀』に関与している。その具体的事例が、藤原不比等が関与したわが国最初の国史の『日本書紀』を、『続日本紀』が公印使用記事の付記として書き、文武天皇の妃になった三人の女性の官位を、石川・紀氏の娘より藤原不比等の娘（聖武天皇の母）を、低く書いている事実が証している。この石川氏が大伴氏と共に『新撰姓氏録』の編集実務にかかわっている事から見ても、大伴・斎部氏の始祖を高皇産霊尊と書く『古語拾遺』の記事を、『新撰姓氏録』に書き入れたのは彼らと見てよいだろう。

この事実を右大臣・参議の藤原氏が認めたのは、桓武天皇の意志を継いだ平城・嵯峨天皇、更に『新撰姓氏録』にかかわった桓武天皇の皇子萬多親王も、大伴・斎部氏の始祖を高皇産霊尊とする『古語拾遺』の記事を、「新撰」と題した『姓氏録』に記載する事を認めたからである。したがって藤原・大中臣朝臣は仕方なくタカミムスビでないムスビ神を始祖神にした。それが『新撰姓氏録』記載の「津速魂命《つはやむすび》」であろう。

私が引用した『古語拾遺』は「正本」と言われている「卜部本」である。「卜部本」の『古語拾遺』には、更に左の記事が記されている事は、無視出来ない。

　中臣・斎部二の氏、相副《とも》に日《の》神を禱《の》み奉りて、猨女《さるめ》の祖《おや》亦神の怒を解く。然れば則ち三氏の職、相離る可からず。而るを今、伊勢《の》宮《の》司に独り中臣《の》氏を任《ま》けて二《の》氏を預《あづ》けず……。

また、左のような記事も載る。

　殿祭《おほとのほかひ》・門祭《みかどまつり》は、元太王命《もとふとたまのみこと》の供奉之儀《つかまつるよそほひ》にして、斎部氏の職《つかさ》どる所也。然りと雖も中臣・斎部、共に神祇官《かむつひつぎのつかさ》に任《め》され、相副《あひとも》に供奉《つかうまつ》る。故に宮内省《みやのうちのつかさ》の奏《まを》す詞《ことば》に、「将《まさ》に御殿祭《おほとののほがひ》に供奉《つかまつ》りて、中臣・斎部、御門《みかど》に候《そうろ》ふべし」と称《まを》す。宝亀年中に至りて、初めて宮内少輔《みやのうちのすくなすけ》、従五位下《ひろきいつつのくらゐのしもつしな》中臣朝臣常《なかとみのあそみつね》、恣《ほしいまま》に奏詞《まをすことば》を改《あらた》めて云《いは》く。「中臣、斎部を率《ひきゐ》て御門《みかど》に候《さぶら》ふ。」彼《か》の省《つかさ》、因循《したが》ひて、永《ひたぶる》に後例《のちのあと》と為《な》して、今に未《いま》だ改めず。

更に左のように書く。

　神代《かみよ》より肇《はじ》めて、中臣・斎部、神事《みかむつかさ》に仕奉《つかまつ》るは、差降《わいだめあ》有ること無《な》し。中間《なかごろ》より以来《このかた》の権《いきほひ》、一氏《ひとつのうぢ》に移る。斎宮寮《いつきのみやのつかさ》の主神司の中臣・斎部は、元《もと》七位官に同じかりき。而るを延暦《ふみよみのとし》の初めに、朝原内親王《あさはらのひめみこ》斎き奉る日、殊に斎部を降《おと》して八位《の》官と為して、未だ復《ふく》さず。

また、次の二例を示す。

凡《すべ》て幣《みてくら》を諸神《かむたち》に奉《たてまつ》ることは、中臣・斎部、共に其の事に預かる。而るを今、太宰主神司《おほみこともちのかむつかさ》に独《ひと》り中臣を任《め》して斎部を預けず。

諸国の大社に亦中臣を任け、斎部を預けず。

以上五例以外にも斎部氏がたずさわっていた事例を、『古語拾遺』の「卜部本」は明記している。この「卜部本」と言われる『古語拾遺』以外に、佐伯有清は『新撰姓氏録の研究・研究篇』で、「卜部本」より「ややあたらしいといわれる前田本」の左の記事を示している。その前田本は左のように記している。[6]

天中所生神名曰㆓天御中主神㆒。其子有㆓三男㆒。長男高皇産霊神。古語多賀美武須比。是為㆓皇親神魯伎尊㆒。即伴・佐伯等祖也。次津速産霊神 是為㆓皇親神留彌命㆒。此神子天児屋命。中臣朝臣等祖也。次神産霊神 此紀直。祖也

「卜部本」にない「津速産靈神」は『記』『紀』神話にも、卜部本『古語拾遺』にも載らず、前述したが『新撰姓氏録』の藤原朝臣や対馬朝臣の始祖神に載るのが初見である。したがってこの「前田本」は藤原・中臣氏用に、「正本」の「卜部本」を改作した『古語拾遺』であるから、前田本は『新撰姓氏録』成立後に、中臣氏が作文した『古語拾遺』である。したがって「卜部本」掲載の中臣氏糾弾の記事の記載や、冒頭や結びの記事の無い『古語拾遺』である。その事は高皇産霊神を「即伴・佐伯等祖也」と書いている事から言える。「伴」は大伴氏で、高皇産霊神を始祖とするが、卜部本の『古語拾遺』は大伴氏・斎部氏と書いている

のに、前田本は斎部氏を排除して佐伯氏を記している。原本を私は見ていないが、この記事から推測出来るのは、タイトルは同じ『古語拾遺』であっても、編集意図は正反対である。斎部氏が主張する中臣氏は女神カミムスビだと書く正本の卜部本の主張を、藤原・中臣氏系の前田本『古語拾遺』は排除している。

卜部本ではカミムスビが藤原・中臣氏の始祖だと明記しているが、前田本は卜部本にはない、カミムスビは「此紀直祖也」と卜部本にはない記事を作文し、更に卜部本にはない、『新撰姓氏録』の津速産霊神が「皇親神留彌命」と書く。この記事は原本（卜部本）の、

神産霊神　［是皇親神子天児屋命中臣朝臣祖］

とある記事を、藤原・中臣氏用に変えて前述の注記にしたのである。「津速産霊神」は『新撰姓氏録』で藤原朝臣・対馬朝臣の始祖神として登場した神で、『新撰姓氏録』成立以降に藤原・中臣氏が自家用に作文したムスビ神である。このような工作をしなければならなかった氏族が、当時の藤原・中臣氏であった。

「皇祖」を冠した『日本書紀』の高皇産霊と『古語拾遺』

『日本書紀』神代紀上の一書の第三に、

日神、天石窟《あめのいはや》に閉居《こもりま》すに至《いた》りて、諸神《もろもろのかみたち》、中臣連が遠祖《とほつおや》興台産霊《こごとむすひ》が児《みこ》天児屋命を遣《つかは》して祈《の》みまをさしむ。

とあり、すでに『日本書紀』編纂時に、中臣連の遠祖をムスビ神にしている。しかし高産魂・神産霊を遠祖にはしていないが、産霊神を天児屋命の遠祖にしている事例からも、同じムスビ神のタカミムスビ祭祀に、

藤原・中臣氏がかかわっていることは、明らかである。

『古語拾遺』の筆者の斎部広成は、大和国の高御魂神社の二社と遷都した山城国葛野郡の平城新都の地の高御雷神社は、藤原・大中臣朝臣が祭祀していたのを承知していたのにかかわらず、タカミムスビは大友・忌部の神と主張している。この事実は無視出来ない。

『日本書紀』持統天皇六年十二月十四日条に、

　新羅の調を、五社伊勢・住吉・紀伊・大倭《やまと》・菟名足《うなたり》に奉《たてまつ》らしむ。

とある。この五社のうち「菟《う》名《な》足《たり》神社」は、大和国の菟名足坐高御魂神社である。

持統天皇六年五月二十六日条にも、

　使者を遣《つか》はして、幣《みてぐら》を、四所《よところ》の伊勢・大倭・住吉・紀伊の大神に奉《たてまつ》らしめ、告《まう》すに新宮《にひしきみや》のことを以《も》てす。

とある。

伊勢神宮と大和国山辺郡の大倭氏の祭祀する『延喜式』神名帳の名神大社大国魂神社、摂津国住吉郡の名神大社住吉神社、紀伊国名草郡の名神大社日前・国懸神社に「幣」を「奉らしめ」ている。この四社に「幣」を奉じた七カ月後に、四社に新しく菟名足高御魂神社が加えられている。この神社を加えたのは藤原不比等と私は推測しているが、(その理由は前述〈一一五〜一一八頁〉の菟名足高御魂神社の記事が明示している)、この事例からも高御魂神社は持統朝では伊勢・住吉・紀伊・大倭などの神社と同列に見なされていた。この菟名足高御魂神社を祭祀していたのは、大伴・斎部氏ではなく、藤原・中臣氏である。

この持統六年（六九二）から百二十年ほど後代になると、『姓氏録』に「新撰」が冠されている事が証しているように、タカミムスビの神は大伴・斎部氏の始祖神になっている。このタカミムスビは『新撰姓氏録』では、「高御魂尊」でなく「皇」が加えられて、

高皇産霊尊

と記しているが、『日本書紀』の神代紀の下巻のトップには、左のように書かれている。

皇祖高皇産霊尊

「皇祖」が冠されて天孫降臨の司令神になっているが、『日本書紀』と『新撰姓氏録』では、タカミムスビの漢字表記はまったく同じである。この事実からも『新撰姓氏録』の編者たちは『日本書紀』にタカミムスビが記されていることは知っていたであろう。承知していながら、『日本書紀』の「皇祖」を冠した高皇産霊尊を自家（大伴氏・斎部氏）の祖神にしている事が問題である。そのことは平城天皇に『古語拾遺』を献上した斎部広成が、

高皇産霊神（古語多賀美武須比、是皇親神留伎命）

と『日本書紀』の表記と同じ表記で書いている事からも言える（しかし「尊」表記を「神」にしている）。『新撰姓氏録』は「高皇産霊」表記は大伴氏と斎部氏だけに限定し、他の氏族の「タカミムスビ」は前述したが、

高魂・高御魂・高御牟須比・高媚牟須比・高彌牟須比

と漢字表記を変えている。「高皇産霊」という表記には「皇」の字があり、『日本書紀』に皇祖神として書かれ

れている事を承知した上で、大伴氏・斎部氏に限定して「高皇産霊」表記を用いて、他の氏族には前述したが「高皇産霊」表記は用いさせていない。この事例も無視出来ない。

以上述べたタカミムスビ表記についての書きわけから見ても、『日本書紀』の高皇産霊尊に「皇祖」が冠されていた事は承知していて、斎部広成は平城天皇への献上本の『古語拾遺』では、『日本書紀』の「皇祖高皇産霊尊」は藤原不比等が創作した皇祖神と見て、本来のタカミムスビは大伴・斎部の始祖神にしたのであろう。理由は『日本書紀』を淡海三船と同じに藤原・中臣氏用国史と見ていたからである。

黛弘道の論考「『日本書紀』と藤原不比等」の検証

黛弘道は「『日本書紀』と藤原不比等」と題する論考の「むすび」で、『日本書紀』がタカミムスビを重視して書いている事と、『新撰姓氏録』が前述（一三九頁）したように大伴・忌部氏らが始祖神にしている事実から、

近年、『日本書紀』が藤原不比等によってかなり自在につくられたようにいう学説が人気を集めているが、右の一例だけでも、そう簡単に割り切るのは言わなくてはならない。……今日見る『書紀』の内容は貴豪族の自己主張と妥協の産物であり、とくに民族や国家の起源を説く神代の伝承・説話においては、諸氏の利害が衝突し、主張が喰い違って、しばしば収拾不可能といった状態に陥ったのではなかろうか。そこで、最大公約数あるいは最有力説を採って一応本文を立て、次に諸他の説を配列して、本文に洩れた主張にも場を与えて諸氏を納得させることにしたのであろう。

国家の正史としてはきわめて不体裁な（本文以外に異説を列挙する）『日本書紀』が、ともかく養老四年（七二〇）五月癸酉（二十一日）に完成奏上されたのであるが、僅か七十日を経た八月癸未（三日）には当の不比等が没している。書紀編纂にあたっての心労が死の原因となったかも測り難い。(7)

この黛見解には賛同できない。できない理由は、『新撰姓氏録』のタカミムスビを始祖とする氏族の記事を、『日本書紀』に拡大して解釈して論じているからである。前述したが、『日本書紀』の顕宗天皇紀は大和国の目原坐高御魂神社は対馬下県主が祭祀したと明記しており、山城国の高御魂神社の神稲は中臣氏に給すと、『続日本紀』の大宝元年（七〇一）四月三日条は書いており、弘仁五年（八一四）成立の『新撰姓氏録』以前成立の文献には、高御魂神社の祭祀氏族が大伴・斎部氏であったと書いた事例は皆無である。この事も前述したが（一一五〜一一八頁）、『日本書紀』の持統天皇六年十二月条に記載の菟名足坐高御魂神社も、藤原氏が祭祀していた神社であり、このように『日本書紀』『続日本紀』など、『新撰姓氏録』に先行する史書には、タカミムスビを大伴・斎部氏らが祭祀したという記事はまったくなく、対馬下県主や中臣氏が祭祀していたという記事があるのに、その事例をすべて無視して、『新撰姓氏録』の記事が『日本書紀』にあると書いている黛弘道見解は認められない。

ところが『新撰姓氏録』成立の弘仁六年（八一五）より百年後の延長五年（九二七）に成立の『延喜式』神名帳には、対馬の高御魂神社は「名神大社」、山城国の羽束師《はつかし》、大和国の宇奈太里《うなたり》、目原《めはら》の高御魂神社は「大社」と書いている。この四社の「高皇魂神社は、大和国の目原坐高御魂神社は顕宗紀、大和国の宇奈太理坐高御魂神社は持統紀に載り、山城国の羽束師坐高御魂神社は『日本書紀』の文武天皇紀に記載されており、いずれも祭祀氏族は『新撰姓氏録』に記載の黛論文が示す大伴・斎部氏系氏族ではない。祭祀氏族は中臣氏と対馬下県主である。この事例からも、第三章で「藤原・中臣氏の原郷は対馬を示す高御魂神社」と題して論じた拙論は裏付けられる（『日本書紀』の顕宗天皇紀で対馬国の下県直が、大和国十市郡の目原坐高衛魂神社を祭祀したという記事からも、藤原・中臣氏の原郷が対馬である事を推測させる。しかし顕宗紀に載るからと言ってこの時代とは言えない。目原坐高御魂神社の祭祀は藤原不比等の意向で、早くて持統朝に不比等が対馬下県主を招いて祀らせ、対馬にも高御魂神社を創始したと、私は推測している）。

黛論文は『日本書紀』編纂時にすでに、『新撰姓氏録』の記事の伝承があったとして、「むすび」に、

『書紀』本文は、その編纂当時の天皇家や藤原不比等にとって必ずしも都合のよい内容のものではなかったということである。それはむしろ当時藤原氏と対立関係にあった大伴氏や大伴氏同様高皇産霊尊を祖神とする忌部・玉祖等の諸氏族に有利なものであったといえる(7)。

と書いているが、この見解は誤読である。その事は前述したが『新撰姓氏録』の記事は、『続日本紀』が『日本書紀』を公印使用記事の付記として載せている事例が証しているように、『続日本紀』の反藤原・中臣史観を、桓武天皇の皇子の平城・嵯峨天皇や、『新撰姓氏録』の編纂にかかわった桓武天皇の皇子の萬多《まんだ》親王らが継承し、『新撰姓氏録』に『古語拾遺』記載の左の記事を採用したからである。

カミロキ――タカミムスビ　大伴・斎部氏の始祖

カミロミ――カミムスビ　中臣氏の始祖

この見解は『新撰姓氏録』のみの見解である。そのことは『新撰姓氏録』が成立した弘仁五年（八一四）

から百年後の延長五年（九二七）に成立した『延喜式』記載の記事が証している。

『延喜式』には第三章で述べたが高御魂神社四社が記載され、前述したが対馬の神社は「名神大社」、大和国・山城国の高御魂神社は「大社」だが四社ともに藤原・中臣氏と対馬下県主が祭祀する神社で、黛弘道が書く『新撰姓氏録』記載の大伴氏・斎部氏が祭祀する神社ではない。いずれも藤原不比等が祭祀していた神社であった。この事実を無視して『新撰姓氏録』はタカミムスビを、大伴氏・斎部氏の始祖神にしたが、これは紙の上に書いただけである。現実は、タカミムスビを祀っていたのは藤原・中臣氏であったから、『新撰姓氏録』は勅撰書だが、同じ勅撰書でも百年後に成立した『延喜式』神名帳では、対馬の高御魂神社に「名神大社」という最高位の格式の称号を贈り、大和と山城の高御魂神社を「大社」にしている。この事実は桓武・平城・嵯峨の桓武天皇の親子が天皇であった時代以外は藤原・中臣氏の見解が正論になっていた事を示している。

津田左右吉と上田正昭の忌（斎）部氏見解

津田左右吉は「古語拾遺の研究」で、『紀』の持統天皇四年正月一日条に、忌部色夫知《しこぶち》が「神璽《かみのしるし》の剣・鏡を皇后に奉上《たてまつ》る。皇后、即天皇《あまつひつぎしろしめ》す」とあり、「神祇令」に「凡践祚之日、中臣奏天神之壽詞、忌部上神璽之鏡剣」とあり、「祈年月次祭者、百官集神祇官、中臣宣祝詞、忌部班幣帛、」とあると書く。そして「祝詞式によつて伝はつてゐる祈年祭及び月次祭の祝詞に『忌部能弱肩爾太多須支取掛氏持由麻波利仕奉禮留幣帛乎……』とあるのは、此の後の方の規定に応ずるものである。これでみると、忌部氏の任務は、践祚の日に神璽の鏡剣を上ることと、祈年祭月次祭に、中臣氏が祝詞を奏するのに対して、神帛を供することと、であつた」と書き、さらに津田左右吉は「古語拾遺の研究」で、次のように書いている。

ずっと後の「儀式」の践祚大嘗会の辰の日の儀に「中臣……奏天神之壽詞、忌部奉神璽之鏡剣、」と記してあるのは、平安朝になつてからも、それが実行せられてゐたこと、従つてそれが奈良朝時代の習慣であつたこと、を示すものである。祈年祭月次祭の場合のは、神祇官の内部の年中行事に過ぎないから、史上にはさういふ記事が見えないが、それが実行せられたものであることは、疑が無い。祝詞式に見える神宮の神嘗祭の祝詞にも、幣帛は忌部の弱肩にかけるとあるが、これも神祇官に於ける忌部の職掌が神宮に及ぼされたものであらう。続紀の所々に中臣忌部二氏のものが幣帛使として伊勢に差遣せられた記事があるが、これにも、本来は、祝詞をよむものと幣帛を捧げるものとの職務分掌の意味が含まれてゐたのであらう。(上記の祝祠には幣帛使は中臣であつて忌部は其の随伴者として幣帛を捧げもつものとなつてゐる。これは、多分、いつのころからか中臣氏のみが幣帛使に任ぜられることになり、其の後になつて改作せられたものであらう。然らざれば続紀の記事と矛盾する。)(3)

このように書いて津田左右吉は「忌部氏の職掌は幣帛を取扱ふことと、神璽の鏡剣を捧持することと、宮殿の祭祀に関与することとの、三つであつたことが知られる」と結論している。

上田正昭は忌部氏の職掌について、次のように書く。

もっとも確実な史料によって、中央忌部氏の活躍した分野をわたくしなりにあらためて整理してみると、およそ次の三つとなる。その一つは、大嘗祭の際に神璽の剣鏡を奉持して祭儀に参加することであ

り。二つは伊勢奉幣使としての役割であり、三つは前にもあげた大殿祭・御門祭の主たる執行である。(8)

このように書いて、忌部氏が大嘗祭に剣・鏡を捧持して祭儀に参加したことを示す文献例として、持統天皇紀四年・養老神祇令・貞観儀式・延喜式（践祚大嘗祭・大殿祭祝詞）をあげ、伊勢奉幣使であったことを示す例として、『続日本紀』の慶雲元年・養老五年・天平七年・天平宝字二年・六年・延暦十年。『日本後紀』の大同六年、『皇太神宮儀式帳』『止由気宮儀式帳』『延喜式』『政事要略』などを示している。(8) 上田見解の三例は津田左右吉があげているのと同じである。

『紀』の天の石窟条の本文も次のように書く。

中臣連が遠祖天児屋命、忌部が遠祖太玉命、天香山の五百箇《いほつ》真坂樹《まさかき》を掘《ねこじにこ》じて、上枝《ほつえ》には八坂瓊《やさかに》の五百箇御統《みすまる》を懸《か》け、中枝《なかつえ》に八咫《やた》鏡を懸け、下枝《しもつえ》には青和幣《にぎて》・白和幣を懸け、相与《あいとも》に其の祈禱《いのり》を致す。

中臣・忌部の両氏は、「相与《あいとも》に其の祈禱《いのり》を致す」と書いているが、中臣氏と忌部氏の職掌は、『古語拾遺』が書いているが相異する職と同職とがあった。しかし忌部氏独占の役へ中臣氏は強引に入り込み、共に行なっていた職から忌部氏を排除し、藤原朝臣・大中臣朝臣は、その政治権力をバックに横暴であった。

黛弘道の「三種の神器」の見解と忌部氏・中臣氏

忌（斎）部氏と中臣氏の関係に関連して無視出来ない問題は「三種の神器」である。

黛弘道は「三種の神器について」と題する論考で、「『持統紀』『神祇令』『古語拾遺』が、神璽を鏡と剣の二種のみとすることで一致している事実は、頗《すこぶ》る重視されなければならない」と書いて、神代下第九段の一

書の第一に、

　天照大神、乃《すなは》ち天津彦彦火瓊瓊杵尊に、八坂瓊曲玉・八咫鏡・草薙剣、三種の宝物を賜ふ、

とある記事について、左のように書く。

　この記事は藤原不比等の強い影響を受け、藤原・中臣系の主張を盛り込んだもので、それは当然ながら忌部氏や大伴氏の主張と喰い違うところが少なくなかった。それ故、忌部氏の古伝を記した『古語拾遺』の説と異なる三種宝物説が『日本書紀』の第一の一書にのみ見えていることは、不比等らが当時の現実を無視して自家独自の説を主張した事実のあらわれで、それは『日本書紀』成立の間際に強引に割り込んで来たものであろうとの推測も充分可能だからである。

　このように書き『古語拾遺』の神武天皇の段の、

　天富命、率二諸斎部一、捧二持天璽鏡剣一、奉レ安二正殿一、并懸二瓊玉一、陳二其弊物一、殿祭二祝詞一、次祭二宮門一

とある記事について、「玉は鏡剣を安置した正殿に（かざりのように）懸けたとしか言っていない」、と書いている。さらに「殿祭二祝詞一」とある『延喜式』の「大殿祭の祝詞」の次の記事、

　高天原爾神留坐須、皇親神魯企神魯美之命以氐、皇御孫命乎天津高御座爾坐氐天津璽乃鏡剣乎捧持賜天、言寿宣志久。

を示し、「ここでも皇位のしるしとしては鏡と剣のことしか触れていない。しかし『大殿祭の祝詞』が斎（忌）部氏の製作にかかるであろうことは、詞中に『斎部』『斎部宿禰』などの語が見えることからも明らか

であり、またその内容から、祝詞自体の成立の時期も記紀神話とさして違わぬのではないかと思われるのである。以上の諸史料に『日本書紀』持統四年正月朔条・「神祇令」践祚条を加えて考えるならば、七世紀末～九世紀初頭にかけて、即位式という公式の場では忌部氏が新帝に鏡剣を奏上する習慣であったことは疑いないであろう」と黛弘道は書く。そして更に「忌部氏が鏡・剣にこだわる」のに対して、「『書紀』において不比等＝中臣氏系の主張にのみ三種神宝説が見える」ことに注目し、「鏡と剣が践祚〈即位〉という公式の場で新天皇に奉献されるという『神祇令』の規定を参照にすれば」、忌部の祭祀は「国家行事」と書く。そして「玉は天皇の祖霊の象徴であり、それを承け継ぐことは天皇が皇室の氏上の地位を襲《つ》いだことを意味する」から、「玉の奉献をともなう天皇の皇室の氏上への就位式はあくまでも皇室内の儀礼」であり、忌部氏の「鏡と剣」の祭祀が「国家行事」であるのに対し、中臣氏のかかわる「玉」の祭祀は「宮中行事」だと、黛弘道は書き、「新天皇に玉を奉献する儀式が史料に全く見えないのはどういうわけであろうか。ここにおいて、後宮女官がクローズ・アップされる」と書いている。(9)

そして「玉」は女性にかかわるとし、「玉の儀礼が後宮で執行されたことは、この前後の藤原氏の動向とあわせ見るとき興味深いものを覚える。大宝の前後を通じて後宮に隠然たる勢力を張ったのが不比等の継室橘三千代であったことはよく知られているが、それ以後も後宮では藤原氏が圧倒的な勢力を保持していた」と書き、具体的に実例を示し、「藤原氏がその一族や関係者を女官として多数後宮に送り込んだ動機は単純ではなかろうが、当面問題としている点に絞って考えてみても、三千代の存在は不比等の支えとなった」と書き、理由として、「後宮における玉の奉献儀礼の存在を梃子としてはじめて、不比等の三種神宝説を主張し得たからである（日本書紀神代下、天孫降臨段第一の一書）。また後世、剣璽渡御といった儀礼が誕生すると、もっぱら内侍司の女官がこれに携わるということも、藤原氏と後宮との密接な関係から生じたのである」と書く。そして「三種の神器」は本来は「二種」で、「玉」は「後宮」にかかわりがあった藤原不比等が加えたと推論している。(9)

斎（忌）部氏の剣・鏡祭祀に中臣氏が加えた玉の祭祀

『日本書紀』の持統天皇四年正月一日条の、持統天皇の即位式にも、

神祇伯中臣大嶋朝臣天神寿詞を読む。畢《をは》りて忌部宿禰色夫知《しこぶち》、神璽《かみのしるし》の剣・鏡を皇后に奉上《たてまつ》る。皇后、即天皇位《あまつひつぎしろしめ》す。

とあり、「養老神祇令」にも「凡践祚之日、中臣㆓天神之寿詞㆒、忌部上㆓神霊之鏡剣㆒」とある。『紀』の継体天皇元年二月四日条にも、「大伴金村大連、乃《すなは》ち跪《ひざまづ》きて天子の鏡・剣の璽符《みしるし》を上《たてまつ》り、再拝《をが》みたてまつる」とあり、宣化天皇の即位前紀にも、「群臣、奏して剣、鏡を武小広国押盾尊にたてまつりて、即天皇之位さしむ」とある。三種でなく二種（鏡・剣）を即位にあたって奉献し、いずれも玉はない。

ところが『古事記』の天の石屋戸神話では、

鍛人天津麻羅《かぬちあまつまら》を求《ま》ぎて、伊斯許理度売《いしこりどめ》命に科《おほ》せて鏡を作らしめ、玉祖《たまのやの》命に科《おほ》せて、八尺《やさか》の勾璁《まがたま》の五《い》百津御須麻流《ほつみすまる》の珠《たま》を作らしめて、天児屋《あめのこやね》命、布刀玉《ふとたま》命を召《め》して、天の香《かぐ》山の真男鹿《まをしか》の肩を内抜きに抜きて、天の香山の天の波波迦《ははか》を取りて、占合《うらな》ひ麻迦那波《まかなは》しめて、天の香《かぐ》山の五百津真賢木《いほつまさかき》を根許士爾許士《ねこじにこじ》

て、上枝《ほつえ》に八尺の勾璁の五百津御須麻流の玉を取り著《つ》け、中枝《なかつえ》に八尺鏡を取り繋《か》け、下枝《しづえ》に白丹《しらに》寸手《きて》、青丹寸手を取り垂《し》でて、此の種々《くさぐさ》の物は、布刀玉《ふとたま》命、布刀御幣《みてぐら》と取り持ちて、天児屋命布刀詔戸《のりと》言禱《ことほ》き白《まを》しき。

とある。この記事では玉がもっとも重視され斎（忌）部の始祖神（布戸玉命）より先に、藤原・中臣氏の始祖神の天児屋命が書かれており、「玉」重視の記事は藤原・中臣氏にかかわっている。

『日本書紀』の「神代上」の本文も『古事記』と同じ記事を載せるが、一書の第三は、

天児屋命、天香山の真坂木《まさかき》を掘《ねこじ》にし、上枝《ほつえ》には鏡作が遠祖天抜戸《とほつおやあめのぬかと》が児《こ》石凝戸辺《いしこりとべ》が作れる八《や》咫《たの》鏡を懸《か》け、中枝《なかつえ》には以《も》ちて玉作《たまつくり》が遠祖伊奘諾《いざなき》尊の児天 明玉《あまのあかるたま》が作れる八《や》坂瓊《さかに》の曲玉《まがたま》を懸け、下枝《しもつえ》には粟《あは》国の忌部《いみべ》が遠祖天日鷲《あまのひわし》が作れる木綿《ゆふ》を懸《か》け、乃《すなは》ち忌部首が遠祖太玉《ふとたま》命に執《と》り取《も》たしめて、広く厚き称辞《たたえごとの》祈み啓《まう》さしむ。

と書く。この一書の記事では「忌部首が遠祖太玉命」の祭祀だから、鏡がトップであり、『日本書紀』本文の玉をトップに書く記事とは違い、『古事記』の記事とも相違する。本来の伝承・祭祀は忌部氏の鏡を主体にしていた祭祀であったのを、卜部の中臣氏が成上って祭政の実権を握り、「玉」をトップにしたのが『日本書紀』本文の記事である。

拙著『新版・古事記成立考』で詳述したが、藤原不比等の持統朝の活動の場所は、持統天皇が女帝であったことから、後宮であった。その後宮を掌握していたのが、不比等の子を生む橘三千代である。そのことを黛弘道は、

玉――橘三千代――藤原不比等、という結びつきになると書いて、中臣・藤原氏は玉・女性・後宮にかかわる氏族と述べている。(9)

黛見解は津田左右吉が「古語拾遺の研究」と題する論考で、三種の神器について論じている見解を無視しているが、左の津田見解は見過せない。

所謂皇孫降臨の物語に「以八咫鏡及草薙剣二種神宝、授賜皇孫、永為天璽所謂神璽剣鏡是也、矛玉自従、」とあり、神武天皇の時のこととして「捧持天璽鏡剣、奉安正殿、」と見え、また崇神朝のこととして「令斎部氏率石凝姥神裔天目一箇神裔二氏、更鑄鏡造剣、以為護身御璽、是今践祚之日所献神璽鏡剣也、」といふ記載がある。此の三条は互に照応するものであつて、神璽を鏡剣の二つとしてあることが前後一貫してゐるが、このことは上に記した持統紀及び神祇令の記載と符合するものであるから、忌部氏が為にするところあつて新しく作つたものではない。後にいふやうに玉が忌部氏にとつて重要なものであるにかゝはらず、それが数へられてゐないことも、注意を要する。だから神宝を鏡剣の二つとすることについては、多分、古い伝へが神璽に関する特殊の任務を有する忌部氏の家に遺存してゐたのであらう。忌部氏の誦むものと定められてゐる大殿祭の祝詞にも「天津璽乃剣鏡乎捧持」とあることが、参考せられる。但し皇孫降臨の物語の「矛玉自従」だけは、古い伝へであるかどうかは疑はしい。此の説からいふと矛玉は神宝でなく、さうして神宝でないものが特に神宝の物語に現はれてゐるのは、解し難いからである。古語拾遺に於いても、この意味での矛玉については、これから後に全く所見が無く、神武朝崇神朝の神宝の説話にも何等の消息が伝へられてゐない。神祇令などにそれが記されてゐないことは勿論である[3]。

この津田左右吉見解は重要な指摘である。

三種の神器の「玉」についての諸見解と中臣氏・忌部氏

津田左右吉が引用した『古語拾遺』の原文を、読み下し文にすれば左の文章になる。

八咫《やた》鏡及び草薙《くさなぎ》剣二種《ふたくさ》の神宝《かみのたから》を以《も》て皇孫《すめみま》に授《さづ》け賜《たま》ひて、永《ひたぶる》に天璽《てんじ》〔所謂神 璽《いはゆるかみのしるし》の剣・鏡是也《これなり》〕と為《な》す。

また、この文章だけでなく

天富《あめのとみ》命、諸《もろもろ》の斎部《いんべ》を率《ひきゐ》て、天璽《あまつしるし》の鏡・剣を捧持《ささぎもち》て、正殿《みあらか》に奉安《まつりおき》、幷《あはせ》て瓊玉《たま》を懸《か》け、其の幣物《まひなひもの》を陳《お》き、殿 祭《おほとののほがひ》の祝詞《のとごと》す。

とあり、更《さら》に左の記述も載る。

斎部氏をして、石凝姥《いしこりどめ》神の裔《はつこ》・天目一箇《あめまひとつ》神の裔《はつこ》二《ふたつ》の氏《うぢ》を率《ひきゐ》て、更《さら》に鏡を鋳《ゐ》、剣を造《つく》らしめて、以《も》て護《みまもり》の御璽《みしるし》とす。是れ今、践 祚《あまつひつぎしろしめす》の日、献《たてまつ》る所《ところ》の神 璽《かみのしるし》の鏡・剣なり。

この事例から見ても「神璽」は鏡と剣であることは明らかである。

『日本書紀』の持統天皇四年正月一日条に、持統天皇の即位式が行なわれたが、その時の儀式では、前述したが、

物部麻呂朝臣、大盾《おほたて》を樹《う》つ。神祇伯《かみつかさのかみ》中臣大嶋朝臣、天 神寿詞《あまつかみのよごと》を読む。畢《をは》りて忌部《いみべ》宿禰《すくね》色夫知《しこぶち》、神《かみの》璽《しるし》の剣・鏡を皇后《きさき》に奏上《たてまつ》る。皇后《きさき》、即 天 皇位《あまつひつぎしらしめ》す。

女帝持統の即位式でも「神璽」は剣・鏡であって、「玉」は入っていない。その理由を黛弘道は「玉は天皇の祖霊の象徴」だから、玉の祭祀は「皇室内の儀礼」で「宮中行事」だが、即位式は「国家行事」だから「剣・鏡」のみが用いられていると述べている。そして、「新天皇に玉を奉献する儀式が史料に全く見えないのはどういうわけであろうか」と問い、答えとして「玉」は「後宮女官」にかかわると書く。そして藤原不比等と後宮に深くかかわる橘三千代の存在を示し、左のように書く。

　後宮における玉の奉献儀礼の存在を挺子としてはじめて、不比等は三種神宝説を主張し得たからである(9)（日本書紀神代下、天孫降臨段第一の一書）。

黛見解では皇室内（後宮）に深くかかわる「玉」は、国家行事の儀礼からは除外されたと見ている。

新谷尚紀《たかのり》は『伊勢神宮と三種の神器』で、「玉」は「勾玉」とみて、左のように書いている。

　第一に、「天の安の河原の誓約」の段では、八尺《やさか》の勾璁《まがたま》と十握劔《とつかのつるぎ》とが天照大神と素戔嗚尊《すさのをのみこと》の物実《ものざね》とされて、それを用いて神々を産んだとある。その場合には、勾玉の呪術具としての機能が語られているといってよい。第二には、「天の石屋戸」の段で、天照大神に天の石屋戸から出ていただくための祈禱の装置として、賢木《さかき》に珠・鏡・木綿を取り懸けた、とある場面である。そこでは、勾玉は祭祀具の機能を果たしている。第三には、「景行紀」や「仲哀紀」の記事である。地方王権の服属の表象として、賢木に珠・鏡・劒の三種の宝器を懸けて迎えると記されており、その場合は儀礼具としての機能を果たしている。第四には、「天孫降臨」の段で、『古事記』が「八尺の勾璁、鏡、及草那芸劔《くさなぎのつるぎ》」と記し、『日本書紀』の第一の一書が「天照大神、乃ち天津彦彦火瓊瓊杵尊《あまつひこひこほのににぎのみこと》に、八坂瓊曲玉《やさかにのまがたま》及び八咫鏡《やたのかがみ》・草薙劔《くさなぎのつるぎ》、三《み》種《くさ》の宝物《たから》を賜ふ。」と記しているような祭祀具としての機能である。そしてまた、このような記紀神話以外の文献情報として注目されるのが、第五の、『魏志』倭人伝の記事である。「卑弥呼の宗女壹与《そうじょいよ》(臺与《とよ》)年十三なるを立てて王となし国中遂に定まる。(中略)壹与(臺与)(中略)男女生口三十人を献上し、白珠五千孔・青大勾珠二枚・異文雑錦二十匹を貢す。」と記されているような宝飾具としての機能である(10)。

このように新谷尚紀は書き、更に左のようにも書いている。

> 継体朝から以降の天皇の即位儀礼に関与する記述において、銅鏡と銅剱は登場するが、八坂瓊曲玉や勾玉に関する記述はこのあとはいっさいみられない……(中略)継体朝以降の歴史的な天皇の即位儀礼に関する記述の中で、新たに主要な位置を占めるようになっていたのは神璽《しんじ》、璽《じ》、璽符《じふ》、璽印《じいん》である。『日本書紀』の記述の中で、勾玉が消えて璽が登場するのである。それはまさに対照的である。つまり、古風な勾玉は皇位を表象する神聖なる宝器の座から消えていき、それに代わって中国王朝や朝鮮半島の諸国王たちにならうかのように、新たな王権の表象物としては神璽、璽が重視されるようになっているのである。それは、……持統天皇の即位儀礼における「忌部宿祢《いみべのすくね》色夫知《しこぶち》、神璽《かみのしるし》・剱・鏡を皇后に奏上《たてまつ》る」という記事において決定的であった。勾玉は神話の中でのみ重要な意味をもたされているのであり、歴史の世界では消滅してしまっていたのである(11)。

このように新谷尚紀は書き、三種の神器の「玉」を勾玉と見ている。前述したが黛弘道は、古くからの祭祀は剣と鏡の二種と主張するが、新谷尚紀は古くから「玉」は「勾玉」で三種であったのが、剣と鏡の二種になったと見る。問題は神器の問題と、「二」「三」という数についての古代人の見方・考え方である。文字無き時代の人々の見方・考え方は、男と女、オスとメスなどの両性観、数では「二」である。「三」は中国の「七・五・三」を聖数とする観念から作られた数である。その事は現存『古事記』の冒頭に載る左の記事が証している。

天地初《あめつちはじ》めて発《ひら》けし時、高天の原に成れる神の名は、天之御中主神、次に高御産巣日神、次に神産巣日神、この三柱の神は、並独神《みなひとりかみ》と成《な》り坐《ま》して、身を隠したまひき。

この冒頭の記事は太安万侶の序文を作文して、原『古事記』につけた時、加えられた文章であり、原『古事記』はタカミムスビ（カミロキ）、カミムスビであったのに、アメノミナカヌシという、観念上の神を作文して新しく序文と共に加えられた神である（この問題は拙著『新版・古事記成立考』で詳述した）。この三神と神器の三種は同じ発想である。したがって古くからの神器は私は剣と鏡の二種と思う。玉（勾玉）信仰は別にあったのが、始原の神が「聖数三」を用いて、

天之御中主神、高御産巣日神、神産巣日神、

の三神になった時代に、勾玉信仰の「玉」が加えられて、

剣、鏡、玉、

の「三種の神器」と言われるようになったと、私は推測している。

本章のタイトルは『古語拾遺』『姓氏録』の高皇産霊神と三種の神器」と題し、神祇信仰・祭祀で藤原・中臣氏とライバルであった斎（忌）部氏を取り上げて、その視点から従来にない藤原・中臣氏論を述べた。

以上述べた事例からも、「マツリゴト」の「政」だけでなく「祭」においても、藤原・中臣朝臣が「成上り氏族」であった事を証している。

しかしこの「成上り氏族」が関与した『日本書紀』の『続』を冠する『続日本紀』では、『日本書紀』を「正史」として認めずに、公印使用記事の付記として書いている。この見解は『新撰姓氏録』にも継承され、斎部広成が『古語拾遺』で高皇産霊神は大伴・斎部の始祖神とする主張が認められて、『日本書紀』の神代紀下の冒頭で、「皇祖高皇産霊尊」が天孫降臨の司令神になっている記事を否定している。

三品彰英は一九六八年に刊行された岩波講座の「日本歴史」別巻2に「日本神話論」を載せ、天孫降臨の司令神を示す。

天孫降臨を論じる論者のほとんどが七十年間、この三品見解を問題無しとして、引用。転載して論じて来た。溝口睦子は二〇〇〇年一二月刊行（吉川弘文館）の、

『王権神話の二元構造――タカミムスヒとアマテラス――』

というタイトルでこの三品見解を採って皇祖神タカミムスヒを論じており、溝口見解を直木孝次郎は、

「河内政権と日本古代王権神話」（『古代河内政権の研究』塙書房・二〇〇五）

で認めているが、私はこの第十三章で、

「『古語拾遺』『姓氏録』の高皇産霊神と三種の神器」

と題して論じたように、『続日本紀』は『日本書紀』（神代紀下）の本文のトップに、

皇祖高皇産霊尊

と書き（なぜか「天照大神」は消されている）、高皇産霊尊に「皇祖」が冠されて登場している。この『日本書紀』の「タカミムスビ」が、平城天皇の勅命で斎部広成が書き平城天皇に献上した『古語拾遺』では、「高皇産霊尊」は大伴・斎（忌）部氏の始祖神で、勅撰書の『新撰姓氏録』でも『古語拾遺』の記述をそのまま記載しており、『日本書紀』が書く「皇祖」を冠した「タカミムスビ」を無視しており、前述した三品彰英が示す降臨を司令する「タカミムスビ」は消されている事に私は注目している。

ところが勅撰書の『新撰姓氏録』が成立した大同四年（八〇九）から一一八年後、延長五年（九二七）成立の勅撰書の『延喜式』神名帳では、対馬の下県郡のトップに、左の記事が載る。

高御魂神社《たかみむすび》 名神大

更に「大社」として大和国に二社、山城国に一社、「大社」の高御魂神社が記載されている。この「高御魂」は「高皇産霊」と「皇」表記がある。天孫降臨の司令神の皇祖神ではない。前述したが、いずれも中臣氏と対馬下県主の祀る神社である。しかも対馬の高御魂神社のみが、最高位の「名神大社」である。『日本書紀』で皇祖神に仕立てられた神が、『延喜式』で対馬に「名神大社」という最高位の格式で祀られいる事実。この事実の背後に藤原・大中臣朝臣の存在を私は見ていると書いて、本書の結びとする。

その結びに付しておきたい事は、藤原・大中臣朝臣の原郷は対馬だが、豊国（豊前・豊後）・肥（火）国（肥前・肥後）・日向国の三国で、豊国（大分君）・肥国（火君）・阿蘇君の仲臣の配下の卜部として活動していた。そして肥君（建借間命）・大分君（黒坂命）が常陸国へ派遣された時、卜部の中臣氏も常陸へ移住した。建借間命は常陸国の「仲国造」の始祖だが、この記述からも仲臣《おみ》の配下の卜部が中臣《とみ》氏であった。「臣」を

「トミ」と読ませるこの事実を無視して、従来の藤原・中臣氏論は論じられているから、見るべきものが見えてこない。

藤原朝臣・大中臣朝臣に成上った中臣氏は、「氏神」をタケミカツチにして、氏族の始祖神のアメノコヤネを軽視する常陸の中臣氏である。常陸の中臣氏は推古朝に初めて兄弟で出仕しているが、兄の中臣国は後宮に出仕している。後宮に出仕したのは壬生直（仲国造）の手引に依る。壬生直が祀っていた大生神社の主神が、大化五年（六四九）に内臣の中臣鎌子（藤原鎌足）が祭祀した鹿島神宮の主神の「天の大（多）神」である。この神は「大生神社」の祭神であり、他に坂戸神と沼尾神を祭祀した（坂戸神は物部氏が祀る神で、沼尾神は沼尾池の神である）。主神の大生神社の神は建甕槌神で、甕神であったのが、藤原・中臣氏が関与して武神・雷神の「建御雷神」「武甕雷神」に変った。仲臣の多氏の甕神が中臣氏に依って変質したのである。中臣氏が成上るにつれて、神までも成上っている。

「大神社」に「生」が付されて「大生神社」になっているのは、仲国造の常陸の多氏が「壬生直」になっているからである。推古朝で中臣鎌子（藤原鎌足）の父が後宮に出仕出来たのも、常陸の仲臣の多氏が壬生直であったからである。壬生職は後宮にかかわる。一方で中臣国の弟の弥気が新羅征討の大将軍に任命されているが、古代の鹿島・行方の地は海にかこまれた島のような地域である。鹿島神宮の最大の祭事が「御船祭」であるのと、船団を組んで出兵する軍団の大将軍に中臣氏が任命されたのは、常陸中臣氏の居住地と無関係ではないだろう。更に加えれば亀卜は海亀を用いる。

『常陸国風土記』香島郡条に依れば、

神の社《やしろ》の周匝《めぐり》は、卜氏《うらべうぢ》の居《す》む所なり。

と書いているが、彼等は海亀を必要としていた。伴信友の『正卜考』は左のように書く。

『奥義抄』に云（藤原清輔朝臣著）

公家に亀甲の御卜といふ事あり。卜部氏の者、はゝかの木にて、亀の肩の骨を焼きて卜ふなり。

この卜（占）部氏は『続日本紀』天平十八年（七四六）三月丙子（二十四日）条に、

常陸国鹿嶋郡の中臣部廿烟と占部五烟とに、中臣鹿島連の姓を賜ふ。

とあり、中臣部と占部は同一氏族である。

藤原・中臣氏が元卜部である事を否定する説があるが、成り立たない。このよう見解で日本古代史を研究しても、見るべきものは見えてこない。藤原・中臣氏は元は卜部と見れば、その原郷も卜者を朝廷に出仕している対馬に帰結する。

[注]

（1）大林太良「古語拾遺における神話と儀礼」『古語拾遺・高橋氏文』所収　現代思潮社　一九七六年
（2）松前健「大嘗祭と記・紀神話」『古代伝承と宮廷祭祀』所収　塙書房　一九七四年
（3）津田左右吉「古語拾遺の研究」『津田左右吉全集第二巻』所収　岩波書店　一九六三年
（4）佐伯有清「新撰姓氏録の選者」『新撰姓氏録の研究　研究編』所収　吉川弘文館　一九六三年
（5）伊藤博「平城萬葉」『萬葉集の構造と成立下』所収　塙書房　一九七四年
（6）佐伯有清『新撰姓氏録の研究　研究編』（一二八頁）吉川弘文館　一九六三年

（7）黛弘道「『日本書紀』と藤原不比等」『律令国家の研究』所収　吉川弘文館　一九八二年
（8）上田正昭「祭官の成立―中臣・忌部・日置」『日本古代国家論究』所収　塙書房　一九六八年
（9）黛弘道「三種の神器について」『律令国家成立史の研究』所収　吉川弘文館　一九八二年
（10）新谷尚紀『伊勢神宮と三種の神器』（三〇二〜三頁）講談社　二〇一二年
（11）新谷尚紀　注（10）前掲書（二二四頁）

あとがき

『中臣・藤原氏の研究』と題して執筆を開始して四年間かけてようやく書きあげた。その間に数回の入退院を繰り返し、九十歳になっていた。この「あとがき」も自宅の書斎ではなく保養所で書いている。

中臣・藤原氏はわが国で最も長時間、政権の中枢に居た氏族である。その氏族の原郷と出自の考究は、古代日本国家論と無関係とは言えない。わが国の古代国家について述べた代表的史書・国史が、『古事記』『日本書紀』と言われているが、この二書については、拙著『新版・古事記成立考』、『日本書紀成立考』で私見を述べた。特にわが国の最初の国史・正史と言われている『日本書紀』については、藤原不比等の関与を序章・一章で述べた。

『日本紀』の「続」を冠した史書が長文の公印使用記事の後に、たった二十七字の短文で『日本書紀』の成立を論じている論考は、私が調査した範囲では皆無である。『日本書紀』の成立記事を公印使用記事の付記として書いたのは、『続日本紀』の編集に関与した淡海真人三船と私は推測して、その事を序章・一章で書く事から、拙著『中臣・藤原氏の研究』の執筆は始まった。

したがって従来の中臣・藤原氏論と相違する著書になった。特に中臣・藤原氏の原郷を「対馬」と拙著『日本神話論』（二〇一五年刊）で書いたが、その私見を本書で更にさまざまな視点から論証した。この私見についての批判を得たいが、私見から見れば常陸国の中臣氏や、豊前国・秦王国の中臣氏の実相も見えてくると共に、仲臣《なかつおみ》の多氏と中臣《なかとみ》・藤原氏の関係、春日神社の創設、なぜ「臣」を「おみ」でなく「とみ」と読ませるのか、その実相も見えてくる。

拙著は八十代後半の年齢と病気のため、入退院を繰り返しながらの執筆であったから、執筆中は編集の佐野和恵さん、執筆後は校正の杉村静子さんに、今まで以上のご苦労をかけて拙著を刊行することが出来た。杉村さんは私が引用した文章が正しく引用されているか、都立図書館などで再検証し、九十歳になった私の引用に誤記がないよう、協力・配慮していただいた。また編集の佐野和恵さんは、一九九三年刊行の拙著『秦氏の研究』から、二〇一八年刊行の本書まで、二十五年間にわたって拙著の編集にかかわっており、佐野さんの協力なしには私の著書は刊行出来なかった。

私事ではあるが私の著書は両氏の献身的協力に依って執筆・刊行が出来た。九十歳になって拙著『中臣・藤原氏の研究』が刊行出来た事の感謝をこめて、「あとがき」とする。

二〇一八年四月十五日

大和岩雄

中臣《なかとみ》・藤原氏《ふじわらし》の研究《けんきゅう》

二〇一八年六月一〇日　第一刷発行

著　者　大和岩雄《おおわいわお》
発行者　佐藤　靖
発行所　大和書房《だいわ》
東京都文京区関口一-三三-四　〒一一二-〇〇一四
電話番号　〇三-三二〇三-四五一一
装　丁　代田　奨
本文印刷　信毎書籍印刷
カバー印刷　歩プロセス
製　本　小泉製本

ISBN978-4-479-84082-4

http://www.daiwashobo.co.jp